商务馆对外汉语教学专题研究书系（第二辑）
总主编　赵金铭
审　订　世界汉语教学学会

汉语作为第二语言教学
读写技能教学研究

主编　翟　艳

2019年·北京

总主编 赵金铭

主 编 翟 艳

编 者 翟 艳　田 然

作 者（按音序排列）

曹巧丽　杜　欣　干红梅　洪　炜
雷英杰　李　杰　凌雯怡　刘　弘
刘颂浩　刘文辉　龙　叶　罗青松
吕欣航　莫　丹　钱　彬　王汉卫
王鸿滨　王延苓　吴继峰　吴　双
吴思娜　徐霄鹰　张宝林　赵　静
赵秀娟　周　红　周小兵　祝晓宏
宗世海

目 录

总　序 ·· 1
综　述 ·· 1

第一章　汉语阅读理解研究 ·································· 1
　第一节　字音字形与阅读理解 ···························· 1
　第二节　生词密度、文体与阅读理解 ··················· 12
　第三节　词汇句法与阅读理解 ··························· 26
　第四节　猜词过程与阅读技能训练 ····················· 40
　第五节　猜词策略与阅读能力培养 ····················· 59

第二章　汉语阅读教学与学习研究 ························ 72
　第一节　阅读中的词汇学习研究 ························ 72
　第二节　阅读者背景与阅读成绩研究 ·················· 89
　第三节　阅读中标题的教学 ··························· 107
　第四节　阅读中词汇的教学 ··························· 116

第三章　汉语泛读教学 ···································· 134
　第一节　汉语分级体系构建研究 ······················ 134
　第二节　经贸阅读分级体系构建 ······················ 152

第三节　分级读物的词汇复现 …………………………… 168
第四节　泛读研究述评 …………………………………… 184

第四章　写作教学理论研究 …………………………… 212
第一节　写作理论研究 …………………………………… 212
第二节　写作教学研究 …………………………………… 226
第三节　写作现状研究 …………………………………… 242
第四节　写前构思与写作质量研究 ……………………… 264
第五节　写作与词汇发展研究 …………………………… 285
第六节　学习者背景与写作质量研究 …………………… 308

第五章　写作教学实践研究 …………………………… 326
第一节　写作教法研究：写长法 ………………………… 326
第二节　写作教法研究：控制型写作 …………………… 347
第三节　写作教法研究：任务型写作 …………………… 355
第四节　写作教法研究：入门期的写作 ………………… 368
第五节　写作题型与写作效果研究 ……………………… 381
第六节　写作方式研究 …………………………………… 406
第七节　写作测试方式研究 ……………………………… 423

总　序

赵　金　铭

　　对外汉语教学专题研究书系是商务印书馆出版的同名书系的延续。主要收录 2005—2016 年期间，有关学术期刊、集刊、高校学报等所发表的有关对外汉语教学研究论文，涉及学科各分支研究领域。内容全面，质量上乘，搜罗宏富。对观点不同的文章，两方皆收。本书系是对近 10 年对外汉语教学研究成果的汇总与全面展示，希望能为学界提供近 10 年来本学科研究的总体全貌。

　　近 10 年的对外汉语教学与研究，呈现蓬勃发展的局面，与此同时，各研究分支也出现一些发展不平衡现象。总体看来，孔子学院教学、汉语师资培训、文化与文化教学、专业硕士课程教学等方面，已经成为研究热门，研究成果数量颇丰，但论文质量尚有待提升。由于主管部门的导向，作为第二语言汉语教学的汉语本体研究与汉语教学研究，在一定程度上被淡化。语音、词汇及其教学研究成果较少，语法、汉字及其教学研究成果稍多，汉字教学研究讨论尤为热烈。新汉语水平考试研究还不够成熟，课程与标准和大纲研究略显薄弱。值得提及的是，教学方法研究与教学模式研究、汉语作为第二语言习得研究、现代教育技术研究及其在教学中的应用研究，发展迅速，方兴未艾，成果尤为突出。本书系就是对这10年研究状况的展示与总结。

近10年来，汉语国际教育大发展的主要标志是：开展汉语教学的国别更加广泛；学汉语的人数呈大规模增长；汉语教学类型和层次多样化；汉语教师、教材、教法研究日益深入，汉语教学本土化程度不断加深；汉语教学正被越来越多的国家纳入其国民教育体系。其中，世界范围内孔子学院的建立既是国际汉语教育事业大发展的重要标志，也是进一步促进国际汉语教学持续发展的一个重要平台，吸引了世界各地众多的汉语学习者。来华外国留学生汉语教学与海外汉语教学，共同打造出汉语教学蓬勃发展的局面。

大发展带来学科研究范围的扩大和研究领域的拓展。本书系共计24册，与此前的22册书系的卷目设计略有不同。

本书系不再设《对外汉语课堂教学技巧研究》，增设《汉语作为第二语言教学的教学方法研究》和《汉语作为第二语言教学的教学模式研究》两册。汉语作为第二语言教学，既与世界第二语言教学有共同点，也因汉语、汉字的特点，而具有不同于其他语言作为第二语言教学的特色。这就要求对外汉语教学要讲求符合汉语实际的教学方法。几十年以来，对外汉语教学在继承传统和不断吸取各种教学法长处的基础上，结合汉语、汉字特点，以结构和功能相结合为主的教学方法为业内广泛采用，被称为汉语综合教学法。博采众长，为我所用，不独法一家，是其突出特点。这既是对外汉语教学的传统，在教学实践中也证明是符合对外汉语教学实际的有效的教学方法。与此同时，近年来任务型教学模式风行一时，各种各样的教法也各展风采。后方法论被介绍进来后，已不再追求最佳教学法与最有效教学模式，教学法与教学模式研究呈现多样化与多元性发展态势。

进入新世纪后，对外汉语教学学科理论研究的一个重要进展是开拓了第二语言习得理论与实际问题的研究，从重视研究教师怎样教汉语，转向研究学习者如何学习汉语，这是一种研究理念的改变，这种研究近10年来呈现上升趋势。研究除了《汉语第二语言学习者语言系统研究》《汉语作为第二语言的学习者研究》，本书系基于研究领域的扩大，增设了《基于认知视角的汉语第二语言习得研究》和《多视角的汉语第二语言习得研究》，从多个角度开辟了汉语学习研究的新局面。

教育部在2012年取消原本科专业目录里的"对外汉语"，设"汉语国际教育"二级学科。此后，"汉语国际教育"作为在世界范围内开展汉语作为第二语言教学的名称被广泛使用，学科名称的变化，为对外汉语教学带来了无限的机遇与巨大的挑战。随着海外汉语学习者人数的与日俱增，大量汉语教师和汉语教学志愿教师被派往海外，新的矛盾暴露，新的问题随之产生。缺少适应海外汉语教学需求的合格的汉语教师，缺乏适合海外汉语学习者使用的汉语教材，原有的汉语教学方法又难以适应海外汉语教学实际，这三者成为制约提高对外汉语教学质量、提升对外汉语教学水平的瓶颈。

面对世界汉语教学呈现出来的这些现象，在进行深入研究、寻求解决办法的同时，也产生了一种急于求成的情绪，急于解决当前的问题。故而研究所谓"三教"问题，一时成为热门话题。围绕教师、教材和教法问题，结合实际情况，出现一大批对具体问题进行研究的论文。与此同时，在主管部门的导引下，轻视理论研究，淡化学科建设，舍本逐末，视基础理论研究为多余，成为一时倾向。由于没有在根本问题上做深入的理论探讨，将过多的精力用于技法的提升，以至于在社会上对汉语作为一个学科产生了不同认识，某种程度上干扰了学科建设。本书系《汉语作为第二语言教学的学科理论研究》和《汉语作为第二语言教学的教学理论研究》两册集中反映了学科建设与教学理论问题，显示学界对基本理论建设的重视。

2007年国务院学位办设立"汉语国际教育硕士专业学位"，目前已有200余所高等院校招收和培养汉语国际教育专业硕士。10多年来，数千名汉语教师和志愿者在世界各地教授汉语、传播中国文化，这支师资队伍正在共同为向世界推广汉语做出贡献。

一种倾向掩盖着另一种倾向。社会上看轻汉语作为第二语言教学的观点，依然存在。这就是将教授外国人汉语看成一种轻而易举的事，这是一种带有普遍性的错误认知。这种认知导致对汉语作为第二语言教学科学性认识不足。一些人单凭一股热情和使命感，进入了汉语国际教育的教师队伍。一些人在知识储备和教学技能方面并未做好充分的准备，便匆匆走向教坛。故而如何对来自不同专业、知识结构多层次、语言文化背景多有差别的学习者，进行汉语作为第二语言教学的专业培养和培训，如何安排课程内容，将其培养成一个合格的汉语教师，就成为当前迫切需要解决的问题。本书系增设的《汉语作为第二语言教学的教师发展研究》《汉语作为第二语言标准与大纲研究》以及《汉语作为第二语言教学的课程研究》，都专门探讨这些有关问题。

自 1985 年以来，实行近 20 年的汉语水平考试（HSK），已构成了一个水平由低到高的较为完整的系统，汉语水平考试（HSK）的实施大大促进了汉语教学的科学化和规范化。废除 HSK 后，研发的"新 HSK"，目前正在改进与完善之中。有关考试研究，最近 10 年来，虽然关于测试理论和技术等方面的研究仍然有一些成果出现，但和以往相比，研究成果的数量有所下降，理论和技术方面尚缺乏明显的突破。汉语测试的新进展主要表现在新测验的开发、新技术的应用和对重大理论问题的探讨等方面。《汉语作为第二语言测试研究》体现了汉语测试的研究现状与新进展。

十几年来，汉语作为第二语言教学史的研究越来越多，也越来越深入。既有宏观的综合性研究，又有微观的个案考察。宏观研究中，从学科建设的角度探讨汉语教学史的研究。重视对外汉语教学历史的发掘与研究，因为这是对外汉语教学学科建设中不可缺少的一部分。宏观研究还包括对某一历史阶段和某一国家或地区汉语教学历史的回顾与描述。微观研究则更关注具体国家和地区的汉语教学历史、现状与发展。为此本书系增设《汉语作为第二语言教学史研究》，以飨读者。

本书系在汉语本体及其教学研究、汉语技能教学研究、文化教学与跨文化交际研究、教育技术研究和教育资源研究等方面，也都将近 10 年的成果进行汇总，勾勒出研究的大致脉络与发展轨迹，也同时可见其研究的短板，可为今后的深入研究引领方向。

本书系由商务印书馆策划，从确定选题，到组织主编队伍，以及在筛选文章、整理分类的过程中，商务印书馆总编辑周洪波先生给予了精心指导，在此深表谢意。

本书系由多所大学本专业同人共同合作，大家同心协力，和衷共济，在各册主编初选的基础上，经过全体主编会的多次集体讨论，认真比较，权衡轻重，突出研究特色，注重研究创新，最终确定入选篇章。即便如此，也还可能因水平所及评述失当，容或有漏选或误选之处，对书中的疏漏和失误，敬请读者不吝指教，以便再版时予以修正。

综 述

阅读与写作是两种借助文字符号的信息传递来理解和表达的交际方式,由于汉字的缘故,汉语作为第二语言的学习者在阅读与写作方面面临很多困难。针对学习者的阅读与写作技能训练,也成为语言教学与研究的重要内容。本书广泛搜集十年来读写教学研究的成果,择其要者汇集于此,凡 26 篇,主要涉及教学理论研究、教学方法研究和学习者研究,以反映十年来读写教学研究的新思想、新理念和新方法。

一、阅读教学研究的新进展

阅读行为是一种学习现象,更是一种心理现象,阅读教学的效果,也与教和学的各个方面有关。十年来的阅读教学研究,关注阅读心理剖析,如认知图式;关注阅读理解过程中各因素的作用,如字形、语音与理解,生词密度与理解;关注如何快速提高学生的阅读理解能力,如快速阅读、猜词技巧的训练;关注课堂教学的方法与效果,如词汇教学的行动研究;也关注课外阅读的必要性,如分级读物的考察与体系建构。有的研究拓展了以往研究的领域,对新的研究对象给予了关注;有的细化了研究的内容,做到了材料的翔实与分析全面;有的借鉴本体研究的概念,从新的角度对理解的效果进行了阐释；有的采取了更科学化的研究手段，利用数据进行了更深入的分析。结果表明，十年来研究者对汉语阅读教学的研究持续不断，研究成果日趋丰富。

（一）阅读理解研究

阅读理解是一个复杂的认知过程，哪些因素在起作用？国内外的研究者从心理学、病理学、语言认知、语言习得等角度都做了大量的探索。本书收录的文章涉及字形字音、词汇、句法、生词密度、文体等与汉语阅读理解的关系。研究的领域在扩大，研究的内容更加具体而深入。

在阅读理解中，知觉分析、词汇分析、句法分析、语义分析等心理加工都对理解的过程产生影响。汉语的独特性使得汉语阅读除具有一般语言阅读理解的规律外，还具有不同的认知理解方式和途径。如字词的音、形是阅读加工的重要信息来源，汉语学习者词义的通达更多依赖字形信息还是字音信息？抑或是两者并重？单通路与双通路之争在汉语阅读中显得更加复杂。吕欣航（2007）[①]的实验发现，汉语作为第二语言的学习者在汉语阅读中主要利用了字形的信息，由字形直接激活字义，较少利用字音的信息。但由于初、中级水平的学生大多对汉字的学习记忆还处于视觉分析的阶段，因此与熟练被试的由字形直接激活字义的加工方式存在本质的差别。要想使留学生真正掌握汉字从而提高汉语阅读水平，有必要加强字音的教学以及形、音、义三者的联结。

词汇、句法在阅读理解过程中的作用如何，针对英语的研究与针对汉语的研究结论恐怕有所不同，而对于不同水平的学习者

---

① 参见本书第一章第一节。

来说，结论也可能不同。吴思娜（2016）[①]从词汇、句法及元认知策略的角度对汉语学习者的阅读情况进行了考察。结果显示，词汇和句法对阅读理解的贡献显著。无论是对初级还是高级水平的学习者而言，词汇对阅读理解均具有其他认知因素或语言因素无可比拟的显著作用。句法情况又有所不同，相较于高水平的学生，低水平学生的阅读理解效果受句法因素影响更大。

  词汇量的大小影响阅读理解的效果，同样，通过阅读来学习词语也是扩大词汇量的有效方法。"猜词"即是一种教师提倡的学习策略，也是阅读能力训练的一种方式。从认知的角度看，汉语学习者的猜词过程是怎样的？它反映出学习者什么样的阅读模式？干红梅（2012）[②]通过读后访谈的方式，对20名中级汉语学习者阅读时猜测78个词语的过程进行了分析。研究发现，汉语二语学习者遵循了猜测——验证——确定这一基本步骤，主要采用识别熟悉语素、利用上下文语境、分析词性、偏旁、反复阅读含有目标词的句子等方法，不过不同背景的学生在使用方法的次数和优先处理方面有个人的喜好和倾向。中级汉语学习者的阅读模式既有自下而上的加工，也有自上而下的加工，少数水平高的学习者还会利用多种语料交互式地加工。与英语二语学习者的猜词过程进行比较发现，利用汉语的语素进行猜词是学习者最常用的方式，显示出汉语的构词特点对猜词成功所具有的独特作用。

  以上研究，重在从汉字汉语特点出发，探讨阅读理解的影响因素，有的借助了与英语研究或国外研究结论的对比，彰显了从

[①] 参见本书第一章第三节。
[②] 参见本书第一章第四节。

问题出发、从普遍现象和一般规律出发探索汉语阅读规律的求实精神。

（二）阅读教学与学习研究

教师的教与学生的学是汉语教学课堂的主要活动。教学研究涉及教学理论、模式、大纲、课程、教法、教材、测试、技术手段等多个方面，本书仅集中于课程、教法与学习者因素等几个方面。

汉语阅读教学研究与上一个十年相比，研究数量明显不足，研究的问题偏于狭窄，本书收录了两篇。值得欣慰的是，新的研究视角开始出现。

由于自然阅读中伴随性的词汇习得效果缓慢而不显著，因而课堂阅读教学肩负着通过阅读训练，扩大学生的词汇量的重要使命。有的研究者认为，词汇教学受到内部和外部多种因素的制约。词的内部属性如词的结构、一词多义现象等，难以通过教学进行干预；词汇的出现频率、语境等外部因素，可通过一定的教学处理提高学习效率。整体而言，这方面的研究还比较薄弱。洪炜、徐霄鹰（2016）[①] 采用教学行动研究的方法，探讨了阅读课词汇教学的问题，制订了如下行动方案：（1）通过技能训练增强学习者运用词汇学习策略的意识；（2）优化目标词出现的环境，包括增显目标词的视觉输入，改写文本以加强目标词的上下文语境，在不同文本中重复目标词以提高复现率等；（3）增加学习者在词汇学习中的认知投入量，并根据学习者水平调整学习任务难度。教学计划实施及反馈表明，这一教学方法对扩大学生的词

---

① 参见本书第二章第四节。

汇量、提高猜词能力有积极的促进作用，但也存在亟待改进之处。

教学行动研究指教师对自己的课堂教学进行考察和分析，并从中获取知识、改进教学质量的一种探索性活动。汉语教学界自2004年之后才有了少数几篇行动研究报告。洪炜、徐霄鹰（2016）将此方法运用到阅读课的词汇教学研究中，是一次有益而创新性的尝试。

课堂教学的技巧，也可以理解为教学的策略。另一篇文章谈到了报刊阅读中新闻标题的教学策略问题。由于报刊文章的标题具有高度的概括性，所采用的修辞手法和写作技巧各不相同，对于具有不同价值观念和文化背景的留学生而言，要迅速抓住新闻核心并对报道内容进行基本的预测和推理就显得较为困难。雷英杰、龙叶（2007）[1]从新闻标题的语言、新闻标题的结构、新闻标题的文化三个方面，提出了具体的教学策略。文章从小处入手，例证说明，对报刊阅读教学有一定借鉴作用。

了解学习者个人特征进行因材施教，不仅是体现教学针对性和有效性的要求，更是决定教学质量的关键因素。来华留学生背景各异，成分复杂，以往的研究多关注华裔与非华裔，汉字圈与非汉字圈，初级、中级、高级，短期、长期与学历各个层次，往往针对某一专门的群体进行研究，这充分说明该问题的复杂性。王延苓、王汉卫（2016）[2]就初级阶段华裔与非华裔、有方言与无方言、汉字圈与非汉字圈学生群体，考察了他们的背景与阅读成绩之间的关系，分析了学习者不同背景对阅读能力发展的影响。

---

[1] 参见本书第二章第三节。
[2] 参见本书第二章第二节。

研究结果显示,在初级阶段,方言背景而非族裔背景从根本上影响了汉语学习者的阅读表现。汉字圈的学习者阅读水平好于非汉字圈学习者,方言背景华裔学生和汉字文化圈的非华裔学生在阅读水平上都表现出一定优势,但不存在显著差异。该文的研究选择了一个点,即阅读测试效果,从量化分析的角度厘清了不同群体学生的学习特点,为今后更大范围地开展学习者研究提供了借鉴。

(三) 课外读物

泛读在阅读技能训练中处境尴尬,一方面研究者、教师均给予泛读一定的重视,另一方面,泛读材料匮乏、泛读课程设置不便、泛读教学方法欠缺限制了泛读教学的发展。一些学者早就认为,泛读具有扩大学生词汇量、增长知识、培养阅读习惯、建立汉语语感等作用,鲁健骥(2002)[①]即提出了"精泛读并举"的教学主张。也有学者编写过泛读教材,但实际上,这方面的研究与实践并未取得实质性进展。近十年来,有学者将目光放到了课外读物方面,储诚志、朱勇、崔永华主编的几套汉语分级读物陆续出版,关于课外分级读物阅读的研究也随之出现,泛读教学有了实质性的抓手。

周小兵、钱彬(2013)[②]对国内汉语分级读物的现状进行了考察。他们分析了国内出版的四套汉语分级读物,与英文分级读物对比后认为,汉语分级读物存在适用对象不明确、内容陈旧、题材单一、语言难度偏高、读物级别设置不当等问题,建议编者

[①] 鲁健骥《说"精读"和"泛读"》,《中国对外汉语教学学会第七次学术讨论会论文选》,人民教育出版社,2002年。

[②] 参见本书第三章第一节。

要熟悉海内外汉语学习者,优化开发队伍,在编写理念上改变重中国文化、轻多样性的问题,兼顾读者阅读兴趣和阅读能力的提升,多选贴近日常生活的题材,多使用对话形式,控制词级和句长。王鸿滨(2016)[①]以经贸汉语为例,提出了留学生课外汉语分级阅读框架体系建设的构想。她借鉴美国"蓝思分级系统"将学生阅读能力与文本难度对应的思想,依据《商务汉语考试大纲》和《经贸汉语本科教学词汇大纲》,对应学生的阅读能力和汉语水平构建了以经贸汉语核心词汇为分级标准的阅读体系。钱彬(2015)[②]则具体考察分析了两套分级读物中的词汇复现问题,提出了如下建议:(1)增加容量,增加语言级别或在单个级别内增加册数;(2)词汇复现要多样化,在简单复现的基础上,呈现同形多义词的各种义项;(3)提高读物的可读性,从阅读材料的语言难度、话题的趣味性、文本的故事性等角度保持学习者的阅读动力。

通过书面形式进行大量的可理解的语言输入,对于学习者掌握阅读技巧、进行伴随性的语言习得、提高语言综合运用能力具有非常重要的意义,它还能将被动式的阅读转变为积极的、主动的阅读,达到为学习而阅读的目的。如果说前一个十年,学者们还在强调泛读教学的意义和作用,这一个十年已经有了分级读物的编写与研究等实质性的成果。以上三篇文章分别围绕汉语分级读物的现状、体系建构、编写设计和内部词汇复现等问题进行了讨论,表明泛读教学已从理念探讨层面走向了教学应用层面。尽管成果数量不多,但却迈出了第一步,相信今后,关于泛读教学、

---

① 参见本书第三章第二节。
② 参见本书第三章第三节。

课外阅读教学效果的实验报告会陆续出现。

二、写作教学研究的新进展

汉语作为第二语言的写作教学能够及时学习和借鉴国外以及英语写作教学的经验，虽然起步较晚，研究基础薄弱，但成绩明显。十年来，汉语写作教学研究在写作理论上继续学习与探索，在如何提高学习者写作能力上注重实验研究，在写作实践上推陈出新，关注了学习者行为对写作教学效果的影响。写作教学研究的数量相较而言并不丰厚，但研究的质量有很大提升。

（一）写作教学理论研究

随着语言学、心理学、教育学和认知科学的发展，二语写作教学理论出现了一系列更迭变化，其关注点逐渐由语言形式转向文章内容，由作者内在认知转向作者与社会文化情景的关联，由单一要素转向多种要素的交互作用、整合过程和结果。[①] 在汉语教学界，汉语写作研究追踪新的思潮与变化，与时俱进，在借鉴引进的同时，与汉语教学的实践紧密结合，实现理论的本土化与特定发展。

周红（2009）[②] 探索了建构主义理论指导下的汉语写作教学，针对学生语言贫乏、语言运用能力和评判性思维能力弱等问题，尝试通过知识结构的建构，整合语言与内容。知识框架包括思维技能与语言样式的对应，写作教学经过这样的阶段：（1）通过

---

① 参见周红《第二语言写作教学理论研究动态》，《云南师范大学学报》（对外汉语教学与研究版），2007年第6期。

② 参见本书第四章第一节。

理解话题和分析材料获得知识；（2）通过确定观点和择选论据提取知识；（3）通过建构新意义展开语言编码，训练学生使用知识框架去理顺头脑中的知识，快速地提取知识，从而创造出内容丰富、表达恰当的文章。此研究在理论与实践结合方面，找到了很好的的结合点。

"支架"的概念来源于维果斯基的最近发展区理论，在写作教学中，支架式教学法通过"搭脚手架""撤脚手架"的过程来帮助学生理解知识、分析事物并进入到遣词造句、布局谋篇等具体操作。吴双（2011）[①]利用支架法教学理论，讨论了写前构思活动对写作效果的影响。活动的步骤为：（1）写前构思活动是搭建脚手架的活动，通过敲击话题关键词游戏让学习者理解知识框架；（2）通过发散思维、网式联想游戏进入情景；（3）通过排队归类、编排提纲游戏引导学习者提炼文章结构，继续攀升；（4）正式写作中，根据整理出的框架的支撑作用，学习者独立完成探索写作任务。结果显示，实验组与对照组的成绩存在显著差异，实验组的成绩较好，且问卷调查反映了学生对这一做法的肯定。

二语写作质量的研究是教学研究者关注的热点之一。影响汉语二语写作质量的因素很复杂，既有内部因素，如词汇知识、二语水平、写作能力等，又有外部因素，如文章的体裁、对话题的熟悉程度等。判断写作产出的质量须遵循一定的标准，而标准的建立却是一项复杂的系统工程，至今未见到科学、全面的系统研究。有研究者着力从不同的层面来考察汉语学习者写作的质量，

---

① 参见本书第四章第四节。

如吴继峰（2016）[①]从词汇的角度研究了母语为英语的中级、高级汉语学习者，从词汇变化性、词汇复杂性、词汇密度和词汇错误四个维度，考察了他们写作中词汇丰富性的发展情况及词汇丰富性与写作质量的关系。结果显示，中级和高级被试写作中的词汇变化性、复杂性和词汇错误三者之间存在显著差异。随着学生汉语水平的提高，词汇的变化性和词汇的复杂性均显著提高，形式错误逐渐减少，语义错误大量出现，产出性词汇量却严重不足，即使到了高级阶段，学生的写作中仍以甲、乙级词为主。文章进而提出在教学中扩大学生产出性词汇量的问题。该研究对中级和高级水平学生写作中的词汇表现做了详细描述，从词汇的角度来考察写作质量，具有较好的效度，观测的角度具体而微，实证性的研究方法可靠。

莫丹（2015）[②]区分了非汉语环境中华裔与非华裔两类学生的产出性词汇差异及其对写作质量的影响。她把产出性词汇知识分为词汇的广度如词汇的多样性、复杂性，词汇的深度如搭配错误、句法功能错误两大方面，研究显示词汇的广度知识与学习者的写作质量关系密切，词汇深度方面，除汉字错误直接影响得分外，华裔学生其他方面的表现多好于非华裔。该文也提出了扩大产出性词汇量、加强低频词和书面语词汇的教学等问题。在此方面，与吴继峰（2016）的见解一致。在写作质量方面，有学者从句法、偏误、语篇等角度进行了研究。

（二）写作教学实践

十年来，写作教学法也是研究的热点之一，产出的成果较多，

---

① 参见本书第四章第五节。
② 参见本书第四章第六节。

从宏观的写作模式研究、写作过程研究，到微观的写作技巧研究、写作练习研究，均有一些成果发表，以下择要介绍。

与其他语言技能一样，写作技能的形成也需要足够的训练，写作的字数、写作的频率等都对写作教学质量有影响。宗世海等（2012）[①] 基于"以写促学"理念开展的"写长法"教学实践取得了显著教学效果。"写长法"以写的字数多、写的篇数多、适当写快为特点，写作形式包括当堂作文、听后写、课外日记等。每周2课时的写作课，写长训练一年后，中级水平的留学生（主要是华裔）人均完成3万多字的写作量，数量惊人。写作教学的一个难点就是学生的写作量和写作速度上不来，"写长法"是一种很值得借鉴的教学方法，我们期待今后有相关的写作质量方面的研究成果出现。

控制性写作是一种较为传统的汉语写作教学方法，它指的是教师提供必要的条件如框架、细节等，指导和帮助学生开展写作。杜欣（2006）[②] 介绍了控制性写作的原则：（1）控制作文时间、体裁和字数；（2）培养写作的基本功；（3）阶段性的分步骤练习；（4）教师修改与学生修改相结合。在学生汉语水平还未达到自由输出阶段时，控制性写作对于那些语言储备还不充分的学生来说，起到了建立规则、减少错误、树立信心等作用，在适用性上，较适合初级教学。

任务型教学的理念与模式如何应用于写作，一些教师和研究者较早开始了尝试。罗青松（2008）[③] 从中级写作教学目标与任

---

① 参见本书第五章第一节。
② 参见本书第五章第二节。
③ 参见本书第五章第三节。

务的协调方面考虑,针对任务的不同侧重点提出了过程式、体验式、媒介式、互动式等写作任务类型,并提出了任务写作教学的要点:(1)把握任务环节与指导语言运用的关系;(2)处理好任务与教材的关系;(3)注重任务与学生个人体验、生活环境的关系;(4)协调写作产品与评价标准的关系。任务型写作的内容与实际生活紧密结合,能调动学生的学习兴趣,体现语言训练的实用性,因而具有积极的教学意义。

什么样的写作题型较有利于学生的写作表达?关于写作题型的研究还未得到更多的重视。刘颂浩、曹巧丽(2015)[①]等把影响题型设计的因素分为语言、内容和题目3类,两两相配产生了5种题型。文章借鉴雅思考试的写作评分标准考察了学生的写作输出情况,结果发现,题型的设置影响了学生写作时的表现。作为教师,更喜好对语言、题目和内容都有要求的题型。不过单目的的题型要求单一,多目的的题型要求全面,针对不同的目的应选择不同题型,而不应该面面俱到。李杰、赵静(2012)[②]等则研究了两种看图写作测试方式的效果:一种是给出故事的开头和结尾以及一幅图,要求学生根据图上的内容把故事补充完整;另一种是给出6小幅内容连贯的图片,根据图片,写出故事。研究显示,提供多幅图比单幅图更能有效地反映中级水平汉语学习者的写作水平,因为它不需要立意构思,而且较少受到题目取样误差和评分员误差的影响。

以上分别就汉语写作理论、写作质量、写作方式等对十年来

---

① 参见本书第五章第五节。
② 参见本书第五章第七节。

的写作教学研究成果进行了评介。总体而言，写作作为一门产出性的技能，对学习者来说是对其汉语水平的全面挑战，短期内不容易见到学习效果，对教师教学来说可选择的方法不多，教学难度、研究的难度都不小。

三、阅读与写作教学研究展望

自 2005 年至 2016 年的十余年间，汉语阅读与写作教学研究得到了更多学者的关注，虽然这些方面的研究成果远不如语言知识、语言习得、语言技能等方面的成果丰富。从研究数量来看，与阅读相关的文章平均每年发表五六篇，与写作相关的文章略多一些，其中有一些可圈可点的佳作，也涌现出一批年轻的学者。如果说读写教学的理论研究框架已基本搭建完毕的话，年轻学者们更多从细节入手展开挖掘式的深入探究，采用了更新的思路和角度开展实证性的、数理统计的研究，读写教学研究在某些领域和层面呈现出繁荣景象。

纵观十年间读写教学研究的现状，回顾学者们的关注点，梳理其研究倾向，可以发现，读写教学研究取得了较大的成绩，也存在一些不足，以下简略述之。

（一）读写教学理论研究得到一定重视，但研究力度和深度有待加强

十年来，总体而言，宏观的、具有方向性的教学理论研究呈现后继乏力的现象，突出表现在阅读教学研究方面。自 20 世纪 90 年代起，心理学、认知科学、语言习得、文化研究等成果大量引入二语教学界，在此基础上对语言教学进行新的理论阐释和新

的模式构建的研究层出不穷。相较于其他外语教学，汉语读写教学在理念、方法、模式方面的研究成果不足，未能及时把握新的研究思潮和新的理论动向。建构主义理论、支架式理论、任务型理念，它们探讨了知识是如何获得的、语言是如何学习的等宏大问题，写作教学研究予以了关注，结合汉语写作特点进行了阐释，而阅读教学研究鲜有关注，总体而言研究的力度和深度不够，展开得不足。

理论研究还应该包括对阅读能力、写作能力的阐释。读写教学的目标是提高学生的汉语阅读与写作能力，能力的构成包括哪些方面，能力的获得经历什么样的阶段，显性的语言知识如何转化为隐性知识，读写课上要不要教以及如何教语言形式等，这些问题与读写课程的设立直接相关，与课堂教学的效果紧密相关，对这些课题的探讨也深有必要。

阅读理解是一个复杂的心理过程，在获得意义的过程中，学习者的大脑是如何工作的，信息加工的模式如何，学习者的认知过程如何，这些都直接决定了学习者的正确理解和快速理解。教师与学习者的个体因素及其互动关系在教学过程中扮演了什么样的角色、起到什么作用，也不容忽视。

（二）研究方法更加科学化，但关注的面应更广泛

本书的第一章主要探讨了汉语阅读理解问题，影响阅读理解的因素、破解阅读理解难题的研究得到学者的高度重视，研究成果也较有分量。汉语的字形字音、词义的透明度、猜词过程与技巧、句法形式等与汉语阅读理解关系重大，如果没有实证性的、数据可靠的研究则很难有说服力，因此学者们多采用量化研究方法，使得整个研究过程更加可信，结论令人信服。

写作教学研究方面，有学者采用量化分析的方法考察研究了学习者的书面产出、看图写作方式的效果等，总体而言，写作教学研究方面，学者们更关注的是教学本身，很多研究探讨了具体的写作教学方法，对过程的研究关注不够，研究内容很多为非数据性的，量化研究的方法运用得还不普遍。

从研究内容看，可关注的方面还很多。如阅读理解机制是国内外持续不断的研究焦点，而写作产出的内在机制研究还未得到应有的关注。有限的研究从写作文本中剖析学习者的写作表现，这突破了偏误分析的层次，关注到了学习者词汇与句法的运用，但影响学生书面表达的因素究竟有哪些，尚未见到系统深入的研究。写作教学研究的课题还可以更广泛、更深入。

研究方法方面，多元化的视角、多样化的研究手段构建成了现代科学研究的方法体系。采用课堂观察、问卷调查、个案分析等符合质性研究规范的成果开始出现并占有了一席之地。注重理性、注重数据的实证研究越来越多。大数据时代赋予了我们新的洞察力，中介语语料库的日臻完善给我们提供了更多可观察的材料，读写教学研究有条件使用大数据、大样本，进行跨学科的、历时的、对比的研究，来发现教学和学习的规律，探明因素之间的关系，验证教学方法的成效。我们有理由相信，借助更便捷和科学的研究手段，会产生更多更好的研究成果。

（三）新的研究领域在不断涌现

读写教学研究出现了很多新的观察视角和新的研究领域。语言教学本就是一个复杂的系统，影响阅读理解和写作表达的因素很多，比如对阅读文本生词量的规定在国内外的语言教学标准中都有说明，但词汇的密度如何影响阅读理解的效果，则是独辟蹊径的研究；分级读物研究是一个新的领域，长期以来，教学界重视课堂教学的教材编写，并不断推陈出新，但没有拿出精力去研究和编写课外读物，新的十年在这个方面有了突破。课外汉语分级读物的编写及研究应该更多些、更好些，希望此类研究能起到抛砖引玉的作用。在技能的培养方面，不少学者越来越认识到读与写的关联性，读写一体化教学模式正在建构中，相关的探索还是初步的，研究成果较少，质量也不高，但这是教学和研究的一个发展方向，期待在这方面也有更多更好的成果涌现。

本书挂一漏万，摘要性、概括性地检视了近十年来汉语阅读教学、汉语写作教学研究的一些成果，由于选题要求，仅关注了课堂教学研究的主要方面。读写技能相较于听说技能，总是处于次要的或不急迫的位置，相应的关注也会少一些。但从语言能力综合发展的目标来说，不可不重视，对某些语言技能发展不均衡或有特殊需求的学生来说，甚至是第一位的。总而言之，十年来的读写教学研究带给我们很多欣喜，由于能力所限，也可能遗漏了一些有价值的成果，评述也可能不够全面、客观。不当之处，敬请指正！

# 第一章

汉语阅读理解研究

第一节 字音字形与阅读理解 ①

字音、字形究竟在阅读中起着怎样的作用,一直是研究者所关心和争论的问题。不同研究者在不同文字体系下对此问题都做了大量的研究。Doctor 和 Coltheart 等认为由初学阅读者到成人熟练阅读者有一个由主要依靠音码到主要依靠形码的发展过程。另有一些研究者认为词汇通达不一定经过语音,语音的作用和影响是在字形的影响之后,这得到 Daneman 等人眼动 (eye movement) 研究的支持。关于字音字形在汉语阅读中的作用的观点也存在着分歧。有人认为在汉语阅读中,词汇加工必须经过语音编码,字音的作用非常大(曾志朗、张居美,1993);也有研究(周晓林,1997)认为字形信息在阅读中所起的作用更为重要。

根据阅读的双通路模型,熟练读者可以通过两条通路对书面字词进行加工:一条是直接的字形通路,即字形直接激活语义的通路;一条是语音通路,即字形通过字素与音位之间的对应规律来激活语音,然后激活语义(Colthert, Rastle, Perry, Langdon &

---

① 本节摘自吕欣航《留学生在汉语阅读中利用字形和语音信息的研究》,发表于《云南师范大学学报》(对外汉语教学与研究版)2007 年第 1 期。

Ziegler, 2001[1])。那么在从不熟练读者向熟练读者发展的过程中，字形通路和语音通路各起什么作用？主要观点有以下三种：基于双通路模型的发展模型认为，初学阅读者首先依赖语音通路，然后逐渐转移到字形通路（Coltheart, Laxon, Rickard & Elton, 1988[2]; Frith, 1986[3]; Johnston, Thompson, Fletcher-Flinn & Holligan, 1995[4]; Sprenger-Charolles, Siegel & Bonnet, 1998[5]）；基于联结主义模型的发展模型认为，不管是熟练读者还是不熟练读者，语音通路是最基本的通路（Perfetti, 1992[6]; Plaut, McClelland, Seidenberg & Patterson, 1996; Share, 1995[7]）。还有的研究认为初学者对语音通路或字形通路的运用与所学习的正字法的深度有关，对浅层正字法来说，字素和音位之间的对应比较简单，语音的激活是自动化

---

[1]　M. Colthert, K. Rastle, C. Perry, R. Langdon & J. Ziegler. DRC: A Dual Route Cascaded Model of Visual Word Recognition and Reading Aloud. *Psychological Review*, 2001.

[2]　V. Coltheart, V. Laxon, M. Rickard & C. Elton. Phonological Recoding in Reading for Meaning by Adults and Children. *Journal of Experimental Psychology: Learning, Memory, and Cognition*, 1998.

[3]　U. Frith. A Developmental Framework for Developmental Dyslexia. *Annals of Dyslexia*, 1986.

[4]　R. S. Johnston, G. B. Thompson, C. M. Fletcher-Flinn & C. Holligan. The Functions of Phonology in the Acquisition of Reading: Lexical Sentence Processing. *Memory & Cognition*, 1995.

[5]　L. Sprenger-Charolles, L. S. Siegel & P. Bonnet. Phonological Mediation and Orthographic Factors in Reading and Spelling. *Scientific Studies of Reading*, 1998.

[6]　C. Perfetti. The Representation Problem in Reading Acquisition. In P. Gough, L. Ehri & R. Treiman (eds.) *Reading Acquisition*. Hillsdale, NJ: Erlbaum, 1992: 107-143.

[7]　D. L. Share. Phonological Recoding and Self-Teaching: Sine Qua Non of Reading Acquisition. *Cognition*, 1995.

的，而且很难抑制，而在深层正字法中，学习者在阅读过程中并不单纯运用形音对应规则，还需要运用字形—语音通路作为补充（Goswami, Ziegler, Dalton & Schneider, 2001[①]）。

相对于拼音文字，汉字是一种深层正字法，汉字与音节之间的对应比较任意，缺乏一定的规则，字形无法提供准确的字音信息，汉语阅读者在阅读过程中利用更多字形信息还是更多利用字音信息？对两种信息的利用在初学阅读者和熟练阅读者之间有无差异？宋华等（1995）[②]运用接近正常阅读的校对任务考察了字音、字形信息在中文阅读中的作用及其发展变化，结果发现初学阅读者在阅读中主要依靠的是字音，而成人熟练读者主要依靠的是字形，在汉语阅读中确实存在由主要依赖字音向主要依赖字形的发展转换。研究者认为，这一过程的形成主要是因为初学者在阅读时必须借助于他们的口头词汇，阅读时需要通过字形激活字音来理解书面词汇。而随着阅读经验的丰富，学习者的字形与字义之间的联结不断加强，阅读时就可以直接由字形来激活字义。

那么对学习汉语的留学生而言，在学习阅读的过程中，没有口语词汇可以依赖，他们在学习阅读的过程中主要依赖音码还是形码，还是二者并重？留学生在刚刚学习汉语的过程中，语音语调非常难，尤其是汉语的声调，语音能起多大作用？随着留学生阅读经验的丰富，对字音和字形信息的利用是否会发生变化？

---

① U. Goswami, J. C. Ziegler, L. Dalton & W. Schneider. Pseudohomophone Effects and Phonological Recoding Procedures in Reading Development in English and German. *Journal of Memory and Language*, 2001.

② 宋华、张厚粲、舒华《在中文阅读中字音、字形的作用及其发展转换》，《心理学报》1995 年第 2 期。

汉字圈的学习者在学习汉语以前已经积累了丰富的关于字形的知识，而非汉字圈的学习者母语文字与汉字存在很大的差异，那么两类学习者在阅读过程中对字形、语音信息的利用上有无差异？本研究旨在考察汉语二语学习者在阅读过程中对字音字形的利用及其随着阅读经验的发展转化。该问题的探讨对阅读发展理论和阅读教学实践都有重要的意义。

一、实验方法

（一）被试

北京语言大学汉语进修学院初级进修系学生参加了本实验，其中初级上水平的学生34名，初级下水平的学生34名，中级水平的学生34名（共102人）。分别来自韩国、日本、印尼、美国、俄罗斯、德国、加拿大、泰国、朝鲜、瑞士等12个国家。我们根据学习者的母语中是否使用汉字，把他们分成两类："汉字圈"学习者和"非汉字圈"学习者。"汉字圈"学习者指来自韩国和日本的学习者，他们的母语文字中使用汉字，有比较丰富的汉字经验；"非汉字圈"学习者指使用拼音文字的学习者，在学习汉语之前没有任何汉字的经验。

（二）实验设计

采用三因素被试内混合设计：2别字类型（形似音异别字、音同形异别字）×3汉语水平（初级上、初级下、中级）×2母语背景（汉字圈、非汉字圈）。其中别字类型是被试内因素，有两个水平：形似音异别字、音同形异别字。被试间因素是被试留学生的汉语水平及母语背景。汉语水平，分为3等：从《汉语教程》31 课起点学习的留学生（初级上）；从 46 课起点学习的留学生（初级下）；和中级水平（学完 80 课经考试合格升入中级）的留学生。

（三）实验材料

阅读文章为一篇非常简单的短文，约 500 字。文章所用汉字都是被试熟悉的，是学过的。从短文中挑出 20 个汉字，分为两组，两组字在课文中出现的次数、笔画数、字的结构、在词中的位置等特征项目上基本匹配。其中一组用形似音异别字替换，如"爱好书法"的"爱"字用"受"字来代替。另一组字用音同形异别字替换，如"我们来到了长城"的"到"用"道"来代替。在短文中形似音异别字、音同形异别字分别为 10 个。

（四）实验程序

实验在被试的教室集体进行，教师先将小短文发给被试，要求只读一遍，一边读一边注意短文中有没有写得不对的汉字，如果有就用笔把它圈出来。读完一遍就交给老师，等全班同学都读完了，教师再将一篇印有 5 道简单问题的题纸发给被试，让被试根据刚才的短文简单回答上面的问题，目的是考察被试是否认真阅读并理解了文章。

（五）实验结果

所有被试对阅读理解问题的回答正确率都在 90% 以上，表明所有被试都认真阅读了文章并理解了文章的大意，因此没有被试被剔除。表 1-1 和表 1-2 分别列出了不同母语背景、不同汉语水平的学习者在形似、音同别字上的正确率。表 1-3 对比列出了汉字圈与非汉字圈对两种别字的校对正确率。

表 1-1　非汉字圈不同汉语水平学习者的正确率

汉语水平	形似别字	音同别字
初级上	0.25（0.19）	0.43（0.23）
初级下	0.34（0.20）	0.57（0.23）
中级	0.31（0.29）	0.58（0.17）

表 1-2　汉字圈不同汉语水平学习者的正确率

汉语水平	形似别字	音同别字
初级上	0.53（0.26）	0.61（0.22）
初级下	0.58（0.14）	0.81（0.09）
中级	0.69（0.12）	0.86（0.05）

根据表 1-1 的数据，非汉字圈不同汉语水平的学习者，对短文中形似别字的校对正确率远低于音同别字，其差值分别为：

初级上：$\Delta S_1 = 0.18$　初级下：$\Delta S_2 = 0.23$　中级：$\Delta S_3 = 0.27$

但是这种差异在非汉字圈不同级别的汉语学习者之间却不甚明显。初级上水平的汉语学习者与初级下水平的汉语学习者对于测试短文中的形似别字与音同别字的校对正确率差距稍大：其差值形似别字为 $\Delta S_1' = 0.09$；音同别字为 $\Delta S_1'' = 0.14$。初级上水平与中级水平的汉字学习者的差别就没有那么大了：其差值形似别字为 $\Delta S_2' = -0.03$；音同别字为 $\Delta S_2'' = 0.01$。由此可见，对于非汉字圈的汉语学习者，在学习的初期对于字形相似的字很难区分清楚，但对语音相同却字形相差很大的汉字相对容易区分清楚，表明字形对他们来说尤其困难。即使到中级阶段，仍然很难区分字形相似的字。这与宋华等（1995）对中国儿童（小学三年级和五年级学生）和成人熟练阅读者（大学生）的校对结果有所不同，他们的研究发现，初学者对形似错字容易察觉，对音同错字不易察觉。

根据表 1-2 的数据，汉字圈不同汉语水平的学习者，对短文中形似别字的校对正确率远低于音同别字，其差值分别为：初级上 $\Delta B_1 = 0.08$；初级下 $\Delta B_2 = 0.23$；中级 $\Delta B_3 = 0.17$。

同样，这种差异在汉字圈不同级别的汉语学习者之间却不甚明显，即初级上水平的汉字学习者与初级下水平的汉语学习者对于测试短文中的形似别字与音同别字的校对正确率差距稍大，其差值形似别字为 $\Delta B_1' = 0.05$；音同别字为 $\Delta B_1'' = 0.2$；初级上水平与中级水平的汉语学习者的差别就没有那么大了，其差值形似别字为 $\Delta B_2' = -0.02$；音同别字为 $\Delta B_2'' = 0.05$。由此可见，汉字圈的学习者对形似字的区分能力随着汉语水平的提高在不断进步，到了中级阶段则对形码的依赖加强。这个结果与高立群、孟凌（2000）[①] 的研究结果相似，即：汉语水平较低的被试在阅读过程中主要依赖汉字的语音信息，字形信息处于相对劣势。随着汉语水平的提高，学习者对字形的识别能力也在不断增强。

表 1-3 不同母语背景、不同汉语水平的学习者在形似、音同别字上的正确率比较

汉语水平	形似别字		音同别字	
	非汉字圈	汉字圈	非汉字圈	汉字圈
初级上	0.25（0.19）	0.53（0.26）	0.43（0.23）	0.61（0.22）
初级下	0.34（0.20）	0.58（0.14）	0.57（0.23）	0.81（0.09）
中级	0.31（0.29）	0.69（0.12）	0.58（0.17）	0.86（0.05）

---

① 高立群、孟凌《外国留学生汉语阅读中音、形信息对汉字辨认的影响》，《世界汉语教学》2000 年第 4 期。

对不同母语背景、不同汉语水平的学习者在两种别字上的正确率进行三因素重复测量方差分析发现：两种别字的校对正确率差异显著 $F(1,66) = 87.212$，$P = 0.000$，从表1-3的平均数我们可以看出，音同别字的校对正确率高于形似别字的校对正确率；学习者的汉语水平差异显著 $F(2,66) = 4.996$，$P = 0.01$；学习者的母语背景差异显著 $F(1,66) = 42.167$，$P = 0.000$，汉字圈被试的正确率高于非汉字圈被试的正确率；两种错误类型与学习者的汉语水平的交互作用、两种错误类型与学习者的母语背景的交互作用均不显著（$P > 0.1$）。

分别对不同母语背景的被试在两种别字上的正确率进行2（别字类型）×3（汉语水平）两因素方差分析发现：汉字圈被试对两类别字的校对正确率差异显著 $F(1,33) = 36.506$，$P = 0.000$；被试的汉语水平差异显著 $F(2,33) = 6.213$，$P = 0.005$。别字类型与被试汉语水平之间的交互作用边缘显著 $F(2,33) = 3.067$，$P = 0.060$。进一步简单效应检验发现：汉字圈不同汉语水平的被试在形似别字的校对正确率上没有差异 $F(2,33) = 2.332$，$P = 0.113$，在音同形异别字上的校对正确率却差异显著 $F(2,33) = 10.846$，$P = 0.000$。对汉字圈被试，只有初级下水平的被试在两种别字上的校对正确率没有差异（$t = 1.241$，$P = 0.241$），初级上水平和中级水平的被试在音同别字上的正确率显著高于形似别字上的正确率（$t_{初上} = 7.000$，$P = 0.000$；$t_{中级} = 4.432$，$P = 0.001$）。结果表明，汉字圈不同水平被试在阅读中主要依靠字形，所以形似别字校对正确率低，音同别字的校对正确率高，

对非汉字圈被试来说，在两类别字上的校对正确率差异显著 $F(1,33) = 50.717$，$P = 0.000$；不同汉语水平的被试之间差异

不显著 $F(2,33) = 1.103$，$P = 0.344$。所有水平的被试在音同别字上的正确率都显著高于形似别字上的正确率（$t_{初下} = 3.344$，$P = 0.007$；$t_{初上} = 5.480$，$P = 0.000$；$t_{中级} = 4.070$，$P = 0.002$）。别字类型与被试汉语水平之间的交互作用不显著 $F(2,33) = 0.580$，$P = 0.566$。我们对非汉字圈不同水平的被试在两种别字上的正确率分别进行单因素方差分析发现：不同汉语水平的被试在形似别字上的校对正确率没有差异 $F(2,33) = 0.471$，$P = 0.628$；在音同别字上的校对正确率也没有差异 $F(2,33) = 1.651$，$P = 0.207$。

二、讨论

本研究的结果表明，以汉语作为第二语言的留学生在汉语阅读中主要利用字形信息，较少利用字音信息。不论汉语水平低的留学生还是汉语水平高的留学生，也不论是来自汉字圈的留学生还是来自非汉字圈国家的留学生，在音同形异别字上的校对正确率都显著高于形似音异别字的正确率。可见，他们在阅读中主要依赖的是字形，由字形直接激活字义，因而对短文中的形似别字很难觉察，而音同形异的别字却比较容易觉察。

汉字圈不同水平的被试在形似别字上的校对正确率分别为0.53、0.58、0.69，虽然和音同别字的正确率存在一些差异，但是还比较高。而且，初级下水平的被试在音同和形似两种别字上的校对正确率并没有差异（$t = 1.241$，$P = 0.241$）。因此，我们推测在汉语学习初期，字形与字音、字形与字义、字音与字义三者的联结都处于初步建立的阶段，故而初级下水平的汉字圈被试在这两种别字上的正确率差异不大，音同别字略高于形似别字。随着汉字量的积累，三者的联结出现了不平衡，汉字圈被试对汉字的字形表征很快掌握，而对字音的掌握相对滞后，字形与字义之间的联结强度超过了字形与字音之间的联结强度，这就导致被试在阅读中更多依赖字形，较少依赖字音，因而在两类别字的校对成绩上出现了差异。

对非汉字圈被试来说，字音、字形的掌握都需要经历一个较长的过程。由于字形的表征非常不确定，因此对形似别字很难校对出来。但是到了中级阶段，对形似别字的校对正确率与音同别字的校对正确率非汉字圈和汉字圈的学习者几乎无差别，可见在初级上阶段母语背景对汉语学习会有一定的影响，到了初级下至中级阶段，母语背景的影响就逐渐减弱了。

初级、中级阶段的留学生大多对汉字的学习记忆还处于视觉分析的阶段，与熟练被试的由字形直接激活字义的加工方式存在本质区别。实际上，很多研究母语儿童汉字学习的专家认为，采用视觉分析的策略来学习和记忆汉字是一种低水平的学习策略，并非汉字学习的有效策略（Hu & Catts, 1998[1]; So & Siegel, 1997[2]; Chen & Siege, 2002[3]）。但这仅是我们根据实验数据进

---

[1] C. F. Hu & H. W. Catts. The Role of Phonological Processing in Early Reading Ability: What We can Learn from Chinese. *Scientific Studies of Reading*, 1998.

[2] D. So & L. S. Siegel. Learning to Read Chinese: Semantic, Syntactic, Phonological and Working Memory Skills in Normally Achieving and Poor Chinese Readers. *Reading and Writing*, 1997.

[3] C. K. K. Chen & L. S. Siegel. Phonological Processing in Reading Chinese among Normally Achieving and Poor Readers. *Journal of Experimental Child Psychology*, 2002.

行的推测,在今后的研究中,需要将被试的校对成绩与语音加工、字形加工综合起来考虑,进一步探讨留学生汉字学习的阶段与策略,为有效学习策略的建立寻找客观的依据。

三、结论及对阅读教学的启示

不管辨别形似别字还是辨别音同别字,汉字圈学习者的成绩都比非汉字圈学习者的成绩好,非汉字圈被试由于对汉字字形表征的认知较模糊,故而字形与字音、字形与字义之间的联结都较差,但字形与字义之间的联结稍强于字形与字音之间的联结。

汉字圈被试和非汉字圈被试对汉字字音的掌握都比较差,因此在阅读中都更多依靠字形信息。

虽然汉字圈被试的校对正确率接近大学生的校对成绩(宋华等,1995),但二者是否运用相同的策略还需要进一步研究。

综合以上分析,我们认为,要想使留学生真正掌握汉字从而提高汉语阅读水平,就要加强字音的教学以及形、音、义三者的联结。在初级上阶段,要根据不同母语背景留学生的学习特点,适当帮助学习者通过语音通路或是字形通路进行学习,到初级下阶段以后,应加强汉字字形的学习,将字义与字音和字形完整结合起来教给学生。

第二节 生词密度、文体与阅读理解[①]

阅读理解不仅受到背景知识、学习策略、语言能力等读者因素的制约，还受到生词密度、句法结构、课文结构、文章类型等文本因素的影响（Sahin，2013[②]）。文本因素、读者因素及其相互作用是影响阅读理解的三个重要成分（Calfee & Drum，1986[③]）。二语的阅读理解，因其包含了跨语言的加工过程以及母语与二语之间语言距离的影响，控制因素就变得更为复杂。

一、文本因素与阅读理解

相对于读者因素的研究，文本因素的研究显得有些薄弱。然而，研究者很早就注意到生词密度对阅读理解的影响。Perfetti（1985）[④]等从词义的角度考察过生词对阅读理解的影响；Carrell（1987）[⑤]则从文本难度评估的角度，分析了生词密度和阅读理解之间的关系。还有一些研究不仅验证了词汇是影响外

[①] 本节摘自吴思娜《生词密度、文体对不同层面二语阅读理解的影响》，发表于《汉语学习》2015年第2期。

[②] A. Sahin. The Effect of Text Types on Reading Comprehension. *Mevlana International Journal of Education,* 2013(2).

[③] R. C. Calfee & P. Drum. Research on Teaching Reading. In M. C. Wittrock (ed.) *Handbook of Research on Teaching.* New York: McMillan, 1986.

[④] C. A. Perfetti. *Reading Ability.* New York: Oxford University Press, 1985.

[⑤] P. L. Carrell. Content and Formal Schemata in ESL Reading. *TESOL Quarterly,* 1987.

语学习者阅读理解的最重要因素，还建立起了文本生词密度模型。但不同研究结果之间却存在较大差异。Laufer（1989）[1]通过实验认定，95%文内已知词汇覆盖率是阅读理解的门槛。Hu & Nation（2000）[2]根据回归分析建立的文内已知词汇覆盖率与阅读理解水平关系的数学模型，认为大多数英语学习者只有阅读98%文内已知词汇覆盖率的文本才能达到阅读理解水平。Carver（1990）[3]的研究结果是：100%文内已知词汇覆盖率的文本是相对容易的文本，98%及以下文内已知词汇覆盖率的文本是相对困难的文本，99%文内已知词汇覆盖率的文本比较符合阅读者的阅读。

之所以存在这样的差异，可能的原因之一就是研究者使用了不同文体的阅读材料，而生词密度对于不同阅读材料的影响可能有所不同。遗憾的是，前人对此并未进行研究。

另外，也有研究者（Sahin，2013）关注到不同文体文章的阅读难度问题。曾有人调查四、五年级的小学生，结果发现记叙文的阅读理解好于说明文。Temizyürek（2008）[4]在八年级学生身上

---

[1] B. Laufer. What Percentage of Text-Lexis is Essential for Comprehension?. In C. Lauren & M. Nordman (eds.) *Special Language: From Humans Thinking to Thinking Machines.* Clevedon: Multilingual Matters, 1989.

[2] M. Hu & I. S. P. Nation. Unknown Vocabulary Density and Reading Comprehension. *Reading in a Foreign Language,* 2000(13).

[3] R. P. Carver. Predicting Accuracy of Comprehension from the Relative Difficulty of the Materials. *Learning and Individual Differences,* 1990(2).

[4] F. Temizyürek. The Impact of Different Types of Texts on Turkish Language Reading Comprehension at Primary School Grade Eight. *Eurasian Journal of Educational Research,* 2008(30).

发现了类似的结果。Saenz（2002）①也用实验证明，读者阅读说明文比记叙文花费的时间更长、遇到的困难更多一些。但这都是针对拼音文字的研究，而且是基于母语阅读、从语言获得的角度进行的研究。值得注意的是，这些研究并未考虑生词密度与文体之间可能产生的交互作用。

在考察文本因素对阅读理解影响的研究中，绝大部分研究将阅读理解的不同问题类型视为一个整体，很少有研究者同时考察理解的不同层面（Best, et al, 2008②）。其实，阅读理解至少可以包含五个不同层面：词汇、命题、局部连贯、整体连贯和超结构语境层面（Zoghi, 2010③）。Ozuru（2009）④发现，词汇、局部连贯和整体连贯三种不同层面阅读理解的影响因素不同。但他是从读者因素的角度进行研究的，并未探测文本因素与阅读理解之间的关系。Eason（2012）⑤考察了10至14岁中小学生的读者特征、文体和问题类型之间的关系，发现文体的主效应，应用文（functional text）的理解更容易，但没有发现记叙文和说明文之间的差异。另外，他发现了问题类型的主效应以及文体和问题类

---

① L. M. Saenz. Examining the Reading Difficulties of Secondary Students with Learning Disabilities: Expository Versus Narrative Texts. *Remedial and Special Education,* 2002(23).

② R. M. Best, *et al*. Differential Competencies Contributing to Children's Comprehension of Narrative and Expository Texts. *Reading Psychology,* 2008(29).

③ M. Zoghi. Looking into EFL Reading Comprehension. *Procedia Social and Behavioral Sciences,* 2010(7).

④ Y. Ozuru. Prior Knowledge, Reading Skill, and Text Cohesion in the Comprehension of Science Texts. *Learning and Instruction,* 2009(19).

⑤ S. H. Eason, *et al*. Reader-Text Interactions: How Differential Text and Question Types Influence Cognitive Skills Needed for Reading Comprehension. *Journal of Educational Psychology,* 2012(3).

型之间的交互作用。这说明，学生对不同类型问题的回答和文体有关。

国内学者对二语阅读理解文本因素的研究不多，主要集中于英语作为第二语言的学习（邓玉梅，周榕，2008[①]；亓鲁霞，王初明，1988[②]），而汉语作为第二语言的研究目前还十分少见。王佶旻（2006）[③]对三份 HSK（基础）试卷阅读理解试题的难度进行了分析。结果发现，材料类型、试题题干类型及试题选项长度等对试题难度有显著影响。张卫国（2006）[④]通过对阅读材料的考察和计算发现，满意的阅读理解应该有 95% 左右的识读率。

纵观国内外研究，关于文本因素对阅读理解影响的研究数量还相当有限，阅读理解不同层面的研究也没有展开。

鉴于此，本研究拟从生词密度和文体两个重要的文本因素入手，探索其对不同层面二语阅读理解的影响。具体探讨如下几个问题：

1. 生词密度对汉语阅读理解的影响如何？
2. 文体对汉语阅读理解的影响如何？
3. 生词密度、文体对不同层面的阅读理解有何影响？

---

① 邓玉梅、周榕《标题对 EFL 学习者英语说明文阅读理解与信息保持的影响》，《华南师范大学学报》（社会科学版）2008 年第 6 期。

② 亓鲁霞、王初明《背景知识与语言难度在英语阅读理解中的作用》，《外语教学与研究》1988 年第 2 期。

③ 王佶旻《HSK（基础）阅读理解难度的影响因素研究》，《云南师范大学学报》（对外汉语教学与研究版）2006 年第 3 期。

④ 张卫国《阅读：覆盖率、识读率和字词比》，《语言文字应用》2006 年第 3 期。

二、研究方法

（一）研究目的

考察汉语作为第二语言阅读中，生词密度与文章类型对不同层面阅读理解的影响。

（二）研究对象

被试为北京外国语大学中文学院 39 名东南亚留学生，分为三个班，每班 13 名。已在中国学习两年汉语，汉语水平为中、高级。

（三）研究材料

实验材料为 3 篇经过改编的 HSK 六级阅读文章。其中 1 篇为说明文，1 篇为记叙文，1 篇为夹叙夹议文（简称叙议文）。文章字数为 513 至 565 字。对每篇文章中的个别词语进行修改，使其成为高、中、低三种不同生词密度的课文。低生词密度为 3%，中生词密度为 5%，高生词密度为 7%。生词选取的标准为《汉语水平词汇与汉字等级大纲》[①] 的丁级词和超纲词，并经过任课老师评定，确认为生词。每篇文章的理解问题分为三类：词汇问题、局部问题和全局问题。词汇问题指的是猜测课文中的生词意义；局部问题是通过文中某一段的内容能够获得答案的问题；全局问题指的是需要对课文进行总体把握的问题，包括中心思想、作者的态度和观点等。每类问题设计 3 个，每篇课文共 9 个问题。不同密度的同一篇课文，具有相同的问题。

---

① 国家对外汉语教学领导小组办公室《汉语水平词汇与汉字等级大纲》，北京语言学院出版社，1992 年。

（四）研究设计与程序

研究为3（文体）×3（生词密度）×3（问题类型）三因素混合设计。其中文体和问题类型是被试内变量，生词密度为被试间变量。因为同一篇文章包含了三种不同的生词密度，因此，我们采用拉丁方的方法分配实验材料。阅读材料的生词密度为高（H）、中（M）和低（L），三种文体为记叙文（1）、叙议文（2）和说明文（3）。三个班实验材料分配如下：一班，H1、M2、L3；二班，H2、M3、L1；三班，H3、M1、L2。对全体被试在每类问题上的错误数量进行统计分析，数据统计采用SPSS19.0分析软件。

三、研究结果

不同文体、不同密度与不同层面问题理解的描述统计见表1-4。

表1-4　不同文体、不同密度与不同层面问题理解的错误数量

文体	生词密度	词汇问题	局部问题	全局问题	总计
记叙	高	9	15	30	54
记叙	中	12	19	11	42
记叙	低	6	11	9	26
叙议	高	17	10	13	40
叙议	中	18	17	23	58
叙议	低	9	5	6	20
说明	高	23	28	20	71
说明	中	17	31	22	70
说明	低	8	11	11	30

因为我们主要关心不同文体和不同生词密度之间的差别,因此,对结果进行了项目分析。见表 1-5。

表 1-5 错误数量项目分析的主效应及交互作用

效应	F 值	显著性
文体	3.64	$P<0.05$
密度	11.7	$P<0.01$
理解层面	2.31	$P>0.05$
理解层面 × 密度	1.07	$P>0.05$
文体 × 密度	1.09	$P>0.05$
理解层面 × 文体	3.4	$P<0.05$
理解层面 × 文体 × 密度	2.28	$P<0.05$

方差分析的结果显示两个显著的主效应,文章类型主效应和密度主效应,分别对其进行 LSD 两两比较得知,说明文的错误数量明显高于记叙文和叙议文($P<0.05$),后两者差别不显著($P>0.05$)。对密度主效应的两两比较得知,高密度和中密度的错误数量明显高于低密度($P<0.05$),而高、中密度两者差别不显著($P>0.05$)。

项目分析还发现两个显著的交互作用:

一是理解层面与文体的交互作用。进一步对其进行简单效应分析,结果发现:词汇问题上,三种文体阅读理解错误数量没有差别($F=2.57$,$P>0.05$);局部问题上,说明文阅读理解错误数量明显高于记叙和叙议文($F=4.05$,$P<0.05$);全局问题上,三者没有差异($F=0.33$,$P>0.05$)。

另一个显著的交互作用是理解层面、文体、密度的三者交互作用。进一步的简单效应检验发现:词汇问题高密度条件下,三种文体阅读理解成绩差异显著（$F = 5.69$，$P < 0.05$）。LSD 比较发现，说明文的阅读理解错误数量在高密度时显著高于记叙文（$P < 0.05$）。在中、低密度时，三种文体差异均不显著（密度中：$F = 0.63$，$P > 0.05$；密度低：$F = 0.25$，$P > 0.05$）。见图 1-1 左图。

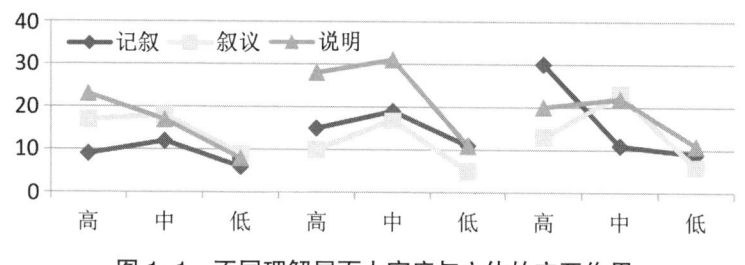

图 1-1　不同理解层面上密度与文体的交互作用

局部问题高、中、低密度时，三种文体错误数量均无显著差异（密度高：$F = 2.29$，$P > 0.05$；密度中：$F = 3.02$，$P > 0.05$；密度低：$F = 1.2$，$P > 0.05$）。见图 1-1 中图。

全局问题高密度条件下，三种文体错误数量差异显著（$F = 5.34$，$P < 0.05$）。LSD 比较发现，记叙文的错误数量在高密度时显著高于叙议文（$P < 0.05$）。中、低密度时，三种文体差异均不显著（密度中：$F = 2.33$，$P > 0.05$；密度低：$F = 0.39$，$P > 0.05$）。见图 1-1 右图。

为了考察密度的影响，我们又做了另外的分析。记叙文的词汇问题，三种密度下的成绩差异不显著（$F = 0.6$，$P > 0.05$），局部问题差异也不显著（$F = 0.44$，$P > 0.05$），全局问题差异显著（$F = 5.76$，$P < 0.05$）。进一步 LSD 比较可知，高密度和中、低密度差异显著（$P < 0.05$），中、低密度差异不显著（$P > 0.05$）。见图 1-2 左图。

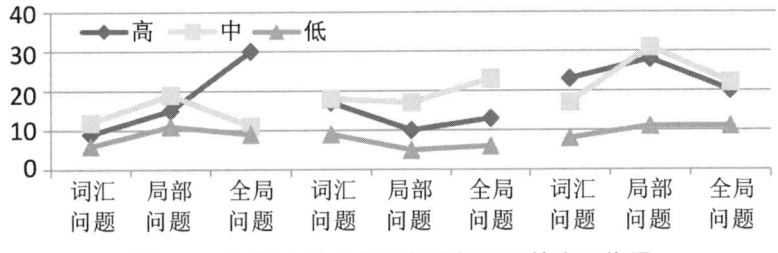

图 1-2 不同文体中密度与理解层面的交互作用

叙议文的词汇问题，三种密度差异显著（$F=5.6$，$P<0.05$），比较可知，高、中密度之间差异不显著（$P>0.05$），但错误数量均高于低密度（$P<0.05$）。局部问题三种密度差异不显著（$F=2.27$，$P>0.05$）。全局问题三种密度差异显著（$F=7.55$，$P<0.05$）。进一步比较发现，只有中、低密度之间差异显著（$P<0.05$）。见图 1-2 中图。

说明文词汇问题，三种密度差异不显著（$F=3.8$，$P>0.05$），局部问题差异显著（$F=8.3$，$P<0.05$）。通过比较发现，高、中密度之间差异不显著，但错误数量均高于低密度（$P<0.05$）。全局问题三种密度无显著差异（$F=2.15$，$P>0.05$）。见图 1-2。全部分析结果见表 1-6。

表 1-6 方差分析结果显著的主效应及交互作用

主效应		
文体		记＝议＜说
密度		高＝中＞低
交互作用		
理解层面 × 文体	词汇	记＝议＝说
	局部	记、议＜说
	全局	记＝议＝说

续表

交互作用						
理解层面×文体×密度	词汇	高	说＞记	记叙	词汇	高＝中＝低
		中	记＝议＝说		局部	高＝中＝低
		低	记＝议＝说		全局	高＞中＝低
	局部	高	记＝议＝说	叙议	词汇	高＝中＞低
		中	记＝议＝说		局部	高＝中＝低
		低	记＝议＝说		全局	中＞低
	全局	高	记＞议	说明	词汇	高＝中＝低
		中	记＝议＝说		局部	高＝中＞低
		低	记＝议＝说		全局	高＝中＝低

四、结果讨论

（一）汉语阅读中生词密度与理解的关系

大量的研究证实，生词一直是影响阅读理解最重要的因素。虽然在阅读的高级阶段，背景知识、推理能力以及阅读策略等认知因素等对理解的影响有所增强，但是生词的影响依然存在。我们的研究发现，低生词密度时的成绩明显好于中、高密度时的成绩。这说明生词对阅读理解成绩的影响依然显著。对于生词密度的具体数值，不同的研究者观点不尽相同。Laufer(1989) 通过实验认定，95% 文内已知词汇覆盖率是阅读理解的门槛。Carver（1990）则认为，99% 文内已知词汇覆盖率的文本比较符合阅读者的阅读。张卫国（2006）通过对阅读材料的考察和计算发现，满意的阅读理解建立在 95% 左右的识读率上。我们的研究发现，中高级阶段的汉语学习者，生词密度为 3% 时的阅读理解成绩要好于 5% 和 7%。这说明，当生词密度超过 3% 时，阅读理解成绩就会受到很明显的影响。3%以下也许是一个比较理想的生词密度。但是这个数值会因文体的差异而发生变化。

（二）汉语阅读中文体与理解的关系

在文本因素的研究中，研究者通常关注的是生词密度、句子长度等文本信息。最近，也有研究者将视角转向了文体、连贯性等其他信息[①]。研究者发现，儿童对于某一种文体的理解能力无法代表其总体的阅读能力（Eason, et al, 2012）。也就是说，不同文体之间的阅读理解成绩存在一定的差异。研究证实，说明文的教学和理解比记叙文更加困难（Best, 2008；Haberlandt & Graesser, 1985[②]）。但这些结果大多来自拼音文字、母语的研究，且是基于儿童语言发展的研究。另外，前人研究中较少考察叙议文的阅读理解情况。当我们综合这些因素进行考察时，结果再一次验证了说明文的阅读理解难度最大。叙议文的阅读理解难度接近记叙文。这可能与不同文体的写作特点有关。Snow（2012）[③]提出文本特征会影响阅读理解。记叙文和说明文在文章内容、结构和词语上都不同。记叙文最典型的元素有人物、事件，能通过背景知识进行推理，语言更接近口语，因此比说明文更容易理解。而说明文是要向读者传达某一主题的新信息，读者的背景知识可

[①] A. C. Graesser. Coh-Metrix: Providing Multilevel Analysis of Text Characteristic. *Educational Researcher*, 2011（40）.

[②] K. F. Haberlandt & A. C. Graesser. Component Processes in Text Comprehension and Some of Their Interactions. *Journal of Experimental Psychology: General*, 1985（114）.

[③] C. E. Snow. *Reading for Understanding: Toward a Research and Development Program in Reading Compression.* http://www.rand.org/pubs/monograph_reports/MR1465/index.html, 2012-3-27.

能更缺乏，文本是用概念之间的逻辑关系根据主题组织起来的，绝大部分内容是抽象的术语。同时，为了确保意义表达得准确和完整，说明文的句法结构也是比较复杂的。因此，说明文的阅读理解困难可能是由其文本特点造成的。

（三）生词密度、文体对不同层面的阅读理解的影响

相关研究虽然发现，说明文是阅读理解难度最大的文章类型，但是并未深入探讨生词密度对阅读理解难度的影响，尤其是对不同层面阅读理解的影响。总体来说，生词密度对不同层面阅读理解的影响程度不同。生词密度对词汇问题和全局问题的影响比对局部问题更大。而对不同的文体，生词密度的影响方式也有所差别。

对于记叙文，生词密度影响最大的是全局问题。高密度时，错误数量显著增加，而在中、低密度时，错误数量差异不显著。对于词汇问题和局部问题，生词密度的影响并不明显。这是因为，全局问题一般是超文本信息，如作者的态度、意图、文章的总体格调等。它依赖于读者对文章中每一句及每一段内容的准确把握。在阅读记叙文时，读者对词汇问题和局部问题的猜测有时不准确，从而产生偏差，在理解全局问题上就可能表现出来。但是这种影响只有在生词密度超过一定限度时才表现出来。在有事件、有情节的记叙文的阅读中，读者一般可以根据上下文的语境和日常生活的常识来进行推理，生词密度对记叙文阅读理解的影响相对而言没有对其他两种文体那么大。

对于叙议文，生词密度影响最大的是词汇问题和全局问题。低密度和中、高密度差异显著，这说明词汇问题和全局问题极易受生词密度的影响。局部问题三种密度差异不显著。叙议文兼有

记叙文和议论文的特点，有一定的情节，但更重要的是要表达一种观点。因此，即便很好地理解了故事，也未必能准确领会作者的观点、态度。如果生词密度增加，阅读理解的困难就会明显显现出来。这一点可以从低、中密度影响全局问题的显著差异中看到。另外，生词密度的影响也体现在词汇问题上。这是因为叙议文中的词汇跟记叙文中的不同。它因为有议论的成分，因此依靠语境和生活常识进行推理的难度更大，发生的错误也就更多。在研究中体现为中、高密度的错误率明显高于低密度条件。

从说明文的情况来看，生词密度对词汇问题、局部问题和全局问题的影响都比较大。局部问题上低密度和中、高密度差异显著。在全局问题和词汇问题上，虽然三种密度的差别还没有达到统计学意义上的显著水平，但是从数据中可以明显地看出中、高密度下的错误率高于低密度条件，表现出生词密度发生变化时困难陡然增加的倾向。这说明生词密度对说明文各层面的阅读理解都有较大影响。如前所述，说明文的目的是向读者介绍新信息，词语不如记叙文那样更贴近口语，又缺少相应的语境和背景知识，这就使得读者更多地依赖对每个词语意义的理解，生词密度的影响也就因此突显出来。

此外，我们还发现文体与阅读理解层面的交互作用。词汇问题上，三种文体的阅读理解错误数量没有差别。但是如果考虑密度因素，这个结果就变得复杂了。词汇问题上，高密度时三种文体的阅读理解成绩差异显著，但并没有发现中、低密度时三种文体的阅读理解成绩的差异。这说明，当生词密度在中、低水平，也就是不超过5%时，三种文体并没有表现出难度的差异。当密度超过5%时，说明文词汇问题的难度要高于记叙文和叙议文。

局部问题上，我们发现说明文的阅读理解错误数量明显高于记叙和叙议文，但是三种密度的每种水平上，并没有看到不同文体的阅读理解成绩的差异。究其原因，我们发现，其实在高、中密度上说明文的错误数量（28；31）都高于记叙文（15；19）和叙议文（10；17），但是没有到达显著的程度，这种趋势的累积，就造成总的错误数量达到差异显著的结果。这说明，虽然没有达到显著程度，但是在高、中密度下，说明文的阅读理解难度仍然高于记叙文和叙议文。也就是说，当生词密度超过5%时，说明文局部问题的回答要比记叙文和叙议文难度大。

　　全局问题上，三种文体整体上的阅读理解成绩没有表现出差异。但是在高密度条件下，记叙文阅读理解的错误数量明显高于叙议文。这是因为相对于记叙文，叙议文中的议论部分，能帮助学生掌握文章的主旨，获取文章的全局信息，而记叙文则缺少这部分内容，在分析时更多地依赖对故事情景和内容的推理，因此当生词密度增加、他们的推理产生困难时，对于全局问题的理解就出现障碍。记叙文的阅读理解困难程度显著高于叙议文，但是和说明文没有明显差别。

五、对教材编写和 HSK 阅读试卷设计的建议

　　在对外汉语教材编写和 HSK 阅读理解试卷的设计中，研发人员需要考虑生词密度、文体对阅读理解的影响。为了达到理想的阅读效果，生词密度需要加以控制。研究发现，3%以下也许是一个比较理想的生词密度。但是这个数值会因文体的差异而发生变化。在阅读中，说明文的阅读难度最大，生词密度超过3%时，

词汇问题、局部问题和全局问题的阅读理解都会受到较大影响，因此，说明文的生词密度控制在 3% 以内为宜。而记叙文因为有时间、情节等信息及其使用的词汇比较日常化的特点，其阅读理解在生词密度达到 7% 时才受到明显影响，所以这类文章可以适当提高生词比例。叙议文兼有记叙文和议论文的特点，生词密度对全局问题的影响最大。因此，其生词密度应介于说明文和记叙文之间，5% 也许是个比较理想的数值，超过这个标准，理解度就会受很大影响。

另外，由于说明文的阅读理解难度最大，而且极易受生词密度的影响，所以阅读材料应该适当减少这类文章的比例，以记叙文和叙议文为主。同时，由于生词密度对词汇问题和全局问题的影响更大，故而在生词密度较高的文章中，要谨慎设置这两类问题。

第三节　词汇句法与阅读理解[①]

一、研究背景

关于二语阅读理解的研究已经开展近一个世纪了。有关阅读理解的实证研究（empirical reading research）常常关注各种不同成分在理解中的作用，如解码、词汇、句法和阅读策略等，但对

[①] 本节摘自吴思娜《词汇、句法和元认知策略对日本学生汉语阅读理解的影响》，发表于《语言教学与研究》2016 年第 2 期。

于不同成分的相对作用,学界存在较大分歧(Gelderen, et al, 2004[①])。一些学者认为解码知识、词汇知识等二语语言知识对阅读理解的作用更显著(Alderson, 1984[②]),而另一些学者则更强调阅读策略和元语言意识对阅读理解的作用(Goodman, 1970[③])。

词汇知识长期以来一直被认为是和阅读理解关系最密切的因素(Koda, 2005:48[④])。Khaldieh(2001)[⑤]发现词汇是预测阅读理解的最重要的变量。Kim(1995)[⑥]认为,词汇困难是造成阅读理解困难的一个关键因素。虽然对于词汇对阅读理解的重要性研究者们已经达成了共识,但是对于词汇和句法的相对作用,研究者们仍然争执不下。有研究者提出,句法知识在阅读理解中的作用可能超过词汇知识。Shiotsu & Weir(2007)[⑦]用结构方程

---

① A. V. Gelderen, R. Schoonen, K. D. Glopper, J. Hulstijn, A. Simis, P. Snellings & M. Stevenson. Linguistic Knowledge, Processing Speed, and Metacognitive Knowledge in First-and Second-Language Reading Comprehension: A Component Analysis. *Journal of Education Psychology,* 2004(96):19-30.

② J. C. Alderson. Reading in a Foreign Language: A Reading Problem or a Language Problem? In J.C. Alederson & A.H.Urquhart(eds.) *Reading in a Foreign Language.* London, UK: Longman, 1984:1-27.

③ K. Goodman. Psycholinguistic Universals in the Reading Process. *Journal of Typographic Research,* 1970, 13(1):103-110.

④ K. Koda. *Insights into Second Language Reading: Across-Linguistic Approach.* New York: Cambridge University Press, 2005.

⑤ S. Khaldieh. The Relationship between Knowledge of Icraab, Lexical Knowledge and Reading Comprehension of Nonnative Readers of Arabic. *The Modern Language Journal,* 2001, 85(3):416-431.

⑥ M. Kim. Literature Discussions in Adult L2 Learning. *Language, Culture, and Curriculum,* 1995(18):134-166.

⑦ T. Shiotsu & C. J.Weir. The Relative Significance of Syntactic Knowledge and Vocabulary Breadth in the Prediction of Reading Comprehension Test Performance. *Language Testing,* 2007(24):99-128.

模型考察了词汇和语法知识对阅读理解的贡献程度。在三个独立的研究中都发现句法知识对日本 ESL 的阅读理解贡献超过词汇。Shiotsu（2010）[1]又用多重回归方法考察了词汇、语法和词语阅读潜伏期对日本大学生 ESL 阅读理解的影响，也得到了相似的结果，且在低水平和高水平的读者中都是如此。但是，Zhang（2012）[2]却发现词汇比语法的预测作用更强。在控制语法知识后，词汇知识对阅读理解的贡献仍然显著，而反之则不是。Gelderen, *et al*（2004）也报告了非常相似的结果。目前，句法知识与词汇知识的相对重要性问题，仍然没有得到有效的解决，仍需要更多的研究证据。

元认知策略在提高阅读能力方面的重要作用已被大量英语研究证实（Baker, 2008[3]; Alhqbani & Riazi, 2012[4]; Madhumathi & Ghosh 2012[5]）。然而，对于元认知策略和语言知识在阅读理

---

[1] T. Shiotsu. *Components of L2 Reading: Linguistic and Processing Factors in the Reading Test Performances of Japanese ESL Learners.* Cambridge: Cambridge University Press, 2010.

[2] D. Zhang. Vocabulary and Grammar Knowledge in Second Language Reading Comprehension: A Structural Equation Modeling Study. *The Modern Language Journal,* 2012(96):558-575.

[3] L. Baker. Metacognitive Development in Reading: Contributors and Consequences. In K. Mokhtari & R. Sheorey (eds.) *Reading Strategies of First-and Second-Language Learners: See How They Read.* Norwood, MA:Christopher-Gordon, 2008:25-42.

[4] A. Alhqbani & M. Riazi. Metacognitive Awareness of Reading Strategy Use in Arabic as a Second Language. *Reading in Foreign Language,* 2012(24): 231-255.

[5] P. Madhumathi & A. Ghosh. Awareness of Reading Strategy Use of Indian ESL Students and the Relationship with Reading Comprehension Achievement. In Canadian Center of Science and Education (ed.) *English Language Teaching,* 2012(5): 131-140.

解中的相对作用，研究结果却迥然不同。Garner（1987）[①]认为学生因词汇和解码方面的缺陷而造成的阅读理解困难，其实可能是由于策略知识的缺乏。但是 Schoonen，*et al*（1998）[②]的研究表明，相对于元认知知识，英语词汇知识更能预测阅读理解成绩。Gelderen，*et al*（2003）[③]发现，母语和二语阅读中，词汇、句法、元认知都有明显的作用，且三者作用相当。而在随后的研究中却发现，母语阅读中元认知具有明显作用，而二语阅读中元认知和词汇的作用都显著，但是作者并未说明二者相对贡献的大小。纵观前人研究不难发现，不同研究的结果差别很大，元认知策略和词汇、句法等语言知识对阅读理解的相对作用，目前仍不清晰。

国内关于二语阅读理解的研究多集中于英语作为外语的领域（杨小虎、张文鹏，2002[④]；翟康、梅爱祥，2015[⑤]）。虽然研究成果丰硕，但是由于学习对象和英汉两种文字系统的差别巨大，其研究成果依然无法直接用于汉语作为第二语言的学习过程。汉

[①] R. Garner. *Metacognition and Reading Comprehension.* Norwood, N.J.: Ablex, 1987:105.

[②] R. Schoonen, J. Hulstijn & B. Bossers. Metacognitive and Language-Specific Knowledge in Native and Foreign Language Reading Comprehension: An Empirical Study among Dutch Students in Grades 6,8 and 10. *Language Learning,* 1998(48):71-106.

[③] A. J. S. Van Gelderen, R. Schoonen, K. D. Glopper, J. Hulstijn, P. Snellings, A. Simis & M. Stevenson. Roles of Linguistic Knowledge, Metacognitive Knowledge and Processing Speed in L3,L2 and L1 Reading Comprehension: A Structural Equation Modeling Approach. *International Journal of Bilingualism,* 2003(7):7-25.

[④] 杨小虎、张文鹏《元认知与中国大学生英语阅读理解相关研究》，《外语教学与研究》2002 年第 3 期。

[⑤] 翟康、梅爱祥《频次效应和阅读理解关系研究》，《中央民族大学学报》（哲学社会科学版）2015 年第 2 期。

语作为第二语言阅读理解的研究目前还十分少见。可贵的是，马燕华（2005）[①]采用练习分析和问卷调查等方法对高年级留学生汉语阅读理解的难易语句进行了有益的探索；黄敬、王佶旻（2013）[②]采用结构方程模型的方法考察了高级水平汉语学习者的语言理解能力的构成要素。对于影响阅读理解的因素，两个研究均未涉及。

综上所述，元认知、词汇、句法等因素对二语阅读理解的相对作用还不明确，而各因素在汉语作为第二语言阅读理解中的作用更是不得而知。另外，几乎没有研究分析被试内部的差异情况，而不同研究的差异很可能与被试的二语水平有关。鉴于此，本研究主要考察以下两个问题：

1. 词汇、句法和元认知策略在汉语作为第二语言的阅读理解中的作用如何？

2. 词汇、句法和元认知策略对不同汉语水平的学生阅读理解的作用是否相同？

二、研究方法

（一）研究对象

日本大东文化大学和北京外国语大学汉语专业三、四年级学生共 85 名参加了本实验。其中男生 36 人，女生 46 人，性别不

[①] 马燕华《高年级留学生汉语阅读理解难易语句分析》，《语言文字应用》2005 年第 3 期。

[②] 黄敬、王佶旻《基于结构方程模型的高级水平汉语学习者语言理解能力结构探究》，《华文教学与研究》2013 年第 2 期。

详 3 人。他们学习汉语的时间为三至三年半。

（二）研究材料

1. 词汇。

考虑到中国目前没有统一的词汇量测试。我们以《汉语水平词汇与汉字等级大纲》[①]（简称《大纲》）为模版，参照张和生（2006）[②]的方法，编制了词汇量测试表。具体方法为：从《大纲》的甲、乙、丙、丁四级词汇中按照 1% 的比例进行抽取。抽取甲级词 10 个，乙级词 20 个，丙级词 22 个，丁级词 36 个，共 88 个。具体抽取原则为随机抽取。要求被试判断自己是否认识这个词。为防止谎报，材料中加入了 12 个假词，如 "博题"。假词判断正确率低于 85% 的试卷将被视为无效。将被试词表中的生词量乘以 100，得到其词汇量数据。

2. 句法知识。

汉语句法错误的类型繁多，且每种类型还可以区分出不同的小类。本研究无法穷尽所有的错误类型。赵清永（1994）[③] 提出，学生句法方面的错误主要是句子成分的错位、残缺、多余以及词类搭配组合不当等。通过对其他文献的考察我们也发现，这几类错误的确在留学生的汉语学习中经常出现。因此我们决定采用错序、遗漏和误加三种错误类型。研究材料包括错序、遗漏和误加三种句法错误的句子各 15 个，共 45 个句子。每种类型中各包含

[①] 国家对外汉语教学领导小组办公室《汉语水平词汇与汉字等级大纲》，北京语言学院出版社，1992 年。

[②] 张和生《外国学生汉语词汇学习状况计量研究》，《世界汉语教学》2006 年第 1 期。

[③] 赵清永《从语法研究的三个平面看外国留学生的误句》，《北京师范大学学报》（社会科学版）1994 年第 6 期。

3小类，每小类有5个句子（表1-7）。另有15个正确的句子作为填充材料。全部句子为60个，句子长度为10至15个字，平均12.15个字。所有句子中出现的词语均来自对外汉语初级教材，并标注了拼音，以减少材料本身对结果造成的干扰。句子内容均与学生的日常生活相关，学生比较熟悉。60个句子的呈现顺序进行随机化处理。被试的任务是判断句子是否正确，统计其正确率。

表1-7 句法知识测试材料举例

错误	具体类型	例句
错序	状语位置	我学习汉语在大学。
	定语位置	这里是一个中国很美的地方。
	补语位置	去年他回来日本了。
遗漏	谓语遗漏	李老师教A班，也B班。
	状语遗漏	他的女朋友漂亮。
	助词遗漏	那里有好看湖。
误加	"是"误加	周末地铁上的人是很多。
	"有"误加	我要学习汉语，也有要学习中国文化。
	"很"误加	我们的教室很干干净净。
	正确	我打算请朋友去吃北京烤鸭。

3.元认知策略。

元认知策略问卷采用MARSI（Meta-cognitive Awareness of Reading Strategy Inventory）（Mokhtari & Sheorey, 2002[①]）。该量表用于测量语言学习策略中元认知意识，具有良好的内部一致性信度（0.89）。共有30道题，分为三大类：总体策略（13项），问题解决策略（8项）及支持策略（9项）。总体策略指的是跟

---

① K. Mokhtari & R. Sheorey. *Measuring ESL Students' Awareness of Reading Strategies. Journal of Developmental Education,* 2002(25)：2-10.

课文的整体分析有关的策略，比如阅读的目标、背景知识的利用等。问题解决策略是当文章的理解出现困难时的调整和修补策略，如注意力分散的时候及时调整回来、根据阅读内容调整阅读速度等。支持策略是记笔记、查字典等帮助策略。每个题目有5个选项，从1到5为"从来不"到"总是如此"，被试根据自己的实际情况选择合适的数值。为了消除被试理解上的困难，问卷被翻译成日语后进行调查。

4.阅读理解测验。

阅读理解测验使用HSK5级模拟试题的阅读理解部分。共45道题，包含从句子到篇章的不同阅读类型。时间为50分钟。计算学生的正确率。

（三）研究程序

全部测验分两次施测。先进行阅读理解测验，间隔一周测词汇、句法知识和元认知策略，三个测验同时施测，时间为50分钟。

无效问卷标准：1.词汇、句法测试中填充材料正确率低于85%者；2.两次测验中有一次缺席者；3.姓名信息不全者。发放问卷85份，回收有效问卷70份，有效率为82.3%。数据分析采用SPSS19.0统计软件。

三、研究结果

（一）中高阶段学生的阅读理解影响因素分析

中高阶段学生各项测验的平均分数见表1-8。阅读理解成绩为0.65，词汇为5 169，句法知识的正确率为0.67。从数据上看，各测验的成绩都没有出现天花板或者地板效应。在三种元认知策略的使用上,问题解决策略的使用频率远高于总体策略和支持策略($t_{(68)} = 8.74$,$P < 0.001$;$t_{(68)} = 9.40$,$P < 0.001$)。而总体策略和支持策略的使用没有显著差异,说明问题解决策略是最受学生欢迎的策略。

表1-8 学生各测验的描述统计及差异检验

测试项目	学生成绩(sd)	高水平组(sd)	低水平组(sd)	F 值
阅读理解(正确率)	0.65(0.17)	0.76(0.11)	0.47(0.07)	134.43***
词汇量(个数)	5 169(1 588)	5 766(1 504)	4 158(1 176)	21.79***
句法知识(正确率)	0.67(0.18)	0.73(0.13)	0.54(0.19)	24.43***
GS(总体策略)	3.19(0.71)	3.31(0.72)	2.98(0.67)	3.53
PS(问题解决策略)	3.81(0.78)	3.76(0.79)	3.88(0.77)	0.39
SS(支持策略)	3.16(0.69)	3.20(0.71)	3.09(0.66)	0.36

注:*$P < 0.05$;**$P < 0.01$;***$P < 0.001$。后同。

为了考察词汇、句法、策略和阅读理解的关系,我们进行了相关分析,结果见表1-9。从相关矩阵可以看出,与阅读理解显著相关的有词汇、句法和总体策略,词汇与句法之间也存在显著相关,这就使得其各自独立的作用不明确。另外,三种元认知策略之间的相关也较显著。所以,虽然与阅读理解显著相关的只有总体策略,但三种策略与阅读的关系也不十分清晰。

表1-9 词汇、句法、策略与阅读理解之间的相关矩阵

相关	阅读理解	词汇	句法知识	总体策略	问题解决策略
词汇	0.72**				
句法知识	0.58**	0.37**			
总体策略	0.26*	0.23	0.18		
问题解决策略	0.02	0.13	0.002	0.69**	
支持策略	0.11	0.14	0.06	0.83**	0.70**

为了进一步了解各因素与阅读理解之间的关系,我们以阅读理解成绩为因变量做了回归分析。逐步回归结果显示,对阅读理解成绩贡献显著的变量有两个:词汇和句法,且词汇的贡献超过句法知识 ($R^2 = 0.60$,$\beta = 0.55$,$t = 6.76$,$P < 0.001$;$\beta = 0.39$,$t = 4.70$,$P < 0.001$),而总体策略的作用不再显著。这说明,对中高级汉语水平学生的阅读理解,主要的影响变量仍然是语言学因素,而元认知策略没有明显的作用。

有学者研究发现各因素对不同水平学生的影响不同(Schoonen, et al,1998)。虽然在中高级水平学生的阅读理解中,贡献显著的变量有词汇和句法知识,但是,这两个因素对不同水平的学生有何不同影响?为了进一步探讨词汇和句法知识的作用机制,我们对学生进行了分组。以阅读理解成绩为指标,我们把及格以上的看作高水平,不及格的看作低水平。高水平组 44 人,低水平组 26 人。为了进一步确认被试的阅读水平,我们分别找到两所大学学生的阅读课教师,让他们在 5 点量表上对参加测试的学生的阅读能力进行评定,最高为 5 分,最低为 1 分。高水平组平均得分为 3.93(sd = 0.85);低水平组为 3.15(sd = 0.88)。独立样本 t 检验结果显示,高、低两组差异显著($t_{(68)} = 3.66$,$P < 0.001$)。接下来,我们分析词汇、句法知识和各种策略因素在两类学生中作用的模式。

(二)不同汉语水平学生的阅读理解影响因素分析

不同汉语水平学生各项测验的分数见表 1-8。多变量方差分析结果显示,两组被试在阅读理解、词汇、句法知识上差异显著,在三种策略上没有显著差异。为了探索不同群体各测验与阅读理解的关系,我们进行了相关分析,详细结果见表 1-10。

表 1-10　不同群体各测验的相关分析

相关	阅读理解	词汇	句法知识	总体策略	问题解决策略	支持策略
阅读理解		0.67***	0.24	0.12	0.22	0.15
词汇	0.48**		0.04	0.09	0.20	0.08
句法知识	0.52**	0.36*		0.13	0.25	0.21
总体策略	0.23	0.26	0.01		0.82***	0.89***
问题解决策略	-0.07	-0.16	-0.20	0.55**		0.72***
支持策略	-0.08	0.21	-0.21	0.73***	0.69***	

注:"右上角"数据为高水平组相关矩阵;"左下角"数据为低水平组相关矩阵。

从相关矩阵中可以看出,低水平学生的阅读理解和词汇、句法显著相关,同时词汇与句法之间的相关也显著;而高水平学生的阅读理解仅和词汇显著相关,和句法相关不显著,并且词汇和句法之间相关也不显著。两个群体中,不同策略之间相关均呈现显著水平,但是和阅读理解之间相关不显著。为了进一步探讨不同因素在高水平和低水平学生阅读理解中的相对作用,我们对不同群体进行了回归分析。

回归分析结果表明,只有词汇对高水平学生阅读理解的贡献显著 ($R^2 = 0.44$, $\beta = 0.67$, $t = 5.87$, $P < 0.001$),而在低水平学生中,只有句法知识的贡献显著 ($R^2 = 0.24$, $\beta = 0.52$, $t = 2.97$, $P < 0.01$),词汇对阅读理解的贡献不再显著。高、低水平学生表现了不同的模式。但是,元认知策略对两组学生阅读理解的贡献都不显著。

四、讨论

（一）语言知识、元认知策略与阅读理解

虽然相关分析的结果表明，词汇、句法、总体策略和阅读理解都显著相关，但是剔除掉各变量之间的相互影响后的逐步回归结果表明，对阅读理解具有显著贡献的只有词汇和句法，而元认知策略的贡献则不显著。我们又区分了高和低不同汉语水平的学生，结果两个组都没有发现策略知识的作用。这说明，在这一学习时期，词汇和句法知识等语言知识对阅读理解的贡献超过了元认知策略。这和二语阅读的阈限假说（the threshold hypothesis）预测是相吻合的。二语阅读的阈限假说认为（Alderson，1984：26），二语学习者需要超过语言学习的一个限度之后，才可以将阅读策略应用于二语的阅读理解，而在此之前，二语的语言知识对二语阅读是至关重要的因素（Alderson，1984：26）。阈限假说得到了大量英语及其他拼音文字研究的证实（Brisbois，1995[①]）。本研究中的日本学生虽处于中高级阶段，但是由于日语中存在的大量同形异义词以及意义相近用法不同的词语对学生阅读造成母语负迁移的影响，学生的二语水平可能仍然没有达到熟练的程度，因而在阅读理解中会更多受到二语语言知识的影响。我们事后的访谈也证实了这一点。学生反映虽然有时汉字都认识，但还是无法理解句子的意思。另外，文章中的生词数量比较多，也使他们觉得难以理解。虽然阈限假说提出了阈限的概念，但

---

① J. E. Brisbois. Connections between First- and Second- Language Reading. *Journal of Reading Behavior*, 1995.

没有明确指出这个阈限的具体时间。遗憾的是，本研究也没能探测到该阈限，学生的元认知策略何时开始起作用我们不得而知。希望通过以后更加深入的测验和更多不同层次的被试寻找到阈限。

（二）词汇与句法知识的相对重要性

关于词汇和句法知识在阅读理解中的相对重要性，不同研究的结果差异较大。在本研究中，我们通过回归分析发现，词汇和句法对阅读理解有显著贡献，同时词汇的作用超过句法。但是进一步分析发现，其实词汇和句法对阅读理解的影响并不那么简单。不同水平学生的情况不同，词汇是影响高水平学生阅读理解的主要因素，而句法是影响低水平学生阅读的主要因素。这可能是因为，高水平学生的句法分析过程相对自动化，不会消耗太多的认知资源，因此，阅读理解的重点在于词义理解基础上的整体连贯性的建构；而低水平学生在阅读理解过程中，不仅需要理解词义，还需要较多资源分析句法结构，尤其当学习的目的语和母语之间的表达方式相差较远时，句法分析变得更加困难，需要消耗更多的认知加工。因此，对于低水平学生而言，句法对阅读的影响可能超过词汇。已有研究也发现词汇知识对不同水平学生阅读理解的作用是不同的（Schoonen, *et al*, 1998）。因此，词汇与句法知识哪个更重要，可能需要区分不同人群，分别衡量其作用。当然，这样的结论还需要进一步大样本研究和纵向研究的支持。

五、余论

二语阅读理解是一个非常复杂的认知过程,研究者一直试图寻找影响阅读理解的各种因素,以期为教学提供相应的指导。从研究结果来看,即使对中高级学生而言,词汇对阅读理解仍然具有其他任何认知或语言因素无法比拟的影响作用。这就要求教师要想方设法扩大学生的词汇量,要从课上和课下两方面着手,提高词汇学习效率,促进学生阅读能力的发展。

除了词汇问题,我们发现句法分析是中高级阶段学生阅读的又一困难。因此,有必要对中高级学生进行句法分析的训练。复杂的、结构层次多的单句、复句都是训练的重点,此外,有研究者认为,否定句、连动句、兼语句和被动句理解也应该成为中高阶段句法训练的内容(吴门吉、徐霄鹰,2004[①])。另外,由于汉语特殊的书写习惯,分词训练也是不容忽视的项目。研究表明,汉语合词连写对句子理解的干扰性很大,是理解错误的主要原因(陈凡凡,2008[②])。因此,句法训练也需要教师给予一定程度的重视。

[①] 吴门吉、徐霄鹰《加强汉语阅读中句法结构知识的讲解和训练》,《海外华文教育》2004 年第 4 期。

[②] 陈凡凡《试析句子阅读中的分词加工——含"交集歧义"语段的非歧义句二语习得实验研究》,《云南师范大学学报》(对外汉语教学与研究版)2008 年第 3 期。

第四节　猜词过程与阅读技能训练[①]

英语研究者发现：母语为英语的儿童四至五岁时的词汇量大约为 4 000 至 5 000 个，然后以平均每年 1 000 个的速度增加，到大学毕业时词汇量达至 17 000 个左右。加上专名、复合词缩写词、外来词等，大学程度的英语母语者词汇量在 20 000 个以上。如此大量的词语是怎么学会的呢？研究者认为：它们不可能全部都是通过正式的课堂教学获得的，除了最常用的几千词以外，其余大部分词语都是通过大量的阅读习得的（Nagy, Herman & Anderson, 1985[②]）。学习者在阅读中遇到不熟悉的词语时，他会注意到这是个生词，并运用已有的社会知识、语言知识和文本提供的信息猜测出生词的意思并逐步掌握这个生词。学习者猜出词义后就会在一定程度上记住它。单词出现一次后学生可能记不住，但可以积累这个生词的一部分知识。这虽是很小的进步，但只要阅读量足够，就可以逐步学会这个词语进而扩大词汇量。研究发现，无论一语学习还是二语学习，通过阅读学习词语都是词汇学习的主要途径。

目前对外汉语教学界，关于"猜词"的研究主要集中在探讨

[①] 本节摘自干红梅《中级汉语学习者猜词过程和阅读模式分析》，发表于《华文教学与研究》2012 年第 2 期。

[②] W. Nagy, P. Herman & R. Anderson. Learning Words from Context. *Reading Research Quarterly,* 1985: 233-253.

影响因素上（刘颂浩，2001[①]；钱旭菁，2003[②]；朱勇，2004[③]；朱昱，2004[④]；朱勇、崔华山，2005[⑤]；吴门吉，2005[⑥]；魏艳丽，2007[⑦]；朱湘燕、周健，2007[⑧]）。关于猜词过程的研究仅见钱旭菁（2005）[⑨]一篇。该文通过访谈的方式对一名日本留学生进行了个案调查，从学习者的加工方式和知识利用两个角度勾勒其猜词过程。该文最终认为："学习者在阅读中遇到一个词语时，首先进行前词汇加工。词语的文字形式激活学习者心理词典中的形码表征和音码表征，并激活所有可能的语义。然后进入后词汇加工阶段，整合被激活的表征，通达语义。……猜测过程中，他可能会利用 L2 词语知识、L1 或其他的 L2 知识、构词知识等，从心理词典中提取一个和目标词相关联的词语；也可能利用句法知识、L2 词语知识和语言以外的知识来归纳词义。"不过该

[①] 刘颂浩《关于在语境中猜测词义的调查》，《汉语学习》2001 年第 1 期。
[②] 钱旭菁《汉语阅读中的伴随性词汇学习研究》，《北京大学学报》（社会科学版）2003 年第 4 期。
[③] 朱勇《边注和查词典等输入调整对留学生伴随性词汇学习的作用》，《世界汉语教学》2004 年第 4 期。
[④] 朱昱《词语出现频次和边注形式对韩国学习者汉语伴随性词汇学习的影响》，北京语言大学硕士学位论文，2004 年。
[⑤] 朱勇、崔华山《汉语阅读中的伴随性词汇学习再探》，《暨南大学华文学院学报》2005 年第 2 期。
[⑥] 吴门吉《通过猜词策略看欧美韩日学生汉语阅读能力发展过程》，中山大学博士学位论文，2005 年。
[⑦] 魏艳丽《词语呈现方式对二语词汇习得的影响》，南京师范大学硕士学位论文，2007 年。
[⑧] 朱湘燕、周健《留学生阅读中复合词词义猜测研究》，《语言文字应用》2007 年第 4 期。
[⑨] 钱旭菁《词义猜测的过程和猜词所用的知识——伴随性词汇学习的个案研究》，《世界汉语教学》2005 年第 1 期。

文的考察对象仅一名，更多的是讨论词语加工的方式和所用的知识。

我们认为，猜词是一个复杂的心理过程，不仅反映了词语学习的心理过程，还反映了学习者的二语阅读模式。这里就中级汉语学习者的猜词过程进行分析，借此探讨中级汉语学习者的阅读模式，并通过比较英、汉二语学习者猜词过程的异同来探讨英、汉词汇的特点。

一、猜词过程的调查研究

我们考察了 20 名中级汉语学习者的猜词过程，所有被试来自中山大学国际交流学院中级进修班，日韩学习者和欧美学习者各 10 名。阅读材料选自中级阅读教材和 HSK 初中级辅导资料，共 6 篇文章（包括记叙文、说明文、议论文三种文体），篇幅在 330 至 550 字之间，每篇文章后有相关的阅读理解题（或选择或判断或回答问题），以保证阅读的主要目的是理解内容。调查采用读后口头报告（oral report）的方式进行。由学习者按自己的习惯自由阅读文章，阅读过程中标注出不认识的生词，之后完成相关理解题，最后报告标出的生词可能是什么意思，并报告猜词依据（教师指导语为：这个词可能是什么意思？你怎么猜到这个意思的？）我们把学习者的回答录音转写下来，如"睡眠：睡觉，睡觉的时间。因为知道'睡'的意思，'眠'跟'睡'一样，韩语有。【语素、结构、汉字词】"该记录表示目标词为"睡眠"，学生解释该词意思为"睡觉、睡觉的时间"，"因为"后是猜词的依据和过程，该生的猜词过程中用到了"语素、结构、汉字词"

三种依据。我们记录了所有学习者都不认识的 78 个生词的猜词过程。

（一）猜词过程的总体特征

1. 从猜词步骤看猜词过程的总体特征。

由于中级学习者已经基本掌握了初级的词语和语素，因此在阅读中遇到的生词绝大多数都是含有一个已学语素的"熟字生词"，即虽然整词对学习者来说是未接触过的生词，但生词中至少有一个语素（字）是学习者已学过的。这 78 个词语中有 67 个（85.9%）都含有一个已经认识的"熟字"，其中 62% 的生词是两语素（字）都认识的。可以看出，"熟字生词"是中级阅读词汇学习的主要内容。

无论日韩组还是欧美组，学习者的猜词过程都大同小异，有着相似的方法和推理，给人"不约而同"的感觉。猜词过程主要为"识别熟语素（字）——提取熟词——推导生词词义"三大步骤。如"睡眠[①]：睡觉的时间，因为知道'失眠'的意思，知道'眠'。"的分析步骤为：

---

① 文中所引生词的原文依次为：无论是家里的猫狗、非洲森林里的狮子还是大草原上的鹿，它们都拥有以下共同特点：<u>睡眠</u>充足，肚子饿的时候才吃东西，永远不会为昨天而懊悔，也不会为明日而<u>担忧</u>。/ 猫从来不会为明天担忧。/ 如果感到<u>焦虑</u>、不安……/ 动物过一天算一天，<u>饮食</u>有限制。/ 经常一天到晚什么也不吃，瘦得很可怜，最后得了<u>厌食</u>症死了。/ 人们都用这些标准来衡量自己的<u>体型</u>。/ 千万不要让孩子染上那种蛮横的恶习，这恐怕比什么都好。/ 看见报纸的电影版上刊出《乱世佳人》<u>重映</u>的广告，心里真高兴。/ 她说得兴高采烈，我却是越看越生气。/ 无意中看到那位男士紧跟在我后面。/ 而"<u>中风</u>"则是心血管、脑血管疾病的元凶。/ 这时思维处于<u>朦胧</u>状态，不能清楚地思考问题。

眠　　　　　　　（识别熟语素）
↓
失眠　　　　　　（从心理词典中提取熟词）
↓
睡眠　　　　　　（推测出生词词义）

由于汉语的特殊性，同一字形可能代表不同语素，所以当出现多义语素（轻微/轻重/轻松）或同形语素（重新/重要）时，学习者会多出两个步骤，这时的猜词步骤就变为：

识别熟语素（字）→从心理词典中提取出含有该字的多个旧词→选择、确定一个熟词→回忆熟词的语义→推导新词词义

在多个旧词中进行选择时，语义熟悉度的影响显著，最先掌握的或使用频率高的词义/语素义往往是学习者的首选，如有9名(45%)学习者把"重映"一词中的"重"理解成"重要"，其中的一名学习者在"重要"和"重新"之间无法确定。这是由于"重要"为甲级词，"重新"为乙级词，"重要"的学习时间早于"重新"，语义熟悉度也高于"重新"：

重映：zhòng，特别的广告。有"重"，heavy，每个人都要看。

重映：zhòng yāng（央）。重要的重，中央台的央。

重映：zhòng yān？ chóng？ zhònghàn。重要的，要注意的。因为他们想看的一个电影，对他们重要。

重映：如果是 zhòngyàng，就是很重视或者重心。如果是 chóngyàng，就是反复地。

由于阅读是视觉输入,生词学习的第一步就是识别词语。如果学习者在字形识别环节发生错误,就会回忆出错误的熟词,最终推导出错误的解释。例如:

  厌食症:tǎo(讨)食症。讨论吃的东西的一种病。因为病字旁表示一种病。

由于误把"厌"识别为"讨",所以从心理词典中提取出错误语义("讨论"而非"讨厌"),最后推导出错误的新词词义(讨论吃的东西的一种病)。不少欧美学习者受"汉字门槛"的影响,在汉字识别阶段错误较多导致了错误的释义。

当学习者意识到猜出的词义与整句句义不符时,不少学习者或承认猜词失败或改用其他猜词方法来调整猜测。例如:

  无意:无,没有(利用语素)。意,意思(利用语素)。没有意思……可能不是"没有意思"。不知道。(承认猜词失败)

  饮食:饮,不知道(利用语素失败)。食,吃的(利用语素)。因为后面文章讲"吃的,睡觉的,运动的"。(利用后语境)

  鹿:不知道,好像也是一只动物,因为"无论森林里……还是大草原上的……"(利用前语境),这是名词(利用词性),应该是动物的名字。

  拥有:有(利用语素)。拥也是有的意思。(利用词语结构)

  恐怕:怕的意思?(利用语素)嗯,应该是 I am afraid of……。没有怕的意思。(承认利用语素失败)因为这个句子的意思。(反复阅读含目标词的该句,通过把握整句的意思来把握生词意思)

因此，为保证猜词结果正确，学习者常常会有"验证"的步骤。例如：

焦虑：kǎo？jìjù？……	（识别熟语素）
↓	
考虑的意思……	（回忆熟词）
↓	
嗯，不是考虑的意思， 没有别的动物只有一个动物 "不安"的，	（利用后语境验证） ↓
那时候的感觉，猜大概不好的意思， "不安"的，紧张的。	（确定生词意义）

常用的验证方法为替换法，即用猜出的意思或词来替换目标词，如果替换后原句语义通畅能够理解，则判为猜词正确，如果替换后语义不通，则判为猜词失败，例如：

元凶：发源地。如果这个词是发源地的话，这个句子就可以理解了。（替换法）

拥有："有"的意思，因为句子里面的"拥有"可以换成"有"。（替换法）

除了替换法以外，学习者也常常利用其他语料信息来确认，如果利用多种语料信息的猜词结果一致，则可判断猜词正确，例如：

担忧：着急。前面（是讲）不后悔（以前的事情），因此后面是不担心以后的事情。有"担"，而且"忄"。（先用前后语境来猜词，然后用语素、偏旁两种信息来验证）

兴高采烈：非常高兴。有"兴、高"，而且后面有"我却越看越生气"。（先用语素信息来猜测，然后用后语境信息来验证）

2. 从猜词依据使用率来看猜词过程的总体特征。

根据学习者回答"你怎么猜到这个词是这个意思的？"我们统计了每个词语的猜测依据，如果猜测一个词语使用了多种依据，那么每种依据都记录一人次（学习者利用某种猜词依据，无论是成功猜出正确词义还是猜出错误词义或者中途放弃，我们都视作这种猜词依据使用了一次，记录为一人次）。78词的全部猜词依据共1 529人次（除学习者直接回答"不知道"的238人次以外），统计显示：语素是学习者利用率最高的猜词依据（58.01%），每位学习者在解释词义时都使用过语素释义的方法（无一例外），且不少学习者每次猜词都首先尝试使用。其他方法主要有：利用前后语境来猜测（16.73%），反复阅读含有目标词的句子（8.82%），利用偏旁部首来猜测（6.14%），利用词性来猜测（1.31%），利用词语结构来猜测（1.05%）。

结合前面猜词过程的分析我们发现，大部分学习者利用语料信息时按照"语素→语境→该句句义/词性/词语结构/偏旁→其他"的顺序来猜词。

（二）猜词过程的个体差异

不同学习者利用语料信息的先后顺序和利用率同中有异，不过，这种个体差异相对于总体特征来说并不突出。

1. 个别学习者主要关注语素信息。

例如日韩组第五位学习者（韩国，权民旭），6篇语料共利用猜词依据 70 次（除去未猜到的 14 个），其中利用语素 56 次（80%），其次是语境，共 6 次（8.6%），两种策略共占 86.6%。无论透明词还是不透明词，该生首先利用语素联想含有该语素的已学熟词，然后回忆语素意思再整合到新词中，这种猜词方法直接明确，容易成功。例如：

> 必定：一定，肯定。"必"是必须的必，肯定的"定"。
> 有意：有意思的。"意"是意思的"意"。

即使该语素在旧词和新词中语义完全不同，该生也使用同样的方法，只有这样的解释很明显地失败了，才会看得再远一点，利用前后语境来推测。该生利用语料的模式顺序是：语素→语境→其他，其他韩国学习者常用的"汉字词"优势在她身上并不明显。例如：

> 饮食：饮，不知道（利用语素失败）。嗯，吃的。因为后面文章讲"吃的，睡觉的，运动的"。（利用后语境）

统计发现 78 个词语中共有 18 个词为韩语中的汉字词，7 名韩国学生中真正利用汉字词来猜词的总共只有 21 人次，约占 16.7%（21/126）。其中有 11 次为同一名学习者使用的，该生从小学习写汉字，对汉字词十分敏感，而其余 6 名学习者的使用率不到一半。这一事实提醒我们不应高估"汉字词"对韩国学生的影响。由于韩文拼音化政策的影响，不少学习者对汉字字形不熟悉，汉语水平低且韩语史知识不足，他们对韩语中的大量存在的"汉字词"并不敏感，这样的学习者很少出现汉字词的正迁移。

2. 个别学习者较其他学习者偏爱偏旁分析。

例如欧美组第 10 位学习者（法国，柯大卫），在 6 篇语料中共利用语料信息 71 次（除去未猜到的 23 个），其中利用语素 44 次（62%），其次是利用偏旁 17 次（23.9%），两种语料的利用共占 85.9%。

懊悔：měi（每）。奥运会的奥，但有"忄"，嗯，不知道。měi（每），不知道。

启发：hù（户），户口。发，"给"差不多的意思。hù（护）：take care of。但这个"户"有"口"，……可能是狗的，学狗的生命，它们教我们什么东西，因为前面说什么医说狗、猫的办法。

厌食症："症"，一种病，有"疒"，跟不吃饭有关的病。

鹿：鹿，deer。我住的地方是"麓湖路"。但是如果我住的不是那里，我不会知道这个字的意思，因为没有（表示动物的偏旁）。

对于"鹿"，其他大部分学习者主要是通过上下文语境推测出正确的词义，而该生的分析表明他关注最多的是语素（字）的因素，非常依赖偏旁。例如表示动物的是由偏旁"犭"体现出来的，如果没有出现这个标志则无法做进一步分析。

3. 个别学习者通过反复阅读含有目标词的句子来猜词。

"读书百遍，其义自见"。反复阅读句子来猜测词义，这种猜测是整合目标词前后词语的语义和整句的句法、语义之后归纳出来的词义，这种整合是多种知识的融会贯通，学习者限于汉语水平无法描述其具体的猜词过程，只能笼统地认为自己是通过这个句子来理解的。例如欧美组的第 6 位学习者（几内亚，大陆），6 篇语料共利用语料信息 75 次（除去未猜到的 13 次），其中最多的是利用语素 34 次（45.3%），利用语境信息共 19 次（25.3%），然后是利用句子信息 8 次（10.7%）。其他大多数学习者常辅助利用偏旁或词性来推测的，该生往往通过反复阅读句子来猜测，例如：

  懊悔：hāi（海），把这件事放在心里，想起来。句子"永远不会为昨天……"，不用想起昨天的事。

  衡量：把你的身体坏了，这句说"用……来衡量"，把她们的力量下去，没有力量。

4. 猜词能力强的学习者常常综合利用多种语料信息。

猜词能力强的学习者，往往能同时注意到多个因素提供的信息，综合利用。例如：

  担忧：着急。前面（是讲）不后悔（以前的事情），因此后面是不担心以后的事情。有"担"，而且"忄"。【语素、前语境、前近义词、偏旁】

有些学习者或从语素到词再到语境，采用"自下而上、由小及大"的顺序猜词。

  兴高采烈：非常高兴。有"兴、高"，而且后面有"我却越看越生气"。【语素、后语境】

也有学习者从语境到词再到语素，采用"自上而下、由大及小"的顺序。

鹿：不知道，好像也是一只动物，因为"森林里……还是大草原上的……"，这是名词，应该是动物的名字。【前语境、词性】

（三）猜词过程的基本步骤

通过对"熟字生词"猜词过程和猜词依据两个方面的分析，并结合对猜词个体差异的分析，大多数学习者的猜词过程包括如图1-3所示的几个步骤：

步骤一：猜测（运用a—d中的语料信息猜词）
  a. 识别熟悉语素，从心理词典中回忆含有该语素的熟悉词语来猜词。
  b. 查找目标词前后的语境，通过阅读前后语境的句子或词来猜词。
  c. 通过分析生词的偏旁/词性/词语结构来猜词。
  d. 反复阅读含有目标词的句子，根据整句意思来猜词。

步骤二：验证
  e. 用替换法或其他信息验证猜测的词义是否正确，完成猜词。
  如果验证发现猜测不正确则再回到第一步，从a—d中信息重新猜测。

步骤三：确定
  f. 确认猜词成功/承认猜测错误或放弃猜词。

图1-3 猜词的步骤

当然，这三个步骤的顺序是基本顺序。如果学习者对自己的猜词结果很有把握，也可以没有验证和确认的步骤。在步骤一中a—d也没有固定的顺序，学习者根据自己的二语水平和分析习惯来选择。有不少学习者通过a—d中的某一信息猜出了词义，其他的信息可能就不再利用了；有的学生只经过a就已经完成猜词，直接结束；有的学生只有利用a失败后才经过b或c或d的步骤；还有的学生直接利用b—d的信息直接完成猜词，当然步骤一中，利用a（熟悉语素）来猜词的比例最高。

通过调查我们发现，无论是有汉字背景的日韩学习者还是无汉字背景的欧美学习者，猜词的主要步骤基本一致，究其原因可能是由于人类的认知模式是相似的。当人们在进行猜测时，总会利用已有的可能的相关信息进行推导（步骤一：猜测），再利用其他信息进行验证（步骤二：验证），最后得到确认（步骤三：确认），这与英文阅读中词语猜测的步骤基本一致（参见图 1-5 所示的步骤）。由于学习者面对的猜测对象是相同的（都是汉语作为第二语言的词语），学习对象相同且已掌握的二语知识也相同，所以学习者使用的猜词策略也大同小异。

二、从猜词过程看中级汉语学习者的阅读模式

阅读是一个复杂的认知过程，包括知觉分析、词汇分析、句法分析、语义分析等心理加工过程。不同学者对阅读理解过程有不同的看法，有代表性的有三种[①]：（1）自下而上模式 (bottom-up model)。高夫（Gough）认为，阅读开始于字母辨别，然后进行词语识别并转换成意义。依次把一个一个的词义整合成句义，再把句义整合起来成为一段话的意思。简单地说，"自下而上"是从字母开始，到句子结束，即阅读是逐字逐句从小到大进行加工的。（2）自上而下模式 (top-down model)。古德曼（Goodman）提出，读者已有的背景知识，文中出现的前后语境等会使读者不断产生假设，整个阅读的过程就是对这些假设进行证实的过程。

---

① 周小兵、张世涛、干红梅《汉语阅读教学理论与方法》，北京大学出版社，2008 年，第 12—14 页。

也就是说，阅读的过程并不是从字到句的过程，而是从大到小的加工过程。(3)交互模式(interactive model)。鲁梅哈特(Rumelhart)认为阅读是自下而上与自上而下相互作用的过程。信息传递方向是双向的，而不是单向的。在具体阅读过程中，这两种策略常常交替使用。文字、词汇、句法、语义等各种信息，读者已有的知识结构和阅读习惯，都会制约、影响阅读和文本理解。一般来说，低水平者的加工多为"自下而上"模式，高水平者的加工多采用"自上而下"和"交互模式"。

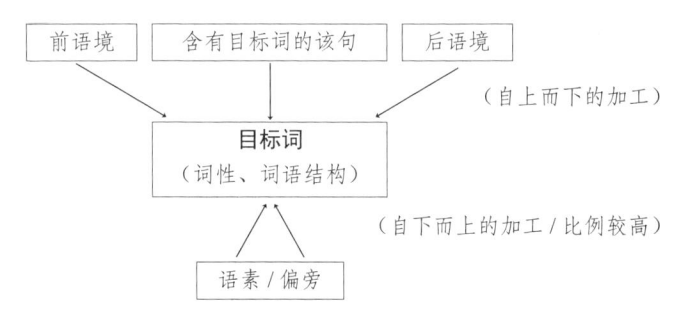

图 1-4 中级汉语学习者的猜词模式/阅读模式

本次调查的结果显示：中级汉语学习者的词汇学习模式如图1-4所示，既有"自下而上"的加工又有"自上而下"的加工，少数水平较高的学习者还会利用多种语料"交互式"地进行加工。学习者的具体过程是先下后上地加工还是先上后下地加工，并没有固定的顺序。不同的学习者在不同语料信息的使用顺序和使用率上略有差异，总的来说，先采用语素自下而上地猜词，再借助语境自上而下地猜词的比例较高，这说明中级汉语水平的学习者正处在水平由低到高的发展过程中。

阅读中猜测不认识的词语主要有两种方式：一种是提取词义(sense selection)，一种是归纳词义(sense creation)(Fraser,

1999[①];Kintsch & Mross,1985[②])。提取词义是用学习者某个已知词语的意思来确定目标词的意思。归纳词义是指学习者有意识地利用语料线索归纳推断出目标词的意义(Fraser,1999)。钱旭菁(2005)的个案调查认为:"提取词义这一加工方式利用的知识主要是构词知识、L2 词语知识、L1 和其他的 L2 知识。归纳词义的加工方式主要利用句法知识、词语知识和语言以外的知识。"

我们的调查结果与钱文基本一致,都发现了提取词义和归纳词义这两种加工方式。在本研究中,提取词义的加工方式主要是从心理词典中提取出含有熟语素的旧词来推测词义,这是一种自下而上的加工方式。与钱文观点略有不同的是,本研究的调查认为:归纳词义的加工方式既包括利用上下文语境、句法知识自上而下的加工,也包括利用偏误、词性、词语结构自下而上的加工,因为这些加工都需要有意识的推理和整合。

三、英汉为二语学习者猜词过程对比分析

(一)英语为二语学习者猜词过程的研究

关于英语阅读中的猜词步骤,Buikema & Graves(1993)[③] 和

---

① C. A. Fraser. Lexical Processing Strategy Use and Vocabulary Learning through Reading. *Studies in Second Language Acquisition,* 1999:225-241.

② W. Kintsch & E. F. Mross. Context Effects in Word Identification. *Journal of Memory and Language,* 1985:336-349.

③ J. L. Buikema & M. F. Graves. Teaching Students to Use Context Cues to Infer Word Meanings. *Journal of Reading,* 1993, 36(6): 450-457.

Nation（1983）[①] 提出了相似的观点。Nation（1983）详尽地列出了英语为二语的学习者在通过阅读学习词汇时的猜词操作步骤，如图 1-5 所示：

a. 标示生词，定位词性。到底是名词、动词、形容词还是副词？

b. 查看含有该词的从句/句子。如果它是名词，那么有什么形容词修饰？有什么动词与之毗邻？这个名词是动作的施事者还是接受者？如果它是动词，那么有什么名词与之搭配？有副词修饰它吗？如果它是形容词，那么与之相连的是什么名词？如果它是副词，那么它又修饰了什么动词？

c. 检查含有该词的从句、句子与段落中其他句子的关系。有时句子之间会出现诸如 but、because、if、when 等标示，有时会出现诸如 however、as a result 等副词。当然也有什么标示都没有的情况。句子之间的关系类型有因果、对比、包含、时间、例示、总结等等。

d. 运用 a—c 步骤获取的信息推测词义。

e. 核查推测结果是否正确：
——检查词性是否正确。
——用猜测结果替换该生词，如果句子意义清楚，推测可能成立。
——如果可能，把生词拆分为前缀和词根。如果其前缀和词根的意义与推测结果相关，推测可能成立。否则要再次核查推测结果。如果确信自己的推测，就不要再做任何变动。

图 1-5　英语二语学习者的猜词步骤

可以看出 a 至 d 是猜测词义的过程，e 是验证词义的过程。Nation（1983）肯定了"确定词性"和"拆分生词前后缀、词根"是猜词的重要步骤之一。可以看出，在英语词汇学习中，词性、词语结构（前后缀/词根）是重要影响因素。

[①] I. S. P. Nation. *Teaching and Learning Vocabulary.* New York: Newbury House Publishers, 1983:89-90.

（二）汉英猜词过程异同及原因分析

对比汉语为二语的猜词过程和英语为二语的猜词过程，我们发现两者同中有异：

1. 汉英猜词过程的相同点。

第一，无论是汉语作为第二语言还是英语作为第二语言，学习者都有利用词性、词语结构（前后缀）等自下而上猜词的过程，也有利用语境自上而下猜词的过程，这符合人类的阅读模式。

第二，无论是汉语作为第二语言还是英语作为第二语言，其猜词过程体现了共同的认知模式：当学习者在进行猜测时，总会利用已有的可能的相关信息进行推导（猜测词义），再利用其他利息进行验证（验证词义），最后得到确认（确认词义），因此表现出来的猜词步骤基本一致。

第三，为确保猜词成功，汉语和英语学习者都有验证的步骤，其中替代法是各语言学习者都普遍使用的方法。替代法即用猜出的词义替代原有词语，如果句子通顺且语义不变则通过验证，意味着猜词成功；如果句子不通或句义改变了则未通过验证，意味着猜词未成功。替代法的实质是"换种说法"，简单方便易于操作，因此是汉语和英语学习者最常用的验证方法。

2. 汉英猜词过程的差异及原因探析。

汉、英猜词过程的差异，归根到底是两种语言之间的差异。汉语是典型的孤立语，而英语为曲折语，这两种语言在词语构成、词语的句法语义特征方面的显著差异造成了学习者猜词过程的差异。

第一，对汉语学习者和英语学习者来说，词性的重要性不尽相同。

一般认为，阅读中遇到不认识的词，只要知道其词性，即使不知道这个词的准确意思，也能帮助我们大致了解这个词是表示事物还是动作。词性能帮助我们学习生词，是我们的一般感觉。对汉语学习者来说，不少学习者也肯定了词性对猜词的重要性，但本次调查中真正利用词性来猜词的人次并不多（仅 1.31%），这主要是因为汉语的词类与句子成分基本对应，但并非完全对应，例如：形容词常出现在名词前（年轻教师），但名词也可以出现在名词前（大学教师）。这种不完全对应的现象，降低了通过词性猜词的正确率，因而利用率低。但英语中，词性和句子成分之间基本上是简单的一一对应关系。这种对应关系确保了利用词性猜词的高成功率，也使确认词性成为英语猜词环节中的重要步骤。

第二，在汉语为二语的猜词中，语素是最重要的影响因素；在英语为二语的猜词过程中，词语结构是重要的影响因素。

对于汉语学习者来说，分析词根语素是最先考虑的、最常用的方法。究其原因，是因为汉语是典型的孤立语，鲜有前、后缀，少有形态变化。约有 96.5% 的合成词是由"词根语素＋词根语素"构成的复合词。汉语中透明词占绝大多数。透明词可以用"语素义＋构词法"的方法来推测词义。到了中级阶段，学习者的语素意识基本形成，语素成为影响汉语词汇学习最重要的因素；不仅词语的语义透明度会影响词语学习的难度，而且语素性质也会影响词性识别和结构识别，当词语构成语素的性质与整词性质不一致时，词性识别和结构识别的难度都会增加。

在汉语为二语的猜词过程中，词语结构信息的利用率不高，而在英语为二语的猜词过程中，分析词语结构（前、后缀）是非常重要的步骤。这是由于英语词形变化丰富，由词根加前后缀派生出来的词语数量众多。英语的前后缀（如 in-/-er）在视觉上是直观的，因此阅读时可以先从视觉上分离出前后缀，然后根据前后缀的语义来推测词义。这更像汉字的偏旁分析，先从视觉上分离出偏旁，然后根据偏旁的意义来推测词义。有趣的是，不少印欧语系的欧美学习者对汉字偏旁的偏爱明显高于日韩学习者。他们常常把汉字拆分成几个部件，先从视觉结构上分离出偏旁，然后根据偏旁的意义来推测词义。当看到熟悉的偏旁部件时，他们对猜词更有信心。例如：

睡眠："目"是"eye"。睡觉的意思，跟"睡"有关系。

这是否受到了母语从视觉上分离前后缀方法的影响呢？抑或是因为汉字偏旁的表意性与其母语差异巨大，这种独特性导致学习者乐于用偏旁分析来解决所有字词问题？这值得今后深入讨论。

四、结语

我们通过读后访谈的方式，对 20 名中级汉语学习者阅读时猜测 78 个词语的过程进行了分析。从猜词步骤和猜词依据两个方面，总结了汉语为二语猜词过程的基本步骤：识别熟悉语素，从心理词典中回忆含有该语素的熟悉词语，或通过前后语境、分析生词的偏旁 / 词性 / 词语结构信息、反复阅读含有目标词的句子来猜词，如果猜出词义与整句句义不一致时，学习者常用替换法或其他信息验证猜测的词义是否正确。我们认为中级汉语学习者的阅读模式既有自下而上的加工，也有自上而下的加工。少数水平较高的学习者还会利用多种语料"交互式"地加工。学习者的具体猜词过程没有固定顺序,存在个体差异。不过总的来说,"熟字生词"是中级阅读中词汇学习的主要内容,先采用语素自下而上地猜词,再借助语境自上而下地猜词的比例较高,这说明中级水平的学习者正处在水平由低到高的发展过程中。

对比英、汉为二语的猜词过程,我们发现,无论是英语作为第二语言还是汉语作为第二语言,学习者都有利用词性、词语结构等自下而上猜词的过程,也有利用语境自上而下猜词的过程。为确保猜词成功,汉语和英语学习者都有验证的步骤,其中替代法是各语言学习者都普遍使用的方法。不过对英语学习者和汉语学习者来说,词性的重要性不尽相同。汉语为二语的猜词过程中,语素是最重要的影响因素;在英语为二语的猜词过程中,词语结构是重要的影响因素,因为两种语言的词汇和句法特征存在较大差异。

第五节　猜词策略与阅读能力培养 ①

一、猜词训练是阅读课词汇教学的任务

词汇是构建语言的基本单位,是提高学生语言水平的基础,任何一项语言技能都离不开"词汇"这块基石。就阅读能力而言,词汇量是直接影响学生阅读水平的一个重要因素,没有一定的词

---

① 本节摘自赵秀娟《留学生猜词策略与阅读能力的培养》,发表于《对外汉语读写课课堂教学研究》,北京语言大学出版社,2015年,第16—24页。

汇量，学生就不能准确获得句子以及文章所传达的信息，更谈不上准确理解和把握文章的意义。有学者针对学生阅读困难做过调查，其中"词汇量小"被列在了第一位，因此词汇学习被认为是语言学习中最关键的环节之一。

张和生（2006）[1]在对外国学生汉语词汇量以及汉语词汇学习难点的调查中发现，学习者进入中级水平以后，词汇量扩展的速度呈明显衰减趋势，而且，"误猜词义或误认同素异序词语都是学习者词汇辨识中的多发性错误。缺乏辨析近义词的能力，缺乏由汉字类属推断词义的能力，也是中级以上汉语水平的欧美学生存在的问题"。之所以有这样的结果，我们认为，一方面源于汉字与拼音文字的巨大差异，汉字作为表意性的方块文字，在使用拼音文字的欧美学生眼中可能是一堆笔画繁复、读音无规律的"图画"。徐子亮（1999）[2]对澳大利亚学生做过一个汉字感知的调查，结果显示，以拼音文字记录母语的学生在初次接触汉字时，大部分人把汉字看作是一种复杂的线条或线条加符号的无规律的文字。可见，学习汉字对外国学生来说难度很大。

一些学生经过一段时间的学习后发现，学习汉字耗时多，收益小，于是就产生了畏难情绪。首先，面对每一课约40个生词的学习时，学生会出现注意力不集中现象，甚至出现焦虑情绪，这势必影响生词的记忆效果。根据输入假说理论，语言是在输入知识被理解和学习者情感因素影响低的情况下习得的。换言之，

---

[1] 张和生《外国学生汉语词汇学习状况计量研究》，《世界汉语教学》2006年第1期。

[2] 徐子亮《汉字的认知和教学方法》，载《中国对外汉语教学学会第六次学术讨论会论文选》，华语教学出版社，1999年。

学习者只有在强动机和低焦虑的状态下才能更好地消化可理解的输入，从而习得语言知识。比如，对于那些透明度高的字词（构字成分或构词语素的意义能完全表示字或词的意义），教师不讲解，让学生在阅读中猜测词义，这样不但能减轻学生的学习压力，而且可以训练学生的猜词能力。其实，猜测词义也是一种词语学习。第二语言的词语学习基本有三种途径：课堂词语教学、通过查字典等方式自学以及阅读中的伴随性学习。而伴随性学习的过程，也就是学生运用自己所有的汉语知识猜测词义的过程。虽然有些学者认为，汉语词汇构成与意义之间的复杂性导致学生猜词的正确率不高，因此反对词义猜测训练，但我们认为，学生总要脱离课堂进行无教师指导的阅读，遇到生词，随文猜义也就不可避免，所以，对学生进行猜词训练应该是阅读课词语教学的任务之一。

二、汉语猜词悟意的基本依据与教学策略

（一）依据造字法猜词

汉字作为汉语的书写形式，是以象形字为基础发展起来的，其突出特点是表意功能强，但经过从古至今的演变，汉字形体发生了很大变化，因此我们不能期待学习者以独体字的外形悟出字义，独体字的形义联系还需教师利用展示汉字演变过程等形象的手段帮助学生记忆。但随着汉字的发展出现了合体字，合体字包括会意字和形声字。会意造字，是比并二字，会合其意，以成新意。其构成部件是象形字或指事字，部件本身代表意义范畴，选用的部件具有意合性。部件与部件结合，依靠的是结构性二合。阅读

课教学中对于那些各部件意义自然加和而成新意的会意字，比如，"孬"为不好，"甭"为不用，"歪"为不正，可实施猜词悟意的教学方法。而大多数会意字是由两个或两个以上表意字符依照意义关联构成的，如"休"字，其构形思路是"一个人靠着一棵树"，意思是"休息"，"尖"字上小下大，形成尖状。这类汉字虽有"理"可讲，但很难通过联想准确悟意，不适合让学生猜测词义。

形声法是汉字造字能力最强的构字方法，也是现代汉字数量最多的汉字类型。据统计，3 500个现代汉语常用字中有2 522个形声字，占常用字的72%。施正宇（1994）[①]曾对2 522个形声字的形符进行考察，发现现代形声字形符的有效表意率为83%。形符所提供的信息，无论是形体还是意义，都有章可循，它为学生的汉字学习提供了双重信息。形声字中形旁的主要作用是表示字的意义，大体表示字义的类属或范围，形符相同的字基本都和同一事物有关，反映了这一类事物的共同属性及它们之间的内在关系。要达到让学生根据形声字的形符，猜测出词语义域的训练目标，教师应在教学中系统安排汉字常用表意部件的教学，比如，对形符相同的汉字的字形、字义进行分析、归类，让学生认识到该部件存在的相同表意的属性。比如引导学生分析"饭、饮、饿、饱、饼、饺"等字意义上的相同点，从而使学生认识到"饣"是一个表意符号，与食物相关。这一过程中教师可以复习学过的汉字，也可以介绍新字，扩大学生的识字量，但前提是所介绍的新字要为常用字，而且学生已知新字中表示声符的独体字。同样，教师

---

① 施正宇《现代形声字形符意义的分析》，《语言教学与研究》1994年第3期。

可以利用形声字声符的表音功能，帮助学生找到同声符的一组字的发音特点，如"青"作为声符构成的"请、情、清、晴"等常用汉字，它们的发音都是"qing"，其中的差异只表现在声调上。若学生掌握了这些汉字的表音特点，使形声字的声符能够成为提示学生汉字读音的成分，教师通过对学生声符意识的训练，可以帮助他们发现并掌握汉字的构成成分与字音之间的对应规律。所以说，适当的汉字结构分析以及部件与意义的对应识记都是阅读课汉字教学中不可缺少的内容。

（二）依据构词语素猜词

词是由语素构成的，汉语中 70% 以上的词是由两个或多个语素构成的合成词。这些合成词的词义与构词的语素义有着不同种类的关联。那么学习者的语素意识与其阅读能力有无关系呢？第一个研究语素意识在阅读中的作用的研究者 Brittain（1970）[1] 发现英语儿童的语素意识和阅读成绩之间存在显著相关。以后又有多位学者通过实验进行相关研究，结果都证明，语素意识与阅读成绩高相关。吴思娜等（2005）[2] 对包括语素意识在内的三个影响阅读的认知变量进行研究，发现语素意识是唯一显著预测两种不同阅读任务的认知变量。张琦（2007）[3] 通过对中高级留学生的实验考察，得出一致结论，语素意识是可以独立预测阅读能力的认知变量。

---

[1] M.M. Brittain. Inflectional Performance and Early Reading Achievement. *Reading Research Quarterly,* 1970(6).

[2] 吴思娜、舒华、刘艳茹《语素意识在儿童汉语阅读中的作用》，《心理与行为研究》2005 年第 1 期。

[3] 张琦《留学生汉语语素意识的发展及其与阅读能力的关系》，北京语言大学硕士学位论文，2007 年。

符淮青（1985）[①]把词义与语素之间的关系概括为五种类型：（1）语素义直接地完全地表示词义，如"平分、哀伤"；（2）语素义直接但部分地表示词义，如"平年"；（3）语素义间接地表示词义，如"铁窗、反目"；（4）表词义的语素有的失落原义，如"船只"；（5）语素义完全不表示词义，如"东西"。可见大部分词语的语素义以不同的方式通达词义，换言之，学生通过语素来推测词义是他们理解新词的一个重要策略，因此培养学生的语素意识是阅读课词汇教学的任务之一。语素意识最基本的方面是将词分解成语素，并通过对语素的重新组合来构建整词的意义。我们认为，学生的语素意识一方面通过学习一定量的汉语词语，通过归纳部分语素的意义而自然获得，比如，学生学习了"早饭""午饭""晚饭"后自然会认识到其中的"饭"表示"吃的东西"，学了"商店""书店"后会意识到"店"表示"卖东西的铺子"，有了这样的语素意识之后，再学习"饭店"一词时，进一步验证学生之前对"饭"和"店"语义的认识，如此逐渐形成语素意识。另一方面是通过教师的语素教学获得的。

两个或多个构词语素根据不同的语义语法关系形成多种结构，比如联合、偏正、述宾等是最基本的结构方式。结构是语素组合成词的理据。冯丽萍（2005）[②]、邢红兵（2003）[③]都发现，中级水平的留学生已有较强的合成词结构意识。但有时学生会因

[①] 符淮青《现代汉语词汇》，北京大学出版社，1985年。
[②] 冯丽萍《中级汉语水平留学生的词汇结构意识及阅读能力的培养》，载《对外汉语阅读研究》，北京大学出版社，2005年。
[③] 邢红兵《留学生偏误合成词的统计分析》，《世界汉语教学》2003年第3期。

词语结构而误解词义。干红梅（2009）[1]曾就词语结构及其识别对汉语阅读中词汇学习的影响进行实验研究，发现学生的不少错误明显是由对结构的错误判断带来的，例如"这么多货物需要很多钱"，学习者判断"货物"为动宾结构，整词理解为"卖东西"。又例如"这座山十分险峻"，学习者认为这是一个偏正结构，解释为"危险的峻"。这些例子都说明词语结构对学生猜测词义有一定的影响。但学生之所以猜错词语的结构关系，究其原因还是学生不了解"货"的语素义为"商品"，"峻"的语素义为"高大"。相反，若学生掌握了二者的语素义，自然能判断出"货"是名词性的，"峻"是形容词性的，"货物"和"险峻"都是联合式的词语，也就能准确判断词语的意义了。可见，语素识别所起的作用强于词语结构意识。

（三）依据语境猜词

这里所说的语境是指语言性环境，即词、短语、句子等的上下文。王文英（2012）[2]将语境视为制约语义传释的所有因素的结合。该定义直接诠释了语境对词义的限定作用。我们知道，不少词的静态意义往往不止一个，但在具体的语境中，我们并不会产生理解上的困难，原因是语境的限制功能在发挥作用。多义词一旦进入具体语境中便呈现出单义性。也就是说，阅读中目标字词及其周围语言单位的关系是语境的核心，是我们猜测和推断词义的依据。因此我们可以利用语言性语境帮助学生猜测生词的词

---

[1] 干红梅《词语结构及其识别对汉语阅读中词汇学习的影响》，《语言文字应用》2009 年第 3 期。

[2] 王文英《浅谈语境的定义》，《牡丹江大学学报》2012 年第 7 期。

义。比如《汉语阅读速成·基础篇》①第九课的补充课文"踢毽子"中有如下一段：

> 一日，妻买回一只鸡。一见那亮丽的羽毛，便想起少年时代的游戏：踢毽子。我对妻说："给我几根鸡毛。"妻问："干啥？"我说："做几个毽子踢踢。"妻笑："哟，头发都白了，你以为自己还是十几岁的少年啊？"妻随手给我几根鸡毛。三五分钟毽子就做成了。

整篇课文围绕"踢毽子"展开，但"毽子"一词对学生来说是陌生的，根据语境，学生起码可以了解"毽子"是用来踢的，用鸡毛做的一种游戏用具，这些信息通过语境，均可获得，而且关于"毽子"一词，学生了解这些就足够了。但值得注意的是，学生要基本了解该词，前提是已认识"鸡毛"一词。可见，利用语境猜词与学生的知识水平相关。越来越多的研究表明，影响第二语言阅读者使用语境能力的主要因素是词汇知识。如果一段文字对于读者来说生词密度过大，语境猜词便不可能实现。刘颂浩（2001）②曾做留学生语境猜词的调查，结果显示，语境有显示词义的作用，可以解决用造字法、构词法难以解决的问题。比如在"男人购物也比较即兴，事前很少做计划，也很少列出清单，总是缺少什么时才去购买"一句中的"即兴"，学生若能有效地利用上句提供的语境，则不难猜出"即兴"的意思。但他同时也提出，利用语境会碰到许多问题，首先，语言水平制约着对语境的使用；其次，学生往往会把语境中的具体因素理解为某种词的

---

① 郑蕊《汉语阅读速成·基础篇》，北京语言文化大学出版社，2002年。
② 刘颂浩《关于在语境中猜测词义的调查》，《汉语学习》2001年第1期。

固有意义；最后，很多情况下，多种解释在语境中都可能是合情合理的。其实第二点和第一点一样，也是学生的语言水平问题。而最后一点只能说明目标词的语境不足以限定其意义，不适宜做猜词训练。我们不能由此而否认阅读材料中的每个词都与它前后的词语或句子甚至段落有着相互制约的关系。只要我们抓住这些内在的联系，利用各种已知信息，有些生词是可以推测和判断其意义的。这样就可以改变那种每遇生词都查字典的阅读习惯，大大提高汉语阅读的速度和能力。

三、培养猜词策略的思路

（一）针对不同目的有计划地实施猜词训练

要培养学生的猜词悟意能力，教师应就以上三种猜词策略进行"先分项，后综合"的训练。但由于教材中的训练材料分散且不成系统，所以教师应在做好整体训练计划的基础上，编写目的性强的练习，按计划实施，逐步实现教学目标。分项训练可分为以下三个阶段：

第一阶段：在学生掌握常用独体字的基础上，以形声字为主要目标字词设计猜词练习，要尽量选择单语素词或形旁相同的词，目的是让学生建立起汉字形旁表意意识，并能掌握常用形旁的意义。比如：

> 练习要求：按要求，将下列词语分类。
>
> 海洋、心意、推、汁、打扫、汗、泪、抱、河流、怕、沏、泡、拍、拉、搀扶、相、位、揉搓、湿润、抢、枪、挂、饭馆、湖泊

和水有关的词	和手的动作有关的词	其他词

练习形式可以多种多样,只要能达到训练目的即可。

第二阶段:以双音节词语为主要目标词设计以构词法为线索的猜词练习,应选择具有构词理据且学生已知构词语素的词语,依先分类后综合的顺序设计练习,如:

练习要求:说出下列词语的意思。

预言、悦耳、正路、小看、失眠、纯净、分类、改进、健身、礼让、约定

对于这样的练习,只要学生能正确释义,就说明其词语结构分析以及对语素义的理解是正确的。若解词出现错误,教师在分析原因的基础上,再补充有针对性的练习,对于"正路"这种半透明词,要引导学生进行联想,加强学生的语素知识及结构意识。

第三阶段:以先分析后实践的顺序实施语境猜词训练,使学生掌握利用语境的几种常见猜词线索,如以定义、解释、举例为线索的,以同义词替代、反义词对比或因果等句义关系为线索等,同时了解一些标志性词语及其功能,比如"所谓……就是、也就是、换言之、所以/因此、即使……也"等等。编写练习时应注意,表示词语或句子关系的关键词应为学生已知词语。如:

练习要求:猜一猜画线词语的意思。

①他后来发现要当画家实在太难了,所以他放弃了。

②所谓暗示，是指人或环境不明显地向人们发出某种信息。

③这种病即使病人不打针吃药，也能痊愈。

④他睡觉的时候总打呼噜，吵得我半天睡不着。

本阶段的专门练习中，教师可引导学生先依据汉字、词语线索猜测词义，若有所得，再在句子中检验，如上例④中的"打呼噜"，学生可能根据"呼噜"的形旁"口"推断出呼噜与"嘴"有关，语境"睡觉的时候，吵得我半天睡不着"可以使学生推断出"打呼噜"的意义；若学生依词内线索无所得，则利用语境猜测。

（二）利用课文语料进行综合猜词训练

1. 运用猜词策略的条件。

上文提及的三类猜词线索，都要求学生有相应的汉语知识储备。依据造字法，学生应具备汉字结构知识；依据构词法，要具备较强的语素意识以及词语结构意识；依据语境，要具备一定的汉语水平，即一定的词汇量，这是最关键的，此外还要掌握基本的汉语句法知识，甚至一定的文化知识。所以，课堂猜词训练也必须在学生具备以上条件的前提下进行。

此外，让学生推断意义的目标词必须具有"可猜性"，也就是说，学生以三种线索能够独立或在教师的引导下完成猜词任务。比如《汉语阅读速成·中级篇》[①]第十课细读课文：

网虫就是那种每天都忍不住想上网泡几个小时的人，上网已经成为他们生活的一部分。我也可以算半条网虫。两年前，在我一个人常住北京的日子里，我每天晚上的生活是看

---

① 朱子仪《汉语阅读速成·中级篇》，北京语言文化大学出版社，2002年。

完新闻后，就打开电脑，和网上无数的人们一起体验着生活的酸甜苦辣，眼睛紧盯着<u>屏幕</u>上的文字，手指机械地敲打着<u>键盘</u>，忘记了手已变得麻木和没有知觉，分不清<u>虚幻</u>与现实。

上边这段课文中画线的词语都是生词表中的词语，但根据构词线索或语境线索是可以推测词义的。可以说以上几个目标词都具有一定的"可猜性"。比如"网虫"后是标志词"就是"，接着是对该词意义的解释。学生自然能了解"网虫"的词义，教师需要做的是，以"虫"为语素进行一定的扩展，如"书虫""房虫"等，并要求学生猜测词义。而像"我是这么想的，假如每个人都穿着<u>讲究</u>，那我也应该这样。"一句中"讲究"，就不具备可猜性。首先从汉字结构以及构词语素上，都不能提示该词"要求高，追求精美"之义；其次，其语境单薄，没有提供足够的信息，揭示该词的意义，而且从句法上学生还可能误以为"穿着"为"chuān zhe"，是动词性结构，所以可能错误判断"讲究"为名词，指某种衣物。

2. 培养学生整合猜词策略的能力。

从上文所述的三种猜词策略看，单纯以造字法猜词，往往只能猜出词语的义类，而不能准确推断词语的意义，只有综合运用猜词策略才可能准确推断词义。而学生在阅读中猜词策略的使用又因人而异。房艳霞、江新（2012）[1]通过实验证明，使用语境线索和构词法线索在外国学生猜测汉语双音复合词词义过程中存在个体差异，有的学习者能整合信息，有的学习者不能整合信

---

[1] 房艳霞、江新《外国学生利用语境和构词法猜测汉语词义的个体差异研究》，《世界汉语教学》2012年第3期。

息,而是过多地依赖语境线索或构词法线索。同时江新、房艳霞(2012)[①]也对各种猜词策略的使用所带来的不同效果进行了考察,结果显示,学习者在"词+语境"条件下的猜词比在只有词或只有语境条件的猜词成绩好得多,原因是构词法和语境提供给读者的猜词信息是不同的,而且二者之间存在互相修正和检验猜测结果的作用。因此,教师应根据学生不同的猜词习惯,有针对性地训练学生整合汉字、构词、语境等信息猜测词义的技巧,提高学生猜词的准确度以及阅读能力。

---

① 江新、房艳霞《语境和构词法线索对外国学生汉语词义猜测的作用》,《心理学报》2012年第1期。

第二章

汉语阅读教学与学习研究

第一节 阅读中的词汇学习研究 [①]

一、引言

词汇学习是语言学习的重要环节,一般有两种渠道:直接学习和伴随性学习(即间接学习)。直接学习是指对词的语音、结构、意义和用法进行分析、讲解和操练,主要是在教师的指导下进行。伴随性词汇学习,指学生在进行其他学习任务(如读文章、听歌曲)的过程中习得词汇,学生的注意力主要集中于理解意义,而不是学习新词。词语是主要认知活动(阅读或听歌)的副产品。"通过阅读学习词语"(learn vocabulary during reading)是伴随性学习的主要方式。影响词汇伴随性学习的因素很多,这里仅就词汇的语义透明度进行讨论。

(一)透明度的概念

所谓语义透明度是指合成词的整词语义从其构词语素的语义推知程度,其操作性定义是指各构词语素与整词的语义相关

---

① 本节摘自干红梅《语义透明度对中级汉语阅读中词汇学习的影响》,发表于《语言文字应用》2008年第1期。

度。例如："美""丽"和"美丽"都是好看的意思，从构词语素义就可以得知整词义；"马"是一种动物，"上"表方向，而"马上"却表示很快的意思，两个构词语素义与整词义完全无关。这种差异在认知心理学上被称为"语义透明度"（semantic transparency）的差异。前一种是透明度高的词语，可称为透明词（transparent words）；后一种是透明度低的词语，可称为不透明词（opaque words）。语素义与透明度密切相关：如果语素义与整词义高度相关，则为透明词，反之则为不透明词。

（二）相关研究

心理学界关于语义透明度的研究集中在词语的识别、加工、心理表征及通达。来自英语、德语、荷兰语等拼音文字的研究都发现，透明词和不透明词具有不同的词汇加工和通达模型，目前的观点倾向于认为，透明词在加工中发生了语素分解，而不透明词则是整词加工。

国内心理学界关于汉语母语学习有不少研究成果。王茂春、彭聃龄（1999、2000）[1]认为透明的语素促进整词的加工，不透明的语素抑制整词的加工。孟祥芝等（2000）[2]证明形旁透明字的正确率显著高于形旁不透明字。舒华（1991）[3]调查了300多名汉族儿童在阅读中伴随性学习生词的情况，发现语义透明度好

---

[1] 王茂春、彭聃龄《合成词加工中的词频、词素频率及语义透明度》，《心理学报》1999年3期；王茂春、彭聃龄《重复启动作业中词的语义透明度的作用》，《心理学报》2000年第2期。

[2] 孟祥芝、周晓林、舒华《汉语阅读发展研究中几种实验任务之间关系的探讨》，《心理科学》2000年第6期。

[3] 舒华《阅读中从语境中伴随性学习生词——中美儿童跨文化研究》，北京师范大学博士学位论文，1991年。

的词比透明度差的词伴随性学习的可能性大得多。徐彩华、李镗（2001）[1]研究了儿童学习汉语母语的情况，发现透明词有利于学习，遇到生词时，透明度对词汇的理解尤为关键，理解透明生词的能力对阅读理解是很重要的。高兵（2004）[2]通过对中国大学生的实验研究表明，语义透明度和词频都会影响词语的识别。吴思娜等（2005）[3]认为，语素意识是唯一能显著预测两种不同阅读任务（命名词组、同音字识别）的认知变量，语素缺陷在阅读障碍中的比例最大，表明汉语的语素意识在儿童阅读中具有重要作用。

汉语作为第二语言的相关研究也有一定成果。刘伟（2004）[4]考察了汉语作为第二语言的日本留学生的心理词典表征结构，结果表明双音节合成词的表征受语义透明度和频率的影响。徐小羽（2004）[5]的实验研究表明：初级水平的留学生已经初步具有语素意识，通过语素来推测词义是他们理解新词的一个重要策略。郝美玲、张伟（2006）[6]认为，语素意识的提高对扩大词汇量有积极作用。

---

[1] 徐彩华、李镗《语义透明度影响儿童词汇学习的实验研究》，《语言文字应用》2001年第1期。

[2] 高兵《中文双字合成词加工中的透明度效应》，山东师范大学硕士学位论文，2004年。

[3] 吴思娜、舒华、刘艳茹《语素意识在儿童汉语阅读中的作用》，《心理与行为研究》2005年第5期。

[4] 刘伟《语义透明度对留学生双音节合成词词汇通达的影响》，北京语言大学硕士学位论文，2004年。

[5] 徐小羽《留学生复合词认知中的语素意识》，北京语言大学硕士学位论文，2004年。

[6] 郝美玲、张伟《语素意识在留学生汉字学习中的作用》，《汉语学习》2006年第2期。

二、实验一

（一）研究目的

1. 已有研究集中在已学旧词的识别，本研究目的在于探讨汉语作为第二语言的阅读中，语义透明度对新词学习的影响。

2. 已有研究一般只考察汉字圈和非汉字圈的学习情况，本研究希望了解有方言背景但无汉字背景的华裔学习者情况，了解透明度对不同语言背景的学习者的影响是否相同。

（二）实验设计

双因素混合试验（3×2），因素一为被试间因素，根据语言背景分为有汉字背景的日韩组、无汉字背景（拼音文字背景）的欧美组、有方言背景但无汉字背景的华裔组三个水平；因素二为被试内因素，根据词语的语义透明度，分为透明度高、透明度低两个水平。

（三）实验材料

实验用词均为双音节合成词。选出备选词语 60 个，由 20 名中国大学生进行语义透明度的评定，要求评定词语第一、第二语素与整词在语义上的关联程度，例如"美"与"美丽"，"丽"与"美丽"；"马"与"马上"，"上"与"马上"是否关联，并按其关联程度打分。按照关联程度从最高到最低分为 7 个等级，分别为 6，5，4，3，2，1，0。以两个语素的平均分为该词的语义透明度评分。

根据评分选出透明词和不透明词各 15 个作为预备词语，请两位任课教师对预备词语进行评估（教材中是否出现过，学生是否已学），最后确定 24 个词为测试目标词（透明词、不透明各 12 个）。两组词语的平均语义透明度分别为 4.68 和 1.09，差异达到显著水平（t = −9.92，$P = 0.000$）。

（四）被试

中山大学国际交流学院中级上学习者共 90 人参加，测试时所有被试已学汉语一年半左右。分为日韩组、欧美组、华裔组三个组，各 30 人。

（五）测试方法

纸笔测试。要求学生在无教师指导的条件下，阅读随机排列的 30 个句子（包括含有目标词的 24 个句子和 6 个干扰句子），选择正确的释义。句子的长度控制在 13 字以内，并控制句中其他词语都是学生学过的，以保证句子难度基本一致。例如：

后来那两个人发生了**口角**。

A. 亲吻　　B. 吵架　　C. 打架　　D. 谈话

（六）实验结果

分别统计三组被试的学习成绩，用 spss11.5 进行重复测量方差分析（repeated measures）。数据分析结果如图 2-1 和表 2-1 所示：

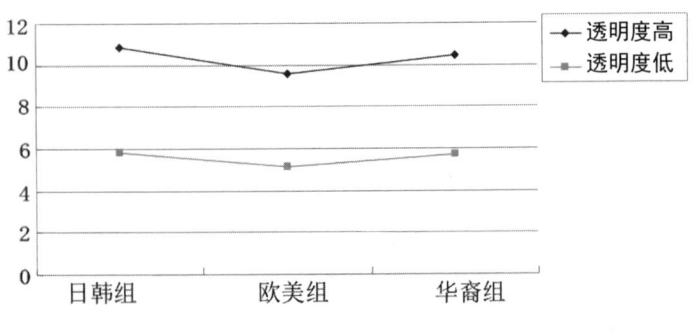

图 2-1　语言背景、语义透明度对词语学习的影响

表 2-1 语言背景、语义透明度对词语学习的影响

组别	透明度高	透明度低
日韩组	10.83（1.34）	5.83（1.66）
欧美组	9.60（1.89）	5.13（2.08）
华裔组	10.47（1.67）	5.70（1.82）
平均值	10.30（1.71）	5.55（1.87）

注：括号内为标准差。

结果显示：

1. 透明度主效应显著（$F=457.994$，$P=0.000$），透明词的正确率显著高于不透明词。

本实验的结论与王茂春、彭聃龄（1999、2000）的研究一致：对于透明词，来自语素单元的激活是正性的，从而促进整词加工；对于不透明词，来自语素单元的激活是负性的，从而抑制整词的加工。在他们的研究中，这种抑制体现为不透明词的加工速度减慢，在本实验中则体现为不透明词的正确率降低。

2. 被试间的语言背景主效应显著（$F=3.794$，$P=0.026$），三组被试的成绩排序为：日韩组＞华裔组＞欧美组，日韩组与欧美组差异显著（$P=0.009$），华裔组介于两者之间。

有无汉字背景对汉语阅读影响很大。吴门吉（2005）[①]的调查指出"语素猜词为汉语阅读猜词较为成熟的、重要的策略，这是由汉字表意的特点决定的，该策略的使用受学习者识字量的影响"，提出"汉语阅读必须跨越'汉字门槛'"。由于历史文化原因，日韩学生大多具有汉字背景，据统计，汉字词在日本书面

---

① 吴门吉《通过猜词策略看欧美韩日学生汉语阅读能力发展过程》，中山大学博士学位论文，2005 年。

语中占 52% 以上，笔画完全相同的汉字在《常用汉字表》中占 2/3 以上（王顺洪、西川和男，1995[①]）。韩语中有近 53% 的汉字词，"大部分韩国学生从小就开始学习汉字，因此汉字对他们来说并不陌生"（甘瑞瑗，2006[②]）。所以，日韩学生"汉字门槛"很低，对利用语素猜词有显著的促进作用。欧美学习者缺乏汉字背景，与日韩组相比，阅读难度大，语素猜词效果差。

有意思的是，华裔学习者介于两者之间，这与我们一般的印象不太一致。一般认为：华裔学生具有方言和文化背景，学习成绩应该比其他语言背景的学习者好。出现这种情况的原因，可能是由于目前华裔学生在学汉语前无汉字基础，且学习者的两极分化严重。一部分华裔学习者家庭生活中有方言环境，能听能说方言（或粤语或客家话或潮汕话），遇到熟字生词时，可借用方言词义来帮助判断。大多数词语在方言中都有，虽发音不同，但词义基本不变，这给学习带来很大方便，这类华裔学习者具有较强的优势，学习成绩较好。而另一部分华裔学习者则是第三代甚至第四代移民，家庭生活中无方言环境，既不会听更不会说，其第一语言已转变为当地语言而非汉语方言。本研究中的 30 名华裔中有 13 人毫无方言背景，另有 6 人仅能听懂最简单的日常对话，这类华裔学习者身处欧美区，他们的语言背景其实与欧美学生无异，毫无优势可言。正是这种两极分化，加上缺乏汉字背景，使华裔组本应有的优势被削弱，虽好于欧美组，但弱于日

[①] 王洪顺、西川和男《中日汉字异同及其对日本人学习汉语之影响》，《世界汉语教学》1995 年第 2 期。

[②] 甘瑞瑗《"国别化"对外汉语教学用词表制定的研究》，北京大学出版社，2006 年版。

韩组。

3. 透明度与语言背景之间的交互作用不显著（$F = 0.485$，$P = 0.617$），不同语言背景的被试的学习规律一致：透明词的学习成绩显著好于不透明词。

（七）分析讨论

1. 透明度影响词语学习难度，阅读中伴随性习得的新词以透明词为主。

透明词的学习难度低，只要认识其中的某个语素（汉字）就能大致学会整词。而不透明词无法通过语素来学习整词，还可能被语素误导，学习难度高。根据 Nay 和 Anderson（1984，转引自徐彩华、李镗，2001）的统计，学习者习得的新词中至少有60%是透明词。在本实验中，平均每个学习者能学会15.89个词语，其中65.1%为透明词。

2. 中级学习者透明词（语素）策略的泛化。

本实验证明，汉语学习者跟汉语为母语的儿童学习词汇具有相似的发展过程。把不透明词当透明词来分析理解是学习的必经阶段。不管教师是否讲授，学习者都能形成语素意识，并泛化到不透明词语的学习中，都会经历一个"整词学习—分解语素学习—根据情况区别分析（分解或整词）"的过程（郝美玲，2003；蒋丽萍，2002；邢红兵，2003；徐小羽，2004）。

中级学生已经具有了语素意识，主动运用并泛化。在本实验中，12个不透明词的错误总数为531人次，其中318人次为透明词策略的泛化，高达60%。例如："土著"就是"著名的人"，"扫兴"就是"高兴"，"千金"就是"很多钱"，"师母"就是"老师的妈妈"，"苦涩"就是"味道很苦"，"死活"就是"死了以后"或"活着的时候"。

3.影响语素策略的因素。

（1）语素义项的熟悉度。当一个语素具有多个义项时，被试首先想到的是最熟悉的义项，如果该义项与整词的义项一致（透明度高），那么词语很快理解，反之则速度变慢，正确率降低。徐小羽（2004）发现，多义语素是留学生理解新词产生错误的重要原因之一。本实验也支持这一结论。例如：

我们在中国过得很**快活**。
A.时间过得很快　　B.生活　　C.高兴　　D.伤心

根据《现代汉语词典》，"快"的义项：①速度高；走路、做事等费的时间短（跟"慢"相对）：快车；快步；他进步很快。②快慢的程度：这种汽车能跑多快？⑧愉快；高兴；舒服，如快感、大快人心、拍手称快。可见，义项①②表示速度快、时间短，是"快"最常见的义项，且可以单独成词，而义项⑧是非常用义项，一般不能单独成词，须与其他语素构成合成词，并与"快"独立成词时语义不同。虽然学生在初级阶段就学习了"时间过得很快"和"生日快乐"两种表达，但对学生来说，表示时间短的"快"的义项在形式和语义上都容易把握，而从"快乐"中提取出"快"表示高兴的义项则很难，他们只是把"快乐"作为一个整体来记忆。因此，87%的错误为误选A。

（2）词语结构。联合结构的语义偏向影响被试的学习。学习者常常分不清楚哪一个语素是主要的，哪一个是次要的，因此选错。例如"老土"一词，整词的意思偏向"土"而非"老"，虽然两个语素学习者都认识，但是学习者最熟悉的"土"的义项是"泥土",而"不流行的、过时的"是"土"的非常用义项,还没学过,因此 71.7% 的错误是误选了"年龄很大,很老",17.4% 误选了"有很多泥土"。

偏正结构的词语由于结构关系常常是半透明的词语,但由于语义偏向后一语素,如果学习者对后一语素把握准确,学习难度反倒不高。例如"淡忘"一词,由于"忘"是熟悉的,即使"淡"的语素意义不是很清楚,还是很容易选正确的,正确率高达 85.5%。

(3) 句子语境。学习者充分利用仅有的一点语境信息。例如"她是我们的师母",学习者利用"她"这个信息,选择跟"女性"相关的答案,集中在"女老师、老师的妈妈、老师的妻子"三个选项中,其中"老师的妈妈"既符合透明词策略又符合语境,误选人数最多(57.1%),而选项"老师"无性别指向,误选人数最少。可见,学习者力争选择与语素和语境都高度一致的义项。

4. 学习者的反透明化策略。

在泛化透明词策略的同时,也有不少学习者已经意识到用语素推出的整词义可能是错误的,开始有了反透明化的意识,但这种意识刚起步,还处于非自动化阶段(表现为有的不透明词能反透明化,选出正确答案,而有的则不能)。结合试卷上的笔画痕迹和测试后的访谈,我们认为学习者已经开始有意识地运用下列反透明化策略:

(1) 利用句法知识。测试题由句子构成,学习者可以利用已学句法知识来判断目标词的词性,通过句法知识猜测词义。例如:

下雨了，真**扫兴**。

  A. 高兴 B. 打扫 C. 失望 D. 难受

  按照语素来分析，A 和 B 都是高度相关的解释，但只有两位学习者选择了 B，原因就在于 B 不符合句法。

  （2）利用句子语境。例如：

警察**打量**着那个小伙子。

  A. 看 B. 问 C. 打 D. 检查

  根据透明词策略，"打量"的意思就是"打"或"量"，但由于句子中出现了"警察"一词，不少学习者认为警察不可能"打"人，最常见的是警察"检查"某人，因此 D 成为误选最多的选项，高达 71.6%。

  （3）利用已学文化背景知识。例如：

上个月，他们家喜得**千金**。

  A. 很多金子 B. 很多钱 C. 儿子 D. 女儿

  有 12 人（16.7%）错选 C，访谈时学习者告诉我们：先看到"千金"认为是"很多金子"的意思，但从选项看，A 和 B 的意思是基本相同的，如果选 A 就应该可以选 B，这说明很有可能 A 和 B 都是错误的。剩下的 C 和 D 则很难选择。但是大家都知道中国人喜欢男孩不喜欢女孩，所以"喜"字提示应该选"儿子"。

  5. 各因素的影响力不平衡。

  中级的学习者已经具有一定的语素意识、句法知识、语境意识。学习新词时，学习者常常将这几个方面结合起来综合考虑，但这几方面的影响力不平衡。例如：

他不能**左右**这件事情。

　　A. 决定　　B. 大概　　C. 左边和右边　　D. 不同意

　　从透明词的策略来看,"左右"的意思就是 C,但不符合句法且与句子语义完全不符,因此没有一个学生选 C。学生已经学过"年龄在 30 岁左右"中的"左右"表示"概数",与"大概"意思相近,所以 62.9% 的误选为熟悉义项"大概"。有的学习者从句法判断出"左右"应该是动词,而"大概"是一个副词,四个选项中只有 A 和 D 是动词,这两个答案放到句子中语义都通顺,31.4% 的学习者误选了 D(有的学习者即使选了 A,也在 D 上打了个问号,说明学习者在 A 和 D 中很难抉择)。

　　结合前面的讨论可以发现,在学习新的词语时,语素的影响力最大,特别是熟悉义项的影响("快活、老土、左右"都是熟悉义项误选率最高);当没有熟悉义项利用时,大多数学习者会充分利用语境信息(如"师母、打量");较少数的学习者能正确依靠句法信息(如"左右、扫兴");而能利用词语结构正确选择的最少。因此,影响力排序大小为:语素(熟悉义项)＞语境＞句法信息＞词语结构。

三、实验二

　　从实验一中可以看出,无论是透明化策略还是反透明化策略,语境都是重要的影响因素,甚至可能误导选择。在不同的语境条件下,透明度的影响一样吗?为此,我们设计了实验二。

（一）实验目的

在强、弱、无三种语境条件下，语义透明度的影响是否一致？如何提高不透明词在阅读中伴随性习得的效果？我们的预测：如果学习者利用上下文语境来反透明化，那么不透明词在强语境下可能会有很好的学习效果。

（二）实验设计

双因素混合实验设计（3×2），被试间因素为语境，分为强语境、弱语境、无语境三个水平；被试内因素为词语的语义透明度，分为透明度高、透明度低两个水平。

（三）实验材料

选词方法同实验一，最后确定 20 词为测试目标词（透明词、不透明词各 10 个）。两组词语的平均语义透明度分别为 4.69 和 1.27，差异达到显著水平（t = −9.874，P = 0.000）。根据三种语境分为三套测试题目，即每个目标词都在强、弱、无三种语境[1]出现，三套试题的选择项完全一样。例如：

强语境：他是**出色**的钢琴家，钢琴弹得非常好。

弱语境：他是**出色**的钢琴家。

无语境：**出色**

选择项都是：A. 漂亮　B. 颜色好看　C. 优秀　D. 聪明

（四）被试

中山大学国际交流学院中级上两个班共 78 人参加。分为三

---

[1] 强语境指目标词出现在句子中，且前后有较为明确的释义或语义提示；弱语境指目标词出现在句子中，但无明确的释义；无语境指目标词无任何依托，仅以词语形式出现。

个组（各 26 人），分别对应三套试题（三种语境）。由于实验一的结论显示，语言背景对词语学习有一定影响，因此为消除语言背景因素的影响，三组被试的语言背景分布一致（每种语境都包括日韩 12 人、华裔 7 人、欧美 7 人）。

（五）测试方式

同实验一。要求被试在无教师指导的情况下，阅读随机排列的 25 个句子（包括含有目标词的 20 个句子和 5 个干扰句子），然后选择正确的释义。

（六）数据分析与讨论

分别统计三组被试的学习成绩，用 spss11.5 进行重复测量方差分析（repeated measures）。数据分析结果如图 2-2 和表 2-2 所示：

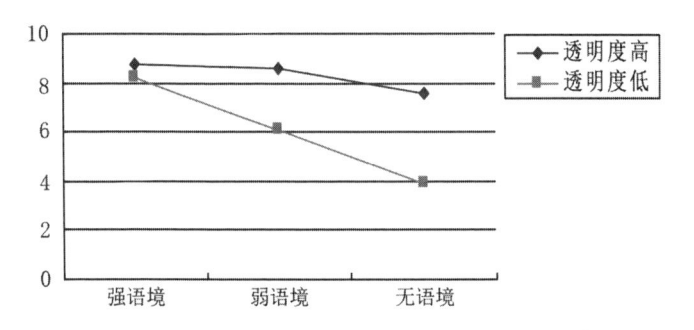

图 2-2 不同语境、透明度对词语学习的影响

表 2-2 不同语境、透明度对词语学习的影响

语境条件	透明度高	透明度低
强语境	8.77（1.21）	8.19（1.86）
弱语境	8.58（1.70）	6.12（2.08）
无语境	7.58（1.42）	3.88（1.68）
平均值	8.31（1.53）	6.06（2.43）

注：括号内为标准差。

1. 透明度主效应显著（$F=117.626$，$P=0.000$），与实验一结论一致，透明词的正确率显著高于不透明词。习得词语以透明词为主，平均习得 8.31 个（57.8%）。

2. 语境主效应显著（$F=30.098$，$P=0.000$）。三种语境平均成绩为：无语境 5.73，弱语境 7.35，强语境 8.48。表明随着语境丰富程度的递增，伴随性习得的准确性提高。

3. 透明度与语境之间的交互作用显著（$F=19.177$，$P=0.000$），不同语境下，透明度的影响力不同，表现为：

（1）语境对学习不透明词有显著的促进作用。分别对三种语境条件下的学习成绩进行单因素方差分析发现：两种词语的学习效果都是：强语境＞弱语境＞无语境。透明词的学习效果在弱语境和强语境条件下无显著差异，但与无语境有显著差异（弱语境、强语境之间 P 值为 0.636，无语境与弱语境、强语境的 P 值分别为 0.016、0.004）。不透明词的学习效果在强、弱、无三种条件下差异都显著（P 值均为 0.000）。可见，语境是词汇学习的重要影响因素，对透明词和不透明词语都有促进作用，对不透明词的促进作用尤为显著。这说明，"通过阅读学习词汇"具有显著优势，因为无论阅读中的语境是强是弱，词汇学习效果都会显著提高。

（2）不透明词在强语境下也可以很好地习得。对三种语境下两种词语的学习成绩分别做配对样本 t 检验，结果发现，在无语境和弱语境条件下，透明词的习得效果显著高于不透明度词（$t=10.555/t=5.918$；P 值均为 0.000），但在强语境条件下，两者没有显著性差异（$t=1.926$；$P=0.066$），这与我们的预设一致：强语境可以淡化透明度的影响，不透明词在强语境下也可以很好地习得。

统计还发现，在强语境条件下，有三位学习者不透明词的习得数高于透明词的习得数，而在弱语境和无语境条件下均无此类情况。测后访谈我们可以看出，在强语境下，语素义与整词义的不一致，提醒了学习者给予该词更多注意和思考，因此习得效果更好。例如"考试成绩都很好，大家好不高兴。"学习者一开始认为句子很奇怪："考试成绩很好，为什么还不高兴？"当意识这种不一致之后，学习者开始调整对"好不"的推测，使之符合整个语境，最后选择了"非常（高兴）"。

以上分析可以看出，能否通过阅读很好地习得不透明词，关键在于语境是否丰富。只要语境提供足够的句法、语义信息，不透明词也可以获得很好的学习效果。从这种角度来讲，阅读（通过语境）可能是学习不透明词的最佳途径。

四、教材、教学建议

（一）阅读教材编写的建议

对透明词和不透明词应有不同的处理方法。第一，注意数量搭配。教材编写在考虑生词时，一篇文章的生词应以透明生词为主，不透明词不能出现太多。第二，不同的释义要求。透明词可给以弱语境或无语境，或不进行注释；但不透明词应给以强语境，或详细注释。

(二) 中级阅读教学建议

1. 强调学习多义语素的新语素义。

汉语中透明词占绝大多数（参见王又民，1994[①]；苑春法、黄昌宁，1998[②]；邢红兵，2006[③]），分解学习是词汇学习的重要方法。到了中级阶段，学习者的语素意识基本形成，但难点是，面对新语素（特别是"旧字新义"）时，学习者往往很少想到新义项，例如"快"表示"快乐、高兴"的义项已经学习过。但面对"快活"这个新词时，学习者更多的是想到旧语素义。邢红兵（2006）的统计，"即使到了丁级，仍有大量的新语素出现"，学习新语素义，特别是已学语素的新义项是中级阶段扩大词汇量的关键。

2. 鼓励学习者通过语境学习不透明词，重视在语境中学习生词。

一个词可能有多种意思，语境使词义唯一化。

3. "分""合"相结合。

在语素猜词的过程中适当穿插一些不透明词的猜测，让学生形成一种意识：大部分词可以分解学习，部分词语必须整词学习。随着学习者汉语水平的提高，接触的语素增多，区别对待的能力就会逐步提高。

4. 教给学生反透明化的策略。

培养学生形成这样的词汇学习意识：只有通过语素、语境、

[①] 王又民《汉语常用词分析及词汇教学》，《世界汉语教学》1994年第2期。
[②] 苑春法、黄昌宁《基于语素数据库的汉语语素及构词研究》，《语言文字应用》1998年第3期。
[③] 邢红兵《〈汉语水平词汇等级大纲〉双音合成词语素统计分析》，《世界汉语教学》2006年第3期。

句法的综合评估做出的推测才可能是正确的推测，如果从语素推测出来的意思与语境、句法都矛盾，那就得重新进行推测了。

第二节　阅读者背景与阅读成绩研究[①]

一、引言

我们知道，申请进入中国各类高等院校进行短期、中期和长期汉语学习的学生在入学时汉语水平参差不齐，其中，既有零起点学生，也有已具备一定汉语水平的学生。对这些学生进行对外汉语教学面临的首要工作便是分班，因为合理分班是保障教学效率的前提。对于有一定汉语基础的留学生，一般通过分班测试按照成绩差异将不同汉语水平的学生划分到不同的班级，对此，已有不少学者进行过专门研究（杨德峰，1993[②]；柴省三，2011[③]）；而对于初来乍到的零起点留学生，目前普遍的做法就是统一划到零基础初级班，笼统地认为他们汉语的听、说、读、写四项语言技能都是零基础。可是，在实际的教学过程中，我们却发现了很多问题。比如，在初级班阅读课的教学过程中，笔者就发现华裔

[①] 本节摘自王延苓、王汉卫《初级阶段留学生背景与阅读测验表现的关系》，发表于《华文教学与研究》2016年第3期。

[②] 杨德峰《分班、入系的标准和原则问题刍议》，《世界汉语教学》1993年第3期。

[③] 柴省三《关于留学生汉语入学分班测试决策效度的思考》，《中国考试》2011年第10期。

与非华裔汉语初学者的课堂表现和测验表现都存在一定差异,同时,也存在这样的现象——并不是所有华裔学生阅读能力的发展都普遍优于非华裔学生。另外,来自不同国家和地区的学生在汉语习得过程中,其阅读能力的发展也表现出较大差异。考虑个中原因,我们了解到,虽然都是初入学的汉语初学者,但是在国籍、族裔、母语和文化背景等方面,他们之间是存在很多差异的,那是不是这些差异导致这一群体在汉语习得的速度和质量上出现了较大差距?

从教学来看,郭熙(2007)[①]指出:"当前3 000多万的汉语学习者,其中为数不少的汉语学习者所进行的仍然是作为第一语言的本族语学习,或者是特定环境下的第二语言的本族语学习。"这里提到的"为数不少的汉语学习者"在汉语初学者中肯定也是占有一定比例的。从测试结果看,"有中国背景的考生总体在异质程度上与HSK(初、中等)考生存在显著差异"(陈宏,1995[②])。可见,不管是从教学还是测试,我们都不应忽视对这部分汉语初学者的深入探究。

因此,为弄清楚上述问题,本节欲以汉语初学者的阅读能力为例,通过关于初级留学生个体背景因素的问卷调查和阅读能力测试,对不同个体背景的初级阶段留学生在阅读测试中的表现差异进行实证性研究,以探讨不同背景汉语初学者的汉语语言能力是否存在异质性,以及面向不同背景(类型)的汉语初学者采取何种分班形式和教学模式,以求实现更高的教学效率和学习效果。

---

① 郭熙《海外华人的母语教育给我们的启示》,《长江学术》2007年第1期。
② 陈宏《关于考生团体异质程度对HSK(初、中等)信度的影响》,载《汉语水平考试研究论文选》,现代出版社,1995年,第84页。

二、实证研究设计

（一）预期假设和研究方法

根据已有研究成果和本研究课题，我们提出以下几项预期假设：（1）不同个体背景的初级阶段留学生阅读能力存在差异；（2）方言背景对初级阶段留学生的阅读成绩有显著影响；（3）族裔背景对初级阶段留学生的阅读成绩有显著影响；（4）汉字文化圈背景对初级阶段留学生的阅读成绩有显著影响。

我们将通过问卷调查和测试的实验方法对预期假设进行检验。结合调查问卷对学生方言背景、族裔背景和国别背景的调查信息以及学生的阅读测试成绩，采用曼惠特尼 U 检验（Mann - Whitney U-test）分别分析是否会方言、是否华裔、是否来自汉字文化圈及其对阅读测验表现的影响，以进一步了解初级阶段留学生哪些个体背景因素与他们语言能力的发展关系密切。

（二）样本选择

本研究选取了暨南大学华文学院汉语系初级 E1 到 E6 班的 99 名留学生为研究样本。这 99 名留学生入学时都是零起点，经过一个学期（约 400 课时）的学习，具备了初级汉语普通话听、说、读、写能力。其中男生 41 人，女生 58 人，分别来自韩国、泰国、俄罗斯等 17 个国家。

（三）研究工具

1. 关于学生个体背景因素的调查问卷。

调查问卷主要包含了汉语方言背景、族裔背景、国别，以及阅读任课教师对学生阅读水平的评价四项调查内容。前三项背景因素通过班主任对学生的访谈完成，对学生阅读水平的评价由阅读课教师根据学生的阅读水平给出班级排名,这一排名主要是根据学生平时的课堂表现和平时测验成绩得出的。

2. 阅读能力测验。

测验是笔者根据新 HSK 和中国台湾的华语文能力测验设计的阅读试卷,由八个分测验组成,分别考查学生的字词识读、句子理解以及对短小篇章的理解,内容有 40% 的课内内容,60% 的课外内容,测验总分 100 分。测验以期末考试的形式,在六个平行的初级留学生班级同时进行。

为检验该阅读测验是否稳定、一致地测量出了被试的阅读能力,我们运用 SPSS 统计软件对该测验分别做了信度和效度分析。

信度,也叫可靠性,就是测验分数的稳定性和一致性程度(张凯,2002[①])。常用的信度估计方法有:(1)计算测验内部各项目得分的一致性,得到同质性信度;(2)用同一测验对同一组被试,前后测验两次,据两次测验分数计算其相关系数,得到再测信度;(3)当一种测验只能施行一次且没有复本时,可按测验题目的奇偶数分两半计分,求相关系数,经校正得到分半信度(蔡旻君、刘仁云,2010[②])。内部一致性信度的估计方法,主要包括分半信度评估法、库德-理查森信度评估法、克伦巴赫 Alpha 系数评估法。因该阅读测验只对同一批被试施测了一次,因此我们利用克伦巴赫 α 系数来估计该阅读测验的同质性信度。分析结果见表 2-3:

[①] 张凯《语言测验理论与实践》,北京语言文化大学出版社,2002 年,第 99 页。

[②] 蔡旻君、刘仁云《计算机辅助教育测量与评价》,中国水利水电出版社,2010 年,第 51 页。

表 2-3 试卷的描述统计量和主要信度参数

被试	均值	标准差	α 系数	人数
被试总体	75.47	21.03	0.90	99
华裔被试群体	82.24	14.54	0.86	48
非华裔被试群体	69.10	24.13	0.91	51

因被试具有较大的异质性，很可能对方差进而对测试的信度产生较大影响（陈宏，1995:70），因此本研究做了不同被试群体参试情况下的试卷信度（如表 2-3），虽然信度系数有些波动，但都在 0.86 以上，可见试卷各分测验之间有较高的相关度，说明该测验的各组成部分基本测量了相同的心理特质，因此该测验是可信而稳定的。

效度指的是测量工具测出它所希望测量的心理特质或行为特征的效果和程度。测量工具的效度总是相对于某个测量目标或具体用途而言的。在心理测量中，根据测量目标的不同，对测量工具进行效度验证的方法主要有三种：基于所测内容的效度验证方法、基于效标关联性的效度验证方法和基于所测心理结构的效度验证方法。某个测量工具的效度验证常常需要采用多种方法进行相互补充和印证，以得出一个比较全面的效度评价结果。（戴海琦，2010[①]）

我们认为，阅读能力是对来自书面文字的视觉处理和来自大脑中已有的背景知识的非视觉处理的有机结合（转引自马真，2010[②]），初级阶段留学生的阅读能力主要就是理解能力和简

---

① 戴海琦《测量心理学》，高等教育出版社，2010 年，第 44—45 页。
② 马真《国外阅读模式与第二语言阅读教学》，《湖南师范大学教育科学学报》2010 年第 5 期。

单的概括能力,包括对词语、句子、段落和短文的理解。该阅读测验是成绩测验,内容有40%的教材基础知识,60%的实际运用能力(即课外内容),我们根据要考查的阅读理解能力和概括能力设计了该测验,题目基本涵盖了初级汉语阅读课所要达到的各项教学目标和教材的重要内容,命题的双向细目见表2-4:

表2-4 试卷命题的双向细目表 (单位:分)

考试内容	考查面			合计
(或所在章节)	基本知识	理解能力	综合应用	
词语阅读与理解能力				
句子阅读与理解能力	25	20	9	54
篇章阅读与理解能力	5	0	14	19
阅读理解与概括能力	0	0	8	8
合计	40	29	31	100

本研究还运用相关法进行了效标关联效度的分析。相关法就是计算测验分数与效标测量的相关系数。调查问卷中阅读课教师对学生的评价排名是任课教师一个学期以来根据课堂表现和平时测试对学生的综合评价,是对学生阅读水平的较系统、较稳定的反映,我们认为可以作为一个良好的效标。于是,我们分别考察了6个班级学生的阅读测验成绩与调查问卷中教师评价排名的关系,变量中教师的评价排名为顺序量表,所以采用Spearman等级相关分析,结果如表2-5所示:

表 2-5　6 个班级的教师评价与学生阅读成绩排名的 Spearman 等级相关分析

班级	Spearman 相关系数	显著性	人数
E1	0.775**	0.000	17
E2	0.867**	0.000	15
E3	0.983**	0.000	18
E4	0.955**	0.000	11
E5	0.788**	0.000	17
E6	0.743**	0.000	21

注：双侧检验，* 在 0.05 水平上显著；** 在 0.01 水平上显著。

我们清楚地看到，6 个班级中，在 0.01 的显著性水平上，教师对学生阅读水平的评价与学生的阅读测验表现都呈现显著正相关。这表明，两个变量测量了某种共同的行为特征——被试的阅读水平，因此，可以认为，该阅读测验的效标关联效度较高。

因此，综合考虑该测验的内容效度和效标关联效度，我们认为该测验可以比较有效地测量出被试的阅读能力。

综上可以得出结论，该阅读测验成绩比较客观有效地反映了初级留学生的阅读能力。

三、实证研究结果

根据调查和测试结果，运用 SPSS 分析软件，对推论假设进行验证。因为以下比较的几组样本中，因变量均为非正态定距数据，所以全部采用曼惠特尼 U 检验。

（一）方言背景对阅读成绩的影响

汉语方言背景，是指具备汉语或汉语方言的听力能力，并不一定会讲汉语或汉语方言。因为一个人如果能听懂一种语言，不管他会不会说，都表明他已经掌握了这种语言的基本语法规则和语音、语义系统。

参加此次测试的被试中，具备方言背景的学生有 25 人，约占 25.25%，没有方言背景的学生有 74 人，约占 74.74%。

表 2-6　是否会方言在阅读成绩上的差异

会方言（n = 25）		不会方言（n = 74）		Mann-Whitney U-Test	Z 值	显著性
秩均值	秩和	秩均值	秩和			
65.42	1 635.50	44.79	3 314.50	17.32	-3.10	0.00

通过曼惠特尼 U 检验（如表 2-6 所示），比较了 25 个会汉语方言初学者与 74 个不会方言初学者的阅读成绩排名。结果表明，两组存在差异，$Z = -3.10$，$P = 0.00 < 0.05$。会方言组的排名总和为 1 635.50，秩均值为 65.42，不会方言组的排名总和为 3 314.50，秩均值为 44.79。说明在初级阶段的阅读测验中会方言学生的表现明显优于不会方言的学生。因此，假设（2）成立，方言背景对初级阶段留学生的阅读成绩有显著影响。

（二）族裔背景对阅读成绩的影响

本研究的族裔背景主要指是否华裔。

参加此次测验的被试中有华裔生 48 人，约占被试总体的 49%，非华裔 51 人，约占被试总体的 51%。该组检验结果如表 2-7 所示：

表 2-7　是否华裔在阅读成绩上的差异

华裔（n = 48）		非华裔（n = 51）		Mann-Whitney U-Test	Z 值	显著性
秩均值	秩和	秩均值	秩和			
57.71	2 770.00	42.75	2 180.00	854.00	-2.59	0.01

通过检验，比较了 48 个华裔初学者与 51 个非华裔初学者的阅读成绩排名。结果表明，两组差异具有显著意义，$Z = -2.59$，$P = 0.01 < 0.05$。华裔组的排名总和为 2 770.00，秩均值为 57.71，非华裔组的排名总和为 2 180.00，秩均值为 42.75。说明在该测试中华裔学生的阅读测验表现明显优于非华裔学生。这样看来，假设（3）也成立，族裔背景对初级阶段留学生的阅读成绩也有显著影响。

（三）方言背景与族裔背景对阅读成绩影响的比较

根据表 2-6 和表 2-7 的分析，可以看出方言背景和族裔背景都对初级汉语学习者的阅读成绩有显著影响，但根据常识，我们知道单纯的族裔背景不应产生作用，而应该是族裔背景带来的其他因素影响了汉语初学者的阅读成绩。那么，这"其他因素"到底是什么？影响汉语初学者阅读能力发展的深层次原因到底是什么？为了找出真正的影响因素，我们又进行了下面的分析。

1. 华裔被试中有无方言背景在阅读成绩上的差异。

此次测验的 48 名华裔被试中，具备汉语方言背景的有 25 人，约占 52.08%，没有任何汉语方言背景的有 23 人，约占 47.92%。

表 2-8 华裔生是否会方言在阅读成绩上的差异

会方言华裔 (n = 25)		不会方言华裔 (n = 23)		Mann-Whitney U-Test	Z 值	显著性
秩均值	秩和	秩均值	秩和			
28.80	720.00	19.83	456.00	180.00	-2.22	0.03

通过曼惠特尼 U 检验（结果见表 2-8），比较了 25 个会方言华裔初学者与 23 个不会方言华裔初学者的阅读成绩排名。结果表明，两组差异具有显著意义，$Z = -2.22$，$P = 0.03 < 0.05$。会方言华裔组的排名总和为 720.00，秩均值为 28.80，不会方言华裔组的排名总和为 456.00，秩均值为 19.83。说明具备汉语方言背景的华裔生阅读测验表现优于无方言背景的华裔生。

2. 有无方言背景华裔生分别与非华裔生的阅读成绩比较。

我们将有方言背景的华裔生和无方言背景华裔生分别与非华裔生的阅读成绩进行了比较，结果见表 2-9、表 2-10。

表 2-9 会方言华裔生与非华裔生在阅读成绩上的差异

会方言华裔 (n = 25)		非华裔 (n = 51)		Mann-Whitney U-Test	Z 值	显著性
秩均值	秩和	秩均值	秩和			
49.62	1 240.50	33.05	1 685.50	359.50	-3.074	0.00

表 2-10 不会方言华裔生与非华裔生在阅读成绩上的差异

不会方言华裔 (n = 23)		非华裔 (n = 51)		Mann-Whitney U-Test	Z 值	显著性
秩均值	秩和	秩均值	秩和			
41.50	954.50	35.70	1 820.50	494.50	-1.075	0.28

如表 2-9 所示，通过曼惠特尼 U 检验，比较了 25 个会方言华裔初学者与 51 个非华裔初学者的阅读成绩排名。结果表明，

两组差异具有显著意义，Z = -3.074，P = 0.00 < 0.05。会方言华裔组的排名总和为 1 240.50，秩均值为 49.62，非华裔组的排名总和为 1 685.50，秩均值为 33.05。说明具备汉语方言背景的华裔生阅读测验表现优于非华裔生。

如表 2-10 所示，通过曼惠特尼 U 检验，比较了 23 个不会方言华裔初学者与 51 个非华裔初学者的阅读成绩排名。结果表明，两组不存在差异，Z = -1.075，P = 0.28 > 0.05。不会方言华裔组的排名总和为 954.50，秩均值为 41.50，非华裔组的排名总和为 1 820.50，秩均值为 35.70。说明无汉语方言背景的华裔生阅读测验表现与非华裔生基本没有差异，或者说他们是属于同质群体的。

众所周知，方言背景是族裔背景带来的影响因素，通过以上的分析可以看出，汉语方言背景才是影响阅读测验表现的最根本因素。也就是说，并不是族裔背景从根本上决定了被试在阅读测验表现上的差异，而是方言背景。因此，需要对假设（3）稍做修正，族裔背景并不是影响初级阶段留学生阅读成绩的根本因素。

（四）汉字文化圈背景对阅读成绩的影响

关于汉字文化圈，因没有统一的划分标准，不同的研究者对它的理解和划分有所偏差（江新，2002[①]；石定果、万业馨，1998[②]）。考虑到目前的语言中，朝鲜语、越南语和日本语词汇

[①] 江新《中级阶段日韩学生汉语阅读中字形和字音的作用》，载《汉语口语与书面语教学——2002 年国际汉语教学学术研讨会论文集》，北京大学出版社，2004。

[②] 石定果、万业馨《关于对外汉字教学的调查报告》，《语言教学与研究》1998 年第 1 期。

的 6 成以上都是从汉语中借用过去的。另外，日本的假名也是从汉字衍生出去的文字，朝鲜半岛的谚文虽为自创的文字但也能跟日文假名一样和汉字一同混合使用。因此，我们考察的汉字文化圈国家指日本、韩国、朝鲜、越南四个国家。

本研究的非华裔被试有 51 人，分别来自 28 个国家，笔者按照其是否具备汉字文化圈背景划分为具备汉字文化圈背景非华裔生和不具备汉字文化圈背景非华裔生两组（为指称方便，下文分别简称为汉字圈非华裔、非汉字圈非华裔）。本研究中，汉字圈非华裔来自日本、韩国和越南三个国家，共 13 人，约占 25.49%；非汉字圈非华裔来自俄罗斯、哥伦比亚、也门、印度尼西亚等 25 个国家，共 38 人，约占 74.51%。

采用曼惠特尼 U 检验，两组成绩分析如表 2-11 所示：

表 2-11　是否汉字文化圈非华裔生在阅读成绩上的差异

汉字圈非华裔（n = 13）		非汉字圈非华裔（n = 38）		Mann-Whitney U-Test	Z 值	显著性
秩均值	秩和	秩均值	秩和			
39.3	510.00	21.47	816.00	75.00	-3.72	0.00

通过检验，比较了 13 个汉字圈非华裔生与 38 个非汉字圈非华裔生的阅读成绩排名。结果表明，两组差异具有显著意义，Z =-3.72，P = 0.00 < 0.05。汉字圈非华裔组的排名总和为 510.00，秩均值为 39.3；非汉字圈非华裔组的排名总和为 816.00，秩均值为 21.47。说明在该测试中，初级阶段的汉字圈非华裔生的阅读表现明显优于非汉字圈非华裔生。

（五）方言背景与汉字文化圈背景对阅读成绩影响的比较

来自汉字文化圈的非华裔生受母语文字的影响已经熟悉部分

汉字的形或者部分词语的意义，却没有汉语听说基础，而汉语方言背景华裔生具有方言听力或听说基础却无汉字基础，至此，我们会想知道：经过初级阶段的学习之后，这两类学生在阅读表现上是否存在差异呢？为此，我们又做了方言背景华裔生与汉字文化圈非华裔生的比较，秩和检验的结果如表2-12所示。

表2-12　方言背景华裔生与汉字文化圈非华裔生在阅读成绩上的差异

会方言华裔（n = 25）		汉字圈非华裔（n = 13）		Mann-Whitney U-Test	Z值	显著性
秩均值	秩和	秩均值	秩和			
17.88	447.00	22.62	294.00	122.00	-1.25	0.21

如表2-12所示，通过检验，比较了25个会方言华裔生与13个汉字圈非华裔生的阅读成绩排名。结果表明，两组不存在差异，$Z = -1.25$，$P = 0.21 > 0.05$。会方言华裔组的排名总和为447.00，秩均值为17.88；汉字圈非华裔组的排名总和为294.00，秩均值为22.62。表明方言背景华裔生与汉字文化圈背景非华裔生在阅读表现上不存在差异。

四、分析讨论

（一）方言背景与族裔背景对阅读能力发展的影响

如果按族裔将汉语初学者分成华裔与非华裔两类，两者在统计数据上确实表现出显著差异，但是，从前文的分析我们看出，这种差异并不是由其族裔所导致的，而是他们的方言背景决定的，也就是说，只有具备汉语或汉语方言背景的华裔生才真正优于非华裔学生。因此，我们可以得出这样的结论：从根本上而言，并不是族裔背景决定了被试在阅读测验表现上的差异，而是汉语方言背景。没有任何方言背景的华裔生在汉语的习得上，已经与普通的外国留学生无异。相反，具备方言背景的华裔生，即使只能听懂，也已经掌握了汉语的基本语法规则和语音、语义系统，因此在汉语书面语的习得上也就具有很大的优势，不管是习得的速度还是质量，都明显优于无方言背景的汉语初学者。不仅是阅读能力这一单项的语言技能，就整体语言能力而论，也是如此。而无方言背景的华裔生与其他学生在汉语的习得上并无不同，正如郭熙（2004）[①]曾指出的："一个只有英语背景的华人学生和其他民族学生在华语华文学习上并没有本质的不同。"

（二）汉字文化圈背景对阅读能力发展的影响

研究结果表明：在初级阶段，汉字文化圈国家的非华裔生在阅读测试上的表现明显好于非汉字文化圈国家的非华裔生。江新（2002:304）以汉字文化圈的日本学生为例，指出："即使是零起点的日本学生也具有一定的汉字能力和汉语阅读能力，然而他们对汉语往往是看得懂但听不懂也说不出来。"在汉语阅读中，第二语言学习者对汉字的字形意识恰恰强于对字音的意识（高立群、孟凌，2000[②]）。现在韩文和越南文中虽然已没有了汉字，但是由于历史原因，他们语言中差不多60%以上词汇的音、义和汉语都是相通的。因此，可以认为汉字文化圈国家的汉语初学者实际上是有一定汉字基础的。得益于母语的正迁移，有了对汉字

[①] 郭熙《海外华人社会中汉语（华语）教学的若干问题——以新加坡为例》，《世界汉语教学》2004年第3期。

[②] 高立群、孟凌《外国留学生汉语阅读中音、形信息对汉字辨认的影响》，《世界汉语教学》2000年第4期。

字形、字义或音义的熟悉，在汉语学习初始阶段，汉字文化圈国家的非华裔生在汉语阅读过程中就具备了很大优势。

对于非汉字文化圈的非华裔初学者而言，他们之所以落后于汉字文化圈的非华裔生，一方面是因为他们已经习惯了拼音文字，学汉字从开始就面临不小的困难。对他们来说，汉字如同一幅幅方正的画，要想建立起形、音、义的联系是非常难的。因此，汉语阅读中，与汉字文化圈的非华裔相比，非汉字文化圈的非华裔初学者既不熟悉汉字，又要努力克服母语思维的影响，汉语阅读能力的发展自然就会慢慢落后于其他汉字文化圈的非华裔生。另一方面，目前的汉语教学中，也存在教学方法不能适应教学对象的问题。据笔者在教学中观察，教师的课堂用语和教材媒介语都采用英语，但据调查显示（王汉卫，2007[①]），以英语为媒介语的模式主要适用对象是16%左右的英语母语者，而并不是84%左右的非英语母语者。而本研究中非汉字文化圈的非华裔生中除欧、美等英语母语国家的学生外，其余约85%的非汉字文化圈的非华裔生基本不懂或只懂一点英语，这样的媒介语在教学中不仅没有起到任何辅助作用，反而造成了他们在汉语习得上的又一巨大障碍，也就造成了其汉语习得速度明显落后于其他国家和地区的学生，从整体上拉大了与汉字圈国家非华裔生和会方言华裔生的差距。

（三）方言背景与汉字文化圈背景对阅读能力发展的影响

方言背景的华裔生与汉字文化圈背景的非华裔生，在初级

---

① 王汉卫《对外汉语教材中的媒介语问题试说》，《世界汉语教学》2007年第2期。

阶段阅读测试中的表现都优于其他学生,但是两者之间并没有表现出显著差异。原因大致有二:第一,这说明两者在这一阶段都发挥了各自的优势。主要体现在:方言背景的华裔学生具备了方言听力能力,也就说明已经掌握汉语的语音、词汇和语法系统,这样他们在方言音义联系的基础上很快建立起了普通话音义的联系,再在此基础上习得汉字就容易得多了;而汉字文化圈的非华裔生已经掌握了部分汉字的形和义或者词语的音和义,在此基础上逐渐建立起了形音义的联系,在阅读上也是很大的优势。非方言华裔和非汉字文化圈的非华裔无任何基础,既要习得汉字的形,还要习得普通话的音和义,学习负担当然比前两类学生都要重。第二,差异不显著还可能与其他因素的影响(比如学习态度等)相关,由于本研究没有涉及,所以此处不做详细分析。

但是,从长远来看,我们可以推测,一个方言背景华裔生和一个汉字文化圈的非华裔生,在其他同等条件下,方言背景华裔生的语言能力发展得一定比汉字文化圈的非华裔生更快。因为具备方言背景实际是获得了一种真正的语言能力,是具有长期发展潜力的。

(四)面向不同个体背景初级阶段留学生的汉语教学讨论

综上可知,不同个体背景的初级阶段留学生阅读能力的发展确实存在差异,尤其是方言背景和汉字文化圈背景对阅读能力的发展影响显著。因此,不同个体背景的初级阶段留学生属于异质群体,面向他们的汉语教学也应该区别对待。结合李宇明(2009)[①]对汉语教学的五种基本类型的划分,我们认为,目前面向汉语初

---

① 李宇明《海外华语教学漫议》,《暨南大学华文学院学报》2009年第4期。

学者的汉语教学可以进一步细分为三类：一是作为第一语言的母语教学，即面向具备汉语或汉语方言背景的华裔生的教学；二是东亚型的第二语言教学，即面向具备汉字文化圈背景的非华裔生的汉语教学；三是纯粹的第二语言教学，即面向无方言背景和无汉字文化圈背景的一般留学生的汉语教学。

针对以上不同类型的汉语教学对象，首先考虑的应该是分班问题。正如柴省三（2011：31）所指出的："将不同起点水平和语言能力特征的学生编入相应层次的教学班级，不仅是教学组织工作的一个重要环节，也是影响对外汉语教学效率和学生学习效率的关键因素之一。"然而，目前大部分学校在接收零起点留学生时，入学分班基本没有考虑学生是否具有方言背景，甚至连是否华裔的信息也不做统计，而是统一划入初级班。其实，这种不考虑学生任何背景因素的混合编班是不合理的。对于初级阶段的留学生，由于他们的个体背景因素差异巨大，根本不能保证语言技能同质性，因而也就导致了后期个体之间语言能力发展的巨大差异，严重者甚至还极大地影响到部分学生的学习兴趣。因此，只有做到合理分班，才能为背景相似的学生安排合理的教学，才能真正做到"因材施教"，也才能确保教学内容和教学方法具有明确的针对性，保证汉语教学在有限的教学时间内达到最佳的教学效果。

其次，对于相应的群体，就应该有相应的教学大纲、教材、教学方法以及测试等。正如郭熙（2004:86）在谈及新加坡华文教育问题时所说的："必须按照不同群体的语文教学性质确定相应的切实可行的教学大纲。第一语言教学和第二语言教学是不同性质的两类语言教学，教学大纲和教学的各个环节必须体现它们之间的差别。例如教学目的、教材编写、教学安排、成绩考核等等。把第二语文教育当成第一语文教育固然不对,但如果只考虑到英语背景的群体,而忽视了华语背景群体,把第二语言教育的方法用到母语教学中,同样会给华文教育带来问题。"所以,对于类型一的汉语初学者而言,因为他们已经掌握了汉语或汉语方言,"他们在进行语文学习的时候实际上和标准华语(包括口语和书面语)是有对应规律的,他们可以使用类推的学习手段,不需要通过另一种语言作为中介来进行转换。换句话说,他们的思维工具是汉语或方言"(郭熙,2004:85)。因此,针对他们的汉语教学,实际上就像对国内方言区文盲的"推普"和"扫盲"工作,是一种特殊的母语教学,应该采用有别于类型二和类型三的教学大纲、教材、教学方法以及测试。对于类型二的汉语初学者,"一般都有一定的汉字基础,许多汉语词汇似曾相识,文化习俗或同或通"(李宇明,2009:7),往往在汉语书面语习得上优势明显,更多的时间就可以用在听、说能力的训练和提高上。至于类型三——第二语言教学,目前已有众多研究成果,这里不再赘述。总之,不管是哪种类型的汉语教育,只要方法得当,都能收到良好的教学效果,还能使学生学在其中,乐在其中。

五、结语

通过调查和测试,本研究得到以下基本结论:第一,是否具备方言背景从根本上影响了初级阶段汉语学习者的阅读测验表现,而非族裔背景;第二,对初级阶段的非华裔生而言,来自汉字文化圈国家的学习者汉语阅读水平好于来自非汉字圈国家的;

第三,在初级阶段,方言背景华裔生和汉字文化圈背景的非华裔生在阅读水平上都表现出一定优势,但这两个群体在阅读水平上不存在显著差异。总之,不同个体背景的初级阶段留学生汉语阅读能力发展确实存在显著差异,尤其是方言背景和汉字文化圈背景影响显著。

本研究结果对汉语教学具有一定的启示,主要有以下两点:

第一,由于海外华人、华侨的复杂性,对于华裔学习者已经不能简单地按照其族裔来区分了。从便于语言教学的角度考虑,应该按照是否具备汉语或汉语方言背景来区分汉语学习者。只有具备方言背景的华裔生才是语言教学理论上真正的华裔生,也才是真正区别于一般外国留学生的异质群体。

第二,由于教学对象个体背景的多样化,汉语零起点的初学者在入学初就应该根据其方言背景和汉字文化圈背景进行合理的分班;而对于相应的群体,应该有相应的教学大纲、教材、教学方法以及测试等。这样,才能真正做到"因材施教""因材施测",保证华文教育的良好、健康发展。

第三节　阅读中标题的教学[①]

对外汉语报刊阅读是留学生在中级和高级阶段接受汉语技能训练的必修或选修课,也是一门富有挑战性的课程,如何迅速准

---

① 本节摘自雷英杰、龙叶《对外汉语报刊阅读中新闻标题的教学策略》,发表于《云南师范大学学报》(对外汉语教学与研究版)2007年第2期。

确地理解那些修辞手法和编排方式各异的报刊文章标题，是对外汉语报刊阅读的教学难点之一，本节试从新闻标题教学的角度，探讨有关对外汉语报刊阅读的教学方法。

一、新闻标题是对外汉语报刊阅读的难点之一

报刊文章的标题与新闻内容之间具有依附性和相对独立性。一方面，标题总是对新闻中最重要和最有价值，也是读者最想知道的事件内容进行高度概括，即有一定的从属性；另一方面，标题本身也具有相对独立性，可以用几个字或一句话浓缩几百字甚至上万字的新闻报道内容，让读者在浏览标题时就能够抓住核心内容，并因此决定要不要阅读详细报道。因此，报刊文章的标题就成为一篇文章最重要和最突出的部分，即所谓"标题是新闻的眼睛"（李元授、白丁，2001）[①]。由于新闻标题要求具有高度的概括性，体现新闻内容的时新性、显著性和接近性，调动读者的共同兴趣从而传达关注的信息，因而报刊文章标题的编排就成为各类报纸施展魅力和特色的平台。

对外汉语报刊阅读是留学生在中级和高级阶段接受汉语技能训练的必修或选修课程，内容涉及政治、军事、外交、经贸、文化、科技、体育、休闲等多方面信息，全方位展示当代中国社会以及中国人眼中的世界，是留学生广泛了解中国，提高汉语水平乃至提高中国文化知识水平最直接的途径。然而，由于报刊文章标题所采用的修辞手法和写作技巧各不相同，对于具有不同价值观念

---

① 李元授、白丁《新闻语言学》，新华出版社，2001年。

和文化背景的留学生而言，欲迅速抓住新闻核心并对报道内容进行基本的预测与推理就相当困难。

这里试从汉语报刊新闻标题的语言、结构和文化等方面入手，就如何引导学生迅速准确地把握标题含义，谈谈自己的理解和体验。

二、对外汉语报刊阅读新闻标题的教学策略

（一）新闻标题语言的教学

1. 语素分析新闻标题的新词语。

新闻讲求时效性，因而新闻标题用语也紧跟时代发展步伐，创造出不少新的甚至是无法考证的词语。例如"十六大、三个代表、十运会、和谐社会、西部大开发、世界杯、申奥、三峡工程、南水北调、青藏铁路、非典"等时政类的新词语；"假日经济、黄金周、上证指数、深证指数、道·琼斯指数、经济适用房、二手房、期房、现房、按揭"等经济类的新词语；"歌友会、排行榜、贺岁片、写真集、韩流、人气指数、文化快餐、形象大使"等文体类的新词语。对于这类新词语的讲解，除了利用近义词、反义词释义，最主要的是利用语素的分解和组合分析以及生造词语的语境分析，教给学生根据上下文的语境推测语义的能力。另外，教师还可以从报刊阅读教材中，选择某些高频而且构词能力强的词语，运用"图式理论"对其衍生的新词新语的意义特征进行较为详尽的分析，指导学生对那些有较强生命力的新词按照事件图式、场景图式、角色图式、范畴图式等不同类型加以整理和

归类①，以便学生在阅读时减少推论的盲目性。

2. 重点分析新闻标题的动词。

新闻标题由于受到时间和版面的限制，要求语言简练生动。作为汉语中最活跃的因素，标题中动词的选择是否恰当，有可能影响标题的激活程度，甚至能够影响文章的吸引力和感染力。因此，重点分析新闻标题的动词，是解读新闻标题内容的关键。

以报刊阅读教程中的《莫断子孙路》《让京城的"血脉"畅通》《教学评估——台大当掉十多位教授》②等新闻标题为例。这里的"断"原本指断绝或隔绝，而"断路"还有拦路的意思，因此仅凭本意就可以推测文章的用意：要合理地可持续地开发环境，为子孙后代的生存留下空间。"畅通"指无阻碍地通行或通过，而城市的"血脉"通常是指城市的交通运行，那么，京城的"血脉"要畅通自然是要求北京公交运行系统的完善。"当"一般是指典当抵押，在这里表述的是辞退或解雇的意思，尽管寓意不太准确，但从其本义还是能够大致推测"在教学评估中有十多位教授被辞退"的信息。

再如《红学家集体"围剿"刘心武》③《开发商"挟持"某些地方政府？》④《千余篇悼文拷问高校评价体系》⑤等新闻社论，

---

① 参见周小兵、李海鸥《对外汉语教学入门》，中山大学出版社，2004年，第372页。
② 参见王世巽、刘谦功、彭瑞情《报刊阅读教程》（三年级教材），北京语言文化大学出版社，1999年，第29页；王海龙《报纸上的天下——中文报纸阅读教程》，北京大学出版社，2004年，第181页。
③ 参见人民网 http://www.people.com.cn，2005-11-27。
④ 参见新华社网站 http://house.sina.com.cn，2005-11-28。
⑤ 参见人民网 http://www.people.com.cn，2015-11-27。

标题中的"围剿""挟持""拷问",从单个词看起来似乎都不很恰当,因为这些词语明显带有贬义,但从新闻标题的新奇角度考虑,撇开词语的语体色彩而剖析其本意,就可以体会到这组精选的动词使标题语言富于动感的效果。可见,对新闻标题中动词的分析有助于解读新闻的内容。

3. "破译"口语式的新闻标题。

由于受到表述传统的影响,有些标题会大量运用口语和俗语等方式。对于熟悉汉语的老百姓来说,口语明白、简单,具有亲切、通俗、易于理解、易于记忆、引人注目的特点,而对于言语技能和文化背景都较欠缺的留学生而言,口语式的新闻标题反倒成了阅读的难点。试举一例:《南方周末》2005年11月10日文化版刊登了一篇题为《"忽悠"四川话》的文章,那么到底该怎样理解"忽悠"一词呢?"忽悠"本来是东北方言词,意思是言过其实的夸夸其谈或让人防不胜防的骗术、骗局,近年来著名笑星赵本山主演的"卖拐"系列小品,经过中央电视台春节联欢晚会的包装,使得最为经典的台词"忽悠"妇孺皆知。现在几乎所有的人都能体会到"忽悠"一词所蕴涵的意义,因此也就成为时下流行的口语。然而对于留学生而言,真正理解"忽悠"的意思恐怕并没那么容易。又如《文汇报》2005年11月16日科教卫新闻版刊登了一篇题为《"正装"医生路口阻击"医托"》的文章,讲述的是某妇产科医院的医生党员组成巡逻队为患者导医的新闻。要从文章标题中推测故事的内容,就必须首先向学生讲解"医托"一词。作为口语的"托儿",意思是指从旁诱人受骗上当的人,"医托"就指那些在医院附近拦截病人,诱骗病人到小诊所就医并以此专发不义之财的人。由此可见，日常口语的理解有时也并非那么简单，尤其是涉及方言的新闻标题，需要对留学生进行重点的讲解。

（二）新闻标题结构的教学策略

1. 熟悉新闻标题的复合式结构形式。

新闻标题大体根据新闻中的具体事实来命题，同时兼备新闻的何时、何地、何人、何事、何因的一个或几个要素，因此新闻标题的结构形式虽具有多样性，但也比较严谨。除单一式结构之外，新闻标题还大量采用复合式结构，即除主题之外，还配有引题或副题，有的两者兼有。引题一般在主题的上面，主要是交代背景或者烘托气氛，提前揭示内容意义或说明原因；副题的位置在主题的下面，其功能主要是补充或者解释主题的信息。新闻标题往往是通过主题、引题、副题的配合，向读者报告新闻的内容，指明其性质和意义的。例如刊登在 2005 年 11 月 26 日《今晚报》的一则消息：

> 原计划 2 小时，延长至 6 小时（引题）
> 亲子交流热线，烫手（主题）
> ——内容集中在子女学习网瘾代沟等方面（副题）

主题向读者说明发生的是何事——亲子交流热线非常火爆，引题向读者交代了交流热线火爆的程度，副题说明了亲子交流所涉及的主要方面。正因为这则标题包含了几个新闻要素，读者就可从中获得具体的认识。在对外汉语报刊阅读教学中，指导学生熟悉新闻标题的形式，并且按照新闻要素的六个"W"来分析标题的结构，就能够大致了解文章内容。

2. 了解新闻标题实题和虚题的表现方法。

从表现方法与表现重点来分析，新闻标题的结构可分为实题和虚题两类。实题以叙事为主，着重表现具体人物、动作和事件；虚题以说理为主，着重说明原则、道理和愿望等。通常情况下，单一式的新闻标题都采用实题，以便读者迅速明白新闻的含意；而采用实题与虚题相结合方式的新闻标题，即主题为实题而副题为虚题，则能够使读者在了解新闻报道事实的同时，理解和体会到作者和编者对事实评价的倾向性和态度。试举一例：报刊阅读教程中一篇题为"儿子用 30 元'买'父亲一天——只是想让只顾赚钱的爸爸陪他上公园说说话"[①] 的文章，作为实题的主题，形象生动地点出了新闻主要内容，而副题则不但具体报告了事件，并且通过连用两个"只"字，明确传达了编者的倾向性，对主题做了解释和补充。因此，在对外汉语报刊阅读教学中，强调新闻标题的实题和虚题两类结构，指导学生合理分配阅读时间，有助于学生快速了解新闻标题的内容。

(三) 新闻标题文化的教学策略

1. 简单介绍新闻标题所蕴涵的文化背景。

语言与文化是相伴而生的，语言是文化的重要组成部分，是文化的一种表现形式，同时也是文化的产物，因此语言教学和文化教学，就成为对外汉语教学活动中必须兼顾的两个层面。新闻标题在语言方面有一些明显的特征，但同时也蕴涵着丰富的文化意义和文化规约。在教学中，对标题语言方面的文化涵义应该做

---

① 参见王世巽、刘谦功、彭瑞情《报刊阅读教程（三年级教材）》，北京语言文化大学出版社，1999 年，第 29 页。

必要的讲解，简单介绍那些影响交际的内容。

例如，《南方周末》2005年11月17日科学版刊登了一篇题为《中国天文学家的鱼和熊掌》的文章，讨论的是国内天文学界对于把钱用在利用国际先进设备早出一流成果还是自行研发设备上的争议。对于普通百姓来说，鱼和熊掌的抉择人人皆知，而在对外汉语教学中，如果不对标题的文化涵义做一定的讲解，恐怕要影响交际的顺利进行。"鱼"和"熊掌"的典故选自孟子的《孟子·告子上》，如果从典故本身所蕴涵的文化角度授课，估计一两节课都讲不清楚，因此，对于该新闻标题的讲解，笔者认为不妨从孟子预设的"鱼与熊掌不可得兼"的前提考虑，而后进一步引申出人们面临重大抉择时必须以选择一方而牺牲另一方为代价的意义。通过这样的简单描述，想必能够帮助学生正确理解文章标题所揭示的大致内容。

又如，《文汇报》2005年11月28日综合新闻版刊登了一篇题为《"赛先生"从这里走来》的文章，讲述的是院士学者追忆《科学》往事的新闻。要从文章标题中推测故事的内容，就必须首先向学生讲解清楚"赛先生"一词。而"赛先生"和"德先生"在中国文化方面，却有着非同寻常的意义。20世纪20年代前后发生的五四运动，作为中国迈向现代化进程的新文化运动，提出了"民主"和"科学"两个口号，"赛先生"和"德先生"分别是"科学"与"民主"两个词的译音。通过这样的简要介绍，就能够正确理解文章标题并推测大致内容。至于民主和科学在五四运动中发挥的巨大作用，就不必过多涉及，毕竟语言教学不同于文化教学。

2. 逐步体味新闻标题所折射的文化魅力。

新闻标题是语言的艺术，它除了要告诉读者事实外，还要让读者有所思考，并从中获得美感，因此，新闻标题会采用各种修辞手法增强其文学性。如采用一对字数相等、语法结构相同或相似的分句或词组连在一起，来表达相似、相关或相对、相反意思的对偶手法；把生物或无生物当作人来描写的人格化的拟人方法；以一种事物的某种特征来说明另一种事物特征的比喻手法；把两个相反的事物，或者把同一事物的两个对立的方面摆在一起，形成鲜明对照的对比手法以及故意把一个常用的词语用错，或把一句极为普通的话说错，将错就错地达到某种特殊修辞目的的飞白手法，等等。这些为吸引读者的阅读趣味而刻意追求的文字包袱，从不同的角度折射出中国文化的艺术风韵，也提高了读者阅读的兴趣，但对于汉语非母语的留学生而言，要达到中国读者那样在新闻标题中体会文字技巧所带来的乐趣，并非易事。因此在对外汉语报刊阅读教学中，要求教师对中国文化意义和文化规约进行循序渐进式的渗透，使学生能够慢慢了解报刊语言背后的文化，逐步体味新闻标题所折射的文化魅力。

三、结束语

标题是新闻的一个组成部分，是新闻内容的灵魂和眼睛，因此，对新闻标题的解读，是报刊阅读的基础和前提，对外汉语报刊阅读课程的教学，应该也必须探讨和研究新闻标题的阅读技巧，从而提高学生阅读中文报刊的能力以及汉语综合能力。

第四节 阅读中词汇的教学[1]

帮助学习者扩展词汇量是第二语言阅读课的重要教学目标。有学者甚至认为，中、高级阅读训练的首要任务是帮助学生积累词汇，词汇教学在阅读中应处于中心地位（刘颂浩，1999[2]）。但如何在阅读中进行词汇教学则值得深入思考。虽然不少研究表明，通过自然阅读能够促进二语词汇习得（Jenkins, Stein & Wysocki, 1984[3]；Nagy, Herman & Anderson, 1985[4]；Hulstijn, 1992[5]；钱旭菁，2003[6]、2005[7]；朱勇、崔华山，2005[8]；江新，2007）[9]，但学者们也普遍认为二语学习者通过自然阅读学习词汇的效率并不高。如 Nagy, Herman & Anderson（1985）的研究发现，

---

[1] 本节摘自洪炜、徐霄鹰《中级汉语阅读课词汇教学行动研究》，发表于《汉语学习》2016 年第 1 期。

[2] 刘颂浩《阅读课上的词汇训练》，《世界汉语教学》1999 年第 4 期。

[3] J.R. Jenkins, M.L. Stein & K. Wysocki. Learning Vocabulary through Reading. *American Educational Research Journal*, 1984(4).

[4] W. E. Nagy, P. A. Herman & R.C. Anderson. Learning Words from Context. *Reading Research Quarterly*, 1985(2).

[5] J. H. Hulstijn. Retention of Inferred and Given Word Meanings: Experiments in Incidental Learning. In P. J. L. Arnaud & H. Bejoint(eds.) *Vocabulary and Applied Linguistics*. London: Macmillan, 1992.

[6] 钱旭菁《汉语阅读中的伴随性词汇学习研究》，《北京大学学报》（哲学社会科学版）2003 年第 4 期。

[7] 钱旭菁《词义猜测的过程和猜测所用的知识——伴随性词汇学习的个案研究》，《世界汉语教学》2005 年第 1 期。

[8] 朱勇、崔华山《汉语阅读中的伴随性词汇学习再探》，《暨南大学华文学院学报》2005 年第 2 期。

[9] 江新《对外汉语教学的心理学探索》，教育科学出版社，2007 年。

生词在阅读文本中出现 1 次时,学习者习得该词的概率仅为 0.10 至 0.15。Jenkins,Stein & Wysocki（1984）的研究表明,即使生词复现频率增加至 10 次,习得率也仅约为 0.45。可见,完全依赖自然阅读难以使二语学习者达到理想的词汇学习效果,教师在阅读课中有必要采取一些教学策略提高阅读词汇学习的效率。

在讨论如何提高阅读词汇学习效率前,有必要厘清影响阅读词汇学习效率的因素。已有研究认为,生词复现频率、语境的丰富程度、目标词和语境线索的位置关系、词的内部结构、一词多义等均影响阅读词汇学习效率（Rott,1999[1];Webb,2007[2];刘颂浩,2001[3];朱勇、崔华山,2005;干红梅,2011[4]）。其中有的因素是词汇本身的内在属性（如词语内部结构、一词多义等）,难以通过教学进行干预;有的因素则属于外部属性（如生词复现频率、语境等）,可通过一定的教学处理提高学习效率。近年来,已有学者关注汉语阅读词汇教学方法,如刘颂浩（1999）提出了汉语阅读课词汇练习的多种形式,朱勇（2004）[5]讨论了边注、查字典等输入调整方式对阅读词汇习得的影响。但整体而言,这方面的研究仍较薄弱。因此,我们拟通过一项行动研究,探讨适

---

[1] S. Rott. The Effect of Exposure Frequency on Intermediate Language Learners' Incidental Vocabulary Acquisition through Reading. *Studies in Second Language Acquisition,* 1999(4).

[2] S. Webb. The Effects of Repetition on Vocabulary Knowledge. *Applied Linguistics,* 2007(1).

[3] 刘颂浩《关于在语境中猜测词义的调查》,《汉语学习》2001 年第 1 期。

[4] 干红梅《上下文语境对汉语阅读中词汇学习的影响——一项基于自然阅读的调查报告》,《语言教学与研究》2011 年第 3 期。

[5] 朱勇《边注和查字典等输入调整对留学生伴随性词汇学习的作用》,《世界汉语教学》2004 年第 4 期。

合中级汉语阅读课堂的词汇教学方法。该方法旨在通过猜词技能训练,优化目标词的文本环境及增加学习任务的认知投入量等手段提高学习者词汇学习效率。

我们采用的研究方法为教学行动研究(action research)。教学行动研究是指教师对自己课堂中的教学现象进行考察和研究,并从中获取知识、改进教学质量的一种探索性活动(吴宗杰,1995[①])。自 20 世纪 80 年代以来,行动研究在国外师资教育乃至外语教学界受到普遍关注,国内从 90 年代开始也有了数量可观的论著、论文和研究报告(崔永华,2004[②]),但遗憾的是,这些著述大多数来自英语外语教学界,来自汉语二语教学领域的行动研究报告并不多,仅有少数几篇关于写作教学的相关报告(丁安琪,2004[③];陈淑梅,2014[④])。此外,王添淼(2015[⑤])对国际汉语教师行动研究的现状、问题和对策等做过较为细致的梳理。

行动研究强调教师作为研究者将自己教学中发现的问题作为课题进行系统的、反思式的研究。McNiff & Whitehead(2011)[⑥]

---

① 吴宗杰《行动研究:外语师资教育新途径》,《外语教学与研究》1995 年第 2 期。

② 崔永华《教师行动研究和对外汉语教学》,《世界汉语教学》2004 年第 3 期。

③ 丁安琪《商务汉语写作课教学行动研究报告》,《云南师范大学学报》(对外汉语教学与研究版)2004 年第 5 期。

④ 陈淑梅《互动式汉语写作教学法行动研究报告》,《海外华文教育》2014 年第 1 期。

⑤ 王添淼《国际汉语教师行动研究现状、问题与对策》,《汉语学习》2015 年第 5 期。

⑥ J. McNiff & J. Whitehead. *All You Need to Know about Action Research.* New York: Sage Publications, 2011.

将行动研究分为六个步骤：观察（observe）、思考（reflect）、行动（act）、评价（evaluate）、修正（modify）、向新目标迈进（move in new direction）。王蔷（2002）[①]则将行动研究的步骤依次分为：发现问题，提出假设，调查研究，重新确认问题，制订行动计划或措施，实施计划，在实施中根据具体情况调整计划，观察收集数据，分析、反思与评价效果，撰写研究报告。尽管不同研究者对行动研究的过程和步骤描述有所不同，但其核心过程基本一致，即将教学中发现的问题作为研究起点，找出问题症结并制订行动计划，进行实际操作与实施，对效果做出评价和反思并进行新一轮的研究。本研究遵循行动研究的一般步骤，对中级汉语阅读课词汇教学所做的一轮行动研究进行报告。

一、教学观察与思考

笔者自 2012 年起教授中级汉语阅读课程。该课程授课对象为汉语言本科专业二年级（相当于中级汉语水平）的外国留学生。学生来自不同的国家和地区，母语背景多样。在教学中，我们观察到如下突出问题：学习者对阅读课缺乏兴趣，课堂参与积极性不高，有的甚至不愿意完成课堂阅读任务。

为探寻其中的原因，我们对部分学习者进行了访谈，访谈中发现的主要问题有：（1）一些学习者认为阅读课检查学生阅读理解上的时间过多，对语言要素（尤其是词汇）的学习不够，因此感觉课堂收获不大；（2）虽然教师经常鼓励学习者通过阅读

---

① 王蔷《英语教师行动研究》，外语教学与研究出版社，2002 年。

学习生词，但阅读文本中往往没有足够的猜词线索，因此难以在阅读中获得新的词汇知识；（3）语言水平较低的学习者抱怨教师留给学生完成练习的时间不够；相反，语言水平较高的学习者则认为完成练习的时间太长。

从以上访谈结果可以看出，目前阅读课存在的问题不少与词汇教学处理相关。针对这一问题，笔者加强了阅读课上的词汇教学训练，基本思路是：（1）通过技能训练增强学习者使用词汇学习策略的意识；（2）优化目标词出现的文本环境，包括增显目标词的视觉输入，改写文本以加强目标词的上下文语境，在不同文本中重复目标词以提高复现率等；（3）增加学习者在词汇学习过程中的认知投入量，并根据学习者的实际语言水平调整学习任务难度。下面具体阐述该教学方法的设计与实施过程。

二、教学设计与实施

（一）教学对象的分组

由于学习者在母语背景和语言能力等方面存在个体差异，即使同处一个班级，其阅读水平仍存在一定差距。为了给不同水平学习者制订合适的学习任务，我们在学期初进行了词汇量测试。之所以采用词汇量测试主要是由于词汇量通常被认为是预测学习者阅读水平的重要指标，与阅读水平之间具有正相关关系（Laufer & Ravenhorst-Kalovski，2010[①]）。

[①] B. Laufer & G. C. Ravenhorst-Kalovski. Lexical Threshold Revisited:Lexical Text Coverage, Learner's Vocabulary Size and Reading Comprehension. *Reading in a Foreign Language,* 2010(1).

测试采用赵瑞芳（2012）[①]编制的词汇量测试题并借鉴目前流行的英语词汇水平测试 VLT（Vocabulary Levels Test）的设计思路（Nation, 1990[②]），按《汉语水平词汇与汉字等级大纲》（2001）中甲乙丙级词的比例以及各类词（不包括虚词和专有名词）在各级词中的比例随机抽取，其中甲级词 60 个，乙级词和丙级词各 120 个，共计 300 个词。每 6 个词语编为一组，要求学习者从 6 个词语中选择 3 个与释义相符的词语。如：

① A. 思维　B. 食物　C. 毯子　D. 时期　E. 主席　F. 收入
____ 吃的东西
____ 通过劳动得到的钱
____ 一段较长的时间

根据测试成绩，我们将学习者分为高水平组和低水平组，并在随后的教学过程中给两组学习者不同难度的学习任务。

（二）教学模块的设置

每个教学单元包括技能训练、词汇学习、词汇练习和泛读训练四个模块。此外每五个教学单元完成后设置一个复习单元。

1. 猜词技能训练。

该部分培养学生运用各种策略猜测词义的能力。相关研究表明，学习者在阅读时能够利用构词、句法、上下文语境等线索进行词汇学习（钱旭菁，2005；朱勇、崔华山，2005；吴门吉，

---

① 赵瑞芳《中级阶段留学生汉语阅读词汇量测试研究》，中山大学硕士学位论文，2012 年。

② I. S. P. Nation. *Teaching and Learning Vocabulary*. Boston: Heinle & Heinle Publishers, 1990.

2012[1];范红娟,2012[2];江新、房艳霞,2012[3]),然而学习效率并不高。为了加强学习者的猜词能力,我们专门设置了该模块。

技能训练分为不同的专题,如:偏旁猜词、语素猜词、上下文语境猜词、句法搭配猜词等等。每个专题包括导入、讲解和练习三个环节。以上下文语境猜词技能为例,在导入环节教师首先让学习者在无语境的情况下猜测生词的词义,如单独呈现"兼职""夜猫子",让学习者尝试猜词,再展示包含丰富语境信息的句子。例如:

②白天他是百货商店的售货员,晚上他还有一个<u>兼职</u>,是教学楼的保安。

③他是个<u>夜猫子</u>,每天晚上不到两三点是不会睡觉的。

教师要求学习者根据句子的内容再次进行猜词,并提示学习者注意上下文语境。随后,通过进一步讲解和提供大量例子,让学习者掌握上下文猜词技能。为了巩固技能,学习者还需要完成相关练习。

2. 词汇学习。

本模块在阅读技能训练完成后进行。我们在本轮行动研究前所做的访谈中发现,不少学习者反映不能在阅读过程中有效学习生词。我们认为,这与生词在文本中未得到恰当呈现有较大关系。

---

[1] 吴门吉《从猜词等策略看欧美学生汉语阅读能力发展过程》,《云南师范大学学报》(对外汉语教学与研究版)2012年第6期。

[2] 范红娟《汉语第二语言学习者与母语者在猜词过程中的差异研究》,北京大学硕士学位论文,2012年。

[3] 江新、房艳霞《语境和构词法线索对外国学生汉语词义猜测的作用》,《心理学报》2012年第1期。

因此，我们对阅读文本中的目标词进行了处理。

（1）增显目标词的视觉输入。每个单元选定一篇难度和长度适中的文章作为词汇学习的文本，从文中选取约 15 个生词作为目标词，并通过加粗字体、添加下划线的形式突出目标词。这主要是为了增强视觉输入刺激，以引起学习者对目标词的注意。在二语学习中，"注意"是语言输入（input）向语言纳入（intake）转化的重要前提之一（Schmidt，1990[①]）。已有研究表明，外语词汇输入时的视觉增显形式（input enhancement）有助于促进习得的发生（Kim，2006[②]；周榕、吕丽珊，2010[③]）。因此，在本教学模式中，我们对阅读材料中的目标词进行了视觉增显处理，以提高学习者的注意程度。

（2）创设有助于猜词的语境信息。

丰富的语境有助于学习者准确猜测词义。Konapak 等（1986，转引自江新，2007）认为有利的语境应具备四个特征：语境与生词接近、语境与生词之间的联系明显、语境信息外显、语境信息完整。Konapak（1988，转引自江新，2007）在研究中发现，无论是对于高能组还是低能组的学生来说，阅读根据这四个特征修改过的文章均比阅读原文所获得的词汇知识多。干红梅（2011）也发现，语境的丰富程度、语境与目标词的位置关系与距离、语

[①] R. W. Schmidt. The Role of Consciousness in Second Language Learning. *Applied Linguistics,* 1990(2).

[②] Y. Kim. Effects of Input Elaboration on Vocabulary Acquisition through Reading by Korean Learners of English as a Foreign Language. *TESOL Quarterly,* 2006(2).

[③] 周榕、吕丽珊《输入增显与任务投入量对英语词汇搭配习得影响的实证研究》，《现代外语》2010 年第 1 期。

境的语义类型等均会影响词汇学习成绩。为了给学习者创设有利语境，我们对目标词语的上下文语境进行了必要的改写，如：

④原文：对于那些烟民来说，要是烟瘾发作，只是因为自己在公共场所而有烟不能吸，确实是没有了"自由"。

改写：对于那些烟民来说，要是烟瘾发作，很想吸烟，只是因为自己在公共场所而有烟不能吸，确实是没有了"自由"。

比较以上两段文字可以看出，改写后的文字接近 Konapak 等所提出的有利语境的四个特征，"很想抽烟"为"发作"一词提供了外显的语境信息，增强了对目标词词义的提示作用，有利于学习者准确地猜测出"发作"的意思。

（3）设置形义匹配题。

形义匹配题要求学习者将若干生词与若干释义进行正确匹配。为了让释义更浅显易懂，我们在词典释义基础上进行了改编，例如，"假装"在《现代汉语词典》（第 6 版）（下称《现汉》）中释为："故意做出某种动作或姿态来掩饰真相"，我们则释为："不是 X，却故意做出 X 的样子"。又如"禁忌"，《现汉》释为："犯忌讳的话或行动"，我们则释为："（因违反风俗习惯等）不能说或不能做的事"。

在释义排列方式上，我们也采取了与传统模式不同的做法。我们将各段落目标生词的释义置于相应段落右侧，但释义排列的顺序与生词在文本中出现的顺序不同。在第一次阅读时，要求学习者不看释义，先通读全文，并尝试猜测目标词的词义，并回答文后相关的阅读理解题。第二次阅读时，要求学习者一边阅读一边将生词和右侧的释义进行匹配。形义匹配题根据学习者的水平设置了两个版本。对于高水平者，学习者需要将 7 至 9 个目标词与释义一一匹配，而对于低水平者，则只需要在 3 至 5 个目标词与释义中进行匹配。

设置形义匹配题的目的在于补偿语境信息和学习者猜词能力的不足，辅助学习者进行猜词。之所以没有直接提供目标词的释义，主要基于两方面的考虑：

第一，若直接提供目标词的释义，学习者容易忽略目标词的语境而直接查看生词释义，无法达到有效训练猜词的目的。

第二，从认知加工角度来看，通过形义匹配题辅助猜词比直接提供生词释义更有助于目标词的记忆和保持。Hulstijn（1992）曾比较过为学习者提供多选项释义词表（即给每个目标词提供若干个释义，学习者须结合语境选择正确的释义）和直接提供同义词释义的效果。结果发现，前者对词汇学习的促进作用显著优于后者。这主要是由两种任务所需的认知投入量不同引起的。学习者在词汇学习中的任务投入量越大，词汇习得的效果就越好（Laufer & Hulstijn, 2001[①]）。而投入量的大小可通过需求（need）、查找（search）和评定（evaluation）三个因素进行量化。与直接提供释义相比，多选项释义词表要求学习者从备选的释义中查找并结合语境评定哪一个是正确释义，学习者的任务投入量大大增加，有利于促进词汇的习得。

与多选项释义词表的促学机制相似，形义匹配题同样需要学

[①] B. Laufer. & J. H. Hulstijn. Incidental Vocabulary Acquisition in a Second Language: The Construct of Task-Induced Involvement. *Applied Linguistics,* 2001(1).

习者在若干释义中进行查找,并结合语境将生词与释义进行匹配,因此增加学习者的认知投入量,有助于词汇信息进入长时记忆。同时,形义匹配题还避免了多选项释义词表带来的一些问题。比如,多选项释义词表中的干扰选项具有一定的迷惑性,一旦学习者选择错误,便容易造成他们错误理解目标词,甚至形成错误的记忆(Hulstijn,1992)。而形义匹配题只是在不同的目标词和释义中进行匹配,没有额外干扰项,在很大程度上避免了上述问题。

3. 词汇练习。

在完成相关阅读理解题和形义匹配题后,我们还设计了词汇练习,帮助学习者复习巩固所学目标词。主要包括完形填空练习、阶段性词汇复习和测试两种形式。

(1)完形填空练习。该部分练习采用集库式完形填空(banked cloze)的形式,要求学习者从短文前面所提供的词库中选择合适的词语填入文中相应的空白处。之所以没有采用分题选择式完形填空(即每个空白处单独提供若干备选词项),主要是考虑到集库式完形填空在考查学习者词汇掌握程度的同时,还能有效地考查学习者的阅读能力。一些相关研究发现,分题选择式完形填空只与词汇语法能力的相关性较高,而集库式完形填空则与阅读能力和词汇语法能力均具有较高的相关性(何莲珍,1999[①];徐静,2010[②]),更适合阅读课上的词汇练习。

为了适应不同水平学习者的需求,我们同样设计了两个不同

---

① 何莲珍《分题选择完形填空与集库式完形填空的对比实验》,《浙江大学学报》(人文社会科学版)1999年第3期。

② 徐静《完形填空测试的方法效应研究》,江西师范大学硕士学位论文,2010年。

难度的练习版本。低水平组的学习者只须在包含 3 至 5 个词语的小词库中进行选择填空，而高水平组学习者则须同时在 7 至 9 个词语之间进行选择。

在完形填空短文的主题选取方面，我们尽量使其与学习者之前接触的词汇学习文本主题相同或相似。比如，词汇学习文本中讨论的是青少年网络成瘾问题，完形填空短文的内容则是手机上网成瘾问题。这主要是考虑学习者刚刚接触生词，记忆不深，因此需要用相似的主题语境帮助唤起记忆。

（2）阶段性词汇复习与测试。每学完五个单元后设置一个词汇复习单元。复习形式如下：首先要求学习者将一组备选生词和释义进行连线匹配，以重新唤起学习者对词义的记忆。随后要求学习者根据句子语境将备选生词分别填入句中。对于未专门复习的目标词，我们也尽量在句子语境中复现。例如：

⑤他听得懂带各种方言口音的汉语，因此听纯正的普通话时毫无 ____。

该题中要求学习者填入的目标词是"障碍"，但在题干中，我们有意突显了"方言""纯正"两个词语，使其即使未作为专门的词汇复习，也能给学习者留下深刻印象并由此加深记忆。完成复习后，我们还进行了相应的词汇测验。

4. 限时泛读训练。

词汇学习完成后进入泛读训练模块。设置本模块主要有三个目的：

第一，通过阅读操练和运用相关猜词技巧。我们在阅读理解题中加入了词义猜测题，使学习者有机会对学习过的猜词策略进行演练。

第二,通过阅读复现所学的生词。语言输入频率对于语言理解与记忆具有重要影响(Ellis,2002[1])。不少研究表明,提高生词的重现率对于词汇习得具有显著促进作用(Horst,Cobb & Meara,1998[2];Rott,1999;柳燕梅,2002[3];江新,2007;Webb,2007)。因此,我们对泛读文本材料进行了适当的改写,使目标词最大限度地在文本中复现。经过改写,每个目标词能够在不同的环境中得到多次复现。第一次是在词汇学习文本中以视觉增显的形式出现,第二次是在完成形义匹配题中复现,第三次则是在完形填空练习中出现,之后的复现则通过每周的泛读文本及每五个单元一次的词汇复习和测验实现。因此,在本教学模式中,多数目标词的出现频率可以达到 5 次以上,甚至更高。同时,为了引起学习者的注意,对泛读文本中复现的目标词均进行了字体加粗处理。

第三,通过大量限时泛读的方式提高学习者的阅读速度。我们要求学习者在 20 至 30 分钟内阅读三 3 至 4 篇短文并完成相应的练习题,完成后教师当堂回收练习题并批改,每次泛读训练成绩按照一定比例计入期末总评成绩。这有利于提高学习者阅读的积极性和注意力,真正发挥限时泛读训练的效果,提高学习者的

---

[1] N. Ellis. Frequency Effects in Language Processing: A Review with Implications for Theories of Implicit and Explicit Language Acquisition. *Studies in Second Language Acquisition,* 2002(2).

[2] M. Horst, T. Cobb & P. Meara. Beyond a Clockwork Orange: Acquiring Second Language Vocabulary through Reading. *Reading in a Foreign Language,* 1998(2).

[3] 柳燕梅《生词重现率对欧美学生汉语词汇学习的影响》,《语言教学与研究》2002 年第 5 期。

阅读速度。

（三）各教学模块的关系

从上面的描述可以看出，各教学模块是一个相互联系的整体（详见图2-3）。猜词技能训练模块为学习者猜测词义提供了方法和技巧；词汇学习模块则能检验学习者运用相关技能猜词的能力，并扩展词汇量；词汇练习模块对目标词进行复习和巩固；泛读训练可以同时操练相关阅读技能及巩固词汇知识，进而提高阅读能力。

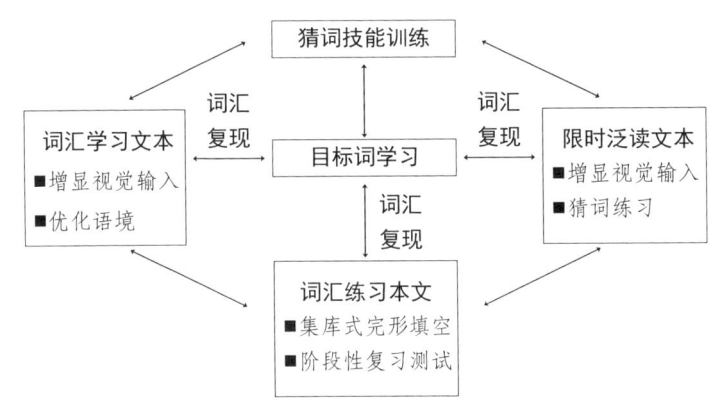

```
                    猜词技能训练
                    ↑↓
词汇学习文本    词汇复现    目标词学习    词汇复现    限时泛读文本
■增显视觉输入                ↕                      ■增显视觉输入
■优化语境              词汇复现                      ■猜词练习
                    词汇练习本文
                    ■集库式完形填空
                    ■阶段性复习测试
```

图2-3　各教学模块的关系

三、教学效果及反馈

（一）词义猜测能力及词语学习效果

为检验教学效果，我们在期末考试中设置了词义猜测题及词语填空题，分别考查学习者的词义猜测能力及词汇学习效果。

词义猜测题要求学习者用汉语写出句中画线词语的大致意思。画线词语均为学习者没有学习过的生词。该部分共六题。

例如：

⑥她的烹调技术很不错，有空你可以去她家吃饭。_____
⑦他是一个马大哈，出门的时候常常忘了带钥匙。_____

每题释义正确得 1 分，部分正确得 0.5 分，完全不正确得 0 分。为了降低评分的主观性，两位汉语教师对每道题进行独立评分，并取两位教师的平均分作为最后得分。事后评分者信度检验表明，$r=0.941$，$P<0.01$，说明两位教师评分具有高度一致性。

词语填空题要求学习者从每组的六个备选词语中选择五个合适的词语分别填入相应的句子中。该部分共计 25 题（每组 5 题），每题 1 分。所有备选词语均为学习者已经学过的目标词。例如：

⑧A. 激烈 B. 纯正 C. 造就 D. 对象 E. 口气 F. 勇气
做这件事情需要极大的_____，一般人都不敢去尝试。
是他的坚持、努力与耐心_____了他今日的成功。
最近，法国科学家的一篇论文引发了人们对转基因食品安全性的_____讨论。
_____不同，说的话也不同，如果是医生，可以聊医院；跟老师，则可以谈谈学生。
因为他 7 岁就离开北京去了美国，所以现在他的汉语发音不太_____。

词义猜测题和选词填空测试结果如表 2-13 所示：

表 2-13 测试结果

题型	平均分	标准差	得分率（%）
词义猜测题	4.38	1.35	73.06
选词填空	22.63	2.31	90.52

从表 2-13 可以看出，学习者猜词平均正确率超过 70%。有研究发现，在没有进行系统猜词训练的情况下，中级水平汉语学习者根据语境猜词的平均得分率仅为 49.8%（干红梅，2008[①]），显著低于我们的测试结果。

可见，本教学模式中的猜词技能训练有助于提高学习者的猜词能力。而在选词填空测试中，学习者答题正确率达到 90%，说明通过教学处理，学习者能够掌握绝大部分的目标词语，达到了较好的教学效果。

（二）问卷调查结果

为了调查学习者对于本教学方法的反馈意见，我们在期末对 27 名学习者进行了问卷调查。调查采用李克特量表的形式，要求学习者从 1 至 7 中选择一个数字代表自己对问卷中每个陈述的认同程度。数字越大，表示认同程度越高，1 表示非常不同意，7 表示非常同意。表 2-14 列出与词汇教学相关项目的调查结果：

表 2-14　问卷调查得分统计

题目	平均分	标准差
老师给不同水平的学生不同的学习任务是一个合适的做法。	5.51	1.70
老师课堂上讲的阅读技能对我阅读猜词有帮助。	6.00	1.07
在读课文时，我能猜到一部分生词的意思。	5.33	1.21
做词语完形填空练习对我理解生词的意义有帮助。	5.85	1.46
做词语完形填空练习能帮助我记忆这些词语。	5.74	1.26
每学习几个单元以后老师给我们复习生词对我有帮助。	6.63	0.56
这学期阅读课上的词语学习对我来说是有用的。	5.81	1.18
对我来说，这学期的堂上速读是一个不错的阅读训练。	6.08	0.93

---

① 干红梅《中级汉语学习者伴随性词汇学习影响因素考察》，中山大学博士学位论文，2008 年。

表 2-14 显示，教学各模块/环节的得分均在 5 分以上，可见，整体而言，学习者对各模块/环节的设置持正面评价。尤其是在阅读技能讲解、生词复习和课堂速读训练方面，学习者的评分均超过 6 分，说明这几个教学模块/环节最受学习者欢迎。

四、教学反思与进一步研究设想

从教学反馈来看，整体而言，该教学方法对于扩展学习者词汇量，提高猜词能力具有积极促进作用。但教学中仍存在有待改进之处。

首先，阅读文本中目标词的选择程序有待进一步优化。在本轮教学行动研究中，目标词主要依据任课老师的个人经验及《汉语水平词汇与汉字等级大纲》（2001）的词汇等级进行选取，并未对所选目标词进行前测。这在一定程度上影响了目标词的针对性，有些目标词对学习者来说可能不一定是生词，而有些未被选中的词语却恰恰可能是学习者不认识的词语。因此，在今后的教学中，有必要对阅读文本中备选的目标词进行前测，从而筛选出更为恰当的教学目标词。

其次，须设法降低低水平组学习者的消极情绪。将学习者分成高水平组和低水平组虽然有利于他们完成难度适中的阅读任务，但与此同时可能会使低水平组的学习者产生自卑的消极情绪，进而影响学习的积极性。在问卷调查中我们也发现，在"我觉得老师给不同水平的学生不同的阅读材料是一个合适的做法"一题中，虽然平均评分不低（5.51 分），但标准差达到 1.70，远高于其他调查项目的标准差，这说明不同学习者对该问题的看法存在较大差异。如何在保证让每位学习者完成合适任务的同时消除低水平组学习者的消极情绪是值得思考的问题。我们设想，在下一轮的教学行动研究中，教师可根据学期初的词汇量测试结果给学习者分组，但具体选择完成哪种难度的学习任务可由学习者自行决定。这一方面充分考虑了学习者的语言水平，另一方面也照顾到学习者的学习情绪、动机和个性，不失为解决以上问题的对策之一。

最后，需要指出的是，作为行动研究，这里仅对我们所采用的阅读课词汇教学方法及其效果进行了报告，由于尚未有其他阅读课词汇教学法的研究报告作为对照，因此无法就不同阅读词汇教学法的教学效果进行比较。在今后的研究中，可进一步通过教学实验探讨不同阅读词汇教学法的优劣。

第三章

汉语泛读教学

第一节 汉语分级体系构建研究 ①

传统意义上的分级读物是指按照母语读者不同年龄段的智力和心理发育程度所编写的不同阅读材料。读物一般由原创故事或原著的简写版构成系列丛书,难度随级别递增。我们所讨论的分级读物指以词汇量为分级标准,以促进汉语习得为目的,用有限词汇编写或改写的,供汉语二语学习者在课外独立阅读的系列阅读材料。鲁健骥(2002)②认为大力加强泛读课程的建设是对外汉语教学的当务之急,尤其是要编写大量供泛读使用的读物。翟汛(2010)③谈及现有汉语教学资源的问题时也指出,目前教学资源"品种不多","缺乏各类自学读物"。根据初步统计④,在 9 600 册各类国际汉语教学资源中,汉语读物仅 597 册,约占

---

① 本节摘自周小兵、钱彬《汉语作为二语的分级读物考察——兼谈与其他语种分级读物的对比》,发表于《语言文字应用》2013 年第 2 期。
② 鲁健骥《说"精读"和"泛读"》,载《中国对外汉语教学学会第七次学术讨论会论文选》,人民教育出版社,2002 年。
③ 翟汛《汉语教学资源体系所要求的新一代对外汉语教材》,《长江学术》2010 年第 1 期。
④ 根据中山大学国际汉语教材研发与培训基地全球汉语教材库截至 2012 年 12 月的数据。

6.2%；分级读物数量更少，仅 37 册，约占 0.4%。汉语分级读物不仅在数量上严重不足，编写也存在不少问题。

现有汉语分级读物存在哪些问题？编写时应考虑哪些因素？为了回答这些问题，我们选取 4 套国内已出版的汉语分级读物[①]，考察其适用对象、内容选择、语言难度及等级设置，对上述问题进行探讨。4 套读物如下：

《汉语分级阅读》1、2、3（史迹编著，华语教学出版社，2009 年，简称《分级》）

《中文天天读》1—5（朱勇等编著，外语教学与研究出版社，2009 年，简称《中文》）

《实用汉语分级阅读丛书》甲、乙级（崔永华主编，北京语言大学出版社，2009 年，简称《实用》）

《汉语风》300、500 词级（刘月华、储诚志主编，北京大学出版社，2010 年）

一、适用对象

周小兵等（2010）[②]指出汉语教材编写中对象明确的重要性："对象明确，有助于教学内容的科学选择和教材难度的合理设定。"总体看，汉语分级读物在适用对象说明方面存在两个问题：一是

[①] 目前已出版的还有《中文小书架——少儿汉语分级读物》（初级）（陈琦、班班等编，北京语言大学出版社，2009 年），主要面对学龄前、小学汉语学习者，故未选入一并讨论。

[②] 周小兵、罗宇、张丽《基于中外对比的汉语文化教材系统考察》，《语言教学与研究》2010 年第 5 期。

适用对象整体设定模糊,二是各级语言水平信息不足。下面具体分析。

(一)适用对象范围

据考察,大部分汉语读物或没有适用者说明,如《实用》;或适用者设定较模糊,如《中文》仅交代"用于满足各级水平的汉语学习者的阅读需求"。"各级水平"其实只限于 500 至 5 000 词级水平,500 词级以下及 5 000 词级以上的读者并未顾及。又如《分级》"针对外国学生学习汉语的需要,将一些中国当代作家的中短篇小说分别简写成汉语 1 000 词、2 000 词和 3 000 词的简写本"。考察发现,该读物语言难度较大(词汇等级统计数据详见本节第三部分),内容又是反映"最近 30 年发生的各种社会变化",并不适合非中文专业的学习者以及少儿学习者。根据其前言及故事内容可推断,该读物很可能是针对国外中文系本科生编写的。如果明确这一点,更有利于读者的选择。

相比之下,《汉语风》的适用对象范围设定相对清楚:"大学和中学里从初级(大致掌握 300 个常用词)一直到高级水平(包括美国 AP 课程[①])的中文学生,以及水平在此之间的其他中文学习者。"既明确了读者范围,也介绍了起始水平和词级的对应情况,同时考虑到海外读者群。该读物语言难度小,故事也多选青少年感兴趣的题材(详见本节第二部分)。内容和设计读者群

---

① 这里仅指 AP 中文课程,其全称为"美国公立高中中文大学学分预修课程",是供高中学生选修的外语课程,课程设计为两年,难度相当于美国大学四个学期(约 250 小时)第二外语的程度。考试成绩合格者进入大学后可从第五个学期的中文课开始选读。90% 左右的美国、加拿大大学以及约 20 个其他国家的大学都承认其学分。

较为匹配。

（二）各级别语言水平说明

现有汉语分级读物以学习者所掌握词数为分级标准，但很多读者不清楚自己的词汇量，对学了多久、考试成绩等信息却比较熟悉。因此，若在给出词汇量之外提供其他对应信息，如已学时间、汉语水平考试等级等，多种信息互相参照，读者的定位会更便利、更准确。

读物的各级语言水平大致用两种方式说明：一是语言描述。如《分级》第3册："全书汉语词汇量控制在1 000个，从甲级1 033个词中选出大约870个常用词，在此基础上根据本书的内容补充了约130个常用词"。多数读者对自己掌握多少"甲/乙级词"无明确概念，因此操作性不足；如有更详细的说明会好一些。二是表格展示。如《实用》等级表中列出各级词汇量、已学时间、HSK等级。《中文》除列出词汇量、已学时间（且标明学时）外，还列出了各级相应的文章字数和篇目数。但有的读物表格信息较为单一，如《汉语风》除列出各级词数外，没有其他信息。虽在"简介"中建议读者"先看看读物封底的故事介绍，如果能够读懂故事介绍的大意，说明有能力读懂该本读物；如果读不懂大意，说明该本读物对自己来说太难，应该选择低一级的读物进行阅读"，但对于初级水平读者来说，该叙述并不易读懂。相比之下，《实用》和《中文》给读者提供的语言水平信息更丰富、清晰，易操作。

对象设定最明确的《汉语风》语言水平信息不足，信息最详细的《实用》和《中文》或缺少适用对象说明，或说明较模糊。《分级》既未明确适用对象，也未提供明晰的等级参考信息。综合来看，汉语读物在明确适用者方面都还需要完善。

二、内容选择

题材单一,内容脱离时代的故事势必会影响读者的阅读兴趣。经考察,汉语分级读物确有题材过于"中国化"、故事陈旧的问题。

(一)题材是否"中国化"

徐家祯(1997)[①]指出,中国的汉语教材难以走向世界的重要原因之一便是"内容太'中国化''地方化'",指的就是对世界性话题的忽略。考察发现,部分汉语读物的题材以展现中国社会文化为主。如《实用》,已出版的13册几乎都是关于当代中国社会文化的,其中有8本直接以"中国"为题,如甲级读本《我在中国的那些日子》,乙级读本中的《中国教育》《中国经济》等。《分级》的三册共17个中短篇小说中有14个为"中国背景",比例超过八成。如《人民的鱼》,展现近几十年中国百姓的生活变迁;《浪进船舱》,讲述中国传统婚恋观、家庭观;《城乡简史》,反映改革开放后的城乡差异。读物内容的文化背景局限于目的语国家,"宣传""介绍"中国的意味较为明显。

然而,张蓓,马兰(2004)[②]对英语二语学习者的调查显示,58.2%的学习者认为含有多国文化的英语教材更适合他们。国外研究如 Snow(1996)[③]、Sandra Lee McKay(2002)[④]等也提出

[①] 徐家祯《从海外使用者的角度评论大陆编写的初级汉语课本》,载《第五届国际汉语教学讨论会论文选》,北京大学出版社,1997年。

[②] 张蓓、马兰《关于大学英语教材的文化内容的调查研究》,《外语界》2004年第4期。

[③] D. Snow. More than a Native Speaker. Alexandria, VA: TESOL, 1996.

[④] Sandra Lee Mckay. *Teaching English as an International Language*. Oxford: Oxford University Press, 2002.

英语教材应当吸收使用者的文化，而不仅仅是英美文化。徐霄鹰、张世涛（2005）[①] 调查汉语阅读教材内容时发现，符合学生需求的中国化与国际化题材内容的比例为 63.7%：36.3%，国际化题材占近 4 成。课外读物由于面向更大的使用群体，更需要在内容上做到兼容并蓄。很明显，上述汉语读物在题材选择上离实际需求还有较大距离。

另外两套读物做法值得学习：《中文》大部分故事没有明显的文化背景，中国题材仅占约 37%，即使谈及中国文化，也常常采用中外对比的方式，重在让读者体会文化差异。如《和中国人交朋友》比较中外请客、送礼等人际交往的不同习惯；《中国人怎么买车》生动展现了欧美人轻松、随意，中国人细致、慎重的不同态度。《汉语风》已出版的分册虽没有外国题材，但选取了环保（如《我家的大雁飞走了》），情感恋爱（如《我一定要找到她》）等具有文化共通性的话题。选材淡化了文化背景，旨在通过人物和情节展现鲜活的语言。

（二）故事的时代性

罗艺雪（2010）[②] 认为"学习者对现行汉语教材的普遍意见之一是教材内容没意思"，"其突出不足是时代性不强"。一是"容易令那些已经在中国学习的外国学习者兴趣索然"，二是"让那些尚未踏入国门的汉语学习者产生误解"。汉语读物如何，下面举例分析。

---

① 徐霄鹰、张世涛《留学生对阅读教材的反应与要求》，载《对外汉语阅读研究》，北京大学出版社，2005 年。
② 罗艺雪《对外汉语高级教材文化因素处理探析》，《内江师范学院学报》2010 年第 3 期。

一些汉语分级读物的故事内容较为陈旧。比如《汉语分级阅读》选用了 20 世纪 80 年代中国作家的作品，如《陈奂生上城》（原著高晓声，1980），故事反映了改革开放初期农村人的生活状况和心理状态。类似的作品在该读物中占 1/3。汉语学习者尤其是青少年学习者难以体会改革开放前后农民生活的差异，阅读兴趣自然会减弱，这样的内容比重太大，会影响读者持续阅读整套读物。

《汉语风》中的故事绝大多数发生在现代，比如讲述女大学生离奇死亡的《错，错，错！》（300 词级），讲述电脑软件盗版案件的《电脑公司的秘密》（500 词级）。时代背景为读者所熟悉，加之情节充满悬念和戏剧性，阅读的愉悦感自然较强。

三、语言难度

语言难度在很大程度上影响了读物的可读性。有研究表明，生词量、语法项目的数量、句子的长度等都是决定汉语语料难度的主要因素（张宁志，1991[①]）。限于篇幅，我们从 4 套读物中抽取 1 000 词级别的分册[②]，仅从词汇和句子两个角度进行统计分析。

[①] 张宁志《浅谈汉语教材难度的确定》，载国家汉办教学业务部编《中高级对外汉语教学论文选》，北京语言学院出版社，1991 年。

[②] 因各套读物已出版册数不同，我们尽量按词级一致、语料平衡的原则选取了 1 000 词级的三套读物：《实用》（乙级的《生活感悟》和《中国经济》分册），《中文》2A、2B 分册，《分级》第 3 分册。《汉语风》目前仅出版了 300 和 500 词级分册，因此选取了 500 词级分册《一幅旧画儿》《青凤》。

（一）词汇等级统计

我们借助《中文助教》软件[①]并结合人工干预，依据《现代汉语词典》（第5版）[②]对4套读物的正文（不包括阅读练习、词汇解释及生词表）进行分词处理，将正文词汇与《汉语水平词汇与汉字等级大纲》[③]比对，结果见表3-1：

表3-1 4套汉语读物分册词汇等级统计（词数/百分比）

读物	甲级	乙级	丙级	丁级	超纲	专有名词	词种数
《汉语风》	505/71.33	99/13.98	39/5.51	30/4.24	20/2.82	15/2.12	708
《中文》	606/55.55	263/24.11	76/6.97	40/3.67	77/7.06	29/2.66	1 091
《分级》	760/45.54	457/27.38	172/10.31	137/8.21	112/6.71	31/1.86	1 669
《实用》	658/34.96	592/31.46	208/11.05	191/10.15	175/9.30	58/3.08	1 882

经分析，有两点发现：

其一，由表3-1可知：部分读物的词汇较难，体现在甲乙级词比例偏低，越级词比例偏高。

同为1 000词级读物，《实用》的甲、乙级词仅占66.42%，越级词（丙、丁级）达21.2%，《分级》的甲、乙级词占72.92%，越级词18.52%，二者在4套读物中难度最大。以上两套读物的分册都是供学习半年左右的读者使用，该水平的课堂教材用词以甲、乙级词为主，分级读物作为补充阅读材料，难度应

---

① 参见王飙《编教软件〈中文助教〉评述——兼谈水平教材建设构想》，《国际汉语教学动态与研究》2006年第2期。
② 中国社会科学院语言研究所词典编辑室编《现代汉语词典》（第5版），商务印书馆，2005年。
③ 国家对外汉语教学领导小组办公室《汉语水平词汇与汉字等级大纲》，北京语言学院出版社，1992年。

该更低。因此我们认为，1 000 词级读物的生词应该以甲级词为主，乙级词为辅，上述读物显然难度偏大。相比之下，《汉语风》和《中文》较好。《汉语风》500 词级分册甲、乙级词占 85.31%，越级词仅 9.75%，在各套读物中难度最低。《中文》的甲、乙级词占 79.66%，越级词 10.64%，相对也较简单。

其二，读物的超纲词控制得较好。表 3-1 显示：超纲词比例《汉语风》最低，仅 2.82%；《实用》最高，近 10%，各套读物差异明显。但《大纲》出版较早，收词难免滞后于实际使用情况。将超纲词和《汉语国际教育用音节汉字词汇等级划分》[①]（简称《等级》）比对后发现：相当一部分超纲词已被《等级》收录。比如"环保、打印、手机、超市、打工、公务员、信用卡"等常用词未被《大纲》收录，但均被《等级》定为"普及化等级词"，即初级阶段的应学词。剔除这部分词之后，各套读物的超纲词数量下降 40% 到 57% 不等，实际比例均降至 5% 以内。可见，汉语读物在选词方面考虑到了词汇的新旧更迭，有意识地选取了有时代特色的实用词汇。

（二）句长统计

下面从字数和词数两个角度对所选文本的句长进行统计[②]，并结合每百字句数进行分析。统计结果如表 3-2：

[①] 国家汉办、教育部社科司《汉语国际教育用音节汉字词汇等级划分》，北京语言大学出版社，2010 年。

[②] 以"。""？""！"为句子的计数标志，计算字词数时已排除标点符号。如果是复句，按整句计数，分句不另行计算。《实用》和《汉语风》仅选择一册进行统计，以求大部分读物文本长度接近。

表 3-2 4 套汉语读物分册句长统计

读物	总字次	总词次	总句数	句长（字数）	句长（词数）	句数（每百字）
《中文》	10 664	7 468	618	17.26	12.08	5.80
《分级》	39 185	28 983	1 848	21.20	15.68	4.72
《汉语风》	10 114	7 054	410	24.67	17.20	4.05
《实用》	8 041	5 825	324	24.82	17.98	4.03

表 3-2 反映了两个问题：

其一，各套读物句长有差异，但总体难度偏高。根据张宁志（2000）[①]的统计，中高级汉语教材和中国现当代文学作品的句长（字数）在 16 至 30 之间，每百字句数在 5.64 至 3.32 之间。结合表 3-2 看，所考察的初级汉语读物总体难度已和中高级教材及现当代文学作品原文相当。有的句子是句法成分较长，如："就像我的一句不经意的话给他的生命留下一点点印记一样，他也许永远不会知道，他的这些话，可能是我这个冬天收获的最大温暖。"（《实用·生活感悟》）句子状语"像……一样"结构中的成分长达 21 个汉字，14 个词。有的结构复杂："傻小想，要是到晚上张大哥还是这样睡着，一定是身体出了什么问题，那就要打 120 电话，送他去医院。"（《汉语风·一张旧画儿》）整句话是一个单句结构，但谓语动词"想"后又嵌套了一个多重复句。字数过多，结构、语义关系又较复杂的句子无疑会给初级水平读者的理解增加难度。

其二，结合上文所述，可以看出汉语读物在词汇难度和句长

---

① 张宁志《汉语教材语料难度的定量分析》，《世界汉语教学》2000 年第 3 期。

的控制上表现并不一致。从单句字数和词数来看，词汇难度最低的《汉语风》和难度最高的《实用》句子均较长。

整体上，《中文》和《汉语风》难度控制得相对较好。但从词汇等级，尤其是从句长来看，汉语读物整体的易读性还有待改进。

四、等级设置

现有分级读物主要按词汇量安排级别，因而级别设置会影响学习者对读物的选择、使用。通过统计发现，汉语分级读物主要有级别间距过大，单级分册数量少的问题。

（一）间距的大小

词级间距指的是读物相邻级别之间的词汇数量差。间距过大会产生两个问题：

首先，选择难。单从词汇量考虑（不考虑词的常用度），词级间距过大的读物会使部分读者感觉前一册难度过易，后一册过难。如面对《实用》的乙级分册（1 000 词级），一个学习了半年的读者（约掌握 1 000 多个词）可能觉得学不到新词，但是丙级分册（3 000 词级，已学习一年）又太难，选择时前后为难。

其次，使用难。级别间距过大使得读完一级的读者需要花较长时间才有能力读下一等级的分册，难以满足读者"持续阅读"的需求，读物词汇的有效复现也难以实现。还以《实用》为例，1 000 词汇量的读者要独立阅读 3 000 词级的分册至少要再等六个月。如果每一级分册数量较少或没有词汇量适中的其他读物，那么阅读过程就被迫中断了。中外读物的分级情况具体见表3-3：

表3-3 中外分级读物分级情况

读物	1级词数	2级词数	3级词数	4级词数	5级词数	6级词数	7级词数	8级词数	平均间距[①]
《实用》	500	1 000	3 000	5 000					1 500
《中文》	500	1 000	2 000	3 500	5 000				1 125
《分级》	1 000	2 000	3 000						1 000
《汉语风》	300	500	750	1 100	1 500	2 100	3 000	4 500	600

由表3-3可知，大部分汉语读物的级别间距较大：《中文》和《分级》的平均级间距都达到1 000词。间距最大的是《实用》，达1 500词。据考察，该读物级别划分和国内几部主要汉语教学大纲[②]的语言水平划分基本相同：1 000词级（半年以上）、3 000词级（一年以上）、5 000词级（两年以上），甚至还略高于《高等学校外国留学生汉语言专业教学大纲》（简称《专业》）[③]的标准：

---

① 平均间距是指：读物相邻级别词汇数量差的总和除以间隔数（级别数减1）的平均值。以《分级》为例即：（500+2 000+2 000）/（4-1）＝1 500。

② 指《汉语水平词汇与汉字等级大纲》和《高等学校外国留学生汉语教学大纲》（长期进修），简称为《等级》和《教学大纲》（长期）。《等级》在"词汇分级标准和筛选程序"提到："在基础阶段中……前3至4个月为第一阶段，词汇量接近1 000，后4至5个月为第二阶段，词汇量接近2 000。……语言专业基础阶段及基础后阶段（二年级）结束时，词汇量均在5 000左右。"即第一学期达到1 000词，两学期接近3 000词，四学期达到5 000词左右。《教学大纲》（长期）的"对外汉语长期进修教学的等级结构"表显示：初等阶段1、2级掌握1 062词（20周），初等阶段结束时达到2 399词（40周）；中等阶段词汇量达到5 248个（80周）。

③ 国家对外汉语教学领导小组办公室《高等学校外国留学生汉语言专业教学大纲》，北京语言文化大学出版社，2002年。其中规定：一年级掌握词汇2 704个，其中一级词汇993个，二级词汇1 711个；二年级掌握词汇2 215个；三、四年级掌握词汇2 635个。

一年级词汇2 704；二年级达到4 919词。分级读物用于自主阅读，其语言进步水平要求达到国内长期进修生或中文专业学生的教学目标，广大非专业读者及海外学习者就难以持续选读。

词汇间距较小的是《汉语风》，一到五级的间距都控制在200至400词，这和《国际汉语教学通用课程大纲》（简称《通用》）[①]的词汇水平间距（300词）相似。相对其他几套读物而言，《汉语风》能使读者较准确地选到合适分册，且在较短时间内得以阅读更高级分册。编者在设置等级时显然更多地考虑了读物的特点和广大海外学习者的水平。

（二）同一级别分册的多少

间距较大的读物如果各级别有多本分册供选读，可在一定程度上缩短阅读停顿的时间，保证阅读活动的继续。但目前汉语读物各级分册数极少：《实用》甲级只有两册，《中文》一到五级均只有两册（设计数量为每级三册），《分级》每级一册。升级阅读的难度大，单级分册又极少，要进行大量、持续的自主阅读显然较困难。单级分册较多的读物如《汉语风》，每一级都有六至七册。读者即使暂时水平不够，也可以选读相同水平的其他分册，继续扩大阅读量。

结合上述两点看，大部分汉语分级读物的等级间距和分册数量的设置都还有必要调整。

[①] 国家汉语国际推广领导小组办公室《国际汉语教学通用课程大纲》，外语教学与研究出版社，2008年。《通用》是国家汉办、孔子学院总部针对海外汉语教学需求而研制。大纲规定：一级300词，二级600词，三级900词，四级1 200词，五级1 500词。各级间距为300词。

五、其他语种分级读物考察

汉语作为二语的分级读物有上述问题与其起步较晚有关，因此我们初步考察了以英语为主的其他语种分级读物，以求借鉴。下面具体分析。

（一）适用对象

英语分级读物没有专门的适用对象设定说明，但等级参考信息有其独到之处：如全球知名的英语读物《牛津英汉双语读物·书虫》[①]（简称《书虫》）进入中国后将读物的各级词汇量与国内小学到大学各个年级对应起来，在每一分册上注明适用年级。比如第一级，300生词，适合初一、初二学生；第六级，2 300生词，适合高三、大学低年级学生。采取类似做法的还有《外研社——企鹅英语分级有声读物》[②]《外教社——朗文中学英语分级阅读》[③]等，前者各级别对应中国小学三、四年级到大学一年级，后者根据《义务教育英语课程标准（2011年版）》[④]3至9级的要求编写，适合各阶段中学生阅读。这种体现本土化策略的级别对应信息便于中国读者快速、准确地进行选择。汉语读物在面向海外读者时可以借鉴这一方式。

[①] Tim Vicary等著，外语教学与研究出版社出版，2006年。《书虫》系列是外语教学与研究出版社与牛津大学出版社合作的畅销产品。出版至今已发展成为一个由7个级别、102个品种构成的读物家族，累计销量超过5 000万册，读者从小学生到成人英语学习者，遍布各年龄层。
[②] 〔英〕拉布莱等著，外语教学与研究出版社，2003年。
[③] 〔英〕比尔蒂等著，上海外语教育出版社，2004年。
[④] 中华人民共和国教育部《义务教育英语课程标准（2011年版）》，北京师范大学出版社，2012年。

（二）内容选择

相比中文读物，英语读物数量众多。Hill（1997）[1]曾考察了69套英语分级读物，包括1 621个故事，且读物内容丰富，具体体现为：题材多样，地域和时代背景多元化。以《书虫》为例，其收录的《汤姆·索亚历险记》《莫尔格街凶杀案》《一个国王的爱情故事》《歌剧院的幽灵》等故事，包含了读者喜爱的历险、悬疑、奇幻、恐怖、浪漫等多种元素。除收录欧美故事外，还收有阿拉伯国家神话传说，如《阿拉丁和神灯》；除近、现代故事外，还有古代历史故事，如《亚瑟王传奇》。古、近、现代的比例大约为：7%、61%、32%。

《书虫》虽选取了大量近代故事和一些古代故事，还是颇受欢迎，自1997年在中国出版以来除了扩充每一级的分册量之外，未对原有故事做过删改。这与读物多选知名度较高的世界名著有很大关系。因此，除了紧跟时代，选取有普世意义的内容外，从全球范围内选取名作进行简化或改写也是拉近读物和读者之间距离的一个方法。

（三）语言难度

整体上，英语分级读物的语言难度控制得较好，Paul Nation & Karen Wang Ming-tzu（1999）[2]谈到8套英语读物的词汇设置，其中大部分都把总词汇量设置得较低（有7套在3 100词以下，仅有1套达到5 000词）。比如《书虫》，不仅对适用者的语言水平说明得很清楚，而且整套读物的词汇量控制在2 500以内。

---

[1] D.R. Hill. Survey Review: Graded Readers. *ELT Journal*, 1997，51(1).

[2] Paul Nation & Karen Wang Ming-tzu. Graded Readers and Vocabulary. *Reading in a Foreign Language*, 1999, 12(2).

根据该研究统计,《书虫》六个级别（共抽样统计了 42 册）正文部分的词种数共 2 410 个。通过进一步统计我们发现：不算练习,每级平均新增 401 个生词,与其级别设置高度一致。而汉语读物平均每级新增词较多,难度最低的也达到 600 词,而整套读物要求的总词汇量更普遍高达 4 500 至 5 000 词。

（四）级别设置

英语读物在级别设置上优势明显：一是间距小。我们统计了上文所提 8 套英语读物的级别间距,发现英语读物的间距普遍较小,一般在 300 至 700 词之间,最小的平均间距仅为 216 词。统计发现,《书虫》平均间距仅 400 词[①],为上述各套读物中最低值。间距虽保持递增趋势,但始终不超过 500 词。德语的二语读物《德汉对照分级读物》[②]（简称《德汉》）,间距也很小（600 词）。二是单级分册数量大,如《书虫》,每级少则五册,多则二十余册,远超过汉语读物。

总体来看,英语、德语读物的进阶难度较低,容易实现读者的持续阅读。相比之下,汉语分级读物较难。

六、讨论

由上可知,内容选择、语言难度、等级设置是决定读物可读性的三个重要指标,下面就影响上述指标的因素进行探讨。

---

① 该读物在第一级之前还设有"入门级",其起点并未说明词级数。如将"入门级"的词级水平计入,平均间距应小于 400。

② Hans Fallada 等著,〔德国〕Egmont Easy Readers、〔中国〕外语教学与研究出版社,2002 年。

（一）编者情况

主要问题是编者是否熟悉海内外汉语学习者。现有汉语读物同时面向海内外读者，海外读者缺乏汉语环境，更需要降低读物难度。编者不了解海内外读者的差异，就很难考虑到这一点。如《分级》，编者在国内主要从事英语教学，海外汉语教学经历也较少，不熟悉中文学习者的阅读兴趣及语言水平，更难顾及其内部差异。因此对适用对象、读物内容、语言难度和等级设置都难以准确把握。《汉语风》的主编都是有多年海内外教学经验的汉语专业学者，且编写和设置等级时不易受国内教学大纲的影响，能兼顾不同读者的需求，所编读物既适用于海外读者，也适合国内读者。

（二）选编理念

汉语读物"题材单一"的问题，可以从选编理念上寻找原因。

大部分汉语读物编写理念基本一致：通过读物展示中国生活，让读者通过读故事了解中国的社会、经济、文化。如《分级》主要想让学生"了解现在中国人们的生活，了解最近三十年发生的各种社会变化"，《实用》和《中文》也有类似表达。在这种编写理念统摄下，读物内容自然容易出现重"中国文化"轻"多样性"的问题。

不同的是，《汉语风》更重视读者阅读兴趣和阅读能力的提升，希望"学习者通过轻松、广泛的阅读提高语言的熟练程度、培养语感、增强对中文的兴趣和学习自信心"。就目前出版的两级共13册来看，确实做到了"题材广泛，随意选读"。

英语的二语分级读物同样注重读者的信心，强调持续和广泛阅读。如《书虫》："'书虫'首先将给你自信，即使你目前只有几百的词汇量,也可以不太费劲地阅览世界名作了。""要坚持不懈地读下去,要广泛而丰富地读下去。待到读完丛书系列中的最后一本,你也许会突然发现:你已经如蛹化蝶,振翅欲翔了!"《书虫》的畅销证明,这样的编写理念是符合读者需求的。

(三)文本形式

对话的多少与读物语言难度也有密切联系。统计[①]发现:对话较多的读物语言难度也较低。如《汉语风》每百字对话句数达到1.57个,《实用》仅为0.7个,前者词汇难度也明显比后者低。我们认为,一定程度上是因为对话多用于日常交际,而非文化知识的介绍。《汉语风》以小说为主,对话是其推动情节发展、展现人物关系的主要方式;《实用》主要介绍中国的经济、教育等社会现状,故多采用叙述形式。因此,多选贴近日常生活的题材,多使用对话形式有利于控制文本的难度。

七、建议

我们认为今后汉语分级读物的编写至少需要在以下几方面做工作:

第一,优化开发队伍,邀请有丰富海内外汉语教学经验的教师或学者参与读物的开发。这有利于读物的对象设定、内容选择、难度控制和等级设置的整体把握。

第二,更新编写理念,要从"宣传、介绍中国概况"转为"提

[①] 对话句数以双引号作为计数标记,一对双引号计作一句。统计结果已排除双引号其他用法,如强调、特殊含义等。

供愉快的阅读体验";话题选择要多样化,兼顾中外,紧跟时代。

第三,降低文本难度。首先,题材的选择要贴近生活,控制知识性内容的比重;其次,多采用对话形式,控制词级和句长。

第二节　经贸阅读分级体系构建 ①

一、引言

学习一种语言,只凭借教科书和课堂时间是远远不够的,需要大量的课外阅读材料来复习和巩固。在二语习得中,除了教材之外,课外补充阅读材料显得尤为重要。这一方面可以培养学生的阅读兴趣,掌握阅读技巧,提高获取信息、处理信息和综合运用信息的能力;另一方面巩固学生课堂所学,促进对目的语语言文化的整体了解,更重要的是它可以让学习者有机会沉浸在目的语的大量输入中,培养目的语的语感,弥补课堂教学阅读量不足的缺陷。由于不同程度的学习者对课外读物有不同的需求,所以给学生提供或推荐课外阅读材料,一方面要考虑学生的需求,另一方面从内容选择到语言难度上要有所把控。

---

① 本节摘自王鸿滨《留学生课外汉语分级阅读框架体系建设构想——以经贸类材料为例》,发表于《语言教学与研究》2016 年第 4 期。

二、目前二语阅读所面临的问题

以往的外语教学中的阅读课程，一直在探讨如何组织有效的课堂教学、发展学生的阅读策略等问题，但是对于学生如何利用课外阅读材料进行补充阅读，既没有深入地研究也没有很好地思考。目前，在二语习得中通过书面形式进行理解性输入的重要性得到人们的重视，《英语课程标准》[①]将阅读能力的培养作为高中英语教学的重要任务之一，对课外阅读提出了量化要求：（1）三级，课外阅读量应累计达到4万词以上；（2）四级，课外阅读量应累计达到10万词以上；（3）五级，课外阅读量应累计达到15万词以上。而在对外汉语教学中，各种大纲对课外阅读部分没有明确的规定和导向。

事实上，由于留学生缺乏适合自己的水平的课外阅读材料，也没有分级框架体系来帮助教师定位阅读的起点，课外阅读几乎成为"盲区"。目前留学生所面对的各类汉语教材，有限的课文和阅读材料多为非原生态材料，大多是编写者根据教学需要对原生态读物进行"加工改造"而来，因而是一种"被动阅读"。江新（2008）[②]认为，当学生离开为他们特别设计的"安全课文"（材料本身经过改编）去阅读中国人写的自然阅读材料时，即从"学习阅读阶段（learn to read）过渡到为了学习而阅读（read to learn）阶段"，往往无从下手，我们在课堂上所教给学生的各

---

① 中华人民共和国教育部《义务教育英语课程标准（2011年版）》，北京师范大学出版社，2012年。
② 江新《对外汉语字词与阅读学习研究》，北京语言大学出版社，2008年，第7—8页。

种阅读技巧成了教师的一厢情愿,学生没有用武之地。Wallace（1992）[①]和 Nuttall（1996）[②]建议,阅读教学选择自然材料非常重要。鲁健骥（2002）[③]也认为,大力加强泛读课程的建设是对外汉语教学的当务之急,尤其是要编写大量供泛读使用的读物。关于留学生的课外阅读,目前迫切需要研究解决如下问题:外国学生怎么能根据自己的水平选择到合适的读物?我们提供的阅读材料怎么能跟他们汉语水平、兴趣相吻合?

三、国外分级阅读框架简介

为研究、解决上面提出的问题,有必要先了解一下国外二语教学的分级阅读框架及其情况。世界上很多国家和地区,如美国、英国、日本等都已经通过实践证明,分级阅读（level reading）是一种行之有效、值得推广的阅读方式。

目前欧美分级阅读体系多种多样,大体可以分为三种:一是以年级为基准的分级模式,如"年级分级体系"（Grade Equivalent Level）和"基础分级体系"（Basal Level）;二是按字母表分级的阅读模式,如"指导型阅读分级体系"（Guided Reading Level）;三是以量化的数值计分的分级模式,如"发展性阅读评估分级体系"（Developmental Reading Assessment

---

[①] C. Wallace. Writing vs Speech. In W. Bright(ed.) *International Encyclopedia of Linguistics.* New York:Oxford University Press, 1992: 410-415.

[②] C. Nuttall. *Teaching Reading Skills in a Foreign Language.* Oxford: Heinemann, 1996.

[③] 鲁健骥《说"精读"和"泛读"》,中国对外汉语教学学会编《中国对外汉语教学学会第七次学术讨论会论文选》,人民教育出版社,2002 年。

Levels）、"蓝思分级系统"（Lexile Reading Level）、"阅读促进计划"（Accelerated Reader level）、"阅读校正体系"（Reading Recovery）、"阅读数量分级体系"（Reading Counts Level）、"阅读能力等级体系"（Degrees of Reading Power）、"阅读发展系统"（Developmental Reading Continuums）等等。尽管以上分级标准种类繁多，但相互可以参照，各类标准都可以对读者和图书同时进行量化评定。

这里我们主要介绍"蓝思分级系统"。蓝思分级是由美国教育科研机构为提高美国学生的阅读能力而研究出的一套衡量学生阅读水平和标识文章难易程度的标准。它以"Lexile"为单位，度量学生的阅读能力（reader ability）和文本难度（text readability），通过可读性公式（readability formula）分析文本的语义复杂性（semantic complexity）和句法难度（syntactic difficulty），用200L至1 700L量化标注文本的难度。使用这一标准，一方面学生可以测试自己的阅读水平，另一方面学生可以根据标识蓝思难度的出版物找出符合自己水平的阅读书目。经过近四十年的发展，目前蓝思分级已经发展为全美最具公信力的阅读难度分级系统。

在英国，学生要获得蓝思分值可以在学校参加GL评估系列中的"英语进展"（Progress in English）考试，该考试分为网上测试和传统的纸笔测试。测试完毕，可将分值通过一个"转换对应表"转换成蓝思分值。出版物在标识蓝思级别时，主要是针对语义难度（词汇）和句法的复杂程度（句子长度）来衡量难易度。由于蓝思阅读框架的测量和过程都是中立的，并且蓝思分值可以跟阅读年龄或图书级别一起标在书后，为教师和学生选书提供精细的信息。

近年来，蓝思分级在中国的英语教学和培训中已经被广泛应用，重要的标准化考试均有对应的转换对应表和蓝思分值。例如：

表3-4 蓝思分级和中国学生英文阅读能力对应表

美国教育年级	美国教育级别	LEXILE 级别	中国教育年级
	学龄前 (Pre K-3)	0L to 100L	学龄前
	学龄前 (Pre K-4)	100L to 200L	小学1—3年级（7—9岁）
	学龄 (Kindergarten)	150L to 300L	小学4—6年级
小学1年级	Grade 1（6岁）	200L to 400L	初中1年级
小学2年级	Grade 2（7岁）	300L to 500L	初中2年级
小学3年级	Grade 3（8岁）	500L to 700L	初中3年级
小学4年级	Grade 4（9岁）	650L to 850L	高中1年级
小学5年级	Grade 5（11岁）	750L to 950L	高中2/3年级
初中1年级	Grade 6（12岁）	850L to 1 050L	大学1年级
初中2年级	Grade 7（13岁）	950L to 1 075L	大学2年级
初中3年级	Grade 8（14岁）	1 000L to 1 100L	大学3年级
高中1年级	Grade 9（15岁）	1 050L to 1 150L	大学4年级
高中2年级	Grade 10（16岁）	1 100L to 1 200L	研究生1年级
高中3年级	Grade 11 & 12（17、18岁）	1 100L to 1 300L	研究生2年级
SAT, GRE, GMAT, CAST		1 300L	中国博士生

在教学中，教师可以根据学生的蓝思分值，依据难度等级编选教材，每一级有配套的练习，有效地对学生进行分层、分组以及针对性的教学。比如，在课堂教学中，请学生大声朗读某篇文章时，教师就有意识地选用该生蓝思区间"低值"的书，这样学生因为文章里没什么生词，句子长度也适当，读起来就会朗朗上口，自信而愉悦。想让学生提高阅读技能时，就选用他蓝思区间

"高值"的书,以鼓励他学到新的技能。目前,图书馆蓝思化和蓝思专业发展工作坊使蓝思框架成功地融入了学校,"在作业布置、差异化教学和内外贯通文科与理科阅读教学方面取得了成功"(罗德红、余婧,2013[①])。总之,美国的分级阅读教育获得成功,一个不容忽视的原因就是读物的出版和标准的制定与学校的阅读教育和阅读研究紧密相关,相互干预且相互促进。

目前英语分级读物已经陆续进入中国,能够做到将读物的各级词汇量与国内各个年级对应起来,在每一分册上明确注明适用年级的有:2003年《企鹅英语分级有声读物》(拉布莱等,2003[②])、《朗文中学英语分级阅读》(比尔蒂等,2010[③])以及《牛津英汉双语读物·书虫》(凡尔纳等,2006[④])等。然而以上阅读材料的内容是为母语读者编写的,而不是专门为第二语言读者准备的。上述情况很值得我们汉语教学界借鉴。

四、我国对外汉语教学中的分级阅读研究状况

在国内,"分级阅读"是一个刚刚兴起不久的概念。2013年4月23日,中国教育学会中学语文教学专业委员会、北京大学语文教育研究所、北京语言大学、中国教育报、商务印书馆联合发

---

① 罗德红、余婧《美国蓝思分级阅读框架:差异化阅读教学和测评工具》,《现代中小学教育》2013年第10期。
② 斯蒂芬·拉布莱、伊迪丝·内斯比特、威尔·福特等《企鹅英语分级有声读物》,外语教学与研究出版社,2003年。
③ 肯·比尔蒂等《朗文中学英语分级阅读》,上海外语教育出版社,2010年。
④ 儒勒·凡尔纳、珍妮特·哈迪·古尔德、约翰·埃斯科特等《牛津英汉双语读物·书虫》,外语教学与研究出版社,2006年。

布了《中学生阅读行动指南》。这份行动指南的特点是分级只参考学生的年龄特征并不考虑学生阅读能力水平的差异。

在国内对外汉语教学中,课后分级阅读问题开始受到关注,这方面的研究也逐渐兴起。朱勇、宋海燕(2010)[①]结合朱勇主编的《中文天天读》,分析阐述对外汉语分级读物的编写理念,并就编写中的趣味性、实用性、易读性原则以及排序、选文、词汇控制等问题了做了一些探讨。崔永华(2010)[②]针对他所主编的《实用汉语分级阅读丛书》(崔永华主编,2010),提出了阅读材料的编写原则:语言难度要适合读者水平,材料内容要适合学习者的需求,注重内容的教育性。储慧峰(2011)[③]、黄林芳(2013)[④]分别以中国大陆市场上的十套对外汉语分级读物为研究对象,采用量化统计和比较分析的方法进行考察,对读物的选材、词汇、难易度和练习几个方面进行分析研究。周小兵、钱彬(2013)[⑤]则从使用对象、内容选择、语言难度和等级设置等多个角度对国内四部分级读物进行了系统考察,指出目前读物存在适用对象不明确、内容陈旧、题材单一、语言难度偏高、读物级别设置不当等问题,特别提出控制词级的问题。

然而,从分级读物的编写和研究的方法,即如何进行分类,

[①] 朱勇、宋海燕《汉语读物编写的理念与实践》,《海外华文教育》2010年第4期。
[②] 崔永华《汉语学习辅助读物编写的理论与实践》,第六届加中汉语教学研讨会(加拿大列治文市)论文,2010年。
[③] 储慧峰《对外汉语分级读物考察》,华东师范大学硕士学位论文,2011年。
[④] 黄林芳《对外汉语分级读物考察》,湖南师范大学硕士学位论文,2013年。
[⑤] 周小兵、钱彬《汉语作为二语的分级读物考察——兼谈与其他语种分级读物的对比》,《语言文字应用》2013年第2期。

如何确定分级标准这两个关键问题来看，目前国内业界还处于思考、建议阶段。研究方法仍然是凭借主观经验，分级框架体系尚未建成。从应用角度来看，我国分级阅读范围尚未由初期的出版课外读物发展到介入校内阅读教育中。

面对现有汉语教学资源品种不多并缺乏各类自学读物的现状（翟汛，2010[①]），如何全方位深入干预二语学习者的阅读教育，为学习者提供汉语水平与文本难度相匹配的原生态阅读材料等问题值得重视。目前我们对构建经贸类阅读分级框架进行了尝试，以下是我们的初步构想。

五、关于《留学生汉语阅读行动指南》中的"经贸类阅读分级框架"的设计构想

（一）研究目标

《留学生汉语阅读行动指南》（以下简称《指南》），其核心内容是针对来华留学生的课外阅读材料的对象设定、内容选择、难度控制和等级设置等问题提出指导性的研究导向，但具体的研究项目目前尚处于研制过程中。

《指南》认为对外汉语课外阅读材料需要根据学生的汉语水平进行分级。可是《国际汉语教学通用课程大纲》（修订版）[②]并未提及"课外阅读"内容，只是在"单项技能"（读）和"语

---

① 翟汛《汉语教学资源体系所要求的新一代对外汉语教材》，《长江学术》2010年第1期。

② 孔子学院总部/国家汉办编《国际汉语教学通用课程大纲》（修订版），北京语言大学出版社，2014年。

言知识"(字词、话题)部分有如下要求(见表3-5)。这显然是极不完善的。遵照《指南》要求,我们不只希望通过"构建经贸类阅读分级框架"这项研究,能为留学生提供一份课外推荐书单,更重要的是希望通过科学的方法,对我们推荐给学生的原生态的汉语文本材料进行分级,在技术上实现阅读能力与文本难度的匹配。

表3-5 《国际汉语教学通用课程大纲》等级目标与内容

等级	阅读技能	字词	话题
一级	大体识别与个人及日常生活密切相关的简短信息类材料中的特定信息。	150(字/词)	熟悉与日常生活密切相关的简单话题。
二级	识别个人和日常生活中常见的简短信息类材料中的主要信息。	300(字/词)	初步了解与职业工作相关的简单话题。
三级	看懂日常生活中简短的介绍性或说明性材料。	600(字/词)	了解有关中国的比较简单的一般社会生活、工作等方面的话题。
四级	阅读大部分内容为事实性信息的篇章。	1 000/1 200(字/词)	了解当代中国和世界的热点话题。
五级	大致看懂有一些生词和术语的介绍性或说明性材料;能阅读一些与工作、生活有关的浅显的科普文章。	1 500/2 500(字/词)	进一步熟悉当代中国和世界的热点话题。
六级	读懂带有一些生词和术语的介绍性或说明性材料。读懂有一定长度的比较复杂的语言材料。	2 500/5 000(字/词)	进一步熟悉和关心当代中国和世界的热点话题,能综合熟练运用已经掌握的话题内容。

目前我们拟将经贸类阅读分级框架的研究取向定位为"由文本材料到学生",即通过对文本材料进行明确的分级,间接地测量留学生的阅读能力。同时通过对文本分级标准的研究,测算文本的难度以及易读性,进而构建可读性公式。其价值在于在尊重

留学生现有汉语水平的基础上推动留学生的阅读水平的发展。

本研究的最终应用前景，首先是制定"分级阅读内容选择标准"（包括目标、原则、要求）、"分级阅读水平评价标准"（包括目标、原则、内容、方法）以及"分级框架细则"（包括分级原则、分级标准、难易度测查方法、各级核心词汇分级表）；其次是根据分级框架标准推荐分级课外阅读读物；最后通过《指南》逐渐介入校内阅读教育之中，最终达到课上课下、课内课外的良性互动。我们的分级阅读研究的最终目标是将分级读物的出版和标准的制定与学校的阅读教育和阅读研究相结合，全方位地、深入干预到留学生的阅读教育中去。此《指南》首先在北京语言大学试行使用，逐步修改完善后有可能在留学生教育中推广使用。

（二）适用对象及其内容

由于《指南》是用于留学生的课下自主阅读的，因此我们构建的经贸类阅读分级框架是以词汇量和词汇等级作为最为重要的分级标准，选择包含一定数量的有限词汇、供二语学习者在课外独立阅读的原生态阅读材料；以此为起点，进一步明确读者范围，并给学生的每个推荐材料均明确配有各级别语言水平的说明，力求体现信息丰富、清晰，易操作的特点。例如在等级表中列出各级词汇量、已学时间、HSK 等级以及各级相应的文章字数和篇目数、推荐理由等等。

（三）材料的选择与词语的分级框架划分

课外阅读是课堂教学的延伸，而课堂上所使用的教材往往有权威的编写标准与原则可依。在英语教学中，有在词汇量和语法结构方面经过严格控制的大量阅读材料，这些材料是根据一定的词表进行编写或改写的，例如 Thorndike 和 Lorge（1944）[①]编制的英语词表 *The Teacher's Word Book of 30 000 Word*，又如词表 *Newbury House Writer's Guide*（Nation，2004[②]），曾风行一时，成为许多教材和简易读物的编写依据。

首先，根据国内外已有的经验来选择适当的阅读材料，切实做到"题材广泛，按级选读"。课外读物旨在让学习者通过轻松、广泛的阅读，提高其语言的熟练程度，进一步培养语感，最终增强对中文的兴趣和学习自信心。因而首先在内容上，我们确立这样的编选理念：通过读物展示中国生活的方方面面，即让读者通过阅读大量的贴近生活的故事，来了解中国的社会、经济、文化，其内容分别涉及文化、哲学社科、历史地理、文学、民族语言教育、科学技术、艺术体育以及政治经济 8 大类，其中"政治经济类"又分为"政治概况""经济概况"和"经贸概况"三个二级分类。

其次，是阅读能力和语言水平相匹配。美国教育学家 Hill（2001）[③]研发的"阅读发展系统"（Developmental Reading Continuums）是专门为英语作为二语的儿童（3 至 14 岁）建立的一个阅读分级标准，将儿童的阅读能力发展分为 10 个阶段：学前阅读阶段（preconventional）、初级阅读阶段（emerging）、发展阅读阶段（developing）、开始阅读阶段（beginning）、扩展阅读阶段（expanding）、衔接阅读阶段（bridging）、流利阅

[①] Edward L. Thorndike & Irving Lorge. The *Teacher's Word Book of 30 000 Words*. New York: Bureau of Publications, 1944.

[②] I. S. P. Nation《英语词汇教与学》（*Teaching and Learning Vocabulary*），外语教学与研究出版社，2004 年。

[③] Bonnie C. Hill. *Developmental Continuums: A Framework for Literacy Instruction and Assessment K-8.* Boston:Christopher Gordon Publication, 2001.

读阶段（fluent）、精通阅读阶段（proficient）、连接阅读阶段（connecting）、独立阅读阶段（independent）此系统可与英语母语系统的"指导型阅读分级体系"（Guided Reading Level）、"发展性阅读评估分级体系"（Developmental Reading Assessment Levels）相对照。江新（2008：234）将留学生的阅读水平分为三个等级：基础水平（读懂 90%）、教学水平（读懂 75%）、挫折水平（读懂 50%）。其中"基础水平"是指学生不需要老师的帮助，能够达到独立阅读；"教学水平"引入新的阅读策略。Fry（1981）[①]提出，生词量少于 5% 的文章，学生可以自己阅读而不需要指导。储诚志 2014 年 4 月 11 日在北京语言大学对外汉语研究中心所做的报告《词汇的计量研究与汉语教学词汇的选择与分布》中指出，在阅读材料中，学生未学过的词语，初级阶段应控制在 1% 至 2%，中级在 3% 至 4%，高级为 6% 至 7%。否则学生会失去信心和耐心。因此，本研究阅读材料的生词超纲词力求控制在 5% 至 10% 之间或偏上，力求读懂比例最低保持在 60% 至 65% 之间。

再次，考察经贸类阅读材料中的专业性词语。经贸类阅读材料的词汇主要包括与经济、贸易密切相关的真实语言材料里"经贸类"词语，还得注意这些词语的词频以及所占比例。经贸汉语与生活和职业紧密结合，既有经济、贸易活动中使用的专业词语，同时又有一般生活用语。对照各类《大纲》发现，《汉语水平词汇与汉字等级大纲》[②]中相当一部分"超纲词"，比如"环保、打印、手机、超市、打工、公务员、信用卡"等商务类常用词，均被《汉

[①] Edward Fry. Graphical Literacy. *Journal of Reading*, 1981(5).
[②] 国家对外汉语教学领导小组办公室《汉语水平词汇与汉字等级大纲》，北京语言学院出版社，1992 年。

语国际教育用音节汉字词汇等级划分》①定为"普及化等级";一些在经济生活中常用的组合、搭配及经济术语,又经常以词语集团的形式出现,例如"可持续发展、地方保护、贸易障碍、吞吐量、保护区、航站楼、薄利多销、丝绸之路、利益均沾、流水线",均不被早期各类大纲所吸收。基于以上情况,考虑到经贸类专业词汇的流通性,同时为了与汉语水平考试成绩信息相对应,我们将阅读材料的目标结构的设定与《新汉语水平考试大纲》②进行了等级关联,阅读材料对应分为一至六级,其中在"政治经济"大类中,我们选取的内容涉及中国政治、中国经济发展、经济原理、贸易常识、商业法则、经济现象解析、营销理财、经济人物与企业等等。表3-6、表3-7是我们参照北京语言大学汉语学院汉语言专业经贸方向语言教学大纲设计的分级框架。

表3-6 经贸类分级读物功能框架

级别	功能框架
初级	商务和社会经济生活中常见的文字物品及材料。如招牌、指示牌、商品标志、包装、产品说明、通知、邀请函、图表、会议信息、日程安排、招聘启事、合同、广告等。
中级	以国际贸易、宏观和微观经济学为主,介绍分析经济与贸易信息、情况和问题的材料为主。如贸易行情、商品结构、国家间经贸关系、生活水平、物价、就业、产业结构、区域经济、工资、人力资源、技术研发等。
高级	国家经济政策、经济学和管理学专门知识,侧重知识面的扩展。如正式合同、计划、方案、报告、总结、商业评论、学术论文、学术专著等。

---

① 国家汉办、教育部社科司《汉语国际教育用音节汉字词汇等级划分》,北京语言大学出版社,2010年。

② 国家汉办/孔子学院总部编制《新汉语水平考试大纲》,商务印书馆,2010年。

表 3-7 经贸类分级读物词汇、语法框架

级别	词汇标准 （书面语词汇、专业术语词汇）	句法结构
初级	总词汇量 4 000 词以内，生词量 1 500 以内；75% 在 4 000 高频词以内，25% 在 4 000 词以外。	单句和复句为主，120 个高频句法结构以内。
中级	总词汇量 6 000 词以内，生词量 1 500 以内；75% 在 6 000 高频词以内，25% 在 6 000 词以外。	语篇结构和语段结构为主，句法结构在 200 个单句句型范围内。
高级	总词汇量 8 000 词以内，生词量 1 500 以内；75% 在 8 000 高频词以内，25% 在 8 000 词以外。	以语篇宏观结构、微观结构为主。

（四）在分级框架的基础上建立商务（经贸）汉语阅读核心词汇分级体系

《指南》的商务（经贸）汉语核心词汇的选取主要来自于与"商务汉语"相关的两个大纲《商务汉语考试大纲》[①]和《经贸汉语本科教学词汇大纲》[②]，前者是具有权威性的国家级考试规范，商务汉语考试要求的专业性较高；后者则在前者的基础上，根据宏观性原则，"把学习者在一般经贸活动中的汉语词语放在首位，而不注重某一专门领域的经济术语"。《经贸汉语本科教学词汇大纲》按照本科学历教育教学的需要设立初、中、高三个级别，各级之间具有较强连贯性和层次性，初级是"生存类词语"，使学习者具备基本的汉语生活能力，可以完成简单的生活场景的交际任务；中级是"办公室词语"，学习者可以实现工作环境的基

---

① 中国国家汉语国际推广领导小组办公室、北京大学商务汉语考试研发办公室编《商务汉语考试大纲》，北京大学出版社，2006 年。
② 沈庶英主编《经贸汉语本科教学词汇大纲》，北京语言大学出版社，2012 年。

本交际；高级是"经贸业务类词语"，这些词语是从事贸易活动所必需的基本词语，学习者可以完成一般的经贸业务。

专业汉语与通用汉语的特点不同，我们把4 000多个经贸核心词语中的初级和中级词与《新汉语水平考试大纲》的6个级别比对，比对结果显示：《新汉语水平考试大纲》中1级包含了《经贸汉语本科教学词汇大纲》中的127个词，2级包含103个词，3级包含191个词，4级包含397个词，5级包含658个词，6级包含850个词。《经贸汉语本科教学词汇大纲》中初级的1 019个、中级945个、高级363个经贸词汇分别与《新汉语水平大纲》中的词汇相重合。此外，还有2 355个核心经贸词汇不与新HSK的词汇相重合，初级有410个，中级有639个，高级有1 145个。越到高级，重合的比例越小，这符合经贸专业性越强，词语偏离通用汉语越远的规律。我们初步确定HSK的4级词汇大致与《经贸汉语本科教学词汇大纲》的初级词汇相一致（重合度高），而HSK5、6级则与中级相一致，《新汉语水平大纲》中的超纲词应该与《经贸汉语本科教学词汇大纲》的高级相一致。

随着研制工作的深入，如何体现中国本土化策略的级别对应信息，设计便于外国留学生快速、准确地进行选择的可操作性的测量方法正在摸索试验之中。限于篇幅，对我们的"分级框架的难易度测查体系"的建设将有另文介绍，兹不赘言。

六、余论

（一）选材目标与多种等级信息的兼容问题

分级读物用于自主阅读，原著中大量生词是不常用的，就会给学生阅读带来障碍。如果拿国内长期进修生或中文专业留学生的阅读目标来选材,广大非专业读者及海外汉语学习者就难以持续选读。我们是否采取目前国外分级读物的做法,用我们研制的《商务汉语课外阅读分级核心词汇表》中的有限词语编写或改写推荐阅读材料,以弥补课堂读物与课外读物之间的鸿沟,提高二者之间的兼容性?

(二)读物等级设置的均衡性问题

为了增加阅读的可选择性,同级别的阅读材料尽可能要多,但是目前我们推荐的阅读材料经核对,甲、乙级词以及 HSK 四级以下词语比例明显偏低,6 级以及超纲词比例偏高,如何让学习者能够在较短时间内得以阅读更高一级的分册?此外,如何控制课外阅读材料中的超纲词,比例多少合适?

(三)级别间距的控制问题

"词级间距"指的是读物相邻级别之间的词汇数量差(周小兵、钱彬,2013)。如果阅读材料中词语级别间距过大,则读物词汇的有效复现也难以实现。是否需要建立等级差距更小的经贸分级词汇表?

本研究的最终目标是为汉语学习者根据自己的兴趣和汉语水平选择课外阅读材料提供指导建议和灵活的裁量空间。目前有一些问题亟待解决,例如如何引导学习者建立起与自己的汉语水平相适宜的阅读方式及良好的阅读习惯、如何做到选材同时兼顾读物的特点和学习者水平、如何保障学习者持续、有效的阅读等问题。

第三节 分级读物的词汇复现 ①

周小兵、刘娅莉（2012）② 提出："要编写精品教材，要研发国内、国外适用的教材，有必要对现有教材词汇的频率和复现③情况进行系统考察。"

汉语分级读物指的是"以词汇量为分级标准，以促进汉语习得为目的，用有限词汇编写或改写的供二语学习者在课外独立阅读的系列阅读材料"（周小兵、钱彬，2013④）。本研究之所以考察读物而不是课堂教材，是出于以下考虑：

在教材中，词频效应受到内部和外部两方面因素的影响。内部因素主要是指词频统计的文本范围（是正文、注释，还是练习、生词表）。注释、练习和生词表都属于无语境复现，正文中的词汇出现都是有语境复现。分级读物没有大量的注释和专门练习，词汇复现主要体现在正文部分，因此复现类型更单纯。外部因素，教材在实际使用中，教师的教学语言、课时安排的疏密等因素也对词频输入产生作用。读物主要供学习者自主阅读，一般不受课

---

① 本节摘自钱彬《汉语分级读物的词汇复现考察》，发表于《华文教学与研究》2015 年第 3 期。文章论述的是服务于汉语作为第二语言学习的分级读物，不包括母语者使用的分级读物（主要是儿童分级读物）。

② 周小兵、刘娅莉《初级汉语综合课教材选词考察》，《语言教学与研究》2012 年第 5 期。

③ 词汇复现涉及词频这个概念，词频是指词在被调查语料中出现的频次，词频减 1 就是词的复现数。参见国家语言资源监测与研究中心编《中国语言生活状况报告》（下编），商务印书馆，2009 年。

④ 周小兵、钱彬《汉语作为二语的分级读物考察——兼谈与其他语种分级读物的对比》，《语言文字应用》2013 年第 2 期。

堂教学因素影响。因此，读者阅读时影响词汇习得的因素相对集中地体现在读物文本上。显然，相对于课堂教材，读物更适于观察阅读材料中词汇复现对语言习得的作用。

根据周小兵、钱彬（2013）对汉语分级读物的考察，综合考虑读物的内容选择、语言难度和等级设置等因素，《中文天天读》[①]（下文简称《中文》）和《汉语风》[②]在近年来新出版的汉语二语分级读物中都表现突出。同时，由于这两套读物的册数和级别数都较另外几套读物更为完备[③]，因此我们选取《中文》的全部5个级别共10册和《汉语风》已出版的两级（300和500词级）共13册读物作为研究材料，考察范围仅限于读物的正文，不包括注释和练习。试图回答下列问题：

第一，一套分级读物的词汇频次分布情况呈什么态势？

第二，读物需达到哪些要求，才能满足一定频次的词汇接触？

第三，为实现有效的词汇重复接触，需对读物编写提出哪些要求？

以上问题都是从词汇复现的角度提出的。其他诸如学习者的知识背景、第二语言的阅读技能以及所读材料本身的题材、难度等因素都会对阅读中的词汇习得产生影响，但不在本研究讨论之列。

---

① 朱勇主编《中文天天读》1—5，外语教学与研究出版社，2009年。
② 刘月华、储诚志主编《汉语风》300、500词级，北京大学出版社，2010年。
③ 《中文》5个级别共10册，《汉语风》已出版300和500词级共13册，从文本的容量考虑，这两套读物相对更容易观察词汇复现的整体态势。

一、统计说明

我们借助"中文助教"软件,结合人工干预,依据《现代汉语词典(第6版)》(下文简称《现汉》)对两套读物的正文(不包括阅读练习、词汇解释及生词表)进行分词处理并统计。读物中的兼类词看作一个词的不同用法,同形词看作不同的词。比如:形容词"特别"和副词"特别"看作一个词,而动词"还"(还钱)和副词"还"看作两个词。另外,统计时一律剔除专有名词和自然高频词。

Milton(2009)[1]曾提到过"一小部分词汇覆盖了绝大部分文本"的语言现象,说的就是自然高频词在词频上占文本词汇总词频的较大比重,比如1 000词的文本中有10个自然高频词,其出现次数占所有词汇总词频的30%左右,通常这些词大部分都是自然语料中的绝对高频词。这样的现象在汉语中同样存在,体现在不同类型的语料库之中(Shtrikman,1994[2];Xiao,2008[3])。

要更清楚地观察读物词汇的复现情况,本研究也需要剔除读物中的绝对高频词。康艳红、董明(2005)[4]就曾采用过剔除教材中前20高频词的做法,但我们认为教材高频词不能完全等同

---

[1] J. Milton, Measuring Second Language Vocabulary Acquisition. Bristol: Multilingual Matters, 2009.

[2] S. Shtrikman. Some Comments on Zipf's Law for the Chinese Language. *Journal of Information Science*, 1994, 20(2): 142-143.

[3] H. Xiao. On the Applicability of Zipf's Law in Chinese Word Frequency Distribution. *Journal of Chinese Language and Computing*, 2008, 18 (1): 33-46.

[4] 康艳红、董明《初级对外汉语教材的词汇重现率研究》,《语言文字应用》2005年第4期。

于自然语料的绝对高频词。文本词汇量基数越大，对绝对高频词的认定会越接近语言事实，因此本研究以大规模语料库为基础来抽取绝对高频词。

在国家语委语料库 2 000 万字规模的自然语料（词种数为 149 508 条）中，我们统计了《现代汉语语料库词语频率表》[①] 中频次序列前 50 位的词，其词次共计 2 611 907。这部分词占该词表词种数的 0.34%，但对词表总词次的覆盖率达 30.22%，故可看作绝对高频词。这些词在两套汉语读物中均全部出现，在《中文》中的出现次数占总词频的 36.58%（19 753/54 006），在《汉语风》中占 41.68%（15 159/36 367），统计中我们均予以剔除。

《汉语风》目前出版级别较少[②]，但每一级的册数较多（6 至 7 册），而《中文》正相反，每级仅 2 册，但 5 个级别均已出版。为了更好地体现不同级别的词汇复现情况，这里涉及多级别的词汇分布及复现情况时，均用《中文》为例进行分析；而涉及多册数的词汇复现问题时，则选用《汉语风》为例进行分析。

二、分级读物词汇复现的级别分布

根据相关研究，词汇出现次数会影响其习得效果，如江新（2006）[③] 通过实验发现，无论是否来自于汉字圈国家，要使学

---

① 《现代汉语语料库词语频率表》，下载自 www.cncorpus.org 语料库在线网站。该词表是基于国家语委语料库中 2 000 万字文本而提取的，只收录出现次数大于 50 次的词，共计 14 629 个，总词次为 8 643 287。

② 截至 2015 年 1 月 17 日，《汉语风》已出版三个等级共 17 册，但第三级仅出版 4 册，故未列入本研究考察范围。

③ 江新《外国人汉语双字词习得中的频率效应再探》，《语言科学》2006 年第 6 期。

习者真正地掌握生词,"教材编写者要使每个生词在课文中至少出现 5 次";再如张宪、亓鲁霞(2009)①通过一项自然阅读中的词汇附带习得(incidental vocabulary acquisition)实证研究得出结论:词频对习得的影响可能存在"门槛"效应,1 至 3 次不足以促进习得,复现率在 4 至 5 次以上,无论是拼写还是词义,习得的概率明显加大。笔者也做过一个汉语的同类实验,得出结论:汉语词汇出现 6 至 9 次及以上,能较明显地促进词汇习得,并有较好的记忆保持效果。本研究对《中文》1 至 5 级所有分册的词汇进行词频统计,并以实验研究的词频分段为依据,设定关键词频(6 次,9 次),分别统计读物各个级别上的词频分布,结果详见表 3-8(这里的"频次"指出现次数,如 2+ 就是出现 2 次或更多,即至少复现了 1 次,因此出现次数为 2+ 的词即"复现词"。百分比是指某个频次词数占该级总词数的比例,比如 1 级中出现 2 次以上的词共 462 个,占 1 级总词汇量的 60.87%)。

表 3-8 《中文》各频次区间词的等级分布情况(词数/百分比)

频次	1 级	2 级	3 级	4 级	5 级
1	297/39.13	529/43.47	913/45.54	1 466/52.25	1 687/54.4
2+	462/60.87	688/56.53	1 092/54.46	1 340/47.75	1 414/45.57
3+	326/42.95	515/42.32	740/36.91	902/32.15	897/28.93
6+	145/19.1	257/21.12	376/18.75	400/14.26	404/13.03
9+	87/11.46	153/12.57	253/12.62	261/9.3	260/8.38
20+	25/3.29	54/4.44	96/4.79	100/3.56	97/3.13
总词种数	759	1 217	2 005	2 806	3 101

---

① 张宪、亓鲁霞《自然阅读中的词汇附带习得研究》,《外语教学与研究》2009 年第 4 期。

纵向观察表 3-8，复现词词数随词频的上升而减少。以 1 级为例，有超过六成的词在该级别中至少复现 1 次，出现 6 次以上的词约占 19.1%，9 次以上的降至 11.46%，仅有 3.29% 的词重复出现 20 次以上。横向看，各个词频段上的复现词数量大体随着级别升高递增，但比例小幅递减。以 2+ 频次段为例，1 级为 462 个，到 5 级增至 1 414 个。但复现率[①]从 1 级的 60.87% 逐级下降，到第 5 级，这一比例降到 45.57%。

总体数据显示，越到高级，复现词比例越小，这与各级总词汇量的增长有关。高级分册生词数量相对更多，但篇幅增长幅度有限，即需要复现的词数增加，但复现空间相对缩小了，复现词比例就相应下降。这样就产生了一个问题：是否意味着越到高级分册，阅读量对词汇接触的促进作用就越小呢？

三、分级读物的词汇累积复现

就表 3-8 数据而言，分级读物的词汇复现似乎并不理想，尤其是 4、5 级这样的中高级分册中有复现的生词比例还不足一半。通过"中文助教"软件进一步分级统计[②]发现，各级（除去 1 级）词种中，相当一部分是前面级别出现过的词，且比例随着级别的升高而上升。要真实反映逐级阅读时词汇接触的面貌，不仅要统计各级自身范围内的生词，还要包括前面分册中已出现的生词。以 2 级为例，总词种数为 1 217 个，但首次出现的词为 755 个，

[①] 此处复现率指某一级的复现词占该级总词种数的比例。
[②] 将 5 级文本逐一添加到统计软件中，将新添加的一级中出现且未在前一级中出现的词剔除，剩下的则是同时在前后两个级别中都出现了的词。

其余 448 个词是 1 级出现过的，占 2 级总词种数的 37.24%，比例为各级中最低值。如以 5 级分册为例，比例就明显升高了。5 级词种数为 3 101，除去本级首次出现的生词（1 369），还有 55.88% 的词是 1 到 4 级出现过的词。本研究将这种随级别上升而比例增加的复现称为词的累积复现。可以看出，累积复现在读物的词汇复现中是占相当分量的，且级别越高，累积复现的比重越大，且其中一部分多义词还在不同级别中陆续出现了不同的意义或用法（后文会举例分析）。

为观察读物各个级别的词在累积复现时的表现如何，本研究对读物各级别的累积复现词数做了统计，下面是数据及分析。

（一）读物各级别的词汇累积复现

累积复现词数＝某一级的总词种数－该级首次出现词种数。比如 5 级中 1 到 4 级出现过的词种数＝5 级总词种数－5 级首现词数。下面详细分析。

表 3-9 《中文》各级别累积复现的词频分布

词频	2（1）* 词种数	3（1—2） 词种数	4（1—3） 词种数	5（1—4） 词种数
1	384	552	676	633
2+	78	357	689	1 034
3+	3	235	505	736
6+	0	148	287	378
9+	0	133	224	254
20+	0	77	97	97
总词种数	462	909	1 365	1 667

＊2（1）表示 2 级中出现的 1 级词，3（1—2）表示 3 级中出现的 1、2 级词，后面各级以此类推。

表 3-9 数据显示的是各个级别生词的累积复现数量及其在不同频次上的分布情况。由此可看出：其一，纵向看，词数总体上随频次升高而递减。我们注意到 2 级中的 1 级词再次出现的频次都较低，6 次以上的词中没有 1 级的词再现，但从 3 级开始这种情况就改变了，高频词的数量逐级增加，要充分地接触已出现词，阅读量需达到一定要求（以《中文》为例，至少要读三个级别）。其二，横向上，各频次词数基本随级别上升而递增。结合表 3-8 和表 3-9 看，以出现 1 次的词为例，如果仅读第 1 级，能接触到 759 个生词（见表 3-8）；如果再读第 2 级，除了能接触到该级中的 145（529-384）个词，还能再次读到 1 级中出现过的 384 个词；继续读第 3 级，除了该级 361（913-552）个新词，还能再次接触到第 1、2 两级中出现过的 552 个词。到第 4、5 级，这一频次的累积复现词数稳定在 600 以上。

通过进一步统计，发现累积复现的生词在各级别中占有不小的比例。如 2 级中再现的 1 级词占 1 级总词种数的 60.87%（该列中各频次的总词种数/1 级词种数：462/759），3 级中的 1、2 级词占 1、2 级词种数之和的 46%，各级比例逐级下降，但到 5 级中仍能遇到 1 至 4 级中 24.56% 的词。可见，在读物的任何一级（初始级别除外）中都可以再次接触到前面级别中的部分词汇，这一比例平均为 41.34%，即平均约 2.5 个词（词种）中就有一个会再次出现在后面级别的读物中。

显然，要实现这种词汇复现的累积效应，必须以连续阅读为前提。读者阅读更高级别的读物时，除了本级词汇还可以再次接触前一级的词汇，在阅读几个级别的读物后，前面各级中相当一部分出现过的生词会再次出现或多次出现，且这种累积效应随着读物级别的升高而愈发明显。那么，除了跨级词汇复现，在同一级别内是否存在跨分册词汇累积复现效应呢？我们考察了单级分册数量较多的《汉语风》，具体见下文。

（二）读物不同册数的词汇累积重现

由于同一级别的各个分册无难度差别，不需要按顺序阅读，词汇的累积复现效应则主要受阅读量的影响。本研究以出现2次及以上的词为例，按随机顺序统计《汉语风》第一级（300词级）中从1册到6册条件下的词汇复现，统计结果见表3-10。（"比例"指的是某一册数出现2次以上的词种数占相同册数总词种数的百分比，如两册读物中出现2次以上的词种数是522个，那么占两册总词种数的74.05%）

表3-10　《汉语风》不同分册数量中至少出现2次的词汇累计比例

分册数量	2+词数	比例	9+词数	比例
1	371	72.64%	139	30.07%
2	522	74.05%	230	31.01%
3	630	74.95%	312	34.73%
4	723	74.02%	363	34.77%
5	783	75.35%	391	37.89%
6	832	75.74%	436	39.19%

由表3-10可知，册数不同时，复现词的比重也不同。册数越多，复现词的比例越大。先看复现词的整体情况（即2+词频段）：如1册中出现2次以上的词数占该册词种数的72.64%；如册数增至6册，那么复现词占6册词种数的比例上升到75.74%，增幅为3.1%。我们又对出现9次以上的词进行了统计，以观察读物册数对较高频次词汇的重现情况的影响。统计表明，在册数增加时，

较高频次词的重现词数占所在册词数的比例也不断上升，如 1 册中出现 9 次以上的词占 1 册总词数的 30.07%；册数增至 6 册时，出现 9 次以上的词数占 6 册总词数的 39.19%，增幅为 9.12%。对比两个频次段（2 次以上和 9 次以上）的统计结果可以发现，册数增加时，高频复现词的比例增幅（9.12%）明显大于复现词整体水平（3.1%）。可见，阅读册数的增加对词汇反复接触的作用在高频词上更为突显。

这个统计结果似乎跟之前的跨级别累积复现统计（表 3-9）结果相矛盾，跨级别累积复现时词频越高，复现情况越不理想，而相同级别内不同册数的累积复现结果正相反。由此可以回答本节第二部分最后的问题，分级读物的词汇复现不是简单的"随级别的上升，复现词比例下降"，而是在持续阅读多册多级的前提下呈现出不同的累积复现态势：逐级阅读时，复现词数总体上随复现频次升高而递减，各频次复现词的比例逐级下降。逐册阅读中，复现词数和比例均随册数增加而上升，高频词的复现累积效应更突出。

四、分级读物词汇多义复现

衡量二语词汇习得最重要的两个指标是词汇的广度和深度，前者指学习者的词汇量，后者指学习者对这些词汇的了解程度（参见 Anderson & Freebody, 1981[①]）。重复出现，既能帮助学

[①] R. C. Anderson & P. Freebody. Vocabulary Knowledge. In J. Guthrie (ed.) *Comprehension and Teaching: Research Reviews.* Newark, DE: International Reading Association, 1981: 77-117.

习者增加词汇量,也能帮助他们更好地了解词汇的形式、位置、功能和意义等(Tinkham,1993[①];Nation,2001[②];Vermeer,2001[③])。

考察发现,读物生词中有相当一部分词具有多种义项或用法。我们把一词多义或一词多用的复现称为"多义复现"[④]。有多少词能得到多义或多用法的复现?不同义项或用法如何在读物中得以展示?为回答这些问题,下面做了统计和分析。

兼类词是较为典型的具有多种义项和句法功能的词,因此这里仅对分级读物中的兼类词进行抽样考察。考虑到初级分册词汇的复现空间最大,我们根据《现汉》将《中文》1A 分册[⑤]列出生词中的兼类词抽取出来,共 15 个:

努力(动、形) 难(形、动) 认真(形、动) 特别(形、副)

工作(动、名) 一起(名、副) 快(形、副) 讨厌(形、动)

过去(名、动) 习惯(名、动) 生活(名、动)

---

① T. Tinkham. The Effect of Semantic Clustering on the Learning of Second Language Vocabulary. *System,* 1993, 21(3): 371-380.

② I.S.P. Nation. *Learning Vocabulary in Another Language.* Cambridge: Cambridge University Press, 2001.

③ A. Vermeer. Breadth and Depth of Vocabulary in Relation to L1/L2 Acquisition and Frequency of Input. *Applied Psycholinguistics,* 2001, 22 (2): 217-234.

④ 这里的"多义复现"指的是某一个词的意义或用法有 2 个或 2 个以上出现在读物正文中。

⑤ 这里"1"表示 1 级,即 500 词级分册;"A"是分册代号,每级分 A、B 两册,难度相似。

通知（动、名）

　　希望（动、名）　　坏（形、动）　　跟（动、介、连）

对这些词的不同词类用法在正文中的出现情况考察后发现：绝大部分兼类词（14/15）都在读物文本中出现了2次及以上的用法。比如1A分册中两篇文章分别出现了"特别"的形容词和副词用法（L3即第3篇文章）。例如：

（1）小文特别高兴。（L3）

（2）小明爸爸的工作很特别，他常常不回家。（L4）

又如"过去"，其动词用法出现在1A册中，名词用法出现在3A分册中：

（3）一年过去了。（1A，L10）

（4）在过去的婚礼上，……（3A，L13）

当然，非兼类词中也有很多词具有多种用法，比如"这样"在《现汉》中标为代词，但其用法较多。可以后接名词，如：

（5）夏天的吐鲁番就是这样的地方。（1B，L22）

可后接动词，如：

（6）盘子是这样打碎的。(2A，L4)

也可以后接形容词，如：

（7）生活在这样寒冷的地方。(2A，L18)

还可以起到连接句子的作用，如：

（8）肯德基卖油条也可以，这样我们吃早餐就多了一个选择。(2A，L16)

类似的词还有"同样""能"等，这些词在读物中也都出现了不同的用法或义项。对《汉语风》300 和 500 词级的考察结果类似。显然，分级读物的丰富语境有利于较充分地展示多义词的不同用法。对于读者来说，在连贯、自然的文本中接触到汉语词汇的同形异义、同形异用是对课堂词汇学习的一个有力辅助手段。据粗略统计，分级读物中这类多义词（包括兼类词）约占列出生词的 14% 至 21%[①]，比例是较为可观的。

可见，分级读物的生词不仅在复现次数上要求阅读量的增加，在词汇的复现深度上也要以阅读册数和级数的递增为前提。要实现词汇的深度习得，持续阅读是基本前提。持续阅读涉及两个因素：阅读量和阅读速度。那么，阅读量和阅读速度要达到什么标准，才能满足一定数量的词汇重复接触？在现有研究结果的指导下，我们以读物《中文》为例，在词汇统计的基础上进行演算，下面具体分析。

五、基于词频考察的分级读物阅读要求

（一）一定词频要求下的阅读量

读物如果要达到某个词汇重现的次数，势必要对文本长度有一定要求。这里以 6 次为例，通过统计单个词种对《中文》文本的覆盖率来计算词语频次要达到平均 6 次时需要的文本长度。表 3-11 的具体算法是（以 1 级为例）：

[①] 《中文》1 级列出的 190 个生词中这样的词连同兼类词共 39 个，占 20.53%。《汉语风》300 词级分册《错！错！错！》列出生词 71 个，多义词 10 个，占 14.08%。两套读物的词表中均有非词成分（主要是短语），统计中均已剔除。

1. 单个词种的平均覆盖率（0.039 2%）＝该级词种数（759）/该级词次（2 552）/该级词种数（759）。

2. 出现 6 次所需文本长度（词次）（15 306）＝1/单个词种的平均覆盖率（0.039 2%）× 词汇的设计出现次数（6）。

3. 出现 6 次所需的分册数（12）＝出现 6 次所需文本长度（词次）（15 306）/该级每册读物的平均文本长度（该级读物总词次/册数）（1 276）。

表 3-11 《中文》平均每词出现 6 次所需的文本长度和册数

等级	1 级	2 级	3 级	4 级	5 级
词种平均覆盖率	0.039 2%（759/2 552/759）	0.018 4%（1 217/5 441/1 217）	0.013 3%（2 005/7 540/2 005）	0.010 9%（2 806/9 156/2 806）	0.010 5%（3 101/9 564/3 101）
出现 6 次所需长度（词次）	1 538（100/0.039*6）	32 609	45 249	55 046	57 143
该级平均文本长度（词次）	1 276（2 552/2）	2 721	3 770	4 578	4 782
出现 6 次所需册数	12（15 306/1 276）	12	12	12	12

如表 3-11 所示，如果要求读物词汇的平均出现次数达到 6 次，那么《中文》每级大约需要 12 册；如果需要更高的出现次数，那么分册数量也要相应增加，比如 9 次大约需要每级 18 册，而目前《中文》每级仅 2 册，编写计划中每级也仅 3 册。

（二）一定词频要求下的阅读速度

由于记忆规律的作用，对读物词汇的复习要在一定时间内完成。那么读者需要以什么样的速度阅读读物才能较为及时地反复接触生词呢？这就需要求得词汇每重现 1 次所需的阅读量。表 3-

12 统计了《中文》每级读物中词汇至少重现一次（即出现 2 次以上）所需阅读的册数等数值。以 1 级为例，计算公式如下：

1. 平均词频（3.36）＝本级总词次（2 552）/本级总词种（759）。

2. 重现的平均间隔词数（760）＝本级单册平均总词次（2 552）/平均词频数（3.36）。

3. 该级词汇重现 1 次所需的阅读量（册）（0.30）＝重现平均间隔词数（760）× 重现次数（1）/本级总词次（2 552）。

表 3-12　《中文》生词出现 2 次时单位时间所需阅读的册数

项目	1 级	2 级	3 级	4 级	5 级
平均词频（次）	3.36（2 552/759）	4.47（5 440/1 217）	3.76（7 539/2 005）	3.26（9 148/2 806）	3.08（9 551/3 101）
重现平均间隔词数	760（2 552/3.36）	1 217	2 005	2 809	3 105
各级所需册数	0.30（760/2 552）	0.22	0.27	0.31	0.32

由表 3-12 可知：第一，《中文》各级所需达到的阅读速度差异不大。以词汇重现 1 次为例，第 1 级速度要求 0.3 册，从第 2 级开始，随级别上升，速度要求逐渐提高，第 5 级读物要求读完 0.32 册。第二，如果要求一周之内再次接触到读物《中文》中出现过的生词（即生词出现 2 次），那么需要在 7 天内读完至少约 1/3 册读物（平均 0.28 册）；如果要求接触生词的次数平均达到 6 次（即重现 5 次），单级阅读册数则需原来（重现 1 次时）的 5 倍，以 1 级分册为例，阅读速度要提高到一周 1.4 册才能达到要求。

六、结语

Ellis（1999）[①]认为，频率是语言习得中的一个重要概念。特定语言形式输入次数和输出次数呈一致性，即输入时出现次数较多的语言形式，在输出时出现次数也较多。在这个前提下，结合汉语分级读物词汇复现问题，可以对阅读材料的开发提出下列建议：

其一，增加容量。从输入的角度来看，目前汉语分级读物在总体上都有容量不足的问题，需要从两个维度进行改进。首先，增加级别数以缩小读物各级别词数的间距。为了提高词的接触次数，适当增加级别数是一个可操作的措施。要注意的是，增加级别数不能以提高整套读物的词汇量为代价，应尽量在不增加生词的前提下，细分原有级别，这样才能保证读物的难度适中。比如英语二语读物《书虫》分为6级，级别数高于目前出版的大多数汉语分级读物，且《书虫》整套读物的词汇量控制在2 500词以内。级别多，总词汇量低，则读物间距自然会得到控制。周小兵，钱彬（2013）在统计了8套英语读物的级别间距后发现间距普遍较小："一般在300到700词之间，最小的平均间距仅为216词。……《书虫》平均间距仅400词，为上述各套读物中最低值，间距虽保持递增趋势，但始终不超过500词。"而该研究考察结果还显示，汉语分级读物的平均级别间距最低为600词（《汉语风》），最高达到1 500词（《实用汉语分级阅读丛书》崔永华主编，北京语言大学出版社，2009年）。显然，汉语分级读物还有较大提升空间。其次，读物单个级别内增加册数。从上文第五

[①] R. Ellis《第二语言习得概论》，上海外语教育出版社，1999年。

部分第一点论述可以知道，为了达到某个词频要求，在不增加单册容量的前提下，多编写难度一致的分册，直接有助于提高生词的接触频次。但要承认，相同难度的文本，要呈现多样的阅读内容，无疑对读物话题的多样性提出了更高的要求。

其二，词汇复现多样化。数据显示，分级读物的词汇累积复现除了体现为多册多级中的同义重现，还体现在读物中有相当比例的多义词在复现时，呈现出不同的用法。如果阅读材料开发时能提高词汇复现时的梯度意识，在保证一定量的简单复现后，根据常用度由低到高的顺序呈现同形多义词的各种义项，展示由浅到深的句法功能，将会大大提升读者在阅读中词汇隐性习得的深度。

其三，提高阅读材料的可读性。学习者在阅读中无论是从生词量还是生词词频的角度获益，都要以逐册、逐级的连续阅读为基础。因此，扫除过多的阅读障碍、激发阅读兴趣是根本。读物编写者需要从阅读材料的语言难度、话题的趣味性、文本的故事性等角度做工作，最大限度地保持学习者的阅读动力，保证阅读活动尽可能地延长。

第四节　泛读研究述评[①]

著名英国语言教育家 West 于 20 世纪初在印度从事英语教学时提出了以"阅读法"（Reading Method）作为第二语言教学法

---

① 本节摘自刘文辉《国内外泛读教学研究成果述评》，发表于《华文教学与研究》2012 年第 4 期。

的理念,并首次将阅读区分为"精读"(intensive reading)和"泛读"(extensive reading)。自此,"泛读"教学便逐渐进入了语言教学专家们的视野,成为阅读研究领域的热点与重点,并涌现出数量相当可观的研究成果。不过,值得我们注意和深思的是:纵观目前国内外泛读研究成果,国外英语教学界的研究成果数量远远大于国内,而国内英语教学界的相关研究成果又远超汉语教学界。这说明,目前国内汉语泛读研究在第二语言研究领域远远落后,加强对汉语泛读教学领域的研究已经成为我们非常重要和迫切的任务。

本研究将对国内外主要的泛读教学研究成果进行回顾和梳理,并指出这些成果所存在的不足之处,以及我们将来开展泛读教学研究所要注意的几个问题。

一、国外英语界泛读教学研究成果

泛读,即广泛地阅读。所谓的"泛"既指阅读量大,又指阅读材料广泛,涉及政治、经济、文化、生活、艺术、体育等各方面题材,又涵盖诗歌、散文、小说、记叙文、议论文、说明文等各种体裁。国外英语界泛读研究,主要对泛读教学的重要性与作用进行理论探讨,并对泛读教学的课程设置、泛读课外读物的编写以及泛读教学的实施与监控进行了深入研究。

(一)泛读教学的理论研究

一般而言,我们认为大量的阅读是学习语言的有效手段,而泛读由于可以弥补精读课程在阅读速度和数量上的不足,可大大促进学生语言能力的发展,因此国外泛读的理论研究主要集中于论证泛读的重要性及其作用。Bell（1998）[①]曾明确总结了泛读教学的作用，包括：（1）有助于对学生加大"可理解性输入"；（2）有助于提高学习者的整体语言能力；（3）增加学生接触语言、学习语言的机会；（4）有利于学生扩大词汇量；（5）有助于学生写作能力的提高；（6）能够较为有效地激发学习者的阅读动机；（7）可以更好地巩固已学知识；（8）帮助学习者更有信心地阅读长篇文章；（9）有利于学生掌握在泛读中"去粗取精"、删减冗余的技巧；（10）有助于学生实践和提高泛读中的预测能力。除以上概况性研究结论之外，国外关于泛读重要性和作用的研究具体集中于以下两大方面：

一是证明泛读课程对语言知识和语言技能的帮助，如有助于扩大学生的词汇量、促进学生写作能力的提高。具体研究如：Stanovich（2000）[②]和他的同事历经10年研究得出结论：人们总体上接触印刷字符的数量将对学习者增强阅读能力和扩大词汇产生积极的影响。这一结论说明，泛读无论对于母语习得者还是二语学习者来说都极为重要。Krashen & Cho（1995）[③]经过研究发现泛读能帮助学生丰富词汇方面的知识、增强背景知识、直接和间接影响二语学习者的语言能力，泛读是学生发展读、写能力的最好工具。Tsang（1996）[④]则对讲粤语的学生进行了实验：首先让

[①] T. Bell. Extensive Reading: Why? And How?. *The Internet TESL Journal,* 1998(12).

[②] K. Stanovich. *Progress in Understanding Reading: Scientific Foundations and New Frontier.* New York: Guilford Press, 2000.

[③] S. Krashen & K. Cho. Becoming a Dragon: Progress in English as a Second Language through Narrow Free Voluntary Reading. *California Reader,* 1995(29): 9-10.

[④] W. Tsang. Comparing the Effects of Reading and Writing on Writing Performance. *Applied Linguistics,* 1996(17):210-233.

学生完成一篇英语命题作文，之后再让学生阅读与作文主题相关的材料，接着让学生再完成同样题目的作文，最后教师结合学生作文的连贯性、一致性、逻辑进程、组织机构和整体印象等各种因素进行前后比较，结果认为定期的泛读有助于学生写作能力的提高。另外，Mason（2005）[1]在对传统的阅读教学和自主选材阅读教学进行了大量的比较后明确指出：泛读是中等水平以上的学生学习外语最成功的方法。

二是证明泛读课程对情感因素的促进作用，如能增加学习者的学习情感、有助于激发学习者的阅读兴趣、增强学习者的阅读信心等。Krashen & Cho（1995：9-10）曾指出，任何人进行一次成功的阅读都可以消除阅读中的紧张感和沮丧感，可以激发自己的阅读兴趣，从而获得更大的成功。Dupuy（1997）[2]调查了学习者认为直接教语法有效还是通过泛读学习语法有效，结果表明学习者普遍喜欢在泛读中学习语法。Powell（2002）[3]也认为泛读可以使学习者获得满足感和胜任感，而这种感觉将大大有助于学习者的第二语言习得。Bamford & Day（2004）[4]经过研究得出结论：通过大量阅读，学习者变成了越来越自信的读者，他们对

---

[1] B. Mason. Extensive Reading: Why Do It, How to Do It, How not to Do It. *ELT News,* 2005(6).

[2] B. Dupuy. Voices from the Classroom: Students Favor Extensive Reading over Grammar Instruction and Practice, and Give Their Reasons. *Applied Language Learning,* 1997(2):253-261.

[3] J. Powell. Extensive Reading and Its Role in the Future of English Language Teaching in Japanese High Schools. http://www.extensivereading.net/er/powell.html. 2002.

[4] J. Bamford & R. Day. *Extensive Reading Activities for Teaching Language.* Cambridge: Cambridge University Press, 2004:1.

于学习一门新语言的态度更积极了,动机也更强烈了。

(二)泛读教学的实践成果

1. 课程设置。

上述研究充分证明了泛读对语言学习的作用极为明显。但事实上,根据我们对国外文献的搜集与整理发现:目前开设英语泛读课的主要是将英语作为二语或外语的国家和地区,比如日本、韩国以及西亚等国家,而真正的英语国家,如英国、美国、加拿大等其实很少开设专门的英语泛读课。因此,英、美学术界要求提高泛读课程地位的呼声已此起彼伏。如 Grabe & Stoller(2001)[1] 曾强调不仅要把泛读纳入课程设置之中,而且应该让泛读课程在学术阅读课程之中占据中心地位;Green(2005)[2] 也持同样看法,他认为泛读教学作为任务型教学法的重要部分应当尽快地、完全地融入课程设置之中。

2. 课外读物的编写研究。

Krashen (1993)[3] 曾将"泛读"称之为 Free Voluntary Reading (FVR)(自由自愿阅读),即学习者可以自由选择材料,可以自愿决定是否阅读,并且他还认为阅读本身便是阅读行为的目的。这一观点在国外泛读界具有代表性,大家普遍认为泛读是自由的,是轻松的,其学习材料应当是难度不高、内容有趣、题材广泛的。

---

[1] W. Grabe & F. Stoller. Reading for Academic Purposes: Guidelines for the ESL /EFL Teacher. In M. Celce-Murcia (ed.) *Teaching English as a Second or Foreign Language.* Boston, MA: Heinle & Heinle, 2001:187-203.

[2] C. Green. Integrating Extensive Reading in the Task-Based Curriculum. *ELT Journal,* 2005(4): 306-311.

[3] S. Krashen. The Case for Free Voluntary Reading. *The Canadian Modern Language Review,* 1993(1): 72-82.

为此，国外学术界在泛读读物的编写方面进行了大量的研究与实践，其中在读物难度的控制方面着力颇多。"阅读法"的创始人West 始终主张应加大学生的阅读量，为此，他改写了大量的童话故事及文学名著，而他改写时选择词汇的标准非常严格——只能是主课文中已学过的生词。Fry(1981)[①] 则建议泛读材料的生词量应少于全文的 5%，因为这样的难度可以保证学生自己完成阅读而基本不需要教师进行指导。Nation (2001)[②] 则指出如果泛读材料有助于学生扩大词汇量，那么首先泛读材料应该是令人感到愉悦、轻松的，而这就要求每页的生词都控制在 2% 以内，这样才能使学生在快乐阅读的同时产生"附带词汇习得"（incidental vocabulary acquisition，即阅读时，在无意的情况下习得生词）。

另外，值得一提的是 Day& Bamford（1998）[③] 在泛读材料难度控制方面所付出的努力。他们受 Krashen 二语习得"i+1 假说"的启发，提出了泛读材料难度选择"i−1 假想"，即泛读材料的难度都应该略低于学习者的现有语言水平，从而保证其所输入的语言材料都是"可理解的(comprehensible)"，是在学习者理解能力范围之内的，从而学生可以完全轻松、自如地享受阅读、快乐阅读，在大量而主动的阅读实践中逐渐培养并提高自己的阅读能力。

根据以上理论，国外出版界开展了读物编写的实践，为全

[①] E. Fry. *Teaching Faster Reading: A manual.* Cambridge: Cambridge University Press, 1981.

[②] I.S.P. Nation. *Learning Vocabulary in Another Language.* Cambridge: Cambridge University Press, 2001:165.

[③] R. Day & J.Bamford. *Extensive Reading in the Second Language Cassroom.* Cambridge: Cambridge University Press, 1998:7-8.

球英语学习者出版发行了大量的英语简易读物。如英国朗文出版社出版了 Longman Simplified English Series，Longman Bridge Series，Longman Abridged and Heritage Series 等3个系列的英语简易读物，成效显著，受益者众。另据鲁健骥（2001）[①]介绍，1981年英国朗文出版社的教育专家 L. G. Alexander 曾在北京语言学院讲学，在一次回答听众问题时他甚至直言，他的理想是编写两万种英语简易读物，成立一个简易读物图书馆。

3. 泛读教学的实施与监控研究。

关于如何更好地实施与监控泛读教学，Bell（1998）基于自己在也门的教学实践提出了10项具体教学建议，包括：（1）教师需要通过设计一些教学环节使学生能最大限度地参与到泛读之中；（2）教师在课堂上经常朗读泛读材料有助于学生的阅读；（3）尽量增加学生接触语言、学习语言的机会；（4）提供机会给学生进行公开的演讲；（5）根据阅读内容，完成写作方面的作业；（6）课堂上可以提供相应的音频材料，使学生一边听一边读；（7）测试会让学生在泛读时产生压力、减少乐趣，因此应尽量避免；（8）尽量不要让学生在泛读中使用词典；（9）教师应对学生的泛读过程进行有效的监控；（10）教师可以通过使用多媒体资源等方法保持泛读教学中的趣味性，使学生能够享受阅读，乐于阅读。

Day & Bamford（1998）在他们的著作中也提出了在实施与监控泛读教学时所应遵循的十大原则：（1）泛读材料是容易的，使学生可以享受泛读；（2）泛读材料应题材广泛、涉及各个领域，

---

① 鲁健骥《说"精读"和"泛读"》，《海外华文教育》2001年第3期。

使学生可以基于不同目的、采用不同方法进行泛读；（3）学生可以自主选择泛读内容；（4）学习者要广泛阅读，越多越好；（5）泛读的目的在于愉悦、获得信息和大致了解材料内容；（6）泛读本身对于学生而言就是奖赏和回报，因此教师不应设读后练习；（7）泛读速度越快越好；（8）泛读要求学生个体单独、安静地完成；（9）教师要确定泛读目标、传授泛读技巧、示范泛读方法、记录学生泛读内容并跟踪其泛读进度，从而使学生最大限度地从泛读训练中受益；（10）教师应以读者角色示范如何泛读并有所收获。在此基础上，Prowse（2002）[1]也根据自己的实际教学体会提出了实施与监控泛读教学时的10大原则，并对 Day & Bamford（1998）所提出的十大原则一一进行了回应和评述。

另外，Eskey（2002）[2]还着重指出了教师在泛读课程中的作用，即应提倡学生进行大量阅读，在课堂上传授阅读策略以及不断激发学生们的阅读动机，使学习者能有效地阅读难度适中、可读性强的材料。Day（2004）[3]则就上述教学方法中"阅读理解"题目的设置进行了补充，认为泛读的目的之一便是获得阅读的"快感"，而阅读理解作为一种测试方式，会"杀死"这种快感，同时，学生也普遍反感提交书面的读书报告，因此建议教师在学生读完泛读材料后不要给他们设置阅读理解问题或要求他们撰写读后感等。

---

[1] P. Prowse. Top Ten Principles for Teaching Extensive Reading: A Response. *Reading in a Foreign Language,* 2002,14 (2): 142-145.

[2] E. Eskey. Reading and the Teaching of L2 Reading. *TESOL Journal,* 2002(1) : 5-9.

[3] R. Day. Extensive Reading Activities. *Teacher Talk,* 2004(24): 1-3.

国外对泛读的研究时间长，范围广，成果丰硕，在泛读教学的作用与重要性方面开展了大量的实证研究，取得了一批令人信服的结论，给国内泛读研究带来了极大的借鉴与启示，尤其是如Stanovich（2000）为了验证自己的结论进行了长达10年的实验，无论从研究方法还是研究精神方面都值得国内学界学习；而Day & Bamford（1998）所提出的"i-1假想"更是给我们以研究角度上的启迪。同时，需要特别指出的是：由于泛读课程在很多英语国家并未被真正纳入课程设置之中，因此国外研究的重点集中于课外泛读方面，所以他们所强调的泛读原则与特点，如不设练习，读物要简单易学，让学生主动阅读、轻松阅读、享受阅读等虽能对我们起到一定的参考与借鉴的作用，却并不完全适用于国内的泛读教学。

二、国内英语界泛读教学研究成果

长期以来，国内英语教学界对泛读教学都不大满意，对此，夏赛花、吴古华（1997）[①] 调查了北京3所高校的338名英语专业学生对英语泛读课的看法，结果发现有82%的学生对开设泛读课持肯定态度，但同时又有几乎相同比例的学生认为泛读课的效果远远低于令人基本满意的水准。学生普遍反映教材的题材面窄、缺乏时代感，难以激发阅读兴趣，教学方法偏于陈旧，课堂气氛不活跃。针对此现状，他们认为国内英语界应该从泛读教学大纲、

---

① 夏赛花、吴古华《英语泛读课的现状及改革——北京三所高校的调查报告》，《外语界》1997年第4期。

课程设置、对教师的要求、教学模式及教材编写等多方面进行切实改革。

事实上，英语教学界结合英语泛读教学的实践不断地进行着摸索、探讨、实验和总结，也在泛读教学的理论研究和实践研究方面涌现出了一批研究成果。

（一）泛读教学的理论研究

与国外研究相比，国内鲜见对泛读的理论及其作用的实证研究，目前仅有纳成仓（2011）[①]历时三个学期所开展的相关实验。他自 2006 年 9 月至 2008 年 1 月要求英语专业实验组的学生进行课外泛读，每学期读两部英文小说，而控制组不做要求，结果实验结束后经过测试发现实验组学生的课内词汇明显得到了巩固和加强，伴随性词汇明显增加，阅读能力也有所提高，从而证明课外泛读是英语专业学生学习词汇的最优途径。同时，他还建议英语专业应该开设课外泛读课程，并以有效的管理为保障，而该课程的任课教师应对学生的阅读过程进行评估，并为学生积极创设良好的读书氛围。

（二）英语泛读教学的实践成果

1. 课程设置研究。

中国高校英语专业都在一年级和二年级专门开设了"英语泛读"课程，共 4 个学期，使用 4 本配套教材，教学时数一般为每周两节课。该门课程的教学目的按照教育部《高等学校英语专业基础阶段英语教学大纲》的要求"在于通过阅读和分析内容广泛

---

① 纳成仓《课外泛读与英语专业学生词汇发展的关系研究》，《教育理论与实践》2011 年第 9 期。

的材料,包括涉及政治、经济、社会、语言、文学、教育、哲学等方面的名家作品,培养学生的英语泛读理解能力和提高学生的阅读速度,培养学生细致观察语言的能力以及假设判断、分析归纳、推理检验等逻辑思维能力,提高学生的阅读技能,包括细读、略读、查读等能力,扩大学生知识面,加深学生对社会和人生的理解,提高学生对名篇的分析和欣赏能力、逻辑思维和独立思考的能力,发展学生英语语言技能,并通过阅读训练帮助学生扩大词汇量、吸收语言和文化背景知识"。

2. 泛读教材、课外读物的编写研究。

英语泛读教材编写的研究理论方面,何宁、董颖(2000)[①]提出:(1)泛读教材在整体编排上要注重有张有弛,泛而不乱,博而有序;(2)泛读教材在题材上要兼顾可读性、知识性和趣味性,适合教学双方。王丹(2003)[②]则认为好的泛读教材应按3个教学程序来设计:(1)阅读前活动,布置学生提前查阅相关背景知识;(2)阅读活动,材料为2 000词左右的细读材料及与之话题相关的课后阅读材料,其中包含一定篇幅的原版优秀短篇小说,课堂上教师应重点介绍阅读方法、训练学生的阅读技能;(3)阅读后活动,主要检查阅读理解情况和向学生提供难度小、篇幅短的快速阅读材料,以进行扩展性练习。

在英语泛读教材编写的实践方面,国内目前出版发行了数量较多的英语泛读教材与读物,其中影响较大的泛读教材有王守仁

[①] 何宁、董颖《从〈新编英语泛读教程〉使用情况谈泛读课的教改》,《外语界》2000年第2期。

[②] 王丹《关于提高泛读课教学效果的思考》,《锦州师范学院学报》2003年第1期。

等主编的《新编英语泛读教程》(上海外语教育出版社，1997年)及刘乃银等主编的《英语泛读教程》(高等教育出版社，2008年)等。二者在题材和体裁上均十分广泛、丰富，注重趣味性，且教学内容设计合理，都包括以下四部分：阅读课文及练习，包括词汇测试、课文阅读、词汇练习和完形填空等；阅读方法及技巧讲解；快速阅读训练；课外阅读内容及训练等。另外王守仁、赵文书（2000）[①]还介绍了他们以《新编英语泛读教程》为依托，开发出在网络环境下进行教学的课件和网络课程，取得了较为理想的教学效果。

同时，国内英语界在课外读物的编写方面也取得了丰硕成果，其中既有上海外语教育出版社与牛津大学出版社1998年开始合作出版的《外教社—牛津英语分级读物》（共分5级），又有为国人所熟知的由外语教学与研究出版社和牛津大学出版社出版的"书虫"系列读物（共分7级）。其中"书虫"系列自20世纪90年代问世以来，已发行100多本，因其实用性、简易性和趣味性而影响力颇大，备受读者好评。

3. 泛读教学的实施与监控研究。

国内英语泛读教学开设时间较长，因此在实施与监控教学活动时，便产生了数种教学模式。20世纪60至80年代，英语泛读教学界普遍以阅读英文原著为主要教学方式，如邓尉（1963）[②]认为四年级的泛读课应分为指导课、检查课和讨论课等三种形式。其中，指导课是指在学生开始阅读原著前，教师简要地介绍一下

---

① 王守仁、赵文书《网络环境下的英语专业泛读课教学研究》，《外语界》2000年第2期。

② 邓尉《谈四年级泛读教学》，《外语教学与研究》1963年第3期。

该书的作者、相关背景及其语言特色等；检查课是指在学生阅读的过程中教师要对学生分小组进行两周一次的检查，主要是口头检查学生对内容的理解；讨论课则是在学生全部读完后对著作进行的一次集体讨论与评价。郑伟波（1986）[①]则重点介绍了自己上二年级英语泛读课的具体过程：首先把材料发给学生并要求在二至三天内利用业余时间读完，而课堂教学内容主要为：介绍作者、介绍作品及写作背景、讨论作品故事情节及人物关系、分析写作技巧及风格、探讨作品主题，以及学生自由提问、让学生抄录用来模仿的佳句。

进入20世纪90年代后，阅读内容发生了改变，泛读教学模式也有了相应革新，如马沈龙（1990）[②]提出应以"课堂讨论"的方法进行英语泛读教学的实施过程，并详细地论述了此方法的必要性、做法、要求和效果。他认为课堂讨论有助于扩大学生的词汇量，提高学生们的阅读能力、文化素质和文学修养，使学生由学习客体变为学习主体，使课堂气氛生动活泼，教学富有趣味。班荣学（1995）[③]则认为在大学英语泛读教学中应当实施"读写一体化"教学方法，即在泛读教学中引入写的机制，将"写"与"读"融为一体，以"写"促"读"，以"读"带"写"，使学生在培养阅读能力的同时，也训练"写"的技能，而实践证明，这种方法具有独特的作用和效果。

---

① 郑伟波《精读泛读之我见》，《新疆大学学报》（哲学社会科学版）1986年第2期。

② 马沈龙《英语泛读课堂讨论教学初探》，《贵州教育学院学报》1990年第4期。

③ 班荣学《论大学英语泛读教学的读写一体化》，《外语教学》1995年第4期。

进入 21 世纪以后，国内英语泛读教学模式更加多元。姜君丽（2007）[①]提出了"互动式"英语泛读教学模式，具体包括 7 个步骤：（1）教师指导、帮助学生分析文中的词汇、句子及段落的写作，使学生能注意到优秀文章的特征；（2）要求学生在课下读完布置作业，上课时教师重新发放相关内容的文章，让学生阅读；（3）教师针对文章的内容、词汇和篇章理解向学生提出各种问题；（4）学生分组讨论，找出问题的答案，并说明原因；（5）全班一起讨论，回答问题；（6）教师布置新的问题练习，让学生进行书面回答；（7）学生在黑板上写出正确答案。最后，作者指出这样的教学方式可以促进教师角色的转换，并且有助于推动与学生的交流，从而更好地实现教学目标。李天紫（2007）[②]则指出我国外语教学必须充分认识泛读的作用，并提倡"读书型"外语学习，使学习者真正享受读书和学习英语的快乐。

国内英语界泛读教学由于有课时和教材的保障，在泛读教学与研究方面取得了一定的成绩，编写出了适合学生课内学习的教材和课外泛读的读物，尤其是结合自己的教学实践，提出了"读写一体""互动式"等较有影响的教学模式。这些成果对汉语泛读教学与研究有一定的借鉴作用，但值得我们注意和反思的是其尚存在的一些明显问题：泛读教学的理论探讨不够深入；泛读的作用以及相关因素的实证研究比较缺乏；课外泛读质量控制及读物的书目、分级等方面的研究也较缺乏。

---

① 姜君丽《互动式英语泛读教学模式实验报告》，《山东外语教学》2007 年第 5 期。

② 李天紫《论英语泛读教学的发展趋势》，《外语界》2007 年第 6 期。

三、国内汉语界泛读教学研究成果

（一）泛读教学的理论研究

汉语泛读教学研究中建树最大者为鲁健骥。他于2001年便在《说"精读"和"泛读"》一文中率先旗帜鲜明地提出了泛读教学的重要性，认为精读和泛读体现了语言教学中"质"和"量"的辩证关系，二者应当互相依存、互相补充，既有"质"又有"量"，才能培养出合格的外语人才。他认为泛读的作用主要在于：（1）只有通过大量的泛读，精读课上学过的语言知识，才能得到重现、复习、巩固、扩展；（2）泛读还可以扩大学生的知识面，增进对目的语国家的了解；（3）"泛读"也是培养学生良好的阅读习惯、训练阅读技巧的重要手段；（4）泛读有助于培养学生的汉语语感。但在对外汉语教学中，"泛读"始终没有跟上，无论从认识上还是实践上，"泛读"都是教学中的一个最薄弱环节，既没有适当的泛读材料，也没有相应的课程设置，因此，他认为加强泛读教学已经成为了对外汉语教学界的当务之急。

同时，还有一批学者持类似观点，认为应加强泛读，加大学生的阅读量，这是我们教学中的重中之重。如周健等（2004）[①]指出汉语作为第二语言教学成效不够明显，一个重要的原因就是学生的阅读量太少，因此我们不仅要加强阅读教学，更要加强课外阅读的指导。陈贤纯（2008）[②]也指出：没有足够的阅读量，

[①] 周健、彭小川、张军《汉语教学法研修教程》，人民教育出版社，2004年，第403页。

[②] 陈贤纯《对外汉语阅读教学16讲》，北京语言大学出版社，2008年，第87页。

我们就无法突破阅读认知的瓶颈。另外，他还论证了阅读技巧与阅读量的关系：阅读量是提高阅读技巧的根本保证，我们不应该把阅读技巧与阅读量的关系搞颠倒了，以为只要训练了阅读技巧就能形成熟练的阅读能力，实际上只靠训练阅读技巧而没有足够的阅读量是不行的。相反，只要有足够的阅读量，不训练技巧也是可以的。这一观点有助于我们在教授阅读技巧、方法和策略时能始终对此保持清醒的认识。储诚志（2009）[①]则认为中文教学长期存在着一种学生"学过的不少，学会的不多"的困难局面，而造成这种局面的原因之一便是教学中一贯奉行的"唯精读、高浓度"的模式，教学环节中缺少科学设计的、大量的、轻松有趣的中文泛读。

（二）泛读教学的实践研究

1. 课程设置研究。

长期以来，汉语泛读教学都未能引起学界的充分重视，也并未被纳入汉语教学的课程设置之中。周小兵（1990）[②]便指出，遗憾的是，在对外汉语教学中，泛读课程及其教材非常少，速读训练几乎没有。事实上，国内汉语教学界无论是教师还是学生太过重视"精读"的作用，但这样做的实际教学效果并不十分令人满意。对此现状，学界专家数十年来都在进行反思：李泉（2003）[③]

[①] 储诚志《引入分级泛读 改进中文教学——兼谈〈汉语风〉的设计目的和特点》，《国际汉语教育》2009年第4辑。

[②] 周小兵《谈谈留学生的速读训练》，载《中国对外汉语教学学会第三次学术讨论会论文选》，北京语言学院出版社，1990年，第288页。

[③] 李泉《对外汉语教学理论和实践的若干问题》，载赵金铭主编《对外汉语教学的跨学科探索——汉语学习与认知国际学术研讨会论文集》，北京语言大学出版社，2003年。

认为目前对外汉语教学界在课程设置上存在着"重视精读,轻视泛读"的现象,结果造成学习者语言输入量过小。他还明确提出:事实上,精读课不应该、也不能够"包打天下"。对此,鲁健骥(2003)①便认为应当把"精泛读并举"作为改进现行教学模式的目标之一。陈昌来(2005)②也认为迄今为止,泛读教学仍然是对外汉语阅读教学的"软肋","重精读、轻泛读"是许多教师的通病。从教学的角度讲,对留学生的阅读教学应该形成一个精、泛读相结合的模式,尤其是泛读要纳入课程体系,使之课程化,并得到大大的加强。

2. 泛读教材、课外读物的编写研究。

总体而言,国内汉语界对泛读教材和课外读物都进行了研究与实践,并且取得了一定的成果。

泛读教材的编写研究

教材编写的研究理论方面,吴晓露(1991)③通过自己泛读教材编写的实践指出,我们应从掌握生字和生词的技能、理解长句和难句的技能、掌握段落短文和篇章长文的阅读技巧等四个方面来训练学生的语言技能和阅读技巧。张世涛(1997)④总结归纳了泛读教材编写时应该注意的四点要求,包括:(1)阅读材料难度适中,语法结构应当简单,生词不宜过多;(2)阅读材

---

① 鲁健骥《口笔语分科,精泛读并举——对外汉语教学改进模式构想》,《世界汉语教学》2003年第2期。
② 陈昌来《对外汉语教学概论》,复旦大学出版社,2005年,第164页。
③ 吴晓露《阅读技能训练——对外汉语泛读教材的一种模式》,《语言教学与研究》1991年第1期。
④ 张世涛《泛读教材的编写与课堂实践》,《中山大学学报论丛》1997年第4期。

料内容要注意趣味性,与学生的知识、文化背景相适应,使学习者乐于阅读,还能激发起他们的想象力和满足感;(3)阅读材料篇幅合适,一般初级在三五百字,中级两千字左右;(4)教材的练习既应包括快速阅读基本技能方面的专门性练习,又应包括一般性练习。

鲁健骥(2006)[①]则列举《践约传》的例子来说明其对汉语泛读教材编写的启示。他指出,《践约传》编于19世纪中叶,是我们迄今为止发现的第一种由中国人编写的给外国人学汉语用的泛读教材,并且编得很成功,这对目前的汉语泛读研究有重要启示:我们应该重视对汉语泛读教材的科学研究,总结归纳出泛读教材本身所具备的特性,制定出统一标准,尽快编写出系列教材。赵金铭(2006)[②]也明确指出我们要注重泛读教材的编写,因为要保证书面语教学质量的提高,必须编有大量的、适合各学习阶段的泛读教材。他还举例说远在1956年以前就曾有人提出"学习任何一种外语都离不开泛读"。不过遗憾的是,长期以来,我们忽视了泛读教材的建设。

在教材编写的实践方面,值得一提的是赵元任于1968年曾出版了三册《中国话的读物》(*Readings in Sayable Chinese*)作为泛读教材;另外还有新疆大学马德元1994年主编的《汉语泛读》(1—4册)系列教材,该教材面向新疆维吾尔族学生,对学生的阅读量有严格要求:第一册约为7万汉字,第二册约为10万汉字,

---

[①] 鲁健骥《〈践约传〉与汉语简易读物的编写》(详细提纲),载翟汛主编《汉字·汉语·汉文化》,新世界出版社,2006年。

[②] 赵金铭《从对外汉语教学到汉语国际推广》(代序),载赵金铭总主编《商务馆对外汉语教学专题研究书系》,商务印书馆,2006年,第23页。

第三册约为 14 万汉字，第四册约为 17 万汉字。而进入新时期以来，国内又出版了诸多以"泛读"为题目的教材，如王祝斌主编的《中高级汉语泛读》（上、下册，北京大学出版社，2004 年）、肖奚强编写的《多文体，精泛结合——高级汉语教程》（上、下册，北京语言大学出版社，2003 年）等。其中后者强调精泛结合，为每一篇主课文都选配了同一体裁的三篇副课文，共计 60 篇，并且每一篇副课文都附有练习以训练学生各种快速阅读的技能。这种做法赢得了学界的肯定，吴勇毅（2004）[①]便明确指出：在目前泛读课普遍缺乏或不受重视的情况下，此套教材能做到加大泛读分量，这样的努力是值得称道的。

除此之外，目前已经出版的以"泛读"为名的汉语教材主要还有：王祝斌主编《中高级汉语泛读》（上、下册，北京大学出版社，2004 年），朱建中编著《轻松读报——中文报刊泛读教程》（北京大学出版社，2005 年），何瑾、朱彦编著《中文广角：高级汉语泛读教程》（上、下册，北京大学出版社，2007 年），戴蓉、王景丹主编《中文广角：中级汉语泛读教程》（上、下册，北京大学出版社，2006 年），廉德瑰编著《东方韵味：中国文化泛读教程》（北京大学出版社，2008 年）等。

课外读物的编写研究

读物编写的研究理论方面，鲁健骥（2003）[②]以美国西东大学王方宇教授于 20 世纪 50 年代编写的泛读简易读物《画儿上

---

① 吴勇毅《教材改革创精品有突破——读〈多文体，精泛结合——高级汉语教程〉》，《世界汉语教学》2004 年第 4 期。

② 鲁健骥《谈泛读教材的编写技巧——从〈画儿上的美人〉说起》，载《汉语研究与应用》2003 年第 1 辑，中国社会科学出版社。

的美人》为对象,总结出编写合适的汉语泛读读物的四项原则:(1)要对读物的难度严格控制,最大限度地重现学过的字和词,把生字和生词的数量压到最低;(2)要注意选材和语言水平的制约关系,要避免篇目的儿童化、孩子气倾向;(3)要善于用简单的语言使文字尽量活泼,把学生吸引住;(4)要善于铺叙以保证字词的重现率。周健等(2004:403)指出我们要为学生提供一大批生词量低(2%左右)、思想内容好、贴近现实生活、信息量大、语言生动活泼、富有趣味性的课外读物,以保证较大的信息输入。

读物编写的实践方面则产出了一批丰硕的成果:美国黄伯飞、王方宇于20世纪50年代曾编写过《画儿上的美人》《中国历史纲要》《中国文化二十讲》《中国的毕加索:齐白石》《聊斋》等泛读材料作为"配合基本教材的书"(黎天睦,1987[①]);北京语言学院(北京语言大学)曾于1980年开始陆续简写、出版了《史记故事》《三国演义》《家》《春》《秋》《青春之歌》《暴风骤雨》《红旗谱》《阿Q正传》《骆驼祥子》《二月》等十几本文学名著。以上泛读材料有的依然流行,受学生欢迎,如《画儿上的美人》等;有的则已随着时间的流逝及其本身不适用于二语教学而自生自灭了,如《红旗谱》等。

同时,国内学者还借鉴西方经验出版了数套汉语分级读物,如储诚志(2009)介绍了他们编写汉语分级系列读物《汉语风》的尝试。《汉语风》(*Chinese Breeze*,北京大学出版社,2007

---

① 黎天睦《现代外语教学法:理论与实践》,北京语言学院出版社,1987年。

年始,尚未结束)为一套分为 8 级、共 60 余册的大型中文分级轻松泛读系列丛书,其主要设计目标和特色包括:(1)等级尽量完备;(2)题材力求广泛,方便学生选择;(3)词汇力求实用;(4)容易读懂,生词密度低,词汇复现率高;(5)原创性高,故事有趣味;(6)语言力求自然地道等。

朱勇、宋海燕(2010)[①]也结合自己所编写的一套开放式汉语分级阅读丛书《中文天天读》(外语教学与研究出版社,2009—2010 年)提出了汉语读物编写中的一些建议:(1)语料选择阶段,应主要考虑语料的趣味性与实用性,而在语料加工阶段则应首先保证其易读性;(2)在选文方面,题材当以中国为主,但也不应完全排斥西方文化;(3)适当采用删除、替换、添加、变换说法等办法来控制词汇难度,确保易读性。其他的分级读物主要还有:朱锦岚等编写的《简易阅读》(北京语言大学出版社,2004 年)、史迹编写的《分级阅读》(华语教学出版社,2007 年)和崔永华编写的《实用汉语分级阅读丛书》(北京语言大学出版社,2008 年)等。

3. 泛读教学的实施与监控研究。

目前国内开设汉语泛读课程的有新疆地区面向少数民族学生学习汉语的数所高校以及上海师范大学、暨南大学等为数不多的高校,因此关于教学实施与监控的研究成果有限。其中李金葆(1995)[②]主要介绍了新疆大学中语系自 1989 年 11 月起面向维

---

① 朱勇、宋海燕《汉语读物编写的理念与实践》,《海外华文教育》2010 年第 4 期。

② 李金葆《汉语泛读教学之我见》,《新疆大学学报》(哲学社会科学版)1995 年第 2 期。

吾尔族学生开设汉语泛读教学的情况以及他们所采用的"三遍读书法",即:第一遍"鸟瞰"、第二遍"精读"和第三遍"消化"。教学效果证明该门课程开阔了对少数民族汉语教学的新思路,有利于对民族学生思维能力、独立观察能力的培养以及创造性方法的训练。蒋新慧(2001)[①]也对针对新疆民族学生开展的汉语泛读教学进行了探讨,并对教师的教学方法提出了以下建议:(1)在泛读前消除学生畏难、脆弱的心理定式,让学生树立起汉语阅读并不难的信心;(2)精心挑选泛读教材,既要有反映本民族风情和新疆风光的作品,又要有反映博大精深的汉文化的作品;(3)泛读要以学生为本,以学生自读、自思、自评、自查、自写、自练为主要教学方式,从而促进学生巩固所学知识。

姚敏(2010)[②]则认为目前的汉语泛读课堂教学存在公式化、大众化和应试化的弊端,指出可以运用"任务型"教学法,设计"任务活动链"来开展教学,并通过亲身实践认为该方法有助于激发学生的学习动机、培养学生综合运用语言的能力和发展学生的语言交际能力。刘明东、刘慧清(2012)[③]则提出了"网络化泛读教学"的理念,认为这比传统的泛读教学更能适应学习者的不同需求,更能提供多样化的、易于更新的、可自主选择的泛读教材;更便于提供阅读速度训练、学习效果回馈,还有助于教师及时了解学生的学习倾向,使课堂教学更有针对性。

---

① 蒋新慧《汉语泛读教学刍议》,《语言与翻译》2001年第4期。
② 姚敏《任务型教学法在对外汉语泛读教学中的运用探索》,《中国成人教育》2010年第8期。
③ 刘明东、刘慧清《对外汉语网络化泛读研究和网站建设》,《科学·经济·社会》2012年第1期。

国内汉语界对泛读教学进行了长期的关注与呼吁，但由于其理论探讨未能深入、课程实施与监控也未有突破性的成果，在其作用与价值的实证研究方面也尚缺乏真正有说服力的成果而一直未能得到重视，不过国内面向新疆维吾尔族学生所开展的汉语泛读教学还是较为成功的，其中的经验值得推广。同时，我们还非常欣喜地看到《汉语风》《中文天天读》等一大批汉语分级系列读物已顺利出版且推入市场，这说明汉语泛读课外读物的价值正日益受到关注。而随着学习者对这些读物阅读兴趣的提升，相信会有更多的学界专家重视汉语泛读读物的编写，会有更多的系列汉语泛读读物顺利出版。

四、国内外现有研究的不足及其展望

目前国内外普遍对泛读教学研究重视程度不够，对其作用、特点的认识也存在一定的分歧；对精读、阅读与泛读之间的关系也尚未厘清；另外在泛读教材及读物的编写、泛读课程的具体教学研究方面还存在诸多不足。为了将来更好地开展泛读教学研究，应从以下五个方面入手：

（一）应该进一步加强对泛读教学作用的实证研究

欲行其实，必先正其名。学界要提高对泛读教学的重视程度，加强研究，必须首先对泛读教学本身的作用进行科学、严谨、客观的实证研究，研究其对于词汇学习、语法学习和提高二语写作能力真正的作用，探讨泛读究竟能在多大程度上有益于语言学习，作用于学习者的学习兴趣、动机等，并使之获得语言能力的提高，而这就需要我们在对其进行实证研究时做到以下四点：充分检验假设、有效控制无关变量、保证研究的内部效度和外部效度以及确保调查结果具有代表性，能适用于任何条件或群体，从而确保研究结果具有说服力。但遗憾的是，目前的一些实证研究成果还存在一定的疏漏和问题。如国外学者 Dupuy（1997）的调查结果为：与直接教语法相比，学习者更愿意通过泛读学习语法，但是如果与听歌曲、看电影学语法，或者自由谈话学语法相比呢？如何能够断定"泛读"依然是学生们最喜欢的学语法的方法？又当如何体现泛读教学的独特作用呢？另外，国内英语界学者纳成仓（2011）所做的实证探索是值得肯定的，但其论证方法并不严谨：因为实验组同学每学期课外都要以"完成任务"的方式多读两部英文小说，而控制组没有要求，课外任务增加了，阅读量增加了，必然会使学习者阅读能力有所提高，那么我们如何证明这一定是"泛读"的功劳呢？假设如果是要求学生课外每学期多写两本日记，相信他们的写作能力也会得到相应增强。因为这样的实证研究只能充分证明"课外任务"对语言能力提高的作用而已。反观国内汉语界，目前主要是从理论上宏观强调汉语泛读的重要性及其作用，其结论或是源于西方的研究结论，或源于外语界的讨论结果，甚至或是源于自己的主观臆断、经验积累而缺乏实证研究。同时，也正是因为汉语教学界始终未能在泛读对二语习得的作用方面拿出验证结果，没有强大的说服力，所以至今泛读无法在学界引起足够重视，未被纳入课程体系，也导致没有相应的、合适的泛读教材出版。这个病根我们必须找到，也必须先看清楚。

（二）应该进一步加强对泛读课程的理论探讨

学术界大多认为泛读不同于精读，应该加强对泛读课程的研究，对目前的教学模式表示不满，认为应该有所突破与革新，不但要"破",更要有"立",要树立泛读课程的地位,还要对泛读本身的特性进行理论上的探讨,如:泛读与精读的异同是什么?二者是什么关系?泛读是补充作用还是应该渐渐占主导作用?另外,泛读与阅读的名实到底是什么?二者有何共性,又有何不同?目前学界对此较为模糊,比如教育部《高等学校英语专业基础阶段英语教学大纲》中提出了对"阅读课"的要求,但英语专业都开设的是"英语泛读"课程,而在学术论文中,学者们也多用泛读(阅读)的概念,日语专业也用"日语泛读",而汉语界概念使用也是较为混乱,但在课程设置上以"汉语阅读"课为主。其他亟待探讨的理论问题还有:泛读的教学方法、教学目标、教学难点和重点是什么?快速阅读在泛读中的地位?课外阅读如何监控?泛读技巧、策略在阅读教学中的价值及其在教学中应该占有的合理比重?等等。

(三)应该进一步建立并完善泛读教学的实施与监控体系

泛读课程所要求的阅读量大大多于精读,但时间却又远远少于精读,这样的矛盾就使得泛读课必须紧抓教学重点,提高教学效率,形成一套与教学目标、教学原理、教学形式高度配合的有效教学模式和方法。但事实上,目前我们在这方面的研究还很不够,以已列入课程体系的国内英语泛读教学为例,"至今无法形成一整套全面、系统的教学方法,导致不少英语泛读课或成为'半精读课',以教师讲生词为主,或教师泛泛而谈、学生泛泛而读,使泛读课流于形式。长期以来,英语泛读课的教学工作开展得不尽如人意,在课堂教学中遇到不少困难,教学双方都对课程不满意,甚至不少同学认为可以取消泛读课"(何宁、董颖,2000)。国外并未将泛读教学列入课程体系之中,因此他们的研究一般多用于指导"课外泛读"教学而并不符合我们的实际。所以，对于国内英语界泛读教学和我们呼吁要求列入课程体系的汉语泛读教学来说，必须进一步建立并完善符合我们实际情况的泛读教学的实施与监控体系。

（四）泛读教学应该有课内与课外之别

综合国内外泛读教学研究成果以及教学实际，我们认为泛读教学方法应该有课内与课外之别。在课内泛读上，教师不仅作为泛读教学的组织者、设计者、引导者，要组织学生开展阅读、设定泛读目标、传授泛读技巧与策略、设置合理题目，引导学生最大程度地参与阅读，集中精神进行阅读；而且作为参与者、示范者、鼓励者要与学生一起阅读，并将阅读的收获实时分享给学生，同时不断鼓励学生要克服困难坚持阅读下去。而学生在阅读的过程中需注意加强速度训练，且尽量摒弃查词典而积极使用猜词、跳读等策略展开阅读。另外，泛读课堂并不排斥师生之间或学生之间的讨论、互动环节，教师也应该尽量创造让学生自我表现、积极实践的机会。同时，教师还可以在课堂上利用多媒体设备和资源来增加泛读的趣味性。

而在课外泛读上，教师的任务主要是为学生编写或指定合适的泛读书目及材料，并对学生的课外泛读进行有效的指导，而学生的阅读则是主动的、轻松的、快乐的、无测试、无压力的，是一种享受阅读的实践，无须特别设置阅读理解、词语解释等练习，但也绝非放任自流，让学生随心所欲。教师应该对学生的课外泛读进行定期检查与测评，实施有效的管理与监督，比如可以组织学生开展读书交流会，让学生彼此分享阅读中的体会，或者让学生进行阶段口头报告等。

(五)应该区分课内教材与课外读物,并进一步加以完善

与汉语泛读教学方法有课内与课外之分相对应,泛读教材也应区别为课内泛读教材与课外泛读读物。前者要求题材多样、体裁丰富、既有精挑细选的"主打"文章,又有供学生进行限时阅读练习的相关文章;既有对语言知识的讲解,又有对阅读技巧和策略的传授,并能让学生通过一次次的阅读实践逐渐掌握。另外,泛读教材需要根据内容的难度加以控制、进行分级。根据克拉申二语习得的"i+1假说",内容的难度应略高于学习者的现有语言水平,这样才能使学习者在课堂上获得最佳语言输入。

而目前国内汉语教学界不乏标以汉语泛读为名的教材,但事实上尽如人意者不多。试举一本北京大学出版社出版的以"汉语泛读"为题目的教材为例,且不论其分级是否科学,难度是否合适,单从其目录来看,便可知道其所编写内容的题材不够理想。该书共15单元,详见表3-13。

表3-13 某汉语泛读教材的内容、题材设置

1. 阳光政府	6. 中美贸易平衡	11. 城市建设
2. 维护网络文明与安全	7. 民营经济与亚洲经济	12. 婚姻与家庭
3. 农业与税收	8. 建设节约型社会	13. 动物保护
4. 农民工与劳动力	9. 消费品与扩大内需	14. 爱心行动
5. 长三角与中部地区	10. 城市评点	15. 抗击艾滋病

这15个单元的题材可谓"索然寡味",难以吸引留学生甚至母语为汉语者的阅读兴趣。而在文章难度控制方面,已有泛读教材也普遍难以令人满意。朱勇(2010)[①]曾表达了对目前此类

[①] 朱勇《汉语阅读教材编写中的若干对矛盾》,《语言教学与研究》2010年第6期。

泛读教材的不满:"不可否认的是,虽然有的教材名为'轻松阅读''汉语泛读',但由于难度过高,课堂使用时不得不'精读化'教学。因此尽快编制出或进一步完善适合学生阅读的汉语泛读教材便成为我们迫在眉睫的任务。

课外泛读读物的编写则有不同的要求:课外泛读读物一定要易读、有趣、语言文字活泼,足以吸引学生,使学生能够轻松阅读、享受阅读,远离抽象、枯燥的阅读,从而养成良好的阅读习惯,在潜移默化之中提高阅读能力。从风靡全球的牛津"书虫"系列读物可以看出,一套分级科学、难度适中、内容有趣的课外读物是备受读者追捧的,其经济效益也十分可观,这也意味着汉语课外系列读物的编辑、出版是一片诱人的"蓝海",其潜在市场十分巨大,有待学界与出版界尽快联合、深入开发,建立属于汉语界的"简易读物图书馆"。

第四章

写作教学理论研究

第一节 写作理论研究[①]

一、引言

第二语言写作教学由结果法到过程法的转向,主要发生了"行为主义"到"认知主义"、语言形式到写作认知过程、"语言焦点的活动"到"学生为中心的任务"、教师由"评价者"到"推进者"、课堂"静态"到"动态"等的变化。这些变化是积极的、有益的,在一定程度上促进了学习者写作能力的提升。但学习者还面临以下问题:(1)由于对写作话题的理解不够准确深入,缺乏背景知识,学习者经常感到无话可说,文章内容贫乏;(2)语言运用能力差,编码能力弱和速度慢,学习者经常感到有话说不出来;(3)评判性思维能力较差,不知如何提取和组织相关材料,不知如何围绕写作话题展开讨论,学习者经常感到无从下笔。

上述问题产生的根源在于:传统教学偏重语言形式,把写作学习看成一个个语法点的学习,忽视了学生知识结构的建构;形

---

① 本节摘自周红《知识框架与建构主义写作教学》,发表于《汉语学习》2009年第1期,收入本书时作者有修改。

式与意义、语言与内容割裂，缺乏整合，造成脱离内容的形式训练和脱离形式要求的内容指导。因此，实现知识结构的建构，整合形式与意义、语言与内容，成为第二语言写作教学的重要目标。笔者在"建构主义"学习理论和"系统功能"语言学理论的基础上进一步论证，并尝试运用 Mohan（1986）[①]的"知识框架（Knowledge Framework）"概念，以期对实现这一重要目标有所裨益。

二、建构主义写作教学

（一）理论背景

受建构主义学习理论和系统功能语言学理论的影响，第二语言写作教学日益关注学习者知识的获得、提取和建构，注重"形式"与"意义"、"结构"与"功能"、"语言"与"内容"等的综合，并且意识到仅靠"形式"训练无法提高写作能力，单纯靠教师的讲授无法提高学习者的兴趣和创造力。笔者把这种基于"建构主义"学习观和"系统功能"语言观的写作教学称为"建构主义写作教学"。

"建构主义"学习理论的核心思想是："学习者"是由目标指引积极搜寻信息的施动者，通过新信息与原有知识的双向互动来学习和建构新知识；"教师"要帮助、促进学生建构知识，而不再是知识的直接灌输者[②]。"系统功能"语言学理论的基本思想是：既要研究语言系统的结构，又要研究语言的功能（包括概

---

① B. Mohan. *Language and Content*. MA: Addison-Wesley, 1986.
② 参见范琳、张其云《建构主义教学理论与英语教学改革的契合》，《外语与外语教学》2003 第 4 期。

念功能、人际功能和语篇功能），最终还要解释语言功能是如何决定语言结构的；强调对语言的研究要在语言的社会与语用功能的语境中进行。该理论还提出了"语域"概念，即语言使用中由于语言环境的改变而引起的语言变异[①]。笔者认为，将上述思想内化到第二语言写作教学中，有助于学习者主动建构文章和不同语境中不同语言结构的运用，从而更好地发挥其主观能动性和创造性。

（二）主要观点

第二语言教学的对象主要是外国成年人，他们已具有一定的知识和能力背景，即具有母语的语言系统，对客观世界共性认识的基础，一定的逻辑思维能力以及较系统的知识结构，分析问题、解决问题的能力，等等。建构主义写作教学充分考虑他们的特点，关注他们在原有知识上的建构。"建构主义"写作教学应当囊括以下观点和内容：

1.写作是一种学习方式，旨在提高学习者的评判性思维水平、表达能力和学习能力。

学习者写作的目的是什么？西方写作理论有两种看法[②]：一种是"为了写作而写作"（learning to write）；一种是"通过写作来学习"（writing to learn）。前者仅仅将写作看作一种学习任务，或提高语言交际能力的工具。后者主要有以下目标：（1）将现实感知语言化，组织和呈现对生活经验的自我理解。从这一意义上，写作是学习者发现和建构意义的一种方式。（2）注重学习和发展

[①] 参见李延福主编《国外语言学通观》（上），山东教育出版社，1999年。
[②] 参见祁寿华《西方写作理论、教学与实践》，上海外语教育出版社，2000年。

评判性思维能力。学习者若被机械的操练、繁杂的语言规则所困扰，就不易展开更多的思维方式，那么其思维能力就会处于较低的层次上；反之，在写作中尝试使用各种各样的思维过程，会逐渐提高思维能力。（3）发展语言表达能力。学习者不断地进行词语编码、句型再现和语篇结构选择等思维活动，加之教师对范文的语言分析和对文章的语言反馈，他们的语言运用能力就会不断提高，或者说，"多写多练"才能增强语言表达能力。（4）帮助学习者提高学习能力。学习者通过诸多话题的写作，学到和理解了更多的概念与材料，也学到了更多的语言知识。

2. 写作是一个"意义建构"和"语言编码"的过程，是发现、认识自我和周围世界的过程。

如果学习者侧重语言形式模仿和操练的写作教学，而较少关注写作的内容及其组织安排，写出来的文章往往缺乏新意，干枯乏味，虽然形式上较为规范，甚至无可挑剔。但写作技能得不到提高，学习者会逐渐失去写作的兴趣，出现畏惧和厌烦情绪。笔者认为，"意义"和"形式"同样重要：只有先发现、建构自己的意义观念，才有可能会选择适合意义观念的语言形式；没有建构清楚、合理的意义观念，也就不可能产生合适的语言形式。语言是学习的中介，是学习者获取信息、建构意义的工具[①]，因此第二语言写作教学要研究如何利用语言来建构意义。

总体来看，写作就是学习者利用原有的知识经验与获取的新信息相互作用，建构新意义并进行语言编码的过程。语言编码是

---

① 参见 B. Mohan. The Second Language as a Medium of Learning. In B. Mohan, C. Leung, & C. Davison (eds.) *English as a Second Language in the Mainstream: Teaching, Learning and Identity.* Harlow, England: Pearson Education, 2001:107-126。

指根据要表达的意思选用贴切的词语或结构,根据语义结构的制约规则和使用条件选择合适的表达形式。语言形式的编码与意义的建构相辅相成,缺一不可。

3. 知识及其获得、提取和建构是写作教学的重要环节。

建构文章的意义,离不开学习者的个人知识与经验。教学实践证明,有些学生口语表达较好,但由于所知较少,创造能力较差,写出来的文章平淡枯涩、毫无生气;而有的学生虽然口语不太好(有的表现为编码速度慢),但生活阅历、思维能力、知识面较宽,写出来的文章生动有趣、观点新颖。也就是说,知识的丰富与否直接影响到文章意义建构的好坏。笔者认为,知识越多意味着在记忆中拥有的概念模块就越多,模块间的联系以及有效提取相关模块的方法就越多。理解越深意味着在记忆中拥有的概念模块的情境性就越强,模块间的联系越强以及有效组织相关模块的能力就越强[1]。知识多和理解深,有助于学习者建立一套组织良好、能在合适情景中应用的知识,这些知识可支持他们进行有计划和有谋略的思维,提高模块识别能力和模块组织能力,从而顺畅地提取特定话题领域的知识和有效建构意义。

4. 形式与意义、语言与内容的整合是写作教学的关键。

形式与意义、语言与内容密不可分,片面追求语言形式而不顾意义、内容,可能导致文章内容平淡贫乏;只顾意义、内容而不顾语言形式则可能导致文章语言不合文体或不合情境。前者属于"语言驱动"(language-driven),传统写作教学法(如结果

---

[1] 参见约翰·D. 布兰思福特、安·L. 布朗、罗德尼·R. 科金等编著,程可拉、孙亚玲、王旭卿译《人是如何学习的——大脑、心理、经验及学校》,华东师范大学出版社,2002年,第34—42页。

法、过程法、控制法和现时—传统修辞法等）都采取这种方式，认为语言是写作的首要目标，学习者将语言学习看作驱动力，而内容是使用语言交流的工具，不被关注。后者是"内容驱动"（content-driven），沉浸法（Immersion）采取这种方式，认为内容是写作的首要目标，学习者将内容看作驱动力，而语言是学习内容的工具。实践证明，这两个极端使写作课好像成了语法课和专题讨论课，都不能很好地提高学生的写作能力。

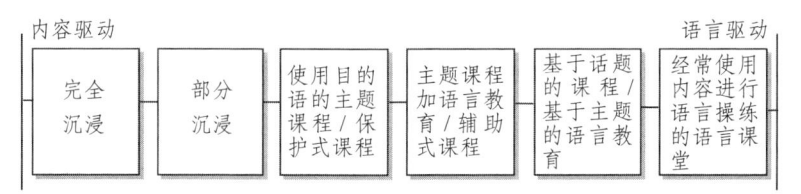

内容驱动　完全沉浸 | 部分沉浸 | 使用目的语的主题课程/保护式课程 | 主题课程加语言教育/辅助式课程 | 基于话题的课程/基于主题的语言教育 | 经常使用内容进行语言操练的语言课堂　语言驱动

图 4-1 基于内容的语言教学：内容和语言整合的连续统

Myriam Met（1998）[①] 指出，在具体的教学实践中，从"语言驱动"到"内容驱动"是一个连续的渐变等级（图 4-1）。在内容驱动和语言驱动两个端点之间是内容和语言整合的各种教学模式，如保护式课程学习（sheltered courses）、辅助式课程学习（adjunct courses）和基于主题的课程学习（theme-based courses）。写作中，学习者学到的不仅仅是语言，同时也包含了语言所承载的内容，因此，要将二者整合起来。语言和内容的整合关系是：语言是理解、获取内容的前提，可通过第二语言学习内容；内容有助于语言能力的提高，可通过内容学习第二语言。

---

① Myriam Met. Curriculum Decision-Making in Content-Based Second Language Teaching. In Fred Genesee & Jasone Cenoz (eds.) *Beyond Bilingualism: Multilingualism and Multilingual Education*. Clevedon, England: Multilingual Matters, 1998.

三、知识与知识框架

（一）知识的界定

这里的"知识"是指写作知识，是涉及写作行为及写作者认知过程的知识，或围绕某一写作话题的知识。根据美国学者的研究，知识分为实质性知识（substantive knowledge）和形式知识（formal knowledge），前者包括具体的事实（可能带有不同的社会文化特征）、数据、材料、观点和信念等，后者包括用来表达前者的结构、句型、语法和词汇等。根据写作者的认知过程，知识又可以分为陈述性知识（declarative knowledge）和程序性知识（procedural knowledge），前者侧重内容，使学习者能够识别现象和回忆存储在记忆中的信息；后者侧重实施，构成产生、改变并用具体例子说明前者的能力。（祁寿华，2000：72）

上述分类是写作所必需的，能够比较全面地概括知识的内涵。写作知识不仅包括语言形式（形式知识），而且包括意义建构的相关内容（实质性知识）；不仅包括识别原有信息（陈述性知识），而且包括建构意义（程序性知识）。那么，如何将复杂的写作知识运用于写作行为和过程？如何把写作知识联系起来，将"语言"与"内容"、"识别"与"建构"整合，从而提高学习者的写作能力？这是一个值得深入思考的问题。

（二）知识的条件化和网络化

要有效地将知识运用于写作行为和过程当中，需要将知识按照一定组织形式存储起来，通常表现为知识的条件化和网络化。写作知识的构成也符合上述分类。

知识的条件化是指对知识的使用情景的具体要求。（约翰·D.

布兰思福特等编著，2002：43）知识都有一定的使用条件，学习者要知道"何时""何地"和"为何"使用某种知识，而不能死记硬背和囫囵吞枣。比如有的学习者能够解决一大堆数学题，但不能使知识条件化，因为他们往往知道这些问题出自何章，而自动地应用相关信息。也就是说，知识非条件化了，这种知识是一种"惰性"知识，虽然关联，但不能真正为学习者所拥有，难以被激活。

知识的网络化是指将诸多知识以模块的形式储存并拼合成网络。知识模块之间密切联系，学习者要善于发现相互之间的关联机制，而不是将其平行地、零散地存储于大脑中。学习者虽然掌握了很多知识，但由于不懂得融会贯通，不善于比较和分析，也会导致解决问题时不能很好地激活相关知识。

（三）知识框架的内涵

为了实现知识的条件化和网络化，有效地将写作知识整合起来，Mohan（1986）提出了"知识框架（Knowledge Framework）"理论。"知识框架"是整合语言与内容的一种有效的方法，它有助于学习者思维能力和语言能力的提高。其主要内容如下：

社会活动（包括教学活动）具体可被分解为六种主要的知识结构类型（如表4-1所示）。其中，前三类是社会活动的理论方面："分类"用于定义、发展和运用新概念，"原则"用于阐明、解释和预知材料并得出结论，"评价"用于判断、评估并表达自己的看法。后三类是社会活动的实践方面："描写"用于描写事件（比如一项科学试验），"序列"用于事件的排序（比如时间、空间和逻辑等顺序），"选择"用于选择解决方案和合理的观点。

表 4-1　知识框架

社会活动（包括教学活动）	
概括的、理论方面的背景知识	特定的、实践方面的行为情景
分类（classification）	描写（description）
原则（principles）	序列（sequence）
评价（evaluation）	选择（choice）

笔者在 G. H. Beckett, et al（2004）[1]的研究基础上对知识框架下的语言特征进行举例（如表 4-2 所示）。根据"系统功能"语言学理论，每一类知识结构都能够通过各种各样的、依赖上下文情景的特定语言特征来建构或实现[2]。或者说，当学习者建构特定话题的知识结构时，同时需要与之相关的特定语言特征（包括词汇、句式、语篇结构、文体等）。

表 4-2　知识框架的思维技能与语言特征举例

	分类	原则	评价
思维技能	分类、识别、理解、应用和发展概念。	建立假说、解释材料、得出结论。	评价、分等级、判断、鉴赏。

---

[1] G. H. Beckett, V. Gonzalez & H. Schwartz. Content-Based ESL Writing Curriculum: A Language Socialization Model. *NABE Journal of Research and Practice,* 2004, 2:1 Winter.

[2] 参见 B. Mohan. *Language and Content.* MA: Addison-Wesley, 1986; B. Mohan. The Second Language as a Medium of Learning. In B. Mohan, C. Leung & C. Davison (eds.) *English as a Second Language in the Mainstream: Teaching, Learning and Identity.* Harlow, England: Pearson Education, 2001: 107-126; B. Mohan. & J. Huang. Assessing the Integration of Language and Content in a Mandarin as a Foreign Language Classroom. *Linguistics and Education,* 2002, 13(3): 407-435。

续表

	分类	原则	评价
语言样式	比较范畴：比较句式（包括差比和平比）。关系动词：属于／包括／等于等。	原因／前提：因为／归于等。条件：假设条件、充分条件、必要条件等。预知：可能／也许……概括和充分解释：第一，第二，第三／总之等。	描写情感：喜欢／满意／讨厌等。评价性形容词：好／坏／正确／错误等。意志性副词：宁愿／宁可等。
思维技能	观察、比较、对比。	将事件按顺序排列、沿着顺序思维。	选择、产生解决方案、解决问题、确定观点。
语言样式	状态动词：相信／感觉等。处所词：上／下等。性质形容词：美／白／胖等。	逻辑和时间顺序的连接词：从而／与此同时／接下来／最后等。表空间和时间的介词：在／从／到等。	语气／情态词：可能／必须／也许／会／恐怕等。请求：我会……优先选择：宁愿／宁可／但愿等。
	描写	序列	选择

四、以"知识框架"为纲的建构主义写作教学

建构主义写作教学认为，写作过程包括知识的获得、提取和建构，或者学习者围绕特定话题在原有知识、经验与新知识的相互作用下建构新意义和完成语言编码。如何有效地实现意义建构和语言编码，提高学习者的写作能力？"知识框架"为此提供了很好的理论依据和操作模式。

（一）知识获得：话题理解和材料分析

在确立了适当的话题之后，学习者首先需要充分理解话题和寻找相关素材，充实和丰富自己的相关知识。素材可通过多种渠道获得，如词典、杂志、书籍、网络以及教师提供的范文等。之后，

要进行有效的分析。以"结构框架"为分析模式可使学习者充分地把握材料。

（二）知识提取：观点确定和论据择选

学习者通过上述材料获得新知识后，提取自身原有知识与经验。在此基础上，原有知识与新知识相互作用，积极主动地建构一种关于话题的理解和认识，再次提取相关知识，从而确定观点和择选论据。建构主义学习理论认为，知识提取是一个学习者主动的同化性的重构过程，而不是一个被动的对储存于记忆中的知识不加编辑的复制过程[①]。"同化"使储存于记忆中的知识适应学习者对话题的认识结构，通过不断地同化，逐渐使认识清晰和充实。以知识框架为认知模式进行知识同化和提取，可使学习者顺畅地完成提纲。

（三）新知识建构：意义建构和语言编码

学习者提取相关的知识和列好提纲之后，开始动笔写作和建构新知识。学习者要围绕确定的观点展开论证，建构新意义，包括陈述观点、安排论证顺序和描述论据等；与此同时，展开语言的编码，包括组织文章的结构、选择合适的词语和句型、使用恰当的连贯手段等。

新知识的建构是一个循环复杂的心理认知过程，需要不断修正和改进。以"知识框架"为思维模式进行创造，可使学习者深入地思考观点、有机地组织结构和顺利地完成文章。笔者曾以"宽容的意义"为例运用"知识框架"在高年级汉语写作中进行过教

---

① 参见 J. H. 弗拉维尔、P. H. 米勒、S. A. 米勒著，邓赐平、刘明译《认知发展》，华东师范大学出版社，2002年，第349页。

学实践，如表 4-3 所示：

表 4-3　"知识框架"与知识获得、
提取和建构——以"宽容"的意义为例

分类	原则	评价
1. 确定宽容的含义（重点说明与他人的不同之处） 2. 解释宽容的含义 3. 确定宽容在现实生活中的意义 4. 识别宽容的事例（运用最合适的论据）	1. 确定观点（如宽容使人们生活快乐） 2. 解释论据，说明观点 3. 得出结论	1. 判断观点的正确性 2. 判断观点的全面性（是否有局限） 3. 判断观点的创造性
1. 描写宽容的含义（可用说理性语言或描写性语言，可引证或例证） 2. 描写宽容在现实生活中的意义 3. 描写宽容的事例（注意重点突出，语言简练）	1. 组织文章结构（如总—分—总顺序） 2. 按顺序排列论据（如时间顺序、递进顺序）	1. 选择合适的文体（如记叙文、议论文、散文、诗歌、故事等） 2. 针对文体选择合适的语言风格 3. 选择有效的论说方法（如正反对比、引用、比喻等）
描写	序列	选择

通过"分类""原则""评价""描写""序列""选择"六个知识框架，分析话题"宽容的含义"的写作思路和语言特征，通过合适的材料和适当的讲解启发学生对这一话题的理解和认知，并且学习相关的词语、句式和语篇结构，使学生按照写作的六大"知识框架"去获得相关的知识、提取合理有用的知识和建构自己对话题理解的新知识。实践证明，通过"知识框架"思考和写作，可以让学生更有效地完成作文，并且能够明显地提高学生的评判能力和学习能力，久而久之，学生会逐渐使用"知识框架"去理顺自己头脑中的知识，快速地提取知识，从而创造出内容丰

富、表达恰当的文章来。

五、结论与思考

为了更好地将知识框架与建构主义写作教学结合起来，实现二者写作教学目标，还需要注意以下问题：

（一）话题的选择至关重要

教学实践证明，话题的选择对写作教学的效果有着十分重要的作用。教师要根据学习者的兴趣、交际需要和学习程度选择适当的话题，难易适中，注重新颖，关注社会问题，使学习者有兴趣写，有能力写。反之，脱离学习者实际，就难以调动他们的兴趣和激发他们的写作欲望。

（二）课外学习与课内讨论相结合

写作教学是一个复杂动态的过程（如图4-2所示），表现在：知识的获得、提取和新知识建构三个环节之间是一个循环反复、逐渐深化的过程。教师和学习者交互作用，教师设计"知识框架"图、促进学习者意义建构和语言编码，对学习者给以反馈和指导，而学习者积极参与写作，不断进行自我监控。

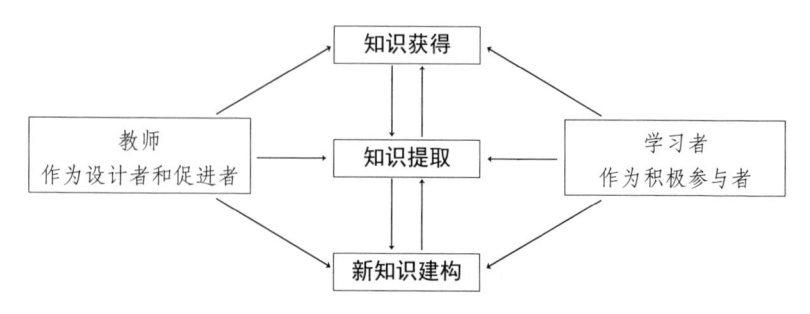

图 4-2 建构主义写作教学过程

但写作课堂教学时间有限,写作过程的各个环节不可能都在课堂中完成,因此,可采取课外学习与课内讨论相结合的方法。学习者可利用课外时间,通过多种渠道、以"知识框架"为思考模式分析和理解话题的相关知识。然后,在课堂中,教师可引导学生以"知识框架"为纲讨论话题,并及时给以反馈,促动学习者提取有效知识,建构新知识。

(三)知识输入的重要性

写作是学习者的一种智力活动,要求他们不仅学习写作过程,而且要获得较多的、较高水平的知识。笔者认为,知识的获得应依据克拉申"可理解性输入理论",通过"可理解的输入"获得知识。当教学的重点在于知识的意义而不是形式时,当语言输入稍高于学习者的现有水平时,当学习者处在比较轻松的环境时,学习者能够较好地掌握知识。可理解性的输入是必要的,但还需学习者主观上摄取相关知识。课堂中的范文阅读与理解毕竟是有限的,要获得更多的知识,需要学习者在课外积极主动地搜集和分析,以及与其他学习者展开讨论。

(四)教学的视觉展示

教师以"知识框架"为纲引导学习者进行讨论、学习和写作,需要提供给他们尽可能多的视觉性的展示,如图片、表格(如表4-2、表4-3)、网络链接等。条理清晰、一目了然的视觉展示可以在一定程度上消除学习者的畏难情绪,提高他们的写作兴趣,从而使学习者更好地理解话题、练习新词语、建构句子和段落等。

第二节　写作教学研究[①]

对外汉语写作教学较之其他技能的教学，研究基础薄弱，成熟教材与相关研究数量较少。随着对外汉语教学学科的发展，这一领域逐渐受到关注，教学研究也取得了一定进展。我们拟对 20 世纪 80 年代以来的对外汉语写作教学研究成果[②]进行梳理，从目标定位、理念方法、课堂教学、语篇指导等方面，分别进行介绍与评价[③]。在此基础上，针对写作教学研究领域的主要问题及研究方向进行探讨，以期为对外汉语写作教学研究的进一步发展提供一些参考。

一、对外汉语写作教学的目标定位研究

（一）写作教学的目标任务

对外汉语写作教学的目标任务与课程定位是初期研究的焦点问题。写作教学起步较晚，受母语教学的影响较大。到 20 世纪

[①] 本节摘自罗青松《对外汉语写作教学研究述评》，发表于《语言教学与研究》2011 年第 3 期。

[②] 作者采用中国知网检索和人工查找的方式收集自 20 世纪 80 年代以来的对外汉语写作教学研究成果。20 世纪 80 年代发表的论文查找到 3 篇，刊登在《语言教学与研究》上；90 年代的 10 余篇，刊登在各类刊物及论文集上；21 世纪以来发表的论文 60 余篇，其中 3 篇为硕士学位论文，其余均发表在各类刊物和论文集上。此外，查找到对外汉语写作教学相关专著 2 部。上述材料为本节介绍评价的主要依据。

[③] 对外汉语写作教材研究的相关成果虽数量较少，但也是一个值得关注的方面，因篇幅所限，这里未包括教材研究成果的总结分析。

80年代初，写作课在教什么、如何教等问题上，还处于摸索阶段。杨建昌《浅谈外国留学生汉语专业的写作课教学》[①]和祝秉耀的《浅谈写作课教学》[②]是较早讨论写作教学的文章：前者作为草创阶段的探索，虽开始关注教学对象的特点，但尚未脱离母语写作教学的影响，较侧重修辞手段、写作技巧的指导；后者则比较明确地从第二语言教学的角度立论，强调应针对教学对象的特点，注重词汇、语法、句子与段落衔接等语言运用方面的指导。李清华（1986）的研究延续了根据教学对象的特点，注重语言表达训练的思路[③]。李文针对语段写作指导进行了讨论，提出了有控制地写作与自由写作两大训练方式。80年代对外汉语写作教学的研究寥寥可数，但这些初期研究从基本问题入手，涉及教学目标、内容、方法等关键问题，拉开了对外汉语写作教学研究的序幕。此后较长时期，这一领域仍未脱离沉寂局面，直到90年代，这种沉寂才逐渐被打破。南勇（1994）[④]的研究强调写作教学对提高学习者整体汉语水平的作用，也指出对外汉语写作教学不能照搬母语写作教学的思路。南文在讨论教学内容、方法的基础上，还将关注点延伸到了写作教材的编写，提出了写作教材应突出组句训练，关注汉语语篇形式特点等问题。

初期及随后的写作教学研究，注重澄清对外汉语写作教学与母语写作教学的区别，强调应提高学生语言运用能力和书面交际

---

① 杨建昌《浅谈外国留学生汉语专业的写作课教学》，《语言教学与研究》1982年第3期。
② 祝秉耀《浅谈写作课教学》，《语言教学与研究》1984年第1期。
③ 李清华《外国人中级阶段的写作教学》，《语言教学与研究》1986年第1期。
④ 南勇《留学生的汉语写作教学刍议》，《汉语学习》1994年第6期。

能力。此后讨论写作教学的论文,都基本认同对外汉语写作教学旨在提高学习者汉语书面语篇表达能力的观点[①]。这一目标定位较为全面,涵盖了语言运用能力、文体知识、语篇意识、表达能力等多种相关因素。

(二)课程起点与教学重点

从写作教学的目标定位来看,学习者进入写作课学习,须具备一定的目的语基础。尽管在不同的教学环境中,写作课的处理方式有所不同,但比较一致的看法是单独开设的写作课应以语段表达作为教学的起点与重点。陈福宝的《对外汉语语段写作训练简论》[②]是专门讨论语段教学的文章,陈文指出,要以语段为媒介对学生进行写作训练,使学生了解并掌握汉语语段写作的技巧,打下写作基础。陈文根据汉语语段本身的复杂性,提出了给模式、给话题句等训练方式。一些相关研究在讨论课程起点,或论及教学重点等问题时,都将焦点对准语段训练这一从句到篇的层次。语段训练超越了句子层面,指向语篇表达的最终目标;同时,这一层次的表达可以较好地控制难度,这有助于帮助学习者建立语篇意识,逐步向语篇表达过渡。

(三)内容规划和系统化构想

构建系统全面的内容框架,是课程教学研究的核心问题。两部对外汉语写作教学的专著对此都进行了探讨:祝秉耀、傅艺芳在《汉语写作教学导论》[③]中列举了写作课的教学内容,涉及文

[①] 参见罗青松《对外汉语写作教学研究》,中国社会科学出版社,2002年;陈贤纯《对外汉语教学写作课初探》,《语言教学与研究》2003年第5期。

[②] 陈福宝《对外汉语语段写作训练简论》,《汉语学习》1998年第6期。

[③] 祝秉耀、傅艺芳《汉语写作教学导论》,中国环境科学出版社,1996年。

体知识、语言知识、训练方式等方面；罗青松在《对外汉语写作教学研究》中，讨论了写作教学的课程规划问题，提出以语段表达为起点、语篇表达为目标的原则，并勾勒了从写作的入门阶段到高级水平三个主要阶段的训练项目框架。除了这些关于教学内容设计的讨论，还有研究从更为宏观的层面探索写作教学的内容规划问题。彭小川（2004）[①]指出，语篇教学的问题要进行全面系统地构架，从宏观上明确教学内容，并对语篇教学进行总体研究与设计。刘壮（2005）[②]则拓展了探索的角度，在考察书面语教学的教材使用、教学内容、教学效果的基础上，提出书面语教学的症结在于缺乏系统化，"研究工作多集中于方法层面的怎样教，而对于本体论、认识论、工具论层面则注意不够"。刘文提出了书面语教学系统规划的思路。写作教学涉及面广、内容复杂，上述研究关注完整系统地规划教学内容，是很有价值的观点。

从写作教学的定位、目标与重点等相关问题的研究中，可看到这一领域初期探讨的基本轮廓。虽然写作教学较其他技能教学起步晚，但研究者在基本问题上较快取得了共识。取得这一良好开端的原因大致可归结为几个因素：第一，对外汉语教学中的写作教学研究相对滞后，在草创阶段已处于较为成熟的学科总体框架中，可以从其他技能的教学模式中获得理论和实践的参照；第二，随着写作单独设课，学习者的语言运用问题，尤其是语篇层面的问题突显，引起研究者对语言表达问题，以及语段、语篇层面指导的关注；第三，第二语言教学，尤其是英语第二语言写作

[①] 彭小川《关于对外汉语语篇教学的新思考》，《汉语学习》2004年第2期。
[②] 刘壮《重视书面语教学 进行系统化研究》，《汉语学习》2005年第4期。

教学的相关成果，为对外汉语写作教学定位等问题提供了借鉴。

二、写作教学理念方法探讨

对外汉语写作教学研究，有来自课堂教学实践的启发，也伴随着英语第二语言教学理论方法的借鉴吸收。罗青松（2002）在其专著中专章介绍并评价了控制法、自由写作法、语段形式法、过程法、任务法等第二语言写作教学的主要理念方法，讨论了各种教学理念对汉语写作教学的借鉴意义。21世纪以来，控制法、控制自由法、过程法、交际法及任务法等，都被融入汉语写作教学的理论思考与教学实践中，其中过程法与任务型写作教学更成为研讨的焦点。

（一）从重结果到重过程

关注结果还是关注过程，是不同的写作教学思路。结果法将教学重点放在对范文的讲解，指导学习者模仿范文写作，然后对学生习作进行评改修正。这种方法重点关注的是对语言形式的指导，主要通过前后两端的范文处理和学生的习作评析来完成，对学习者写作的各个具体环节则不太重视。过程法则超越了关注结果的教学思路，认为写作指导须渗透到学生写作的具体过程中。过程法对学习者写作的各个环节，从构思、列提纲，到写初稿、修改、编辑等环节都进行监控指导，注重建立起教学之间的互动及学习者之间的互动，以促进学习者的主动性。杨俐（2004）[①]针对过程法的理论特点与实践模式进行了较为充分的介绍和讨

---

① 杨俐《过程写作的实践与理论》，《世界汉语教学》2004年第1期。

论，对写作过程的准备阶段、起草阶段和修改阶段三个基本阶段进行了阐释，还提出了细致可行的教学策略。闫婧（2007）[①]则采用对比的方法，对结果法和过程法的理论特点、操作方式进行了较为全面的比较，对两种教学理念的利弊进行剖析。结果与过程，是写作教学指导不可偏废的方面，应形成互补而非对立的关系。上述研究，都注重联系实际，既指出新的写作教学理念的长处，也审视其局限。正是这种注重实践的反思，促进汉语写作教学理论方法的借鉴吸收逐步走向成熟。

（二）任务型写作教学

任务型教学是交际法的延伸，任务型教学尝试通过设计贴近真实生活的任务，并指导学生完成任务，以提高学生的语言交际能力，引导学生在做中学，用中会。从某个角度看，如果说结果法关注学习者的外部表现，过程法考虑学习者的学习心理等内部因素，基于交际法的任务型写作教学，则试图将外部表现和内部因素统一起来，构建起注重过程指导，最终指向获得结果、达到交际目的的教学模式。张笑难的《任务型教学模式在对外汉语写作中的应用》[②]是较早讨论任务型教学的文章，该文讨论任务型教学模式的理论背景和写作课上的操作方式。在任务型教学多用于听说训练的情况下，张文在写作教学中进行了积极尝试，拓展了写作教学的思路。罗青松（2008）[③]探讨了中级阶段写作任务

[①] 闫婧《结果法与过程法：对外汉语写作教学两种模式的考察》，暨南大学硕士学位论文，2007年。

[②] 张笑难《任务型教学模式在对外汉语写作中的应用》，载《北京地区第三届对外汉语教学讨论会论文选》，北京大学出版社，2004年。

[③] 罗青松《中级汉语写作任务型教学初探》，载《汉语研究与应用》（第6辑），中国社会科学出版社，2008年。

的设计问题,提出了写作任务的基本要素。罗文还从任务设计角度,提出体验式、互动式、媒介式三种互相融合的写作任务类型,讨论了任务型写作教学须把握的几个基本关系:任务环节与语言运用指导的关系,任务与教材的关系,任务与学生个人体验、生活环境的关系,写作产品与评价标准的关系等。

任务型写作教学使写作的交际价值突显,促进课堂教学交际化以及写作指导过程化。当前的研究还只是开端,任务型教学的语言运用指导,任务大纲的内容构架等,都还没有形成成熟的方案,有待于进一步深入研究。

(三)综合运用各种教学理念

写作涉及语言能力、表达能力以及思维能力多个方面,各种理论方法都有其解决问题的切入角度,在教学研究中须博采众长。对外汉语写作教学研究,在探索与反思中形成了综合吸收、运用各种教学理念解决实际问题的基本态势,主要表现在以下几个方面:

第一,综合各种教学法之所长,合理推进到课堂教学中。吴双(2008)[1]对结果法、过程法、体裁法等进行比较分析,提出"过程体裁法"在汉语写作教学中的借鉴意义。冯晟(2009)[2]结合学生作业实例,注重建立教材、教学对象与教法的和谐关系,提出根据实际需要采用控制法、语段形式法、交际法等方法,以达到优势互补的效果的观点。

---

[1] 吴双《论过程体裁写作理论在对外汉语教学中的运用》,《现代语文》2008年第3期。

[2] 冯晟《写作教学法在对外汉语写作课上的具体运用》,《新西部》2009年第11期。

第二，针对特定教学群体，探讨教学模式的运用。写作学习者的个人背景、学习目标、语言基础等，都会影响学习进程。研究者针对各种教学群体进行探讨。朴德俊的《对韩写作教学策略》[①]是具有代表性的国别写作教学实践研究。作者焦点对准韩国学生的汉语写作教学问题，不拘一格地综合运用控制法、自由法、交际法等方法理念，提出针对性的写作教学策略。这类国别教学研究，视点集中，提出的观点具有实用性。

第三，针对各种教学层次，提出针对性模式。相对而言，中级阶段写作教学受到的关注较多，而随着研讨的深入，出现了针对不同教学层次的研究。岑玉珍（2003）[②]就留学生学历教育论文写作进行讨论。针对论文写作的标准、要求与学生水平落差大这一实际问题，岑文还提出了语言表达为核心的研究性学习模式。马仲可（2000）[③]探讨了高级汉语专业人才写作能力培养问题，提出重视语体教学、语法教学、范文讲授等综合治理模式。张宝林（2009）[④]则把研究焦点对准基础较为薄弱的初级阶段，结合课堂实践，提出了初级写作教学的"写—评—写"的教学模式，并阐释了形成交流互动、重视语段教学等主要教学原则。

写作教学理念从介绍、引进，到根据需要综合运用，反映出

[①] 朴德俊《对韩写作教学策略》，载《第八届国际汉语教学讨论会论文选》，高等教育出版社，2007年。
[②] 岑玉珍《留学生本科论文指导的几个问题》，载《汉语研究与应用》（第1辑），中国社会科学出版社，2003年。
[③] 马仲可《关于如何培养高级汉语写作人才的我见》，载《第六届国际汉语教学讨论会论文选》，北京大学出版社，2000年。
[④] 张宝林《"汉语写作入门"教学模式刍议》，《语言教学与研究》2009年第3期。

对外汉语写作教学研究理论借鉴的基本轨迹。无论是较为传统的结果法的沿用，还是对过程法、任务型教学等较新的教学理念的借鉴，都应有一个到实践层面考察分析，发现其价值，改进其欠缺的过程。下面介绍的写作课堂教学研究，更具体地表现出汉语写作教学对各种理论方法的实践与反思。

三、写作课堂教学研究

对外汉语写作教学初期研究不乏真知灼见，但多为经验型分析。随着新的教学理念的介绍引进，教师和研究者都更自觉地借鉴新的理论方法，全方位地运用到各个教学环节中。

（一）课堂组织策略

写作是个体性活动，要形成课堂教学的交互性，组织教学面临着较大挑战。祁玲、张春梅（2008）[1]从课堂教学的交际化的角度讨论了写作课堂教学的模式问题，从选题、讨论、写作、修改、展示等基本环节指出贯彻互动式教学的方法和策略。包小金（2008）[2]的研究分析了过程写作法中的"分组讨论"策略。包文运用自由写作、控制写作以及过程法的教学理念，探讨了合作学习形式在写作课堂中的运用策略。杜欣（2006）[3]提出写作教学的控制性指导策略，主张在时间、题材、篇幅等方面进行控制，

---

[1] 祁玲、张春梅《汉语写作课互动教学模式探析》，《现代语文》2008年第1期。

[2] 包小金《过程写作教学中"分组讨论"的若干问题》，《云南师范大学学报》（对外汉语教学与研究版）2008年第4期。

[3] 杜欣《留学生写作中的控制性训练原则》，《汉语学习》2006年第3期。

以及在综合技能的训练上进行有效控制。上述研究关注解决课堂教学的实际问题，同时与一定的教学法理论相联系，因而能从各种教学案例中摸索其普遍特征，寻求解决问题的策略。

（二）学习策略与学习过程

写作教学须考虑学习者的认知方式和表达特点，吴平（1999）[①]观察学习者写作中各种学习策略的运用情况，并从教学环境的营造及训练程序的安排等方面思考解决办法。刘瑜（2008）[②]分析了复述写作中，学习者交际策略的使用问题。辛平（2009）[③]对写作教学过程进行了考察分析，从教师和学生两个方面，评估调查教学方法，对自由写作、思路图、写作提纲、视频写作等训练项目与写作进步程度关系进行探讨，对学习者的作文偏误也进行了跟踪分析。这种观察教学双方的研究，对拓展研究的角度，推进写作教学研究走向客观、科学，有积极作用。

（三）作文评改与测试评分

写作教学中学习者的语言输出直接反映学习进程与教学效果，用什么尺度衡量，关系到教学设计整体的科学性。许国萍、王一平（2002）[④]指出评改环节对教学效果具有重要影响，但写作评改环节普遍存在随意性强的现象，他们试图建立一个有效的、

[①] 吴平《从学习策略到对外汉语写作教学》，《汉语学习》1999年第3期。
[②] 刘瑜《复述写作中交际策略使用的实验研究》，《云南师范大学学报》（对外汉语教学与研究版）2008年第1期。
[③] 辛平《对外汉语写作验证性研究》，《云南师范大学学报》（对外汉语教学与研究版）2009年第3期。
[④] 许国萍、王一平《对外汉语写作教学中的重要一环——作文评改的现状和对策》，《暨南大学华文学院学报》2002年第2期。

可操作的、有师生互动的评改模式。辛平（2007）[①]比较了国内外考试中的作文评分标准，探讨了基于语言能力构想的评分标准的原则与框架。作文评改，从内容、反馈形式以及评分标准，都会对学习进程和教学效果产生影响。针对这一环节进行研究，是写作教学走向科学规范不可缺少的一环。

（四）多媒体辅助教学手段

合理运用多媒体手段，能起到激发学生的表达欲望、丰富教学资源等积极作用。朱湘燕（2007）[②]对多媒体辅助写作教学进行了讨论。朱文在对教师和学生进行调查的基础上，分析写作教学的实际状态，提出了采用多媒体写作网站和写作软件解决教学问题的方法和策略。吴双（2009）[③]将多媒体运用于课堂教学与传统授课方式进行比较，指出多媒体教学在优化写作教学过程、提高学习效率、建构新的写作教学模式等方面具有重要意义。

课堂教学是写作教学研究的基础和重心，上述研究将理论思考融入课堂实践的各个方面，评价理论方法的价值和局限，探讨改进途径。虽然总体上看，课堂教学研究还多为尝试推行某种模式，进一步深化的理念创建还较少见；但这类实践中的摸索是教学研究的必经之路，将为形成写作教学科学完整的理论构架，起到铺路石的作用。

---

① 辛平《基于语言能力构想的作文评分标准及其可操作性》，《暨南大学华文学院学报》2007年第3期。

② 朱湘燕《多媒体辅助对外汉语写作教学研究》，《国际关系学院学报》2007年第4期。

③ 吴双《多媒体辅助对外汉语写作教学的意义》，《云南师范大学学报》（对外汉语教学与研究版）2009年第1期。

四、基于写作教学的语篇训练研究

对外汉语语篇教学有不少研究成果,我们将讨论的范围限于基于对外汉语写作教学的语篇教学研究,主要包括两个相互联系、相互渗透的方面:一是探讨如何培养学习者的语篇意识,指导学习者提高语篇能力;二是针对学习者的语篇偏误进行分析,探讨对应的指导策略。

(一)语篇意识的培养

进行语篇层次的表达是写作任务的基本标志;掌握衔接连贯等语篇手段,是写作教学的基本内容。刘月华(1998)[1]讨论了叙述体的篇章教学问题,针对怎样教学生连句成段,提供了很有实用性的教学思路。刘文除了基本的连接方式,还指出时间词语和处所词语的语篇连接作用,并从练习设计入手,提出了一些教学策略。罗青松(2002)提出将语篇手段按照形式化程度分成三类,从用关联词语、连接成分的显性方式,逐步到运用省略和指代的所谓半隐性方式最终到依靠句子的逻辑顺序,句型、词语的选择,整体文章风格的协调等隐性的方式。徐晶凝(2004)[2]从认知的角度提出帮助学生掌握语篇的生成策略,指出语言形式、语篇模式及修辞结构是写作教学的关键。徐文将语篇生成策略分为识别写作语类、了解语篇在小结构上的特征以及写后修辞、衔接手段检查等多个步骤,这一研究拓展了语体教学研究的思路。

---

[1] 刘月华《关于叙述体的篇章教学——怎样教学生把句子连成段落》,《世界汉语教学》1998 年第 1 期。

[2] 徐晶凝《基于语篇对比分析的写作教学构想》,载《北京地区第三届对外汉语教学学术研讨会论文选》,北京大学出版社,2004 年。

写作教学中的语体问题也日益受到关注。李海燕（2009）[①]的研究从学生作文语体不当的现象切入，针对学习者书面表达的口语化倾向，从词语训练、范文阅读指导等方面，提出对策。陶嘉炜（2007）[②]的研究将母语写作与第二语言写作进行比较，指出书面语言讲究句子成分的完整性及表达的严密性，从遣词造句、谋篇布局各个层面进行写作教学语体指导的规划。

（二）语篇偏误分析

针对学习者书面表达的问题进行分析，能够促进写作教学对内容、方法的反思与修正。何立荣（1999）[③]分析留学生写作中的篇章失误，针对写作中的句子衔接与语义连贯方面的问题，提出了重视语段教学、以读促写等写作教学策略。辛平（2001）[④]对留学生的作文偏误类型进行了考察，对词汇、语法、语用与衔接等各类偏误进行了量化分析。刘怡冰（2006）[⑤]分析了印尼学生篇章中的省略偏误、照应偏误、时间词偏误、体的偏误等，并提出选择有篇章引导性的范文为模版，设计语篇衔接练习等策略。语篇偏误也反映在书写格式、标点符号运用等方面。刘元满（2007）[⑥]考察了留学生的文章格式偏误，提出在大纲、教学和

[①] 李海燕《对外汉语写作教学中如何实现口语词向书面词语的转换》，《吉林省教育学院学报》2009年第4期。

[②] 陶嘉炜《认识和处理对外汉语写作教学中的三大问题》，载《第八届国际汉语教学讨论会论文选》，高等教育出版社，2007年。

[③] 何立荣《浅析留学生写作中的篇章失误》，《汉语学习》1999年第1期。

[④] 辛平《对11篇留学生汉语作文中偏误的统计分析及对汉语写作课教学的思考》，《汉语学习》2001年第4期。

[⑤] 刘怡冰《中级印尼留学生篇章衔接偏误分析及写作课篇章教学》，暨南大学硕士学位论文，2006年。

[⑥] 刘元满《留学生一般性文章格式偏误表现与分析》，《汉语学习》2007年第5期。

教材基础上进行综合治理的观点。雷英杰、龙叶（2007）[①]则以小见大，通过一次请柬和启事的写作教学，从应用文的标题规范、称谓、敬语运用、落款信息等入手，指出了加强格式规范指导的必要性与策略。

语篇教学涉及语篇衔接、文体、语体、文章结构、格式等方面。由于汉语语篇本体研究还不够充分，写作教学在语篇训练与研究方面的资源比较欠缺。上述研究多从学生习作中收集资料、考察分析，尽管这些研究探讨还较为粗略，但勾勒出了写作教学中常见语篇问题的轮廓，为解决这一核心问题打下了一定的基础。

五、对外汉语写作教学研究的问题与思考

回顾对外汉语写作教学研究30余年的发展情况，总体而言，该领域已取得一定进展：教学目标与课程内容基本形成共识；引进吸收了主要的第二语言写作教学理论，开阔了分析思考的视野；方法策略的探讨逐步延伸到课堂教学的各个环节。我们也毋庸讳言，对外汉语写作教学研究整体上仍比较薄弱，这主要表现在两个方面：一是各方面的研究分析还比较粗浅，有待进一步深入；二是各类研究尚未建立起较为充分的联系。这两方面欠缺互为因果，今后研究中须综合改进，以下几个方面可作为推进对外汉语写作教学研究的切入点。

---

① 雷英杰、龙叶《对一次请柬和启事写作教学的分析和思考》，《云南师范大学学报》（对外汉语教学与研究版）2007年第5期。

（一）加强教学理论研究与教学实践探索的关联

对外汉语写作教学研究发展过程中，外来的方法理论起到了良好的促进作用；但同时，汉语写作教学在语言、文体、文化、教学环境等方面充满个性，引进理论方法应在与课堂教学实践的碰撞中，选择、改进或重建。如果只是被动吸收，就难以超越对一些理论方法表层模式的搬用，甚至有可能削足适履。因此在探索研究中，须不断强化理论方法的科学性与课堂教学的实效性，使之形成相辅相成的关系。在教学中借鉴运用"自由法""控制法""语段形式法"，或受到更多关注的"过程法""任务法"等理念方法，都应以解决汉语写作教学的实际问题为出发点。如吸收"语段形式法"的思路，应探讨如何构建较为系统的汉语语段教学的内容框架；运用过程法，须关注各个教学"过程"如何合理地推进、交融、渗透，以增强它在汉语写作课堂教学的可行性。今后的研究应在理论和实践探讨上融入更多的批判性和创造性，以逐步形成符合对外汉语写作教学自身特点的理论方法体系与教学内容框架。

（二）重视课堂教学各个环节的相关性研究

写作课堂教学研究涉及面日益广泛，但各部分的发展不平衡。如写作教学的形成性评价的设计、教材编写与使用问题、作文及写作任务评估标准的研究等，都是较为薄弱的方面。在今后研究中，应重视这些环节，促进写作教学研究探讨的平衡发展。同时，对于写作课堂教学的各个环节的研究，应更充分地联系起来进行考察，最终达到综合治理的目的。如教材编写与使用、课堂练习活动与课后书面表达的协调、作文评改与学习进程的关联等，如能联系起来探讨，可拓展认识问题的视野，促进写作教学研究全面深入发展。

（三）关注认知策略与写作学习进程的研究

写作过程涉及表达、思维、语言多种因素，学习者的认知能力和表达能力都须参与其中。当前写作教学研究中，对学习者写作学习过程的认知特点与学习过程的研究比较欠缺。现有研究主要是从偏误分析的角度对学习过程进行考察分析，而对学习者思维、表达能力以及母语写作能力与汉语写作学习的相关性等问题关注较少；学习者母语表达模式在汉语写作构思、表达中的迁移现象方面的研究也很少见。如能更充分地结合教学对象的认知心理因素进行分析，就能使教学探讨有的放矢，也能为写作教学内容的整体构建提供更全面的依据。

（四）加快开发并有效利用作文资源库

写作教学研究所需的语篇样本收集困难，这影响到研究的效率与科学性。作文资源库的建设可在较大程度上解决这一问题。今后需进一步加强语篇层面的资源库的研发，作文资源库应在语篇类型、写作状态、学习者水平等方面朝多样化、多层级的方向发展，以满足从各个角度考察分析的需要。基于资源库的探索应拓宽思路，关注不同母语学习者书面表达中语篇手段、语篇结构特点等语篇层面的考察分析。

综上所述，要推进对外汉语写作教学研究，还应丰富、加强各相关方面的研究，逐步构建起一个系统化的研究框架，力求形成整体发展与各个局部问题深入探讨之间的良性循环。已有研究打下了一定的基础，但还有许多问题有待于进一步考察、发现与探索。

第三节　写作现状研究[①]

一、引言

　　写作能够最大限度调动起学习者对语言形式的注意，检验目标语的运用情况并促使学习者有意识地使用目标语进行反思，从而帮助学习者消化语言知识[②]。对于二语学习者来说，写作也是较难掌握的一种技能。近年来，随着汉语国际推广工作的不断深入，写作教学日益受到重视，相关教材和研究成果正不断出现。然而，对外汉语写作教学相关研究是非常薄弱的[③]。研究者在期刊网上以"对外汉语＋写作"和"留学生＋写作"作为关键词搜索后仅得到75篇论文（从1995年到2011年），几乎只是外语界同时期9 492篇的一个零头。除了数量差别之外，国内对外汉语界的写作研究与国内外英语教学界在研究内容和研究手段上还存在哪些差异？尚未见相关的比较研究。

　　国内英语界曾做过一些比较研究，如桂诗春、宁春岩（1997）[④]比较国内外语言学在研究内容和研究方法的差别，高一虹、李莉

[①]　本节摘自刘弘、凌雯怡《国内外二语写作研究现状与特点的比较研究》，发表于《云南师范大学学报》（对外汉语教学与研究版）2012年第3期。

[②]　参见 M. Swain. Large Scale Communicative Testing. In Y. P. Lee (ed.) *New Directions in Language Testing.* Perganson Press, 1982。

[③]　参见张宝林《"汉语写作入门"教学模式刍议》，《语言教学与研究》2009年第1期。

[④]　桂诗春、宁春岩《语言学方法论》，北京师范大学出版社，1997年。

春、吕珺（1999）[①]比较了国内外应用语言学的研究方法和发展趋势，高云峰、李小光（2007）[②]将外语界有关教师研究的论文主题与教育界同类论文进行了比较。上述研究的基本方法都是选择若干本国内外的重要期刊，对其发表论文的内容和方法等进行统计分析，以期发现中外研究的差距，从而明确今后研究的方向。在对外汉语研究方面，李晓琪等（2002）[③]曾经比较过中外语言教学研究生的论文选题情况。至于写作研究方面，对外汉语界和国内英语界都未见类似的中西比较的研究论文。

本研究拟通过对 2006 年至 2010 年五年间，国内外二语写作相关论文的研究内容和研究方法的统计与分析，了解两个问题：（1）这五年中，国内外英语教学界二语写作研究的特点和趋势是怎么样的？（2）和国内外英语教学界相比，对外汉语界的写作研究在研究内容和研究方法上有何差异？

二、研究设计

（一）研究对象

本研究的对象主要是抽取 2006 年到 2010 年这五年间国内和国外专业期刊上发表的部分二语写作研究论文，包括三类期刊：国外西文期刊、国内英语界期刊和国内对外汉语界期刊。

[①] 高一虹、李莉春、吕珺《中西应用语言学研究方法发展趋势》，《外语教学与研究》1999 第 2 期。

[②] 高云峰、李小光《近十年我国高校外语教师教育文献评析》，《外语界》2007 年第 4 期。

[③] 李晓琪等《英语日语汉语第二语言教学学科研究》，中国大百科全书出版社，2002 年。

西文期刊主要选取 Journal of Second Language Writing（以下简称 JSLW）上的学术类文章。之所以只选择这本期刊主要是考虑到它在国际二语写作研究中具有重要地位：JSLW 是一本专门刊载二语写作研究论文的期刊，进入 A&HCI 索引，在 Hyland 开列的有关写作研究的参考书目录中被称为"领先的二语写作期刊"[①]，也是唯一一本受推荐的二语写作专业期刊。这本杂志不但每期发表四五篇研究论文（research article），还刊载其他期刊上发表的关于二语写作的重要论文的摘要，帮助研究者对二语写作研究有一个整体性认识。因此五年来这本杂志发表的论文可以代表国外二语写作研究的主流。本研究选取的西文论文就是 2006 年至 2010 年五年间正式刊登于 JSLW 杂志上的写作指导和评估研究性文章（writing instruction and assessment），不包括通讯（short report）、目录（index），读者来信（dialogue），最后纳入研究范围的共计 67 篇。

国内外语类杂志研究范围包括《外语教学与研究》《外语教学理论实践》《现代外语》《外语与外语教学》《外语学刊》《外语教学》，其他诸如《外语界》等外语类核心期刊由于只刊载理论研究类文章，没有写作研究论文，故排除在统计范围之外，一共得到相关论文 80 篇。

我们原先拟从国内对外汉语教学的五本知名期刊《世界汉语教学》《汉语教学与研究》《华文教学与研究》《汉语学习》《云南师范大学学报》（对外汉语教学版），选取自 2006 年

[①] 参见〔英国〕K. Hyland. *Teaching and Researching Writing*，外语教学与研究出版社，2005 年，第 234 页。

至 2010 年五年间发表的有关二语写作方面的论文，但是仅仅得到 9 篇。由于数量太少，很难与国内外英语界的研究进行有效比较，因此我们决定以"对外汉语""留学生""写作"等关键词搜索中国期刊网（CNKI）中的论文，得到 5 年间相关论文共 49 篇。

（二）研究方法

第一步，对写作教学研究从内容和方法两个角度确定了分类标准。参考王文宇、王立非（2003）[①] 对国内英语写作研究内容的划分，确定写作研究内容的七个方面（参见表 4-4）。在研究方法分类上，则参考高一虹、李莉春、吕珺（1999）对于应用语言学研究方法的划分，将所有研究分成三类（参见表 4-5）。

表 4-4 研究内容分类及其标准

主要类型	子类
写作过程研究	1. 学习者写作策略和技巧；2. 学习者写作能力过程发展
写作教学研究	1. 教师课堂教学策略；2. 测试，教师反馈；3 不同教学法；4. 教材研究
写作影响因素研究	1. 环境因素；2. 母语、文化影响；3. 其他语言能力联系，影响
写作文本研究	1. 文本语料分析；2. 语篇特点；3. 体裁写作
写作理论研究	1. 基于语言学、心理学理论研究基础上的写作研究；2. 写作语料库建设；3. 综述

---

① 王文宇、王立非《中国英语写作实证研究的回顾与展望》，载文秋芳、王立非主编《中国当代英语学习与策略研究丛书——英语写作研究》，陕西师范大学出版社，2003 年。

表 4-5 研究方法分类及其标准

主要类型	子类
量化研究	1. 实验性研究；2. 变量控制；3. 数据统计
质化研究	1. 文本分析；2. 案例分析；3. 课堂描述；4. 语料库建设
非材料性研究	1. 经验总结；2. 理论与应用；3. 综述，介绍

第二步，根据上述标准分别从研究内容和研究方法两个维度对国内外共 196 篇论文进行分类。其中某些论文的研究内容和研究方法涉及多个类型，为了便于统计和比较，我们根据主要结论的来源作为判断依据。比如某篇文章既用到质化研究方法，又使用了量化研究方法，如果其结论和观点主要基于统计数据而得出，则将其归入量化研究一类；反之，则划归质化研究。

三、研究结果和分析

对选定范围内的符合条件的论文进行收集和统计后，得到以下结果：

（一）近五年国内二语写作研究篇数变化

由于西文期刊只选择了一本，因此看不出每年的数量变化。而国内外语界和对外汉语界这五年研究论文数量每年都有所差异，变化情况如图 4-3 所示：

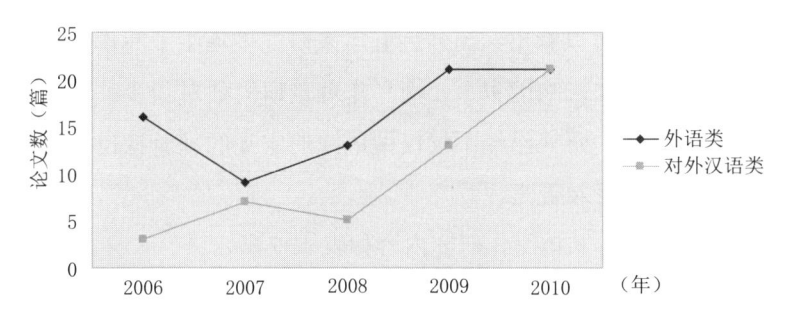

图 4-3 国内外语界与对外汉语界发表写作研究论文篇数比较

从图 4-3 中对比可知，无论是国内外语界还是对外汉语界，二语写作相关研究篇数都在迅速增加，总体呈现上升趋势。但考虑到对外汉语界的数字是选取了这五年中发表的全部论文，而外语界的数字仅代表了核心期刊中的论文数，我们就可以知道外语界的研究论文数量实际上要比图中所呈现的多得多。

（二）近五年国内外二语写作研究内容对比

为了进一步了解国内外二语写作在研究内容上的特点，我们分别进行了统计分析。表 4-6 说明了 JSLW 近五年发表的写作研究论文内容情况：

表 4-6 近五年 JSLW 杂志发表二语写作论文研究内容分布情况汇总 （单位：篇）

研究内容	2006年	2007年	2008年	2009年	2010年	合计	占比	排名
1. 写作过程研究	6	2	5	3	4	20	30%	1
2. 写作教学研究	2	5	4	1	3	15	22%	2
3. 写作影响因素研究	2	2	3	4	4	15	22%	2
4. 写作文本研究	1	1	2	5	1	10	15%	4
5. 写作理论研究	2	4	0	1	0	7	10%	5
总计	13	14	14	14	12	67	100%	

从表4-6可以看出，国外近五年来研究多集中于写作过程、写作教学和写作影响因素上，而写作理论研究数量最少。这反映出西方二语写作研究已经不仅仅做单纯的宏观的理论探讨，而注重对具体问题深入研究。

国内外语界二语写作研究内容如表4-7所示：

表4-7　近五年国内外语类杂志发表
二语写作论文研究内容分布情况汇总　　（单位：篇）

研究内容	2006年	2007年	2008年	2009年	2010年	合计	占比	排名
1.写作过程研究	3	4	3	5	4	19	24%	2
2.写作教学研究	4	1	7	6	7	25	31%	1
3.写作影响因素研究	2	1	1	4	5	13	16%	4
4.写作文本研究	6	3	1	5	4	19	24%	2
5.写作理论研究	1	0	1	1	1	4	5%	5
总计	16	9	13	21	21	80	100%	

总体来看，国内英语写作教学研究与国外的写作教学研究在研究内容上还是比较一致的，五个研究方面都有所涉及。其中写作理论的研究排在最后，与国外的写作教学研究相同。但也有一些差别，一是国内外语界排第一位的是写作教学研究，而国外排第一位的是写作过程研究。二是国内的写作文本教学研究比例明显高于西方。这反映出在这五年中，国内文本研究受到的关注较多，这可能与国内写作相关语料库的建设和相关研究技术的普及有关。2006年以来，中国外语教学研究中心和外语教学与研究出版社每年都举办语料库与外语研究培训班，王立非（2007）[①]，

---

① 王立非《计算机辅助第二语言研究方法与应用》，外语教学与研究出版社，2007年。

梁茂成、李文中、许家金（2010）[①]都出版了语料库研究的专著，非常详细地介绍了如何使用语料库来进行外语教学和研究，其中他们举的一些案例往往都是对中国学生写作文本的分析（梁茂成、李文中、许家金，2010：144、193），这就使得越来越多的学者和教师开始尝试基于数据库的文本研究，推动了文本研究成果的涌现。

国内对外汉语界写作研究在研究内容上的具体分布如表4-8所示：

表4-8　近五年国内对外汉语类杂志发表
二语写作论文研究内容分布情况汇总　　（单位：篇）

研究内容	2006年	2007年	2008年	2009年	2010年	合计	占比	排名
1. 写作过程研究	0	0	0	0	0	0	0	5
2. 写作教学研究	3	5	2	8	9	27	55%	1
3. 写作影响因素研究	0	0	0	0	1	1	2%	4
4. 写作文本研究	0	1	1	3	3	8	16%	3
5. 写作理论研究	0	1	2	2	8	13	27%	2
总计	3	7	5	13	21	49	100%	

对外汉语界写作研究中最注重的是教学研究，很多研究都是探讨具体的写作教学方法，占了一半以上；占第二位的是写作理论研究；排第三位的是写作文本研究，其中有相当部分的论文是对留学生的写作偏误进行分析。而写作过程研究和写作影响因素的研究非常之少，前者为零，后者为1篇。这反映出在对外汉语界，研究者的注意力还集中在"如何教写作"上，比较关注写作教学

[①] 梁茂成、李文中、许家金《语料库应用教程》，外语教学与研究出版社，2010年。

理论原则和具体的教学方法。

(三) 近五年国内外二语写作研究方法对比

为了能进一步了解研究者所采用的研究方法,我们对这些论文所使用的研究方法也进行了统计,国外 JSLW 期刊论文的结果如表 4-9 所示:

表 4-9　近五年国外 JSLW 杂志发表二语
写作论文研究方法分布情况汇总　　（单位：篇）

研究方法	2006年	2007年	2008年	2009年	2010年	合计	占比	排名
1. 量化研究	8	5	8	10	3	34	51%	1
2. 质化研究	3	2	4	3	9	21	31%	2
3. 非材料性研究	2	7	2	1	0	12	18%	3
总计	13	14	14	14	12	67	100%	

由表 4-9 可知,国外二语写作教学界是以实证研究为主,其中最常使用的是量化研究,其比例占到一半以上,其次是质化研究。同时研究者还发现国外二语写作研究经常同时使用量化和质化这两种研究方法,如 I. O'Sullivan & A. Chambers 在其《法国学生写作技巧：语料库协商和学习者评估》[①] 一文中,首先从理论上介绍了语料库和索引技术（corpora and concordance）的具体操作方式和发展背景,接着以 14 个英国法语本科生为研究对象收集数据,并应用这个方法对其英语学习进行评估,最后将其中比较有特色的几篇法语作文挑出来,进行案例分析,这种量化研究和质化研究结合的研究方式大大增加了文章的说服力和可信度。

---

① I. O'Sullivan & A. Chambers. Learners' Writing Skills in French: Corpus Consultation and Learner Evaluation. *Journal of Second Language Writing*, 2006(1).

国内外语界的研究方法统计结果如表 4-10 所示:

表 4-10　近五年国内外语类杂志发表二语
写作论文研究方法分布情况汇总　（单位：篇）

研究方法	2006年	2007年	2008年	2009年	2010年	合计	占比	排名
1. 量化研究	9	5	10	14	17	55	69%	1
2. 质化研究	2	2	2	2	1	9	11%	3
3. 非材料性研究	5	2	1	5	3	16	20%	2
总计	16	9	13	21	21	80		

从表 4-10 可以看出国内外语类杂志发表的论文与国外英语界一致之处就是都以实证研究为主，实证研究的数量占了 80%。但相较于国外，国内外语界更倾向使用量化研究，其质化研究比例明显低于量化研究，这说明国内外语界在写作研究中对质化方法还是比较陌生的。

对外汉语界写作研究论文研究方法统计结果如表 4-11 所示:

表 4-11　近五年国内对外汉语类杂志
发表二语写作论文研究方法分布情况汇总　（单位：篇）

研究方法	2006 年	2007 年	2008 年	2009 年	2010 年	合计	占比
1. 量化研究	1	1	0	1	1	4	8%
2. 质化研究	0	1	0	1	0	2	4%
3. 非材料性研究	2	5	5	11	20	43	88%
总计	3	7	5	13	21	49	

从表 4-11 可以看出，国内对外汉语界不但在二语写作方面发表文章少，而且绝大多数为非材料性研究。考虑到所选论文并非全部核心期刊，可能在研究方法上与外语界的核心期刊有差距，所以研究者又对其中的 5 本专业期刊上刊载的 9 篇文章（参见本

节第二部分关于研究对象的说明)做了具体分析,发现9篇论文中,质化研究有两篇(占22%),量化研究有两篇(占22%),非材料性研究有5篇(占56%),依然是非材料研究占优势。这与外语界实证性占多数,非材料研究占少数的研究特点形成了明显差别,反映出对外汉语写作研究中"方法"的缺失。

为了能进一步说明问题,我们将国内外二语写作研究的方法做了一个对比,三者的差别就更清楚了,如图4-4所示:

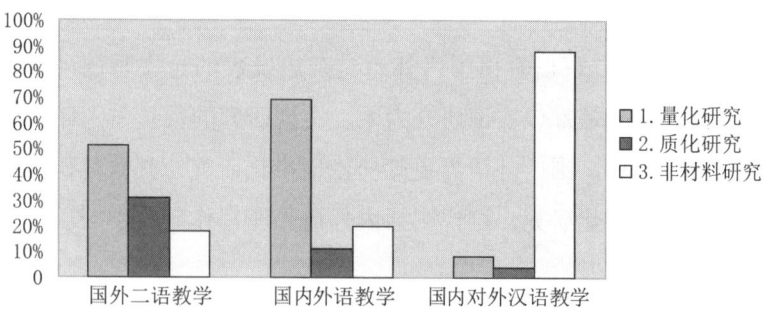

图4-4 国内外二语写作研究方法统计对比

(四)近五年国内外二语写作研究趋势分析

1. 研究内容的变化趋势分析

分析研究内容的变化趋势可以帮助我们了解研究重心的转变情况。图4-5显示了国外二语写作研究内容五年来的变化趋势情况。

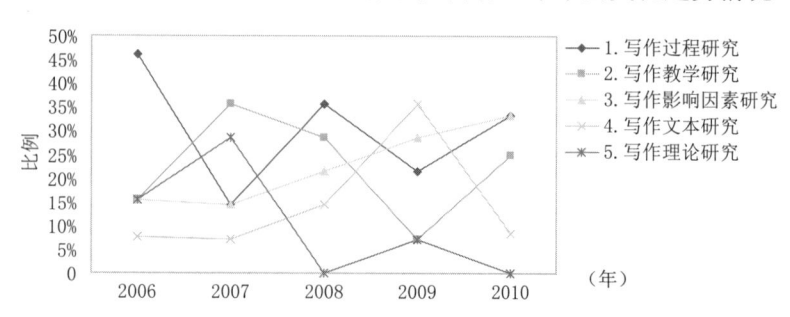

图4-5 国外二语写作研究内容变化趋势

由图 4-5 可以看出，国外二语写作研究内容呈多线交错状，每年研究内容重心多有不同，综合五年数据来看，变化趋势不明显。这反映出国外二语写作研究已经较为成熟，各个相关专题都有专门研究。研究者发现，相对而言写作影响因素的研究呈每年稍有递增的趋势；另外理论研究呈逐渐下降的趋势，自 2007 年达到最高点后，2008 年和 2010 年都没有一篇有关写作理论的文章发表，2009 年只有一篇有关如何在不同文化圈中进行研究的理论性文章发表，如图 4-6 所示：

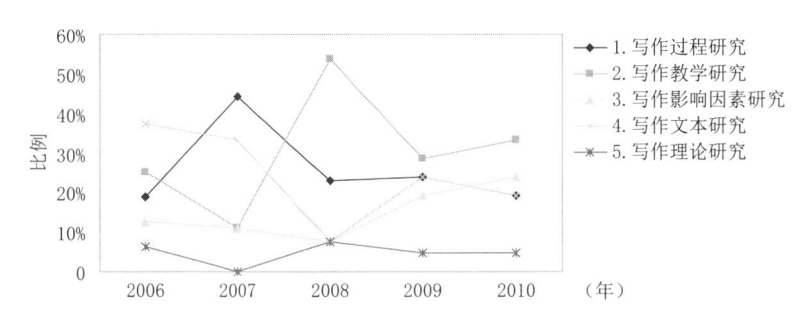

图 4-6　国内外语学界二语写作研究内容变化趋势

由图 4-6 可以看出国内外语界二语写作研究中，针对学习者写作能力发展和教师教学过程的研究篇数都逐年增长，尤其是在教学法的探索方面，2007 年以后增加数量比较多。同时国内外语界也比较善于吸收国外二语写作的理论和实践，比如研究写作影响因素的文章也稳步上升，这可能受到国外二语界对于写作文化影响研究上升这一趋势的带动。而理论研究类基本上每年有一篇文章发表。我们具体分析论文后发现这类论文的内容逐渐由单一的启示总结类，转变为对国外相关领域最新成果的介绍，反映出国内外语教学界善于紧跟国外研究热点的特点，如图 4-7 所示。

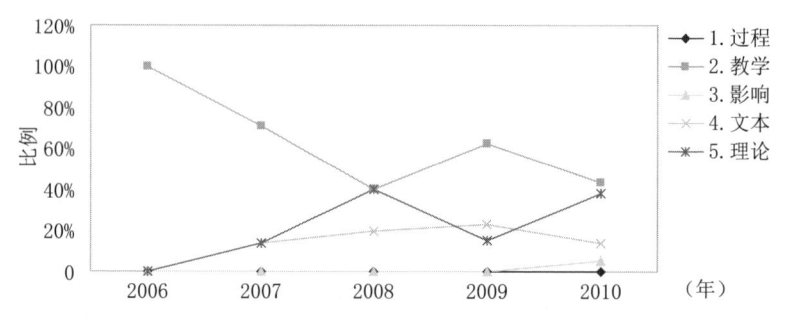

图 4-7　国内对外汉语学界二语写作研究内容变化趋势

图 4-7 清楚地显示近五年国内对外汉语二语写作研究热点主要集中于写作教学研究，即使比例有所下降，但是仍然高于其他研究。理论研究和文本研究都有逐年增加的趋势，反映出随着教学的不断发展，对于写作理论的探讨和学生偏误分析的研究论文数量也在增加。而国内外英语界写作研究的热点——写作过程研究和写作影响因素研究的论文在这五年中基本一直是零。

2. 研究方法的变化趋势

研究方法的变化趋势能反映某一段时间内研究者偏好使用哪些研究手段，图 4-8 是国外二语写作研究方法变化趋势情况。

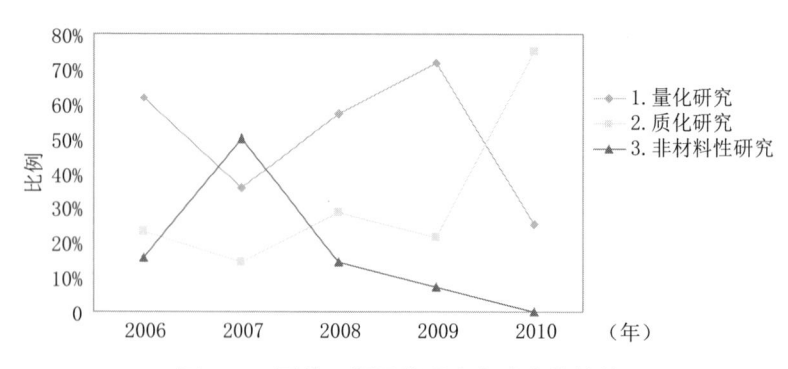

图 4-8　国外二语写作研究方法变化趋势

由图 4-8 可以看出国外二语写作研究主要还是以量化研究为

主，但值得注意的是质化研究数量一直稳步上升，2010年甚至超过了量化研究，这说明质化方法逐渐得到二语写作研究界的重视。Hyland（2002）在其介绍写作教学与研究的专著中为研究新手介绍了十个写作研究案例（参见李晓琪等，2002），其中六个都采用了质化研究方法。因此，反映在期刊上就是质化研究的成果数量增加。除了2007年，总体来看，这五年非材料性研究一直在下降，可见非实证研究并不是二语写作研究的主流。

图4-9是国内外语界写作研究方法的变化趋势图。

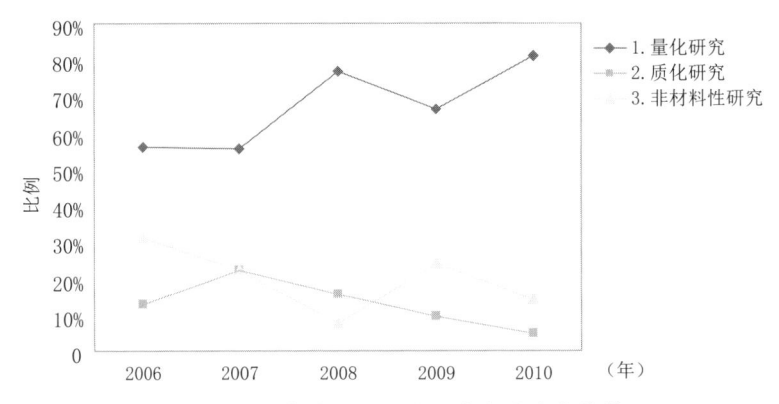

图4-9 国内外语界写作研究方法变化趋势

国内外语界的研究方法同样以实证研究为主，其中量化研究一直占据绝对优势，尤其是2007年后呈逐年快速递增之势。而在国外越来越受到重视的质化研究在国内外语类杂志中却显得运用不足，每年两篇左右，也未见明显增长。外语界多年来关注量化研究方法的运用，先后有多本介绍量化方法的书籍出版[①]，这

---

① 参见韩宝成《外语教学科研中的统计方法》，外语教学与研究出版社，2004年；秦晓晴《外语教学研究中的定量数据分析》，华中科技大学出版社，2002年。

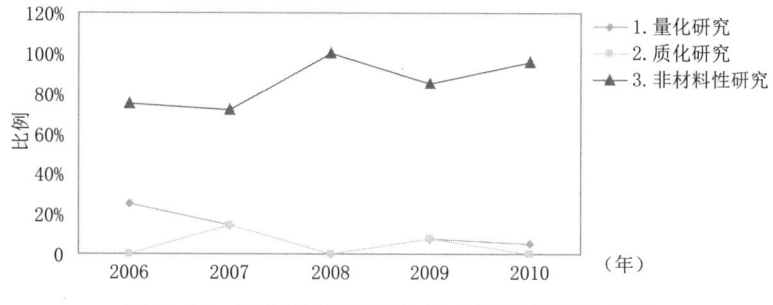

也使得在写作研究中研究者较多使用量化方法，如图4-10所示：

图4-10 国内对外汉语界写作研究方法变化趋势

国内对外汉语界非材料研究呈现快速增长的趋势，而采用量化方法和质化方法的研究数量却没有同步增加，反映出对外汉语界虽然写作相关研究的数量在增加，但是主要都是采用了"思辨性"的非实证研究。实证研究的缺乏是对外汉语界与国内外二语界的最大差别。

目前国外二语写作研究已过渡到量化、质化并重的阶段。相当一部分研究是采用量化和质化相结合的方法，而质化研究的具体手段也是多样的。比如发表于2010年1月的《是冒险吗？基于在美国大学就读的三位日本博士生撰写质化毕业论文的写作个案研究》[1]使用了个案研究和民族志的研究方法，同时借鉴了民俗学的相关理论解释了三个日本学生由于受到不同文化影响，而在写作上呈现出的差异及其可能的原因。国内外语界也是以实证研究为主，只是偏向使用量化研究方法。而对外汉语界主要采用"思辩"的方式来进行写作研究，相当一部分对外汉语教学的研

---

[1] C. P. Casanave. Taking risks?: A Case Study of Three Doctoral Students Writing Qualitative Dissertations at an American University in Japan. *Journal of Second Language,* 2010(4).

究者还没有研究方法的意识，只是凭自己的主观认识来撰写研究论文，这样的研究可信度是不高的。即使现在已经发表的有限的实证研究中，采用的方法也较为简单，多是描述性统计，很少有控制变量的实验研究。实证研究的缺乏与写作教师自身的研究素质有很大关系，相当一部分一线对外汉语写作教师既不了解现有研究成果，也没有受过专门的写作研究的培训，因此，不能用科学的手段来从事写作研究。比如，同样是利用语料库的写作研究，对外汉语界多是从现有语料库（比如 HSK 作文偏误语料库）中抽取一些偏误的例子，用来佐证论文中的观点，基本没有利用语料库技术（如索引行分析、主题词表等）来进行深度分析，总体研究停留在偏误分析（error analysis）水平。而英语界利用语料库技术，不仅观察学生的偏误情况，还研究学生使用正确的情况，研究采用中间语对比分析（contrastive interlanguage analysis）的范式来进行[①]。因此，如果想提高对外汉语写作研究的数量和水平，需要帮助一线写作教学人员掌握科学的研究方法。

（五）其他发现

1. 写作研究的内容与写作教学有直接的关系。

通过对比期刊论文，我们发现写作教学与写作研究之间存在一定的因果关系。在国外的写作教材的目录中，过程（process）、体裁（genre）、反馈（feedback）都是经常出现的词汇[②]。这些

[①] 参见卫乃兴《学习者中间语的特征调查与原因解释》，载卫乃兴、李文中、濮建忠等《语料库应用研究》，上海外语教育出版社，2002 年。

[②] 参见坎贝尔著，北京师范大学"认知神经科学与学习"国家重点实验室脑与第二语言学习研究中心译，《第二语言写作教学：文本互动》，北京师范大学出版社，2006 年；哈默著，邹为诚译，《朗文如何教写作》，人民邮电出版社，2011 年。

词汇也就出现在写作研究论文题目中。例如，JSLW 近年来发表了多篇与体裁研究有关的论文[1]，而国内的外语教学界从 1994 年到 2005 年之间没有完全根据体裁分析 (genre analysis) 而编写的英语写作教材[2]。与此对应，国内体裁写作研究仅出现了一篇概述性论文[3]。由于外语界较早引入过程法教学，因此外语界对于写作过程的研究论文较多。对外汉语界引入过程法较晚，杨俐（2006）[4] 是第一本根据过程法编写的写作教材，相应的有关写作过程的研究就是空白。而对外汉语写作教学较注重写作成品的"表现"，因此在写作研究中，研究者比较关注学生文本中出现的写作偏误（有 5 篇，占全部文本研究的 62.5%）。由此可见，写作研究的内容与写作教学本身有一定的相关性。可以说，有什么样的写作教学就会带动什么样的写作研究。

2. 国内外语界写作研究具有"追随性"特点。

国内外语界的写作研究相比对外汉语界显得较为成熟，可是与国外写作教学研究相比，就表现出"追随性"的特点。以"写作反馈（feedback）"为例，我们分别列出了国内外相关研究的论文题目，如表 4-12 所示：

---

[1] 参见 Y. Li & J. Flowerdew. Shaping Chinese Novice Scientist's Manuscripts for Publication. *Journal of Second Language Writing,* 2007(2); A. Chandrasegaran. NNS Students' Arguments in English: Observations in Formal and Informal Contexts. *Journal of Second Language Writing,* 2008(4); C. M. Tardy. Researching First and Second Language Genre Learning: A Comparative Review and a Look Ahead. *Journal of Second Language Writing,* 2006(2).

[2] 参见蔡慧萍《我国高校英语写作教材的现状调查分析与思考》，《外语与外语教学》2005 第 6 期。

[3] 参见梁文花、秦洪武《我国近十年"体裁理论"研究概观》，《外语教学》2009 第 1 期。

[4] 杨俐《外国人汉语过程写作》，北京大学出版社，2006 年。

表 4-12 国内外写作反馈研究篇目

年度	国外二语教学研究	国内外语界二语教学研究
2006年	《中国英语写作同伴反馈与教师反馈研究》①	《中国英语写作同伴反馈与教师反馈研究》
2007年	《反馈在教育学上的价值——基于写作反馈的研究设计》② 《教师书面反馈——学生认同，教师自我评价以及教师表现》③	
2008年	《研究证明书面反馈的有效性》④ 《研究香港中学课堂教师反馈行为》⑤ 《两名香港学生对于教师反馈反应研究》⑥	
2009年	《给予反馈比接受反馈更有效——基于同伴反馈的价值研究》⑦	《同伴评价在英语专业写作教学中的运用研究》 《二语写作教师反馈研究——明晰度及其对不同自尊水平学习者篇章修改影响》 《教师书面修正性反馈对学生英语写作的影响》
2010年		《同伴互评反馈机制对中国学生二语写作能力发展的功效研究》 《基于匿名书面反馈的二语写作反馈研究》

注：表中国外发表文章题目是由凌雯怡翻译的。

---

① *A Comparative Study of Peer and Teacher Feedback in a Chinese EFL Writing Class.*

② *Is Feedback Pedagogically Correct? Research Design Issues in Studies of Feedback on Writing.*

③ *Teacher-Written Feedback: Student Perceptions, Teacher Self-Assessment, and Actual Teacher Performance.*

④ *Evidence in Support of Written Corrective Feedback.*

⑤ *Understanding Teachers' Written Feedback Practices in Hong Kong Secondary Classrooms.*

⑥ *Student Reactions to Teacher Feedback in Two Hong Kong Secondary Classrooms.*

⑦ *To Give is Better than to Receive: The Benefits of Peer Review to the Reviewer's Own Writing.*

在进入数据收集的 67 篇刊载于 JSLW 的文章中总共有 7 篇以反馈作为研究题目。国内外语教学界有关二语写作反馈的论文共有 6 篇，但多发表于 2009 年之后。仅有一篇发表于 2009 年前，但此篇发表于 2006 年的论文与同年发表于 JSLW 的论文，作者为同一人，属同题论文[①]。进一步比较两者近五年内发表的有关反馈研究的文章题目可以初步看出国内外语教学界近年来针对二语写作反馈的热点研究明显受到国外同类研究的影响，具有"追随性"特点。比如 2009 年国外发表有关同伴反馈有效性研究论文[②]，2010 年国内外语二语写作教学随即发表同伴互评机制对中国学生写作的影响[③]。但国内外语界在反馈研究的内容上有了较大的改变，主要体现在与本土教学环境相结合上。又如 2008 年国外发表的《研究证明书面反馈的有效性》[④] 主要列举实验数据证明教师书面反馈对于学生写作用词准确率的提高具有积极意义。相应的，国内外语界在 2009 年也发表了一篇基于类似研究，题为《教师书面修正性反馈对学生英语写作的影响》[⑤] 的论文，

[①] 参见 M. Yang, R. Badger & Z. Yu. A Comparative Study of Peer and Teacher Feedback in a Chinese EFL Writing Class, *Journal of Second Language Writing*, 2006(3)；杨苗《中国英语写作课教师反馈和同侪反馈对比研究》，《现代外语》2006 第 3 期。

[②] 参见 K. Lundstrom & W. Baker. To Give is Better than to Receive: The Benefits of Peer Review to the Reviewer's Own Writing. *Journal of Second Language Writing*, 2009(1)。

[③] 参见邵名莉《同伴评价在英语专业写作教学中的运用研究》，《外语教学理论与实践》2009 年第 2 期。

[④] J. Bitchener. Evidence in Support of Written Corrective Feedback. *Journal of Second Language Writing*, 2008(2).

[⑤] 陈晓湘、李会娜《教师书面修正性反馈对学生英语写作的影响》，《外语教学与研究》2009 第 5 期。

作者借鉴国外已有的研究成果和方法，研究内容则为教师书面反馈对中国英语学生的写作影响，并获得了同国外一致的实验结果，支持了国外 2008 年发表的论文的结论。

写作研究中开拓新的研究领域固然很好，但是如果能够将国外的某些研究成果拿到国内来重新验证其可靠性，对于帮助写作教师深入理解写作教学也会有很大的帮助。从这个意义上说，"追随性"的研究是有其意义的。它能帮助研究者熟悉研究方法和研究内容，推动写作研究的深入，对外汉语界应该重视和吸收外语界已有的成功经验。

3. 国内外研究者在非材料研究上各自具有特点。

深入研读论文后，我们还发现国内外二语界在非材料性研究的具体内容方面，也有一定区别。国内外语界的非材料研究中，都有一部分是对现有研究成果和理论发展的综述（review），而且国外此类文章中包含了大量实证资料[①]，能够让读者对其他人的研究思路和方法有所了解，而不是仅仅知道一个结论。这样的综述真正做到了"为读者提供进入某个领域研究体系的快捷渠道"[②]。国内外语界的综述则主要是对研究结果的引介，很少具体说明数据和研究方法，也缺少对其进行思辨性分析，往往把那些成果当作"定论"来对待，因此在文章末尾直接加上一些"对我们的启示"的话语。这样的写法不利于国内教师、学者全面准

---

① 参见 A. Hirvela & D. Belcher. Writing Scholars as Teacher Educators: Exploring Writing Teacher Education, *Journal of Second Language Writing,* 2007(2); D. Belcher. How Research Space is Created in a Diverse Research World. *Journal of Second Language Writing,* 2009(4)。

② 参见〔英国〕戈登·鲁格、〔英国〕玛丽安·彼得著，彭万华译，《给研究生的学术建议》，北京大学出版社，2009 年。

确地了解国外研究成果，不能正确认识。而国内对外汉语界非材料性研究更侧重于思辨性分析和课堂经验总结，多属于经验介绍型的"教学指导型论文（tutorial paper）"（参见鲁格、彼得，2009），综述性论文中也更多关注国外的二语写作教学模式而非写作教学研究，这与外语界的综述也有很大不同。

4. 外语界仍给综述类文章（包括述评）留下了一席之地。

与外语界相比，对外汉语教学界的写作研究显然还刚刚起步，相当一部分从事写作教学的教师对外国二语写作的理论和方法不熟悉。而在国内的重要对外汉语期刊上，依然很少看到关于二语写作研究的综述性论文，这就在一定程度上限制了对外汉语教师的研究视野。事实上，对外汉语界的核心期刊一般都不会刊登综述性文章，而多刊登研究性论文。可是对外汉语写作研究是非常新的领域，还是有必要在重要期刊上为写作研究的综述性文章留出一定的空间。我们发现即使是在 JSLW 这样顶级的二语写作期刊上，仍然有综述类文章的一席之地，几乎每年都有基于现状全貌研究的综述类文章发表[①]。它们或对国外二语写作研究现状进行分析，或是对这一年某一领域热点话题进行总结，或是基于现状对未来趋势进行展望，都言简意赅地为从事相关领域研究的教育工作者提供了可资参考的研究全貌。国内外语界也是如此，如

---

① 参见 D. D. Belcher. Seeking Acceptance in an English-Only Research World. *Journal of Second Language Writing,* 2007, 16(1); M. Gebhard, J. Demers & Z. Castillo-Rosenthal. Teachers as Critical Text Analysts: L2 Literacies and Teachers' Work in the Context of High-Stakes School Reform. *Journal of Second Language Writing,* 2008, 17(4); D. D. Belcher. How Research Space is Created in a Diverse Research World. *Journal of Second Language Writing,* 2009, 18(4)。

李志学、李绍山（2003）[1]，唐莉玲、姚玲（2008）[2]，赵俊峰等（2010）[3]都总结了当时的写作研究热点。虽然对外汉语教师可以从这些文章中了解国外写作研究的发展情况，但是由于对外汉语写作教学的教学对象、教学目标、教学特点和教学环境与外语教学有很多差异，对外汉语教师对于写作研究的立足点与他们是不同的，非常需要有从对外汉语教学视角出发来进行研究的综述性文章。比如杨俐（2004）[4]介绍了"过程法写作"的理论基础和操作模式，但是至今尚未见到比较全面的针对"过程法写作"优势和局限性的相关研究的综述性文章。这样，一线对外汉语写作教师只能根据自己的现有教学经验，主观地来判断是否要采用这种教学法，存在一定的盲目性。如果能有相关的综述性文章，就能帮助对外汉语教师更深入地了解过程法写作和写作过程研究，从而推动对外汉语写作研究的深入。

四、结论

综合上面的发现，我们可以得出以下结论：

1. 国外二语教学界、国内外语教学界及国内对外汉语教学界

---

[1] 李志学、李绍山《对国内英语写作研究现状的思考——对八种外语类核心期刊十年(1993—2002)的统计分析》，《外语界》2003年第6期。

[2] 唐莉玲、姚玲《国内英语写作现状调查与思考——对九种外语类核心期刊2003—2007年的统计分析》，《桂林航天工业高等专科学校学报》2008年第4期。

[3] 赵俊峰、郝晶、高艳明《大学英语写作研究现状调查》，《外语学刊》2010年第6期。

[4] 杨俐《过程写作的实践与理论》，《世界汉语教学》2004年第1期。

有关二语写作方面的研究热点各有差别。但是，相比之下，国内对外汉语界的相关研究无论从数量和质量上都还有一定的差距，特别是存在着研究视野狭窄、基础性研究不够的问题。

2. 从研究方法上来说，对外汉语界未采用二语界主流的实证研究方法，而更多使用非材料性研究方法，显示出写作研究中方法的缺失。

总之，通过对比过去五年发表于国内外重要期刊上的有关二语写作的论文，我们发现对外汉语界写作研究在研究内容和研究方法上与国内外二语写作研究有很大差距。但是我们相信，只要对外汉语界在写作研究中保持"方法"意识，不断在实践中尝试新的教学方法和手段，对外汉语写作教学研究一定能获得突破。

第四节　写前构思与写作质量研究[①]

一、问题的提出与假设

写作不仅是汉语学习者的一种重要的书面交流方式，而且体现了学习者的汉语水平。汉语第二语言学习者在运用汉语进行写作之前常常感到非常苦恼，似乎一离开母语环境，就常常会处于一种思维困顿、回忆断层、语言表达受到束缚的境况，故而写作

[①] 本节摘自吴双《留学生汉语写前构思活动对其作文质量的影响》，发表于《世界汉语教学》2011年第1期，收入本书时作者有修改。

时深感文思不畅。语言是思维的工具，留学生在用母语进行写作时，无疑是用母语进行思维的。当他们在进行汉语写作时，假如引导他们从写前就开始运用汉语进行构思，使汉语尽快成为他们所熟悉的语言，那么，在母语干扰减弱和汉语影响增强的作用下，我们推想，汉语就会逐渐成为留学生汉语写作过程中自然使用的思维符号，汉语思维能力也就会随之提高。

"支架式"教学理论是一种基于认知心理学研究基础上的教学理论，该理论为这一设想提供了理论支持。在支架式教学中，通过搭脚手架——进入情境——继续攀升——独立探索等环节，对教师组织写作课堂活动、设置不同层次教学环节给予了有效的指导。

理论是需要实证的，由此我们设计了运用汉语进行写前构思可能有助于留学生写作质量提高的实验。

二、汉语写前构思实验

（一）实验目的

本研究探索在汉语作为第二语言的写作中汉语构思活动的有意介入对汉语写作质量的影响。

（二）实验对象

汉语写作基础课程主要从一年级下学期起开设，因此本实验的 32 名受试者均为北京语言大学汉语学院选修"汉语写作入门"课程的一年级下来华留学生，分别来自韩国、日本、古巴、哈萨克斯坦、越南、刚果（金）、苏丹、安提瓜和巴布达、俄罗斯、泰国等国家，共 32 人，男生 17 人，女生 15 人，平均年龄 23 岁。

他们是两个自然平行班的留学生，在学院举行的汉语分班考试中处于同一分数段而被随机安排在两个一年级下的平行班级里，其所使用的汉语教材（包括汉语写作教材）完全一样，写作教师均由笔者担任，写作教学时数也完全一样。

（三）测量工具和实验过程

本研究采用写作测试和问卷调查两种方式进行，实验过程见表4-13。

表 4-13　实验过程

组别	前测	实验处理	后测
自然实验班	√	√	√
自然对照班	√	（无）	√

1. 写前活动和写作测试。

（1）随机分班。从这两个平行班中随机确定一个班作为对照班，按照原有教学方式即结果式写作方式进行教学，教师布置写作内容和要求后，完全由学习者自行写作、完成任务，教师不介入写前构思过程；另一个班作为实验班，接受写前汉语构思训练，即教师在布置写作内容和要求后，引导学习者进入用汉语构思的游戏活动，在活动中教师只进行活动引导，不评价学习者的具体构思内容。为使活动的开展能落实到每一位学习者，我们把实验班分为五个小组，每个小组由一名汉语国际教育专业研究生担任主持人①。

（2）写作前测。下面两篇作文分别是来自实验班和对照班的写作成绩最低分作文，其作者均感写作时文思窘困：

---

① 担任小组写前游戏活动主持人的五位研究生是北京语言大学汉语学院汉语国际教育专业研究生林欣薇、王文雯、席莉、张曼、聂昆，特此致谢。

实验班韩国留学生李XX的《自我介绍》
我叫李大建。我从韩来的。我来了中国二年了。我家有五口人,妹妹,爸爸,妈妈,妹妹。爸爸是一个公司的头,妈妈是没有庭妇女,我的妹妹是在美国大学毕业后在美国工作。 我来北京以前一句话也不会说汉语。但现在慢慢学了汉语。所以我会说一点儿。 我和中国朋友常常说话慢慢说就我会说了汉语。我想以后学习学习后跟中国人一样的说话。

对照班哈萨克斯坦留学生鲁XX的《自我介绍》
我是鲁斯兰。我是男孩儿。我是十八岁。我是哈萨克斯坦人。我的家庭有四口人:爸爸,妈妈,妹妹和我。我爸爸商人,妈妈跟爸爸一起工作,妹妹是学生。我还有奶奶,外公和外婆。 我已经工作过。我工作在爸爸妈妈的工作。 现在我学习在北京语言大学,学习汉语和日语。上在语言大学之前,我学习了在中央财经大学,学习了一年。 我的爱好是踢球。我还喜欢听音乐,看电影也喜欢看足球比赛。 我是内向的和真诚的人。 今后我打算大学毕业以后,回国找工作。

（3）实验班的写前汉语构思训练。训练过程分为以下四个阶段：

活动一："敲击"话题关键词游戏[1]。受试者手拿白纸和笔，写下各自脑海中刚才出现的题目或题目中的关键词语，可写下受试者感兴趣的任何内容。要求写得越多越好。下面为一名学生所写的关键词语：

俄罗斯留学生娜XX撰写的关键词语
秋天　中学　友谊　初恋　聊天　гулять[2]　男孩子　学习　无聊　想睡觉 离开　想念　最好朋友　伤心　上大学　расставание[3]　Разные пути[4]

---

[1] 参见江苏母语课程教材研究所编著《当代外国语文课程教材评介》，江苏教育出版社，2004年，第281—291页。

[2] гулять 意即"散步"。

[3] расставание，意即"劳燕分飞"。

[4] Разные пути，意即"各奔前程"。

活动二：进行发散思维，网式联想游戏。受试者从以上关键词语（或其他）中选出一个自己最感兴趣的写在纸中央，将这个核心词（句/表达）画上圆圈。然后让自己的思想自由驰骋，并写下所有自己认为与此有关联的词语，并用线条将内容相关的词语连接起来，要求越丰富越好。图4-11为一名学生的发散思维联想图。

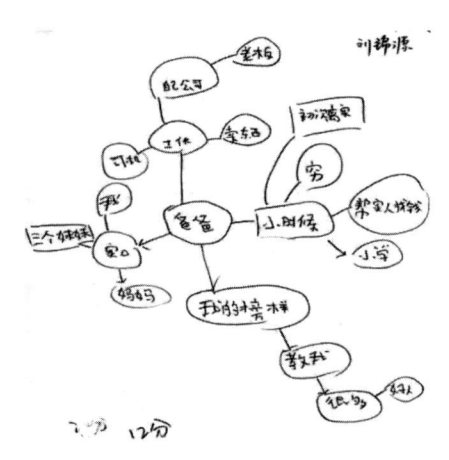

图4-11　泰国留学生刘XX撰写的网式发散思维联想图

活动三：排队归类，编排提纲游戏。要求受试者根据已经画出的联想图，对联想信息进行"排队""归类"，整理和编排出清晰的作文提纲，如下例：

日本留学生河XXX的提纲
1. 今年春节我才知道H1N1很厉害；
2. 暑假时，有好几个同学感染了H1N1，以后我也在饭店被隔离了；
3. 我有急事，要求批准我出去；
4. 秋天我终于打疫苗，才放心了。

活动四：正式写作。学生根据已经整理出来的写作提纲，写一篇汉语作文（使用专供汉语写作用的方格纸），如下例，来自

实验班韩国留学生李 XX 在写作后测中写的《酒》：

> 酒
>
> 酒一个词里边，有很多包括意思。有友情，爱，错误，高兴，悲愁，等等……
>
> 人们是高兴的时候喝酒，悲愁也喝酒。所以周末的时候在酒点里很多人。但喝多的时候有醉的事情。喝醉的话有的人高高兴兴，有的人很悲愁。因为喝醉事清是自己心里的心情的长情是很容易。所外可以可以得到友情，爱什么的。
>
> 酒是有很多种有韩国的烧酒，中国的白酒，西方的啤酒等等。每个国家的酒是国家的季节，吃的习惯，温度等。随着国家的特性，口道苦不苦，甜不甜这样决定了。
>
> 酒是不常常喝的话对身体不好对胃，肠等但是喝一点儿，一点儿的话对身体有好处。所以喝小一点儿点注意身体，很健康。

又如来自对照班哈萨克斯坦留学生鲁 XX 在写作后测中写的《初到北京》：

> 初到北京
>
> 去年九月三十一日，我坐飞机来到北京。
>
> 我不习惯地是北京的空气。以前我听说北京的空气污染，但是我没想到哪么严重。还不习惯地是北京的地铁，因为在我们的国家没有地铁。
>
> 不好的习惯还有，就是在路上我时候看到有人随便吐口水，我觉做这样的事儿不礼貌。
>
> 北京的好方面是交通。我觉得这样因为在我住的城市交通还乱。中国还有一个好方面，就是电器的情况，因为在中国电器还便宜。

2. 问卷调查

写作测试之后进行问卷调查，调查受试者对于汉语构思实验的看法及个人构思习惯。该问卷可作为参考，与测试中得到的结果进行对照。

3. 作文评分

对留学生在构思训练之前和之后的作文，分别从内容思维、篇章组织及句子复杂流利程度等三方面进行评分，即内容分、结构分及语言分,其中内容分主要考查学习者作文中与思想内容有关的思维活动,为了能较全面客观地衡量学习者与内容有关的思维水平,我们从主题是否鲜明准确、内容是否偏离主题要求、内容是否丰富深化、主次是否清楚突出等角度进行考查并评分;结构分主要考查学习者作文中和篇章结构组织有关的思维活动,为了尽可能全面客观地测量学习者篇章结构组织的质量,我们主要从内在层次推理是否清晰严密,以及组句水平(简单句句数、复合句句数)、分段水平、构篇水平、承接水平(通过表示过渡、关联、衔接的段、句、词对全文予以上下承接)等考查并评分;语言分考查文本输出,即有关遣词造句的思维活动,我们主要从词语水平以及语法错误、用词错误、错别字、标点符号错误、格式错误、字数等方面考查衡量语言的准确度,采取根据语言形式错误的扣分原则来评分。

以上三项的平均分即为总体分,用以测量留学生汉语作文的质量。

三、汉语写前构思实验的结果

(一)前测和后测中作文成绩统计与分析

1. 前测中的作文成绩统计与分析。

为了保证两个班写作学习的原始水平相似,实验前,我们对这两个班进行了前测,把本学期第一次写作的内容《自我介绍》,作为对两个自然班的基础衡量。两个班的写作要求完全一样,统计结果见表4-14。

表 4-14　实验前测中两个班作文成绩的描述统计

班级	实验班	对照班
平均值	72.4	72.1
中值	73.8	75
标准误差	3.08	3.126
标准差	12.713	11.698
偏斜度	−0.352	−0.549
方差	161.62	136.84
峰态	−0.849 1	−0.801 95
最大值	89.5	85.8
最小值	47.8	49
全距	41.7	36.8
观测数	17	14
置信度 (95.0%)	6.536 316	6.754 14

从表 4-14 我们可以看出，在前测中，这两个刚开始学习汉语写作的自然班，在汉语写作总体水平上非常相近，平均成绩基本相同。实验班成绩的平均值、中值较为接近，说明其呈近似正态分布；而对照班的这两项值有一定的偏差，说明成绩呈不完全对称分布。

但是成绩的分布却不很相同，两个班的分数都比较分散，标准误差、标准差、最大值、最小值和全距的数据说明实验班中高分和低分差距比对照班更加明显，离散程度较大，对照班成绩的离散较小。表 4-14 显示两班成绩分布在偏斜度、峰态数值上均为负偏态分布，均呈平阔峰。

2. 后测中作文成绩的统计与分析

前测完毕后，我们对实验班和对照班同时开展了写作活动，要求是：自由写作，题目自拟，写得越长越好。我们对实验班开展了写前汉语构思游戏活动，而对照班没有实行该项活动的干预，只是任凭学生独立完成缄默构思后写作。

对这两个班在后测中的汉语作文进行评分，两班成绩对比结果见表 4-15：

表 4-15　实验后测中两个班作文成绩的描述统计

班级	实验班	对照班
平均值	79.053	69.186
中值	81.2	68.55
标准误差	1.996 9	2.084 29
标准差	8.233 41	7.798 7
偏斜度	-0.559 2	-0.701 7
方差	67.789	60.820
峰态	-0.019 7	1.059 86
最大值	93.5	80.5
最小值	63.5	50.8
全距	30	29.7
观测数	17	14
置信度 (95.0%)	4.233 2	4.502 8

表 4-15 显示，无论实验班还是对照班，作文成绩的平均值、中值较为接近，说明其呈近似正态分布。实验班、对照班偏斜度都小于零，呈负偏态分布；实验班峰态小于零，呈平阔峰。而对照班峰态大于零，呈尖峭峰。我们还可看出，实验班的成绩主要集中分布在 80 至 89 分之间，而对照班的成绩主要集中分布在 70 至 79 之间，两个班的写作成绩出现了明显差异。进一步看，实验班的平均成绩为 79.053，对照班的平均成绩为 69.186，实验班

比对照班几乎高出 10 分。两个班已经出现显著差异。

假设这两个班后测的成绩总体服从正态分布，方差相等，那么，这两个班相比，是否有显著差异呢？我们采用 Excel 进行独立小样本的 t- 检验，结果为：自由度 df = 29，P 值（单尾）= 0.000 993 远小于 0.05，P 值（双尾）= 0.001 985 也远小于 0.05，表明这两个班的作文成绩存在显著差异。这种差异说明，采取汉语思维的写前干预这一教学活动导致两个组的作文成绩出现了差异，实验组的作文成绩显著高于对照组。

为什么对照班在后测的作文平均分（69.186）相较前测平均分（72.1）下降了呢？主要原因是后测作文难度比前测有所加大，而对照班留学生在缺乏写前构思的情况下，出现了思维受困的现象，因此写作成绩不太理想。而实验班在汉语写前构思活动的引导下，较顺利地渡过了难关，普遍取得了进步。

（二）留学生对写前构思活动认识的问卷调查

该项实验及调查也在中高年级同时施行，以考察三个年级留学生对该项写作实验活动的认识。其中一年级下 18 人，二年级下 18 人，三年级下 20 人。

在问题涉及留学生自己的汉语写作水平与母语写作水平的比较时（见表 4-16），一年级下分别有 38.9% 和 16.7% 的留学生认为自己的汉语写作水平比母语写作水平"差远了"和"差一些"，共计 55.6%，可见从一开始留学生普遍对用汉语写作感到力不从心。值得注意的是，这种感觉随着年级的升高而增强，二年级下该两项之和上升为 61.1%，三年级下则升至 75%，表明随着留学生表达欲望的增强，其汉语书面表达愈感窘困。

表 4-16 "我觉得我的汉语写作水平比母语写作水平_____"不同选项人数的百分比

年级	A. 好得多	B. 好一些	C. 一样	D. 差一些	F. 差远了
1年级（下）	11%	5.6%	27.8%	16.7%	38.9%
2年级（下）	0	11.1%	27.8%	44.4%	16.7%
3年级（下）	5%	15%	5%	50%	25%

在问及留学生在汉语写作课堂上的构思用语习惯时（见表4-17），调查统计的数字随着年级的升高有所变化，即使用"汉语"者（22.2% → 5.6% → 0）、"有时用母语有时用汉语"进行构思者(44.4% → 33.3% → 30%) 呈越来越少的趋势，而选择"多半是汉语"者却呈递增趋势（0 → 11.1% → 15%），另外，使用"母语"者和"多半是母语"者则呈不规律性表现。这反映了留学生在用汉语写作时不仅难以避免母语的参与，而且似乎对自发地采用汉语构思颇感困难，但对汉语中介语的使用随年级增高有递增趋势。

表 4-17 "我通常习惯用_____进行构思"不同选项人数的百分比

年级	A. 母语	B. 有时用母语有时用汉语	C. 多半是母语	D. 多半是汉语	E. 汉语
1年级	16.7%	44.4%	16.7%	0	22.2%
2年级	5.6%	33.3%	44.4%	11.1%	5.6%
3年级	20%	30%	35%	15%	0

当问及感觉在哪种情况下"写作更有灵感"时（见表4-18），选择"做写前计划"的学生占主流，一年级下占66.7%，二年级下占44.4%，三年级下占65%。可见写前计划（运用汉语思维活动），对留学生采用目的语作为思维用语的确有所增益。与此相反，选择"不做写前计划"的学生呈递减态势（22.2% → 16.7% → 15%），但仍有一部分学生认为"做不做都

无所谓",其中尤以二年级下留学生居多,可能因实验者为陌生人,带来了一定的消极影响。

表 4-18 "我感觉在 _____ 情况下,写作更有灵感"不同选项人数的百分比

年级	A. 做写前计划	B. 不做写前计划	C. 做不做都无所谓	D. 其他
1 年级下	66.7%	22.2%	11.1%	0
2 年级下	44.4%	16.7%	38.9%	0
3 年级下	65%	15%	20%	0

当问及在过去一开始写作时,能否很快回忆起以前的见闻、生活经验和思想时(见表 4-19),一年级下、二年级下、三年级下分别有 77.8%、83.3%、85% 的留学生感到"有点想不起来"或"几乎都想不起来",这一随年级升高而呈递增的趋势反映了一个重要现象,即低年级常开展的记叙文写作思维活动中由于常伴随强烈情感和鲜明形象,较容易写作,而进入高年级则理性思维比重逐渐加强,写作内容愈来愈抽象(记叙文→说明文→议论文),随着写作难度的加大,写作时遗忘遂成为常见现象。其实,这往往就是造成学生缺少写作灵感的一个重要原因。

表 4-19 "以前,刚开始写作的时候,我 _____ 以前的见闻、生活经验和思想"不同选项人数的百分比

年级	A. 几乎都想不起来	B. 有点想不起来	C. 不能确定	D. 记得还比较清楚	E. 记得非常清楚
1 年级下	38.9%	38.9%	0	16.7%	5.5%
2 年级下	38.9%	44.4%	0	16.7%	0
3 年级下	25%	60%	0	10%	5%

有意思的是,我们发现几近半数的留学生在实验后明确感到"能比以前想出更多的写作内容"(三个年级分别为 50%、

44.4%、50%，见表 4-20），同时也有几近半数的留学生感到"和以前一样"，而且还有个别留学生表示因不太适应这项活动导致"反而想不出来什么内容"，这也反映了写作思维个性化的特点。仅从这一次实验活动的成效看，写前构思游戏的确有助于留学生临写时唤起长时记忆，为作文构思提供基本内容，但我们也看到，如果多开展几次这样的活动，一定会有更多的留学生适应该项活动并文思泉涌。

表 4-20 "写前构思游戏活动时，我写作时 _____"不同选项人数的百分比

年级	A. 能比以前想出更多的写作内容	B. 和以前一样	C. 反而想不出来什么内容	D. 其他
1 年级下	50%	44.4%	5.6%	0
2 年级下	44.4%	55.6%	0	0
3 年级下	50%	45%	5%	0

留学生的写作素材比以前增多了，那么写作思路是否也比以前更加清楚呢？当问及写作思路情况的前后对比时，我们发现，年级越低，写作思路愈加清楚（55.6% → 50% → 35%，见表 4-21），可能跟低年级写作内容较简单、易规划有关，而高年级留学生在"写作思路"的明晰性上则情况表现复杂。

表 4-21 "写前构思游戏活动时，我的写作思路 _____"不同选项人数的百分比

年级	A. 比以前更清楚	B. 和以前一样	C. 反而没有以前清楚	D. 其他
1 年级下	55.6%	44.4%	0	0
2 年级下	50%	38.9%	11.1.%	0
3 年级下	35%	40%	5%	20%

当问及留学生对三项写前思维活动的具体感受时（见表 4-

22、表 4-23、表 4-24），关于"第一个活动：写作关键词"，一年级下、二年级下、三年级下留学生中认为"非常有用"和"比较有用"的分别为 61.1%、27.8、60%[①]；关于"第二个活动：发散思维，网式联想"，一年级下、二年级下、三年级下留学生中认为对自己的写作"非常有用"或"比较有用"的分别为 55.5%、50%、65%；关于"第三个活动：归类排队，编写提纲"，一年级下、二年级下、三年级下留学生中认为对自己的写作"非常有用"或"比较有用"的分别为 55.5%、44.5%、65%，而且在各项调查中，选择"比较有用"者占绝大多数，且三年级下的选择率明显高于一年级下，显示了高年级留学生面临写作构思复杂程度的加大，对写前构思活动的重视程度也随之加大。

表 4-22 "我认为第一个活动：写作关键词，对我的写作 ＿＿＿"不同选项人数的百分比

年级	A. 非常有用	B. 比较有用	C. 一般	D. 不太有用	E. 完全没有用
1 年级下	16.7%	44.4%	38.9%	0	0
2. 年级下	11.1%	16.7%	66.6%	0	5.6%
3 年级下	10%	50%	20%	10%	10%

表 4-23 "我认为第二个活动：发散思维，网式联想，对我的写作 ＿＿＿"不同选项人数的百分比

年级	A. 非常有用	B. 比较有用	C. 一般	D. 不太有用	E. 完全没有用
1 年级下	22.3%	33.3%	33.3%	11.1%	0
2 年级下	5.6%	44.4%	44.4%	5.6%	0
3 年级下	10%	55%	30%	5%	0

---

① 现场观测显示，二年级下在开展第一项活动时，由于二年级的实验是在非笔者的教学班上做的，受试双方关系陌生，一些留学生一开始没能集中注意力，可能因此影响了他们对第一项活动的感受。

表 4-24 "我认为第三个活动：归类排队，编写提纲，对我的写作 _____"不同选项人数的百分比

年级	A. 非常有用	B. 比较有用	C. 一般/不确定或说不清	D. 不太有用	E. 完全没有用
1 年级下	22.2%	33.3%	38.9%	5.6%	0
2 年级下	16.7%	27.8%	44.4%	5.6%	5.6%
3 年级下	0	65%	30%	0	5%

关于对这次活动的态度（见表 4-25），一年级下、二年级下、三年级下分别有 72.2%、61.1%、50% 的留学生认为"非常有好处"或"比较有好处"，呈递减趋势。其中，认可"比较有好处"的人占主流。还有，在做写前游戏时，一年级下留学生的心理感觉普遍是"有趣"（33.3%）、"担心"（22.2%）、"自信"（22.2%）、"一般可以适应"（22.2%）等（见表 4-26）；由于二年级的实验不是在笔者的教学班上做的，所以部分学习者对实验产生了"很难适应"的表现。

表 4-25 "你认为这次写前构思游戏活动对这次写作 _____"不同选项人数的百分比

年级	A. 非常有好处	B. 比较有好处	C. 无所谓	D. 没什么必要	D. 完全不必要
1 年级下	33.3%	38.9%	27.8%	0	0
2 年级下	22.2%	38.9%	33.3%	5.6%	0
3 年级下	10%	40%	40%	10%	0

表 4-26 "在做写前游戏时，我感到 _____"不同选项人数的百分比（注意：可以填写多项）

年级	有趣	愉快	担心	紧张	自信	没信心	一般可以适应	很难适应
1 年级下	33.3%	11.1%	22.2%	5.6%	22.2%	11.1%	22.2%	0
2 年级下	33.3%	22.2%	16.7%	22.2%	5.6%	16.7%	16.7%	22.2%
3 年级下	30%	25%	5%	20%	0	15%	20%	0

关于语言表达和写作速度（见表 4-27、表 4-28），有半数以上的留学生（55.6% → 66.7% → 50%）认为自己语言表达的水平仍"和以前一样"，这可能与该项实验的目的及设计有关，因为该实验关注的重点在于留学生汉语构思能力的增强而不在语言表达的准确性上。但也有不少留学生（44.4% → 22.2% → 50%）认为实验后，"我的语言表达比以前更加流畅了"，有的留学生(27.8% → 38.9% → 45%)认为写作速度比以前"变快了"，且统计数字随年级增高呈递增趋势，这也许是文思打开后，文意畅达所产生的效果。但也有半数以上留学生（66.6% → 50% → 50%）感觉写作速度依然"和以前一样"，还有个别留学生在问卷上写下了疑问："写作之前的活动花了较多时间，因而写作时我很着急地写。"

表 4-27 "写前构思游戏活动之后，我的语言表达 _____"不同选项人数的百分比

年级	A.比以前更加流畅	B. 和以前一样	C. 反而没有以前流畅	D. 不好说
1 年级下	44.4%	55.6%	0	0
2 年级下	22.2%	66.7%	11.1%	0
3 年级下	50%	50%	0	0

表 4-28 "写前构思游戏活动时，我的写作速度 _____"不同选项人数的百分比

年级	A. 变快了	B. 和以前一样	C. 变慢了
1 年级下	27.8%	66.6%	5.6%
2 年级下	38.9%	50%	11.1%
3 年级下	45%	50%	5%

同时我们也看到有半数以上的留学生（55.6% → 55.6% → 50%）"希望以后多做这样的教学游戏活动"（见表 4-29）。

表 4-29　"希望以后 ＿＿ 做这样的
教学游戏活动"不同选项人数的百分比

年级	多	无所谓	少
1 年级下	55.6%	44.4%	0
2 年级下	55.6%	44.4%	0
3 年级下	50%	40%	10%

这些回答与我们进行该项实验的初衷是一致的。可以看出，该实验在留学生心理上所产生的结果与写前构思实验的出发点是一致的，即实验达到了预期的效果。如果该活动反复再开展几次，使留学生更加适应，效果应该就会更好。

（三）实验后教师日记分析

实验后，教师发现实验班和对照班学生有明显差异。下面摘自笔者所写的教学日记：

实验班在几次活动后写作有明显进步，体现在：

首先，实验班作文在思想深度、内容丰富上明显好于对照班，也更富于条理性，对于所描述的对象充满了感情和观察回味的精神，例如差生李大建，在实验班前测中是最低分，以前总是逃避写作，即使写作也内容贫乏，构思简单，可是经过这次构思训练，他频频进入专注、凝神的构思状态，写出了生动、有韵味的文章内容，而且层次也清楚了很多，虽然尚未达到要求字数，但与以前相比，字数大大增加了。

其次，实验班学习者写作热情普遍高涨。过去当教师点名让学生上来演讲作文时，上来的学生总爱遭到哄笑、打趣，上来的学生只得急急忙忙应付差事，小声尽快地读完。然而现在不一样，泰国学生刘锦源提前给教师打了招呼，要求第一个朗读他的作文。他才一读完，从来都坐在最后边角落里、戴着严实的大风雨帽子、总爱埋着头、也不让开教室后排灯的韩国女学生权美英就举手上来朗读作文，虽然仍戴着大帽子，右手拿着文稿，左手翻起来遮住眼帘，但是她充满激情、抑扬顿挫的朗读，赢得了热烈的掌声。留学生们争先恐后地举手上来朗读，掌声和笑声充满了真诚、友善和欣赏。

而对照组呢？这个班比较沉闷，教师也要求学习者向全班同学"发表"——朗读，但是相对而言，这个班显得有些问题：

首先，这个班的作文在内容上明显不及实验班丰富，思想表达上也较肤浅。例如笔者问鲁斯兰："你能不能写得再丰富一点？"他摇摇头微笑着说："一直就这样，找不到什么可写的。"在作文内容上没有太多进展。

其次，这个班的留学生学习态度不很积极，虽然没有嘲笑打趣声，但也没有太多的欣赏热情。朗读声音特别小，没有要让别人欣赏自己作文的意识。

从教师的教学日记中可以看到，在写前运用过汉语进行构思活动的留学生的作文质量明显好于对照班。

四、该实验的理论依据

写作能力是智能（思维能力和心理活动能力）和技能（掌握和运用各种技巧的能力）的综合反映，包括遣词造句、布局谋篇的能力（语言表达能力），观察事物的能力（生活感知能力）

和分析事物的能力（认知能力）。留学生要想把汉语变成能自如表达自己思想感情的工具，无疑需要经过思考、质疑、探索和将思路条理化的过程，而"良好的思维方式包括一套发达思维（developed thinking）和学习技巧（learning skill）"[①]。那么，在采用了写前运用汉语构思的方法之后，为什么能取得一定的成效呢？笔者认为基于认知心理学研究基础上的"支架式"教学理论为这一实验提供了理论支持。

"支架式"教学法指围绕当前的学习主题，为学习者提供一种概念框架（即搭建一个便于登攀的脚手架），一个模拟的真实情境，然后将学生引入一定的问题情境中（即概念框架中的某个节点），让学生独立探索，并且进行小组协商、讨论，使学生自己在概念框架中不断攀升，通过支架把管理调控学习的任务逐渐由教师转移给学生自己，最后撤去支架的教学方法。它对教师组织课堂活动、设置不同层次的教学环节给予了有效的指导。[②] "支架"式教学法包括以下步骤：

第一步，搭支架。支架（scaffolding）本意是建筑行业所使用的"脚手架"，建构主义者借用它来形象比喻学习中所需理解知识的概念框架。在本实验写前构思的第一个活动——"敲击"话题关键词游戏中，留学生写下各自脑海中出现的题目或题目中的关键词语或自己感兴趣的任何内容，就是给留学生设置了一个

[①] 参见罗伯特·斯腾伯格（Robert J. Sternberg）、路易斯·斯皮尔-史渥林（Louise Spear-Swerling）著，赵海燕译《思维教学》，中国轻工业出版，2001年，第33—34页。

[②] 参见张建伟、陈琦《从认知主义到建构主义》，《北京师范大学学报》（社会科学版）1996年第4期。

使其感兴趣的真实经验的情境，使其在情境内部产生真实问题，将其思路引入问题情境。该活动有利于培养留学生对写作信息策略的运用。

第二步，进入情境。在第二个活动——进行发散思维，网式联想游戏中，被试从以上关键词（或其他）中选出一个自己最感兴趣的写在纸中央，将这个核心词/句/表达画上圆圈。然后让自己的思想自由驰骋，并记下所有自己认为与此有关联的词语，并用线条将内容相关的词语连接起来，符合按"最邻近发展区"的要求建立框架的理论。我们支持和鼓励留学生打破平时合乎逻辑的严谨思维方式，不从"概念""形象"进行逻辑推理，而是发挥其思维的直觉能力，进行开放式探索，将构思过程中忽然闪现但转瞬即逝的思想火花记录下来，促使他们从思考问题时呈连续垂直形式的习惯性思维方式转入脱离固定概念的侧面、反面进行思考，不断探求新的出发点。

第三步，继续攀升。在第三个活动——排队归类，编排提纲游戏中，要求被试根据已经画出的联想图，进行"排队"和"归类"，整理编排出清晰的作文提纲，这是一个观念产出与信息组织的过程，也是一个继续攀升的过程。教师引导学习者从冗杂的信息中提炼出结构清晰的写作提纲，决定探索的方向和主题，该活动有利于培养留学生对作文意义的建构和安排文本形式结构的能力。

第四步，独立探索(excursions)。在第四个活动——正式写作中，留学生根据已经整理出来的提纲写汉语作文，体现了教师通过脚手架的支撑作用(或曰"支架作用")，使留学生沿"脚手架"一步步攀升，最终完成对书面语言的建构。

值得注意的是，由于留学生的实际写作水平与教师指导下进一步提升时潜在的发展水平之间存在着距离，教师在进行写作指导时，务必按学生写作能力和语言能力来"创造最邻近发展区"，合理搭建"脚手架"，这样才能有效提高留学生写作能力。

五、结语

以上基于认知心理学研究基础上的"支架式"教学理论，为我们进一步了解本研究的实验及调查结果提供了理论视角。使用目的语——汉语进行写前构思活动会对留学生汉语写作质量产生好的影响，而这种活动在汉语作为第二语言写作教学中是可以实现的。

该实验尚存许多有待完善和探讨的空间，例如当留学生在写前构思的三张图上写下自己头脑中呈现的念头时，可要求他们用最先在脑中呈现的语言形式（母语、汉语或其他语言）进行记录，并分别量化，这样就能更清楚地了解留学生构思中的用语情况；对写前构思时间的长短及写作速度与作文质量进行量化，观察其中是否存在一定的关系。该实验尚无法量化留学生汉语写作过程中汉语思维能力的高低，以及构思水平的高低与作文质量是否成正比；也还不能回答汉语参与比例相对大的学习者，其汉语写作水平是否比母语参与量较多的学习者高等问题。总之，我们意在抛砖引玉，期待同行在此基础上进行更加深入和有效的研究。

第五节　写作与词汇发展研究 ①

一、引言

近年来，词汇知识（lexical knowledge）成为二语教学和习得研究中的重要内容。词汇知识有数种不同的分类方法，其中之一是将其分为词汇数量（quantity）、质量（quality）和接收—产出控制（receptive-productive control）三方面②。其中，词汇丰富性（lexical richness）是词汇质量研究的重要内容，Nation & Webb (2011)③给其下了明确的定义，即"词汇丰富性是指文本中词汇知识的质量"，用来测量说话者或作者词汇运用的广度和深度，是衡量二语口语或写作整体语言水平的重要指标④。

关于词汇丰富性的测量维度，各家的观点各不相同。Laufer & Nation（1995）认为可以从词汇变化性（lexical variation）、词

---

① 本节摘自吴继峰《英语母语者汉语写作中的词汇丰富性发展研究》，发表于《世界汉语教学》2016年第1期。

② 参见 B. Henriksen. Three Dimensions of Vocabulary Development. *Studies in Second Language Acquisition,* 1999(21): 303-317; A. Zareva, P. Schwanenflugel & Y. Nikolova. Relationship between Lexical Competence and Language Proficiency: Variable Sensitivity. *Studies in Second Language Acquisition,* 2005(27): 567-595。

③ P. Nation, & S. Webb. *Researching and Analyzing Vocabulary.* Boston: Heinle Centre Learning, 2011.

④ 参见 B. Laufer & P. Nation. Vocabulary Size and Use: Lexical Richness in L2 Written Production. *Applied Linguistics,* 1995(16):307-322; J. Read. *Assessing Vocabulary.* Cambridge: Cambridge University Press, 2000; 万丽芳《中国英语专业大学生二语写作中的词汇丰富性研究》，《外语界》2010年第1期；朱慧敏、王俊菊《英语写作的词汇丰富性发展特征——一项基于自建语料库的纵贯研究》，《外语界》2013年第6期。

汇密度（lexical density）、词汇复杂性（lexical sophistication）和词汇独特性（lexical originality）四个维度来测量词汇丰富性。Engber（1995）[1]发现词汇密度不能有效区分不同学习者的词汇使用情况，但词汇错误（lexical error）是有效的测量维度。Read（2000）认为在二语写作背景下，词汇独特性不适用于评价学习者的词汇能力发展，而词汇错误是词汇丰富性的有效测量维度，通过不同错误类型可以观察学习者的词汇习得弱点，提出应从以下四个维度测量词汇丰富性：词汇变化性、词汇复杂性、词汇密度和词汇错误。

针对词汇丰富性不同维度的测量，研究者们设计了不同的测量工具。目前能够较准确测量词汇变化性的有 D 和 Uber index 两种工具（Jarvis，2002）[2]；被广泛用来测量英语词汇复杂性的工具是 Nation 和 Coxhead 设计的软件——Range[3]；使用最广泛的词汇密度计算公式有两种——Ure（1971）[4] 和 Halliday（1985）[5]的词汇密度计算公式。其中，最受争议的是词汇密度的测量，争议的焦点在于这一测量维度是否有效。

---

[1] C. A. Engber. The Relationship of Lexical Proficiency to the Quality of ESL Composition. *Journal of Second Language Writing*, 1995(4): 139-155.

[2] S. Jarvis. Short Texts, Best-Fitting Curves and New Measures of Lexical Diversity. *Language Testing*, 2002(19): 57-84.

[3] 参见鲍贵、王霞《RANGE 在二语产出性词汇评估中的应用》，《外语电化教学》2005 年第 4 期。

[4] J. Ure. Lexical Density and Register Differentiation. In G. Perren & J. Trim (eds.) *Applications of Linguistics: Selected Papers of the Second International Congress of Applied Linguistics.* Cambridge: Cambridge University Press, 1971: 443-452.

[5] M. A. K. Halliday. *Spoken and Written Language.* Victoria: Deakin University Press, 1985.

国外二语词汇丰富性研究大致分为三类。第一类是词汇丰富性测量工具的设计、验证和对比研究[1]。第二类是二语写作中的词汇丰富性研究，可以大致分为三小类：一是二语写作和母语写作中的词汇丰富性对比研究[2]，二是词汇丰富性与二语写作质量关系研究[3]，三是二语写作中的词汇发展研究[4]。第三类是二语口语中的词汇丰富性研究，这方面的研究不多，主要考察二语学习者口头叙述的质量与词汇丰富性之间的关系[5]。

国内词汇丰富性研究开始较晚，从 21 世纪初研究成果才开始出现，英语学界关注点主要集中在英语二语写作中的词汇丰富性研究方面，研究内容大致分为两类：一是词性丰富性与英语二语写作质量之间的关系[6]，二是探索国内英语专业大学生和非英

---

[1] 参见 B. Richards & D. Malvern. *Quantifying Lexical Diversity in the Study of Language Development.* Reading: The University of Reading New Bulmershe Papers, 1997; A. Vermeer. Coming to Grips with Lexical Richness in Spontaneous Speech Data. *Language Testing,* 2000(17): 65-83; D. Malvern, B. Richards, C. Ngoni & D. Pilar. *Lexical Diversity and Language Development: Quantification and Assessment.* Houndmills, England: Palgrave MacMillan, 2004。

[2] 参见 M. Linnarud. *Lexical in Composition: A Performance Analysis of Swedish L2 Learners' Written English.* Malmo: Liber Forlag Malmo, 1986。

[3] 参见 K. Hyltenstam. Lexical Characteristics of Near-Native Second-Language Learners of Swedish. *Journal of Multilingual and Multicultural Development,* 1988(1): 67-84。

[4] 参见 B. Laufer. The Lexical Profile of Second Language Writing: Does It Change over Time? *RELC Journal,* 1994(2): 21-33。

[5] 参见 Lu Xiaofei. The Relationship of Lexical Richness to the Quality of ESL learners' Oral Narratives. *The Modern Language Journal,* 2012(96): 190-208。

[6] 参见刘东虹《词汇量在英语写作中的作用》，《现代外语》2003 年第 2 期；谭晓晨《中国英语学习者产出性词汇发展研究》，《外语教学与研究》2006 年第 3 期；秦晓晴、文秋芳《中国大学生英语写作能力发展规律与特点研究》，中国社会科学出版社，2007 年。

语专业大学生的词汇丰富性发展情况①。

与国内外英语学界研究相比,汉语学界词汇丰富性的研究成果不多,但不乏重要发现。黄立、钱旭菁(2003)②利用词语多样性、密度、新颖性、复杂程度和偏误率五个指标,通过看图作文考察汉语二语学习者对生成性词汇深度知识的掌握情况,研究发现经过一个学期的学习,学习者生成性词汇复杂程度有显著提高,偏误率有所降低,但另外三个指标无明显变化。另外,文章对词汇多样性和词汇密度两个指标的有效性提出了质疑并进行了相应的解释。

此外,还有几项研究在考察汉语二语学习者语言准确度、流利度、复杂度时,将词汇丰富性测量的某些维度纳入进去。例如,袁芳远(2012)③考察汉语二语者语言复杂度时涉及词汇知识测量的两个指标:一是词汇异同比,即所用不同词数与总词数的比;二是难词异同比,即HSK乙级以上所用不同词数与总词数的比。曹贤文和邓素娟(2012)④涉及词汇知识的测量有以下几个指标:一是词语准确性,即平均每100个词里错词的数量;二是词语复杂性,即高级水平词例(token)数与总词例数之比、高级水平的

---

① 参见鲍贵《二语学习者作文词汇丰富性发展多维度研究》,《外语电化教学》2008年第5期;王海华、周祥《非英语专业大学生写作中词汇丰富性变化的历时研究》,《外语与外语教学》2012年第2期。

② 黄立、钱旭菁《第二语言汉语学习者的生成性词汇知识考察——基于看图作文的定量研究》,《汉语学习》2003年第1期。

③ 袁芳远《课堂任务条件和篇章结构对输出语言质量和数量的影响》,载《第十届国际汉语教学研讨会论文选》,万卷出版公司,2012年。

④ 曹贤文、邓素娟《汉语母语和二语书面表现的对比分析——以小学高年级中国学生和大学高年级越南学生的同题汉语作文为例》,《华文教学与研究》2012年第2期。

词型（type）数与总词型数之比；三是词语多样性，即词型数与词例数之比。井茁（2013）[①]把汉语学习者词汇复杂度的测量分为两部分：一是词汇密度，即文本中不同实词的总数与词汇总数的比值；二是词汇多样性，即不同词汇的类总数与总汇数的比例。陈默（2015）[②]考察中高级水平美国留学生汉语自然口语产出的复杂度、准确度和流利度特征的发展过程涉及词汇知识测量的两个维度：一是词汇复杂度，具体包括两个测量指标，词汇多样性（不重复词语的数量和词语总量）和词汇难度（甲级词、乙级词、丙级词、丁级词和超纲词的使用数量），二是词汇准确度（AS-Units 的词汇错误数量）。以上研究为汉语二语学习者语言表现的测量做出了突出贡献，但是还存在一些问题，具体表现为：一是测量指标的计算过于简单，难以准确测量到要测的东西；二是未经过严格检验，盲目使用国外英语二语词汇知识测量的指标，导致研究结论的不可靠。例如，词汇密度是否可以作为测量词汇丰富性的有效维度？如果可以，现有词汇密度的计算公式是否有效？这些都是尚待研究的问题。固本研究基于 Read（2000）的理论研究框架，从词汇变化性、词汇复杂性、词汇密度和词汇错误四个维度考察母语为英语的中高级汉语学习者写作中的词汇丰富性发展变化情况，探讨词汇丰富性与二语写作质量之间的关系，检验现有词汇密度计算公式是否有效，以期推进该领域相关问题的研究。

---

① 井茁《从中介语发展分析到高级汉语课程设置——内容依托型教学研究的启示》，《世界汉语教学》2013 年第 1 期。
② 陈默《汉语作为第二语言自然口语产出的复杂度、准确度和流利度研究》，《语言教学与研究》2015 年第 3 期。

二、研究设计

（一）研究问题

1. 在不同学习阶段，不同汉语水平的英语母语者汉语写作中的词汇丰富性有何变化？是否存在显著差异？即词汇变化性、词汇复杂性、词汇密度、词汇错误四个维度有何变化？是否分别存在显著差异？

2. 英语母语者汉语写作中的词汇丰富性与写作质量有何关系？

3. 现有测量词汇密度的计算公式是否有效？

（二）语料来源和学生分级标准

本研究语料来自 46 名英语母语者的汉语作文，中级、高级各 23 名。为保证学生母语背景的纯洁性，我们选取的学习者母语均为英语，进入大学后才开始正式学习汉语。46 名英语母语者均参加了某大学的入学分班考试，依据笔试和口试成绩分别编入中级班和高级班。

写作要求：作文题目为《我理想中的爱情》，200 字左右，课堂当堂完成（45 分钟），不能查阅词典及其他参考材料。

写作质量的评估：首先，由两位对外汉语教师制定具体评分标准，具体包括词汇、语法和句式的准确性、多样性和流利性，语篇的衔接和连贯，内容的充实性等方面。两位对外汉语教师均毕业于北京师范大学文学院（语言学专业），均在一线从事汉语教学工作，一位具有 30 年对外汉语教学经验，多次担任 HSK 作文评审，另外一位具有 7 年教学经验，担任过美国 AP 中文考试作文评审和高考作文评审。两位老师均未教过参与作文写作的被试。其次，作文收集完毕后，复印作文原件，一式两份，制定评分标准的两位教师参照具体评分标准对学生作文进行评阅并给出分数，采用分析性评分的方式，根据词汇、语法、句式和语篇的分项分数（例如一个错字 0.5 分，用错一个词 1 分，一个语法错误 1 分），最后给出一个总分。当两位教师的评分相差三分或三分以上时由第三位教师进行评分，学生作文最后的分数取两个有效分数的平均值。我们对评分者信度进行测量，Spearman 相关系数为 0.953，结果表明评分者一致性很高。中级组的平均分是 86.02，标准差为 6.64；高级组的平均分是 90.72，标准差是 5.34。我们对两组成绩进行独立样本 t 检验，结果显示，中高两组写作成绩差异显著（t＝−2.641, df ＝ 44, $P<0.05$）。

语料的处理：找出学生的错误并改正，将所有错误进行归类。然后将学生作文语料逐一转写为电子文本，并复印纸质文本（以考察错别字），包括作文题目、学生姓名、国籍、性别、年龄等具体信息，从而建立本研究所需的语料库。然后对文本逐一进行分词、词性标注以及字词频率统计。"汉语分词和词性自动标注"和"字词频率统计"等具体操作会在下面结合测量工具一起阐述。

（三）词汇丰富性测量工具

1. 词汇变化性测量工具

词汇变化性是指在写作中使用多种不同的词如同义词、上位词和其他关系的词，而避免重复使用某些词（Read, 2000）。Jarvis（2002）的研究发现，在众多词汇变化性测量工具中，D 和 Uber index 的测量准确性较高；Vermeer（2000）的研究也发现 Uber index 在处理小样本语料时准确性较高。因为本研究中的每篇作文字数均在 400 字以内，所以本文采用 Uber index 来测量词汇变化性，具体计算方法如下：

$$\text{Uber index: } U = \frac{(\log \text{Tokens})^2}{\log \text{Tokens} - \log \text{Types}}$$ （Jarvis, 2002:59）

在英语中，type（类符）是指一个文本中不同词的个数，重复出现的词只记作一个类符。token（形符）是指一个文本中所有词的个数。[①] 本研究对汉语文本 type 和 token 的统计也采用这种操作定义。具体判定和提取步骤为：首先，我们利用教育部语言文字应用研究所计算语言学研究室"汉语分词和词性自动标注系统"对每篇作文中的所有词语进行分词和词性标注，并进行人工检验，存为纯文本格式；第二步，利用"字词频率统计工具"计算出词频，从而统计出每篇作文中 type 和 token 的数量。

2. 词汇复杂性测量工具

词汇复杂性是指在写作中选择使用更适合主题的低频词，而不是选择日常的普通词汇，使用技术名词、术语和其他各种有特点的词来精确地表达作者的意思。英语词汇复杂性的测量大多采用 Nation 和 Coxhead 制作的软件——Range，包括四个词表：最常用 1 000 词、次常用 1 000 词、学术词汇和表外词。但是 Range 无法进行汉语词汇复杂性测量，我们借鉴其设计理念，基于《汉语水平词汇与汉字等级大纲》（以下简称《大纲》）[②] 中的甲级词（1 033 个）、乙级词（2 018 个）、丙级词（2 202 个）、丁级词（3 569 个）四个词表，利用 Excel 实现汉语词汇复杂性的测量。

[①] 参见 I. S. P. Nation. *Learning Vocabulary in Another Language.* Cambridge: Cambridge University Press, 2001。

[②] 国家汉语水平考试委员会办公室考试中心《汉语水平词汇与汉字等级大纲》，经济科学出版社，2001 年。

本研究词汇复杂性的操作定义是每篇作文中使用《大纲》甲级词、乙级词、丙级词、丁级词及《大纲》未收录词的形符（tokens）总数占每篇作文词形总数的比例。

具体处理步骤如下：

我们在计算词汇变化性时已对每篇作文中的词语进行了分词和词性标注，并统计出了词频。在此基础上，第一步，利用Excel逐一将每篇作文中的词汇与《大纲》的四个词表进行比对，统计得出每篇作文中的词汇在《大纲》中的分布情况；第二步，对得出的分布情况一一进行人工核对，因为有少量词汇"汉语分词和词性自动标注系统"和《大纲》的切分不同。

3. 词汇密度测量工具

词汇密度是指文本中实词的数量与总词数的比率。与语法词（或功能词）相比，实词在文本中占有相当高的比重。词汇密度的测量有两种方法：第一种是 Ure 的计算公式，词汇密度＝实词数/总词数；第二种是 Halliday 的计算公式，词汇密度＝实词数/小句总数。我们利用这两种方法一一计算词汇密度。

关于实词的范围，我们采用黄伯荣、廖序东（2007）[①]的标准，即实词包括名词、动词、形容词、副词、区别词、数词、量词、代词、叹词、拟声词。

具体处理方式：首先，将已分好词并完成词性标注的文本依次导入 HyConc 软件，得出每篇作文的实词数和总字数，利用 Ure 的公式计算出词汇密度；其次，统计出每篇作文的小句数，

---

① 黄伯荣、廖序东主编《现代汉语》（增订四版），高等教育出版社，2007年。

利用 Halliday 的公式计算出词汇密度；最后对两种计算公式得出的结果进行对比。

4. 词汇错误测量方法

Engber（1995）将词汇错误分为选词错误和形式错误两类，语法和句法错误不计在内。这里基于 Engber（1995）的研究，同时参考张博（2007、2008）①的易混淆词理论研究框架，结合汉语自身特点，也将词汇错误分为两类：一是形式错误，如错别字、易混淆词中的字形相近的词等；二是语义错误，如易混淆词中的理性意义基本相同的词、有相同语素的词、母语一词多义对应的汉语词等。考虑到文本长度对计算结果的影响，我们计算每个学习者的词汇错误率，即每个学习者两类词汇错误的总数除以每篇作文的总词数。

我们之所以将词汇错误纳入词汇丰富性的研究框架内，是因为我们认为讨论词汇丰富性的前提是学习者是否已经习得了这个词汇，具体包括语音、书写、意义、搭配、语用等方面②。换言之，我们将词汇准确与否看作词汇丰富性测量的一个维度，固本研究考察学习者能否正确使用词汇，有无形式错误和语义错误，以便考察其词汇丰富性的程度如何。

---

① 张博《同义词、近义词、易混淆词：从汉语到中介语的视角转移》，《世界汉语教学》2007 年第 3 期；张博《第二语言学习者汉语中介语易混淆词及其研究方法》，《语言教学与研究》2008 年第 6 期。

② 参见 J. Michael Wallace. *Teaching Vocabulary*, London: Heinemann Educational Books, 1982；马广惠《二语词汇知识理论框架》，《外语与外语教学》2007 年第 4 期。

三、结果与讨论

（一）词汇变化性

中、高级不同阶段学习者词汇变化性 U 值的描述统计见表 4-30。

表 4-30　不同学习阶段 U 值的描述统计

水平		数量	平均数	标准差
U 值	中级	23	16.996	4.51
	高级	23	20.264	3.83

我们利用 SPSS16.0 对两组数据进行独立样本 t 检验，结果显示：中级作文和高级作文 U 值差异显著（t = -2.648, df = 44, $P<0.05$），高级阶段学习者的词汇变化性 U 值显著高于中级阶段。据此，我们可以推断词汇变化性与学习者的汉语水平密切相关：汉语水平越高，作文中的词汇使用更趋于多样化。经过一年多的学习，英语母语者的汉语词汇量在逐渐增大，而且词汇知识也在不断增长，主要表现为次常用词词汇量增大、能用语义更加精准的词来表达，例如：

（1）没有爱情的时候，她会生气也会哭。（中级作文）
（2）当爱情远去，她会在孤独的夜里独自叹息和哭泣。（高级作文）

从以上两个例句可以看出，中级水平学生能用基本词汇表达清楚句义，但是句式和词汇都比较简单，如例（1）中包括 2 个小句，10 个形符（tokens），9 个类符（types），而且所有词都属于甲级词汇。相较而言，高级水平学生能使用语义更加精准的词汇表达，而且句式更加地道，在准确性、流利性、复杂性上都比中级水平好得多，如例（2）中也包括 2 个小句，但是有 13 个形符（tokens），13 个类符（types），其中甲级词汇 9 个，乙级词语 4 个，使用形容词"孤独"、副词"独自"表达自己内心的感受，而且"叹息"和"哭泣"比"生气"和"哭"更能表达出动人的情感，另外，使用了比较地道的句式，如"当……"和介词性框式结构"在……里"。通过比较可以看出，高级水平作文的词汇丰富性比中级的要好，主要表现为：次常用词词汇量增大，词汇种类增多，能使用语义更加精准的词汇，句式使用更加地道。

值得注意的是，现有词汇变化性的测量是有局限的，因为没有考虑词频因素，词频因素会影响词汇变化性的测量结果，Meara & Bell（2001）[①] 举了一个十分恰当的例子来说明这个问题：

(3) The man saw the woman.

(4) The bishop observed the actress.

(5) The magistrate sentenced the burglar.

在以上三个英语句子中，都包含四个类符（types）和五个形符（tokens），但是例（4）和例（5）用低频词提供了更加精确的描述，而用词汇变化性测量公式得出的结果显示这三句的词汇变化性毫无区别，因为它只统计了类符的个数，而未考虑类符的频率，即这些类符（types）是属于常用词汇、次常用词汇还是低

[①] P. Meara & H. Bell. P-Lex: A simple and Effective Way of Describing the Lexical Characteristics of Short L2 Texts. *Prospect,* 2001(16): 5-24.

频词汇。Vermeer（2002）、McCarthy & Jarvis（2007）[①]也建议在测量词汇变化性时考虑词频因素，因为使用低频词可以使学习者更准确地表达意思，词频提供了大量的信息，教师也能依据词频提供的信息来判断学生产出性词汇的丰富性。可见，现有词汇变化性的测量是有局限的，必须考虑类符的频率因素。

（二）词汇复杂性

中、高级不同阶段学习者词汇复杂性的平均数和标准差见表4-31。

表4-31 不同学习阶段词汇复杂性的描述统计

词汇等级	水平	作文数	平均数	标准差
甲级词（1 033个）	中级	23	0.833	0.04
	高级	23	0.796	0.04
乙级词（2 018个）	中级	23	0.098	0.03
	高级	23	0.125	0.03
丙级词（2 202个）	中级	23	0.029	0.02
	高级	23	0.027	0.01
丁级词（3 569个）	中级	23	0.019	0.01
	高级	23	0.023	0.01
《大纲》未收录词	中级	23	0.022	0.01
	高级	23	0.030	0.02

独立样本 t 检验结果显示：中级作文和高级作文中的甲级词和乙级词差异显著（$t_{甲}=2.972$，$df=44$，$P<0.05$；$t_{乙}=-2.948$，$df=44$，$P<0.05$），但是丙级词、丁级词和《大纲》未收录词

[①] P. M. McCarthy & S. Jarvis. Vocd: A Theoretical and Empirical Evaluation. *Language Testing*, 2007(24): 459-488.

差异均不显著（$t_{丙}=0.41$，df=44，$P=0.684$；$t_{丁}=-0.943$，df=44，$P=0.351$；$t_{未}=-1.976$，df=44，$P=0.054$），中级作文中使用甲级词的数量显著多于高级作文，高级作文中乙级词的数量显著多于中级作文。这说明在中级阶段，学习者作文主要依靠甲级词进行表达，到了高级阶段，随着词汇量的增大，学习者除了使用甲级词以外，开始倾向于使用频次稍低的乙级词表达，但是即使到了高级阶段，学习者使用丙级词、丁级词和《大纲》未收录词的数量依然很少，甲级词和乙级词总量才3 051个，可见，学习者的产出性词汇量严重不足，亟待增加。

（三）词汇密度

中高级不同阶段学习者词汇密度的平均数和标准差见表4-32。

表4-32　不同学习阶段词汇密度的描述统计

		水平	数量	平均数	标准差
Part1	词汇密度Ⅰ	中级	23	0.831	0.03
		高级	23	0.830	0.03
	词汇密度Ⅱ	中级	23	0.626	0.04
		高级	23	0.624	0.04
	词汇密度Ⅲ	中级	23	5.674	0.90
		高级	23	6.141	1.08
Part2	词汇密度Ⅳ	中级	23	0.384	0.06
		高级	23	0.390	0.05
	词汇密度Ⅴ	中级	23	0.522	0.11
		高级	23	0.611	0.13

为检验实词类符数和形符数对计算结果的影响，第一部分的检验我们将实词数定义为实词形符数，即表4-32中词汇密度Ⅰ、Ⅱ、Ⅲ的计算采用的是"实词形符数/总词数"；第二部分的检

验我们将实词数定义为实词类符数,即表 4-32 中词汇密度Ⅳ、Ⅴ的计算采用的是"实词类符数/总词数"。

首先我们将实词形符数作为实词数,采用 Ure(1971)的词汇密度计算公式,即词汇密度=实词数/总词数,其中实词包括名词、动词、形容词、副词、区别词、数词、量词、代词、叹词、拟声词等十类,(词汇密度Ⅰ)独立样本 t 检验结果显示:中级作文和高级作文词汇密度值无显著差异(t=-0.093,df=44,P=0.926)。在词汇密度Ⅰ的计算时我们选用了十类实词,而国外词汇密度的研究(Engber,1995; Laufer & Nation, 1995; Lu, 2012)实词一般只选择名词、动词、形容词和副词四类,为了考察结果是否受其他词类影响,我们按照国外的标准,再次计算词汇密度,(词汇密度Ⅱ)独立样本 t 检验结果显示:中级作文和高级作文词汇密度值仍无显著差异(t=0.220,df=44,P=0.827)。然后我们采用 Halliday(1985)的计算公式,即词汇密度=实词数/小句总数,(词汇密度Ⅲ)独立样本 t 检验结果显示:两阶段作文词汇密度值无显著差异(t=-1.594,df=44,P=0.118)。

从以上结果来看,如果实词总数是实词形符总数的话,Ure(1971)和 Halliday(1985)的词汇密度计算公式得出的结果相同:中级和高级阶段作文的词汇密度差异不显著。可见,采用实词形符总数的标准不能有效区分学习者的汉语水平,因为这种算法只统计了实词的总数,而没有统计实词中类符的个数,即使测出的词汇密度大,也不能说明学习者的词汇更加丰富,例如:

(6)他的家人都很漂亮,他的妈妈很漂亮,他的妹妹也很漂亮。

(7) 他的家人都很棒，妈妈既漂亮又大方，妹妹也很可爱。

我们将实词形符总数作为实词总数，利用 Halliday（1985）的公式来计算两句的词汇密度，例（6）的词汇密度是 4.67（14/3），例（7）的词汇密度是 4.67（14/3）。对比这两个句子，明显能感觉到例（7）词汇更丰富一些，但是根据公式得出的结果是两个句子的词汇密度一样大。问题出在我们计算时只统计了实词的总数，但是没有考虑实词中类符的个数和频率，如例（6）中有 14 个实词，但是只有 8 个类符（他：3 次；很：3 次；漂亮：3 次；家人：1 次；妈妈：1 次；妹妹：1 次；都：1 次；也：1 次）；例（7）中有 14 个实词，13 个类符，显然例（7）的词汇丰富性更好一些。

其次，我们将实词类符数作为实词数，采用 Ure（1971）的词汇密度计算公式，（词汇密度Ⅳ）独立样本 t 检验结果显示，两阶段作文词汇密度值无显著差异（$t=-0.412$, $df=44$, $P=0.682$）。这说明，在计算词汇密度时，仅考虑实词中的类符数是不够的，必须同时考虑类符数及其使用频率。虽然高级学习者实词总类符数明显多于中级，但是当用实词总类符数除以作文总词数时，密度值就无显著差异了，因为高级阶段随着总类符数的增加，学生作文长度也明显增长了，总词数也增多了。一个有效的测量方法就是在计算实词类符数时考虑词频，例如中、高级学习者的作文中实词的类符数均为 140，总词数为 200 时，采用 Ure（1971）的计算公式结果相同，但是如果考虑词频因素，即高级阶段学习者使用的低频词显著多于中级阶段学习者，那么就可以很容易区分出他们的汉语水平和词汇密度的差别。所以，如果利用Ure（1971）的词汇密度计算公式，必须同时考虑实词中类符的个数和频率，只有这样，词汇密度的测量才有效。然后我们采用Halliday（1985）的公式进行计算，（词汇密度Ⅴ）的独立样本t检验结果显示，两阶段作文词汇密度值无显著差异（t=-1.562, df=44, P=0.125）。在测量英语词汇密度时，Halliday（1985）的计算公式是有效的，那么为何在汉语中却无效呢？其根本原因在于英汉句法的本质差异，在句法结构上，英语句子多用长句、从句，而汉语句子多用短句、分句[1]。英语句长在一定程度上可以表现出学习者英语水平的高低，所以"实词数/小句总数"的计算公式可以大致测量出英语的词汇密度。相反，汉语句长并不能作为衡量英语母语者汉语水平的标准，Jin（2007）[2]、Jiang（2013）[3]都发现初级水平英语母语者汉语作文的平均句长从一开始就不短，甚至会高于中级母语者，其中一个很重要的原因是初级水平的学习者受英语母语影响的程度较大，在句子表达中从属结构较多，过多使用显性连词来表现句子之间的关系，特指和定指标志过多。可见，Halliday（1985）的词汇密度计算公式并不适合汉语词汇密度的测量。

（四）词汇错误

中、高级不同阶段学习者词汇错误率的平均数和标准差见表4-33。

---

[1] 参见潘文国主编《汉英语言对比概论》，商务印书馆，2010年。

[2] Jin Honggang. Syntactic Maturity in Second Language Writings: A Case of Chinese as a Foreign Language (CFL). *Journal of the Chinese Language Teachers Association,* 2007(42): 27-54.

[3] Jiang Wenying. Measurements of Development in L2 Written Production: The Case of L2 Chinese. *Applied Linguistic,* 2013(34): 1-24.

表 4-33　不同学习阶段词汇错误率的描述统计

错误类型	水平	数量	平均数	标准差
形式错误	中级	23	0.026	0.016
	高级	23	0.009	0.007
语义错误	中级	23	0.004	0.005
	高级	23	0.008	0.007

我们对不同学习阶段的词汇错误率进行独立样本 t 检验，结果显示，中级和高级作文中的形式错误差异显著（$t=4.982$, $df=44$, $P<0.0001$），语义错误差异也显著（$t=-2.142$, $df=44$, $P<0.05$）。

另外，我们对不同阶段学习者词汇错误的类型及分布进行统计，结果如表 4-34 所示。

表 4-34　不同学习阶段词汇错误的类型及分布

错误类型	中级		高级	
	数量	占比	数量	占比
形式错误	98	44.34%	54	24.43%
语义错误	23	10.41%	46	20.81%

从表 4-34 可以看出，随着汉语水平的提高，学习者形式方面的词汇错误显著减少，但是语义方面的词汇错误显著增多，主要表现为部分易混淆词的混用。我们参考张博易混淆词的分类标准，将 46 篇作文中出现的易混淆词分为以下五类：

1. 理性意义基本相同的词。例如"高兴"和"愉快"：

　　（8）*我跟我的女朋友在一起三年了，这几年我们过得非常<u>高兴</u>。（应改为"愉快"）

2. 有相同语素的词。例如"身材"和"身体","活动"和"运动":

（9）*美国女孩的身体比韩国女孩的好看多了，因为美国女孩常常活动，韩国女孩不活动。（画线处应分别改为"身材""运动"）

此外，我们还发现十例单、双音节同素近义词混淆错误，例如"找"和"寻找"，"哭"和"哭泣":

（10）*我对爱情的看法和作者的很像，如果太用力地找爱情，结果往往会很失望。

（11）*女人找不到爱情的时候，常常叹息和哭。

3. 语音相同或相近的词。例如"必须"和"必需":

（12）*谁是白领，谁是蓝领呢？我必需说明他们的特点。（应改为"必须"）

4. 字形相近的词。例如"少"和"小":

（13）*我不喜欢头发太小的男生。

5. 母语一词多义对应的汉语词。例如英语中的"kind"可以对应汉语的"种"和"样"等词，但是汉语中这两个词用法是不同的，英语母语者不明白这种差异，写下了下面的句子：

（14）*你喜欢什么种的女生？

再比如英语中的"want"可以对应汉语的"希望"和"要":

（15）*我理想的女朋友是这样的，我要她很温柔，也要她和我有一样的兴趣。

我们对测量结果的解释是：随着汉语水平的提高、汉字学习策略的加强以及教师对书写形式的纠正，英语母语者作文中形式方面的词汇错误逐渐减少。到了高级阶段，随着生词量的增大，近义词大量出现，近义词在搭配、语义范围等方面存在着差异，学习者尝试用这些意义精细的词来表达，但是由于不了解这些词的细微差别而导致了错误，另外，学习者母语和汉语词汇的语义内涵不对应也是造成词汇错误的重要原因。罗青松（1997）[①]"对英国杜伦大学中文专业的两届毕业生的42份汉语写作毕业考试试卷（约4万字）中的错误的统计表明，在收集到的210个词语和句法错误中，有138个是属于词汇运用方面的错误，约占66%"；本研究从英语母语者的46篇作文中收集到396个词汇和句法错误，其中221个属于词汇运用方面的错误（词汇形式方面的错误如错别字也包括在内），约占56%，可见，在汉语二语写作中，词汇错误是最严重的，而且不同母语背景的学习者词汇错误类型也有所差别，所以区分母语背景的易混淆词的研究工作很有必要。

（五）词汇丰富性和作文质量的关系

为考察英语母语者词汇丰富性的四个维度与写作质量的关系，我们对此进行多元线性回归分析，自变量为词汇丰富性的四个维度：词汇变化性、词汇复杂性、词汇密度和词汇错误率，因变量为写作质量即写作成绩。统计检验结果如表4-35：

[①] 罗青松《英语国家学生高级汉语词汇学习过程的心理特征与教学策略》，载《第五届国际汉语教学讨论会论文选》，北京大学出版社，1997年。

表 4-35　各变量之间的相关矩阵（n = 46）

变量		相关矩阵			
		1	2	3	4
因变量	写作成绩	0.346**	0.414**	−0.009	−0.584***
自变量	词汇变化性	——	0.437**	0.058	−0.232
	词汇复杂性		——	−0.053	−0.177
	词汇密度			——	−0.208
	词汇错误率				——

注：*P＜0.05，**P＜0.01，***P＜0.001。后同。

从表 4-35 可知，预测变量除"词汇密度"外，词汇变化性、词汇复杂性、词汇错误率均与因变量显著相关。其中，词汇错误率和写作成绩的相关极其显著，说明词汇错误率和写作成绩的关系非常紧密，词汇复杂性和词汇变化性与写作成绩的相关非常显著，说明词汇复杂性和词汇变化性与写作成绩的关系也很紧密。

表 4-36　多元线性回归结果摘要表（n = 46）

变量		R	R^2	Adjusted R^2	$F(4, 41)$	Beta	$t(41)$
因变量	写作成绩	0.679	0.462	0.409	8.789		
自变量	词汇变化性					0.114	0.877
	词汇复杂性					0.264	2.052*
	词汇密度					−0.113	−0.957
	词汇错误率					−0.534	−4.419***

从表 4-36 可知，在多元线性回归分析中，R = 0.679，R^2 = 0.462，$F(4, 41)$ = 8.789，P＜0.000 1，说明回归方程是有意义的，而且词汇变化性、词汇复杂性、词汇密度、词汇错误率四个自变量构成的组合能解释写作成绩总变异的 46.2%。其中，词汇复杂性和词汇错误率两个维度有显著贡献，词汇错误率的标准化回归系

数（Beta＝-0.534）的绝对值大于词汇复杂性回归系数（Beta＝0.264），这说明词汇复杂性和词汇错误对写作成绩影响很大，词汇错误越少、词汇复杂性越高，学习者的作文成绩就越高；与词汇复杂性相比，词汇错误对写作成绩的影响更大，所以在写作教学中，要格外重视学习者的词汇错误和词汇复杂性，一方面加强易混淆词的辨析和练习，尤其是理性意义基本相同的词、有相同语素的词、母语一词多义对应的汉语词；另一方面扩大学习者次常用词汇和低频词的产出性词汇量，除了要掌握好《大纲》中的甲级词和乙级词以外，要扩大词汇量，多掌握丙级词、丁级词及《大纲》未收录的词，从而提高词汇丰富性。

另外，从回归结果也可以看出，词汇变化性和词汇密度没有很好的预测写作成绩，这可能是由于词汇变化性和词汇密度测量公式的局限性导致的，这与我们前面的分析结果一致，即词汇变化性和词汇密度测量公式存在局限性，词汇变化性 Uber index 计算公式虽然调查了类符和形符的个数，但是没有考察不同类符的频率，一篇作文中即使类符的量很大，通过公式得出的词汇变化性 U 值也大，但这不能说明作文质量就高，因为如果使用的类符大都是高频词而很少使用低频词的话，可能不能有效表达精确的语义，前面我们已用 Meara & Bell（2001）的例子做了具体的说明；词汇密度的问题更大，不仅不能区分出不同水平的汉语学习者，而且与写作成绩的相关不显著，也不能很好地预测写作成绩，这是因为 Ure（1971）的计算公式没有考察类符的频率，Halliday（1985）的计算公式不适合汉语词汇密度的测量（因为英汉句法的本质差异）。

四、结论

本研究从词汇变化性、词汇复杂性、词汇密度和词汇错误四个维度考察了中高级阶段英语母语者汉语写作中的词汇丰富性发展情况及词汇丰富性和写作质量的关系，检验了现有词汇密度计算公式的有效性。结果显示中级和高级阶段汉语学习者产出性词汇的变化性、复杂性和词汇错误均存在显著差异，说明随着汉语水平的提高，学习者的词汇变化性和词汇复杂性均显著提高；词汇错误方面，形式错误逐渐减少，但是语义错误大量出现，而且词汇复杂性测量结果显示，学习者的汉语产出性词汇量严重不足，即使到了高级阶段，写作仍以甲级词和乙级词为主。通过多元回归发现，词汇错误和词汇复杂性与写作质量的关系更为密切。另外，我们发现现有词汇变化性和词汇密度的测量方式都存在一定局限，即 Uber index 计算公式和 Ure（1971）的计算公式没有考察类符的频率，Halliday（1985）的计算公式不适合汉语词汇密度的测量。

本研究给汉语二语教学和研究的启示主要有三方面：一是词汇错误中的语义错误应该引起研究者和教师的足够重视，要特别加强易混淆词的研究，尤其是理性意义基本相同的词、有相同语素的词、母语一词多义对应的汉语词等；二是要通过各种教学和训练方法扩大学生的产出性词汇量尤其是次常用词汇量和低频词汇量；三是在运用 Uber index 计算公式测量词汇变化性、运用 Ure（1971）的计算公式测量词汇密度时，应考虑类符的频率因素。

本研究也存在不足之处：首先，写作中的词汇丰富性可能会受话题熟悉度、写作策略等因素的影响；其次，研究不是动态地考察同一批学习者的词汇丰富性发展特点,而是同时比较不同水平的写作文本。尽管这种横向设计能够解释学习者不同阶段的词汇丰富性发展特点,但为了达到更有效、更全面考察的目的,未来的研究可以对同一批学习者采用跟踪的纵向研究设计或横向与纵向结合的研究方法。

第六节 学习者背景与写作质量研究[①]

一、引言

全球学习汉语者可以分为华裔与非华裔学习者。华裔学习者有中国血统,在家庭中能接触到汉语普通话或方言,但长期身处非汉语语言环境中,第一语言为汉语以外的语言,或第一语言虽为汉语,但长期大量与所在国主导语言的接触使其主导语言水平接近或达到母语者水平。非华裔学习者没有中国血统,家庭环境也接触不到汉语。汉语习得对华裔与非华裔学习者同为二语习得,但二者在语言基础、学习动机、学习策略、各项技能发展模式等方面都有很大差异。然而,对这两类学习者群体差异的研究目前并不多见,汉语教学的总体设计、教材编写和课堂教学等各个环节也很少关注这种差异,教学中常遇到华裔与非华裔学习者在同

[①] 本节摘自莫丹《华裔与非华裔汉语学习者产出性词汇知识差异及其对写作质量的影响》,发表于《云南师范大学学报》(对外汉语教学与研究版) 2015 年第 5 期。

一课堂中学习，因各自的学习特点、难点不一致使得二者的学习需求难以兼顾的问题。因此，对两类学习者的差异进行研究，为课堂教学与教材编写提供依据是十分必要的。

以词汇为例，词汇习得是二语习得的关键环节，词汇知识对听、说、读、写各项语言能力的提高都起着重要作用。二语词汇知识可分为接受性词汇知识和产出性词汇知识。接受性词汇是语言信息输入时使用的词汇，主要指在读和听过程中能理解基本意义的词汇，产出性词汇是语言信息输出时能自主使用的词汇，主要指说和写的过程中可以自主使用的词汇。一般而言，接受性词汇和产出性词汇间存在巨大差距，即所谓"产出性词汇门槛"，二语学习者的产出性词汇量远小于接受性词汇量。（任春艳，2011）[1] 而产出性词汇知识对二语者的口语与书面语输出至关重要，Wilkins 就曾指出[2]，没有语法，很多事物无法表达，而没有词汇，任何事物都无法表达。一般认为华裔学习者的口语表达能力整体上强于非华裔学习者，那么华裔与非华裔学习者在写作质量上有无差异？若有，这种差异与产出性词汇知识有无关系？对两类学习者的词汇教学有何借鉴意义？这是我们想要探讨的问题。

目前对产出性词汇的研究主要有留学生产出性词汇发展模式研究（黄立、钱旭菁，2003[3]；孙晓明，2009）、从加工机制的角度考察产出性词汇门槛产生的原因（孙晓明，2009）、对学

---

[1] 任春艳《汉语作为第二语言控制性产出词汇测试研究》，《语言文字应用》2011 年第 4 期。

[2] 转引自孙晓明《留学生产出性词汇发展模式研究》，《民族教育研究》2009 年第 4 期。

[3] 黄立、钱旭菁《第二语言汉语学习者的生成性词汇知识考察——基于看图作文的定量研究》，《汉语学习》2003 第 1 期。

习者产出性词汇量与接受性词汇量的比较研究（任春艳，2011）等。对华裔与非华裔汉语学习者产出性词汇的研究并不多见，主要集中在对东南亚华裔学生产出性词汇的偏误分析（萧频、张妍，2005[①]；萧频、李慧，2006[②]；张翠翠，2009[③]），尚未见到对华裔与非华裔汉语学习者产出性词汇知识的比较研究。由于非汉语环境中的词汇习得途径比较单纯，一般情况下只涉及家庭环境和课堂环境，无须排除影响词汇习得的其他环境因素，因此，我们试图从在美国本土学习的华裔与非华裔学习者的写作文本入手，考察非汉语环境中两类学习者的产出性词汇知识差异及其对写作质量的影响，为两类学习者的词汇教学提供有针对性的建议。

二、数据收集

本研究的语料来自80位美国大学生共约3万字的课堂作文，分为华裔与非华裔两组，包括40名华裔和40名非华裔，作文主题为"自我介绍"。学生汉语水平分布如表4-37所示：

表4-37 学习者汉语水平分布

年级	华裔		非华裔	
	人数	占比	人数	占比
一年级	9	22.5%	8	20%

[①] 萧频、张妍《印尼学生汉语单音节动词语义偏误的主要类型及原因》，《暨南大学华文学院学报》2005年第4期。

[②] 萧频、李慧《印尼学生汉语离合词使用偏误及原因分析》，《暨南大学华文学院学报》2006年第3期。

[③] 张翠翠《东南亚华裔学生常用单音动词使用情况考察——以常用单音动词的分析为例》，北京语言大学硕士学位论文，2009年。

续表

年级	华裔		非华裔	
	人数	占比	人数	占比
二年级	10	25%	12	30%
三年级	11	27.5%	12	30%
四年级	10	25%	8	20%
总计	40	100%	40	100%

其中部分学生有短期留学中国的经历。华裔学生的背景比较复杂，大部分是第二代或第三代华裔移民，出生于美国，8人在出生后移民，其中5人小时候曾在中国学习，5人中有2人在中国的国际学校学习，接触的主要语言是英语。11名华裔学生有方言背景。

我们将从语料中采集的各种数据输入电脑，用社会科学统计软件（SPSS20.0）进行统计分析。

三、华裔与非华裔学习者写作质量的差异

（一）研究变量

1. 写作成绩

我们将80篇华裔与非华裔学生的作文打乱顺序后，交由两位有10年以上教学经验的教师进行评分。评分者事先未被告知研究目的，且两位评分者都无法得知另一评分者给出的成绩，以保证评分的客观性。我们对两位教师的评分进行皮尔逊r相关分析，结果显示，两位教师的评分之间呈高度正相关（r 评分$_1$-评分$_2$ = 0.937，$P = 0.000$，$P<0.05$）。最后取两位教师评分的平均数为学生的写作成绩。

2. 词块频数

词块在二语学习中非常重要,有学者认为,掌握词块数量的多少决定了二语学习者对语言的熟练程度,是流利表达和接近母语水平的关键因素,学生写作水平与词块的使用能力显著相关。(丁言仁、戚炎,2005)[①] 由于作文的评分主观性较强,因此我们将语料中出现的 2 词以上的词块频数作为考察作文质量的辅助指标。

(二)结果

对华裔组与非华裔组学生的写作成绩与词块频数进行独立样本 t 检验,结果如表 4-38:

表 4-38 华裔与非华裔学生写作成绩与词块频数独立样本 t 检验结果

	华裔组(n = 40)		非华裔组(n = 40)		MD	t	P
	M	SD	M	SD			
作文得分	86.70	8.21	80.21	7.04	6.49	3.794	0.000
词块频数	18.55	10.72	12.95	7.67	5.60	2.687	0.009

从表 4-38 数据可知,两组学生的作文得分差异显著($t = 3.794$,$P < 0.05$),华裔组的作文得分明显高于非华裔组($MD = 6.49$);词块频数也有显著差异($t = 2.687$,$P < 0.05$),华裔组作文中的词块频数明显多于非华裔组($MD = 5.60$),如介词短语(对……有好处、在学习上)、补语(学起中文来、跟得上、吃不下、忘掉)、虚词(还不错、再过两天)、固定搭配(玩个痛快)等,华裔组的使用频率和正确率都比非华裔学生高。从这两项数据我们可以得出结论:华裔组的写作质量优于非华裔组。

[①] 丁言仁、戚炎《词块运用与英语口语和写作水平的相关性研究》,《解放军外国语学院学报》2005 年第 3 期。

四、华裔与非华裔学习者词汇知识差异

(一) 研究变量

词汇知识应该包括哪些部分?何谓"完全习得一个词"?事实上,词汇知识不能以简单的全无或全有(all-or-nothing)来划分,而是一个由不同层面和水平组成的连续体。(Schmitt & Meara, 1997)[①] 一般认为,产出性词汇知识包括词汇广度知识和词汇深度知识两个方面,前者反映词汇知识的量,后者反映词汇知识的质。那么,词汇广度知识与深度知识应该从哪些方面测量呢?英语教学界在这方面的研究比较丰富,研究者们针对英语的特点从不同的角度提出了两类词汇知识的量化指标:在词汇广度知识的测量方面,Laufer(1994)[②] 提出词频概貌、词汇复杂性和词汇多样性三个指标,Read(2000)[③] 则提出词汇变化性(类符/形符比)、词汇复杂性(超出前 2 000 词表词汇的百分比)、词汇密度(实义词占总词数的百分比)和少量的词汇错误四个指标;词汇深度知识的分类目前比较公认的是 Nation(1990)[④] 提出的词汇知识框架理论。他将词汇知识分为词的语言形式、词在句中的位置、词的使用功能和意义四个层面,包括发音、书写、句法特征、搭配、使用频率、得体性、概念意义和词间联想八类,每一类都分为接

[①] N. Schmitt & P. Meara. Researching Vocabulary through a Word Knowledge Frame Work: Word Association and Verbal Suffixes. *SSLA,* 1997(19): 17-36.

[②] B. Laufer. The Lexical Profile of Second Language Writing: Does It Change over Time. *RELC Journal,* 1994(25): 21-33.

[③] J. Read. *Assessing Vocabulary.* Cambridge: Cambridge University Press, 2000.

[④] I. S. P. Nation. *Teaching and Learning Vocabulary.* Boston: Heinle & Heinle, 1990.

受性知识和产出性知识两个层面。然而，以上分类都是以英语为对象，不完全适合汉语的特征。因此，我们在前人研究的基础上，结合汉语的特点，确定了测量产出性词汇知识的几个变量：

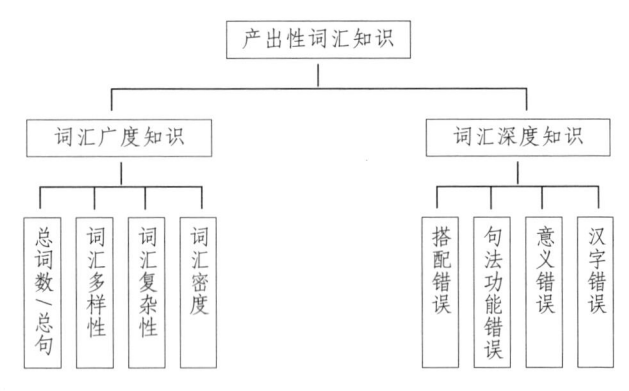

图 4-12 产出性词汇变量

1. 词汇广度知识

词汇广度知识测量的变量包括：

第一，总词数与总句数。总词数是文本内使用的词语总量，也即该文本的总词汇量。总句数可以反向反映句长，若总句数多，则单句句长较短，若总句数少，则单句句长较长。

第二，词汇多样性。词汇多样性为文本中出现的不同词汇数与该文本总词数之比。

第三，词汇复杂性。我们使用低频词分布与低频词正确率两个指标来反映词汇的复杂性。其中低频词的判定标准依据《汉语国际教育用音节汉字词汇等级划分（国家标准·应用解读本）》[①]，

---

① 《汉语国际教育用音节汉字词汇等级划分》课题组《汉语国际教育用音节汉字词汇等级划分（国家标准·应用解读本）》，北京语言大学出版社，2010年。

将其中列出的二级（中级）词、三级（高级）词及高级附录词作为低频词。在语料分析的过程中我们发现，学习者对低频词的词汇知识掌握往往不够精确，偏误较多，因此增加了低频词正确率这一指标从侧面考察学习者对低频词的使用情况，计算方法为：低频词正确率＝正确低频词数／低频词总数。

第四，词汇密度。词汇密度即文本中的实词与总词数之比。

2. 词汇深度知识

我们采用差错分析的方法，通过学习者产出词汇的错误考察深度知识习得的情况，主要考察以下变量：

第一，搭配错误。通过对文本的分析，搭配错误主要可以分为以下几类：以名词为中心成分的搭配错误、以动词为中心成分的搭配错误、以形容词为中心成分的搭配错误、虚词搭配错误及固定结构搭配错误。

第二，句法功能错误。句法功能错误主要包括不同词性的词语混淆、离合词的误用、动词的及物性与不及物性混淆、词义与句义隐含的时、体、态矛盾等。

第三，意义错误。意义错误包括由于词语缺失导致意义表达含糊、词义错误、形近词与音近词混淆等。其中词义错误比较复杂，主要有由于英文词与中文词的意义不对称导致的错误、对词义的理解偏差、意义重复或矛盾、使用补偿策略，不会表达的词用熟悉的词语、生造词、语素或其他语码（英文或拼音）代替等几种。

第四，汉字书写错误。词形是词汇知识的一个重要方面，汉字书写的正误直接影响词义的理解，因此我们将汉字书写错误作为测量词汇深度知识的变量之一。

（二）研究方法

我们首先依据《现代汉语词典》和《汉语国际教育用音节汉字词汇等级划分（国家标准·应用解读本）》对语料进行分词，之后根据前文所述测量词汇知识的各项指标对其进行分析。

（三）结果

1. 词汇广度知识差异

华裔与非华裔组词汇广度知识各变量的差异如表 4-39 所示：

表 4-39　华裔与非华裔学生词汇广度知识差异

变量名称	华裔组（n＝40）		非华裔组（n＝40）		MD	t	P
	M	SD	M	SD			
总词数	220	96.20	219	81.19	1.35	0.068	0.946
总句数	17.68	7.77	21.08	5.91	-3.40	-2.202	0.031
词汇多样性	0.54	0.11	0.49	0.06	0.05	2.192	0.032
词汇复杂性	7.95	6.92	5.28	4.31	2.68	2.076	0.042
词汇密度	0.751	0.378	0.749	0.455	0.002	0.219	0.827

总的来看，在词汇广度知识方面，华裔组与非华裔组作文的总词数（t＝0.068，P＞0.05）、词汇密度（t＝0.219，P＞0.05）没有显著差异，但在以下几方面差异较明显：

第一，华裔组比非华裔组更擅长写长句。华裔组的作文总句数明显少于非华裔组（t＝-2.202，P＜0.05），也即华裔组作文的单句平均句长明显长于非华裔组。如：

（1）我在家学中文。除了学中文以外我也很喜欢音乐，会长号，还会唱歌。音乐以外，我还喜欢运动。我喜欢打篮球和美式足球。可是，我最喜欢的是甩飞盘。（华裔）

（2）你好！我叫＊＊。我家有四口人。我有爸爸，妈妈，

和哥哥。我有很多爱好。我喜欢读书和长长。我也喜欢看电视。(非华裔)

华裔组更善于利用衔接手段,如连词、呼应、省略、人称照应等方法写长句,而非华裔组,特别是低年级非华裔组学生则倾向于写完整短句,从语篇的角度看,显得松散、生硬,语义不连贯。

第二,华裔组的词汇多样性显著胜于非华裔组($t = 2.192$, $P < 0.05$),使用的词汇较非华裔组丰富,如:

(3)去年我和我学校的乐队<u>去过</u>西班牙比赛。在西班牙我<u>参观</u>了很多博物馆,也吃了<u>地道</u>的西班牙饭。我学了很多知识和很多西班牙的语言。(华裔)

(4)三年前,我跟我的中文同学<u>去过</u>中国!我们<u>去过</u>上海,西安,北京,合肥,和相公!我们<u>看</u>起来很多名胜古迹,比方说,天坛,长城,等等。北京是中国的文化中心,我们吃了很<u>有名</u>的饭,叫北京烤鸭。北京烤鸭吃了很<u>好</u>。(非华裔)

从上例可以看到,华裔组有意识地使用不同的动词描述动作行为,形容词的使用也较非华裔组更准确多样。

第三,华裔组使用的词汇更复杂,华裔组作文中低频词的使用比例较低,但明显多于非华裔组($t = 2.076$, $P < 0.05$),正确率也明显高于非华裔组($t = 2.589$, $P = 0.012$, $P < 0.05$, $MD = 3.10$)。如:

(5)我的<u>梦想</u>是<u>周游世界</u>。① (华裔)

非华裔组作文中的低频词错误较多,如:

---

① 画线部分为二级以上低频词,下同。

（6）我爱跟得上中国的发展！有很多的问题不但也有很多的光景！

（7）你的哥哥已经当兵了，接受了大学奖金。我推建你也当兵。

或产出不足，以其他方式迂回表达，如：

（8）但我在中国的这段时间帮我把我的眼睛打开。

表达相似的内容时华裔组低频词使用的数量和质量往往胜过非华裔组，如：

（9）我须要加强我的中文书写和阅读能力。（华裔）

（10）我非常高兴因为我可以练习所有的我的中文的部分。（非华裔）

二语习得和认知心理学的研究表明，在学习第二语言的过程中，可理解输入与有效输出都至关重要。输入时，学习者对输入的语言进行解码，在理解语言内容与形式的基础上通过假设、检验、重构等方式将其纳入原有的认知结构，认知结构的这个变化过程就是学习的过程，学习者原有认知结构中语言知识的质和量对学习的效果非常重要。输出时，学习者能注意到自己"所想"与"所说"之间的差距，将陈述性知识转化为程序性知识，在这一过程中再次调整自己的认知结构，语言的流利性也同时得以增强，语言习得就通过大量的输入与输出实践得以实现。华裔学习者在家庭环境中有更多的输入机会和输出渠道，心理词典中储存的词块更多，而写作的流利度正需要学习者利用记忆系统提取已有的词块，因此华裔学习者的文章更流利，长句更多。如前所述，词汇知识是一个动态发展的过程，它随着学习者输入与输出的增加而渐趋丰富，华裔学习者在家庭环境中能接触到更多真实交际语境中的词汇，对词汇广度知识的发展有利，而非华裔学习者词汇知识的发展仅限于课堂环境，在输入有限的前提下，很难在短时间内将词汇的语义、句法、语用特征等足量信息完全纳入原有的认知体系，因此产出词汇的丰富性与复杂性不及华裔学习者，加之缺乏运用词汇尤其是出现频率较低的低频词的真实交际需要，由此出现低频词产出不足的现象，即使勉强套用，出现的错误也较多。

2. 词汇深度知识差异

华裔组与非华裔组词汇深度知识各变量的差异如表 4-40 所示：

表 4-40　华裔与非华裔学生词汇深度知识差异

变量名称	华裔组 (n = 40)		非华裔组 (n = 40)		MD	t	P
	M	SD	M	SD			
搭配错误	3.55	3.23	6.62	4.38	−3.08	−3.576	0.001
句法功能错误	4.13	4.37	6.80	4.06	−2.675	−2.833	0.006
意义错误	5.13	4.46	7.18	4.97	−2.050	−1.941	0.056
汉字书写错误	5.65	5.27	4.75	4.82	0.900	0.796	0.428

通过数据分析可以看到，两组学生的词汇意义错误（t =−1.941，$P > 0.05$）和汉字书写错误（t = 0.796，$P > 0.05$）无明显差异，词汇搭配错误与句法功能错误差异显著（t =−3.576，$P < 0.05$；t =−2.833，$P < 0.05$），华裔组的词语搭配错误与句法功能错误明显少于非华裔组。华裔学习者在家庭环境中获得的词汇知识来自真实交际的需要，词汇的语义、句法、语用等特征及其

常见搭配形式是通过理解、表达和语义协商自然而然掌握的，如对"交朋友"这一动宾短语，华裔学习者与儿童学习母语的过程类似，其输入、储存与输出的过程都是作为整体处理，而非华裔学习者可能是在习得"朋友"一词很长时间以后才接触到动词"交"，词汇之间没有形成相互连接的网络，输出时不能实现自动化，因此会出现"做新的朋友"这样的搭配错误。在词的句法功能上也是如此，以离合词为例，华裔学习者在习得时不是采取分析的方法把"跑步"划分为"动—宾"两个部分，而是自然地将"跑了半个小时步""跑跑步"等离合词的典型形式作为整体认知、储存和输出，比非华裔学习者犯错的几率要小得多。

华裔组作文中的词汇意义错误略少于非华裔组，差异不明显，但是二者的具体表现形式并不完全一致。对意义错误的细项进行具体分析，我们发现，华裔组与非华裔组出现错误最多的都是由于对词义理解不够精确造成的，主要集中在英汉词义不对称的词语，如：

（11）从最基本的汉语课开始（应为"基础"）。
（12）我不会常常练习（应为"能"）。

但华裔组的第二大意义错误是由于词汇量不足导致的词义表达错误，如：

（13）我们一起讨论文学的事儿（用简单的词替代）。
（14）我是一个划船员（生造词）。

而非华裔组的第二大意义错误则是由于词语缺失导致意义表达含糊不清，如：

（15）但是我的水平提高提得很快。这是因为我今年的情况（很特殊）①。

我们可以看到，虽然华裔学习者有更多汉语输入与输出的渠道，但汉语学习对于他们依然是二语学习，华裔学习者在家庭中能接触到的汉语词汇以口语为主，构成的词汇网络有限，许多书面语词汇是通过课堂环境习得的，仍然表现出显著的二语词汇习得特征，出现的意义错误与非华裔并无明显差异。对于课堂环境下的词汇学习，Jiang（2000）②指出，在这一过程中，学习者会利用已建立的母语词汇系统激活已有的概念或语义信息，这样，在对二语词汇信息进行加工时，学习者就无须仔细考察语境提示的信息而导致忽略部分词汇信息的加工。王志军、郝瑜鑫（2014）③的研究也证明，学习者在初级阶段先习得两种语言词汇的共有义项，到中级阶段开始认识目的语特有义项，同时母语特有义项也开始干扰二语心理词汇的发展，到了高级阶段，学习者才逐渐摆脱母语特有义项的干扰，达到接近母语者的程度。两组学生正是由于英语词汇系统的干扰，对英汉词义不对应的词语意义理解不精确，导致这类意义错误高发。

两组学生的汉字书写错误无显著差异，华裔组的汉字书写错误稍多于非华裔组。究其原因，华裔学生家庭环境中的语言输入与输出以口语为主，多数缺少对汉字的专门训练，因此华裔组在

---

① 括号内为作者所做修改。
② N. Jiang. Lexical Repretation and Development in a Second Language, *Applied Linguistics*, 2000(1): 47-77.
③ 王志军、郝瑜鑫《母语环境下美国汉语学习者心理词汇发展的实证研究》，《语言教学与研究》2014年第1期。

汉字书写方面不具优势，高年级的华裔学生仍出现简单汉字的书写错误：

（16）我先在住在克利夫兰，……，在家里，我们长说中文。

五、词汇知识与作文质量的相关性

由于决定二语作文质量的相关因素非常复杂，既有内部因素，如词汇知识、写作策略、二语水平、二语阅读能力、母语写作水平、个人经历等，又有外部因素，如文章的体裁、对话题的了解程度等，词汇知识仅是其中之一，因此，我们采用皮尔逊 r 相关统计方法考察各项词汇知识与作文质量之间的相关关系。结果发现，词汇广度知识内部各项与作文质量均为中度相关（$0.3 < r < 0.7$），词汇深度知识除汉字书写错误与作文质量呈中度相关以外，其他各项均为低相关（$0 < r < 0.3$）：

表 4-41 词汇知识各变量与作文质量相关系数

词汇知识各变量			皮尔逊 r 相关系数	显著性
词汇广度知识	总词数		0.381	0.000
	词汇多样性		0.584	0.000
	词汇复杂性	低频词分布	0.505	0.000
		低频词正确率	0.520	0.000
	词汇密度		0.398	0.000
词汇深度知识	搭配错误		−0.168	0.137
	句法功能错误		−0.205	0.068
	意义错误		−0.098	0.387
	汉字书写错误		−0.323	0.003

由此可知，词汇广度知识，即文章的长度（总词数）、词汇的多样性、复杂性和词汇密度与学习者的写作质量关系较为密切，而在词汇深度知识方面，汉字书写错误较多的作文得分较低。对其他几类错误，特别是对两组学习者都高发的意义错误，只要基本能领会作者想要表达的意思，评分者往往比较宽容。因此我们认为，华裔学生的作文质量高于非华裔学生，可能是因为华裔学生在作文中使用的词块较多，且华裔学生作文词汇的多样性、复杂性均胜过非华裔学生，特别是三级以上低频词的产出无论质或量都好于非华裔学生，这些都属于词汇广度知识，对作文质量影响较大。

六、对教学的启示

综上，我们认为，华裔组与非华裔组学生的词汇广度知识和深度知识存在差异，词汇知识各变量对写作质量有不同程度的影响，因此对二者的词汇教学也应各有侧重。从提升写作质量的角度出发，对华裔组学生的词汇教学应注重以下几方面：第一，产出词汇量与写作质量中度相关，词汇量的大小对写作质量有较大影响。华裔组与非华裔组学生的产出性词汇量没有显著差异，且华裔学生相当数量的词义表达错误由词汇量不足引起，其"产出性词汇门槛"的问题也亟待改善，有必要设计投入水平较高的词汇教学活动帮助他们扩大产出性词汇量。第二，重视低频词的教学，特别是高年级的低频词教学。写作质量受词汇复杂性的中度影响，但我们统计的四个年级学生的低频词产出都十分有限，三、四年级的学生在写作时对高频词仍然十分依赖。虽然华裔组学生产出的词汇复杂性与非华裔组学生差异明显,但从低频词的绝对数和正确率两方面来看,华裔组学生的产出都并不理想。第三,华裔学生对词汇意义的深加工不足,高频词没有达到内化和熟巧,低频词则仅仅停留在接受性词汇水平,常常张冠李戴,词不达意。因此,在词汇教学中,对高频词应增加复现率,低频词应增加控制性产出练习,增加输入和输出机会。第四,对高年级学生强化书面语词汇教学。由于华裔学生在家庭环境中与汉语的接触绝大多数局限于听和说,读写训练大多来自于课堂,他们掌握的口语词汇远远多于书面语词汇,从作文中很容易发现这一点,如:

(17) 这样子我希望可以帮各种各样的人理解一起也搞好关系。

(18) 我没时间干这些东西。我经常给我妈妈吵架。

口语词汇过度用于书面语输出,无疑会削弱书面表达庄重、文雅的特性,不利于写作能力的提高。因此,对华裔学生的书面语词汇教学不但要有量的扩张,还要有质的提升,通过训练使其从接受性词汇水平上升到产出性词汇水平。第五,汉字书写是华裔学生词汇深度知识唯一不及非华裔学生的一项,是写作的一大障碍,也是影响写作质量的一个重要因素,需要加强华裔学生的汉字书写训练。

非华裔学生除汉字书写一项以外,词汇广度知识与词汇深度知识均不及华裔学生,写作质量因此受到影响,对非华裔学生的词汇教学也应从这两方面加强。词汇广度知识主要从以下几方面着手:第一,在教学中尽量模拟接近真实的交际环境,通过创设精确的、"非此不可"的语境使学生掌握词汇的语义、句法、语用等信息，采用横向组合、纵向聚合、类比、分类等多种方法帮助学生把分散的词汇互相勾连在一起，编织词汇网络；第二，增强产出词汇的丰富性。词汇丰富性是影响写作质量的因素之一，要采取多种教学策略鼓励学生使用词语的同义或近义表达，对于已经学过的词语敢于使用而不是回避；第三，重视关联词的教学。从语料和数据分析结果看，非华裔学生更倾向于写短句、简单句，原因之一是对关联、衔接手段习得不足，应强化这方面的训练。

关于非华裔学生的词汇深度知识，由于他们的语言环境局限于课堂，我们推测他们写作时可能先用母语构思与组织语言，然后再翻译成汉语，因此母语的干扰造成了相当数量的意义错误，主要反映在英汉意义不对称的词汇混用或误用。因此，对这类词语的教学应避免简单使用翻译法，要通过精当的用例帮助学生体会词义的细微差别，在理解意义的基础上掌握其句法和语用功能，从而正确输出；同时，非华裔学生的作文中出现了大量虚词错误，且虚词的使用主要集中在少量高频词，需要加强虚词教学；另外还要增加词块的输入与输出频率。词块的使用可以提高写作质量，减少搭配错误，在教学中应指导学生增强词块学习意识和组块能力，达到在写作过程中自动、准确地提取词块的目标。

总而言之，华裔与非华裔学习者的产出性词汇知识各有特点，对写作质量有一定程度的影响，需要我们进行区别化词汇教学，帮助他们最大程度地提高产出性词汇知识水平，提升写作质量。

第五章

写作教学实践研究

第一节　写作教法研究：写长法[①]

一、引言

国内对外汉语教学界有关汉语第二语言（以下简称"汉语二语"）写作教学的研究成果已比较丰富，专著有祝秉耀、傅忆芳（1996）[②]，罗青松（2002）[③]，李晓琪主编（2006）[④]；同时，吕必松（1996、2007）[⑤]、周小兵、李海鸥主编（2004）[⑥]、周健等（2004）[⑦]对外汉语教学专著都有写作教学的专门论述；另外有单篇论文60多篇，硕士论文4篇。已经出版汉语二语写作教材约30部，涵盖"基础写作"，"应用文写作"，初级写作，中级写作，高级写作，商务汉语写作、外贸写作，读写教材等各

[①] 本节摘自宗世海、祝晓宏、刘文辉《"写长法"及其在汉语二语写作教学中的应用》，发表于《世界汉语教学》2012年第2期。
[②] 祝秉耀、傅忆芳《汉语写作教学导论》，中国环境科学出版社，1996年。
[③] 罗青松《对外汉语写作教学研究》，中国社会科学出版社，2002年。
[④] 李晓琪主编《对外汉语阅读与写作教学研究》，商务印书馆，2006年。
[⑤] 吕必松《对外汉语教学概论》（讲义），国家教委对外汉语教师资格审查委员会办公室编印（内部资料），1996年；《汉语和汉语作为第二语言教学》，北京大学出版社，2007年。
[⑥] 周小兵、李海鸥主编《对外汉语教学入门》，中山大学出版社，2004年。
[⑦] 周健、彭小川、张军《汉语教学法研修教程》，人民教育出版社，2004年。

个层次和门类。其中用"传统法"的如罗青松（1998）[①]，用"过程法"的如杨俐（2006）[②]，用"任务法"的如陈作宏主编（2006—2007）[③]。这里介绍一种新的值得大力推广的汉语二语写作教学法——"写长法"。

二、外语"写长法"的理念及应用

（一）外语"写长法"的产生背景

外语"写长法"是由广东外语外贸大学二语习得专家王初明提出的一种以写的方式促进学习的外语学习和教学理论。其要点是：针对学生学外语多年而不会运用的困境，以设计激发写作冲动的任务为教学重点，在一定的学习阶段，顺应外语学习规律，通过调节作文长度要求，逐步加大写作量，使学生在表达真情实感的过程中，冲破外语学习的极限，由此增强学习成就感，提高自信心，将外语知识加速打造成外语运用能力。（王初明等，2000[④]；王初明，2005a[⑤]）

1999年3月起，广东外语外贸大学王初明及其教学团队在英文学院进行了教学实验。王初明等（2000）即这一教学实验的成果，"写长法"在全国产生影响。此后，以王初明、郑超为首的教学团队相继开展了一系列教改实验，并取得丰硕成果（例如郑超主

---

① 罗青松《汉语写作教程》，华语教学出版社，1998年。
② 杨俐《外国人汉语过程写作》，北京大学出版社，2006年。
③ 陈作宏主编《体验汉语写作教程》（初级1、2，中级1、2，高级1、2），高等教育出版社，2006—2007年。
④ 王初明、牛瑞英、郑小湘《以写促学：一项英语写作教学改革的试验》，《外语教学与研究》2000年第3期。
⑤ 王初明《外语"写长法"》，《中国外语》2005年第1期。

编,2004[1])。同时,郑超还把"写长法"的主要理念"以写促学"应用于自己的英语写作课程改革中,并主编出版了"以写促学"教材,即郑超主编(2008)[2]。

(二)外语"写长法"的理念

根据王初明(2004[3]、2005a),外语"写长法"主要基于以下理念:写长可以打开学习的情感通道,促进外语学习;外语技能是学出来的,不是教出来的;写长可以加快知识向运用层面转化;写长可以帮助学生超越自我,开阔思路,挖掘学习潜力。

(三)外语"写长法"的操作要点

"写长法"的操作要点主要有:(1)精心设计能激发学生写作冲动的作文任务;(2)课内布置,课外写作;(3)多鼓励,树榜样;(4)评改和评讲的重点是肯定优点,间接改错,不改或少改错误;(5)评分采用百分制,分设四个评价标准。(王初明等,2000;王初明,2004、2005a)

(四)外语"写长法"的实施效果

"写长法"的实施效果包括两个方面:"以写促学"和对写作能力本身的提高。写的促学效果早有实证支持(如 Izumi, et al, 1999[4]; Izumi & Bigelow, 2000[5])。在国内,王初明等(2000)

---

[1] 郑超主编《以写促学:英语"写长法"的理念与操作》,科学出版社,2004年。

[2] 郑超主编《英语写作通用教程》,科学出版社,2008年。

[3] 王初明《论外语"写长法"的教学理念》,载郑超主编(2004)。

[4] S. Izumi, M. Bigelow, M. Fujiwara & S. Fearnow. Testing the Output Hypothesis: Effects of Output on Noticing and Second Language Acquisition. *Studies in Second Language Acquisition,* 1999: 421-452.

[5] S. Izumi & M. Bigelow. Does Output Promote Noticing and Second Language Acquisition?, *TESOL Quarterly,* 2000, 239-278.

进行的英语"写长法"教学改革实验结果表明,通过写长作文,学生写英语作文的信心增强了,因而认为写长作文有助于提高学生的英语水平。王初明(2005b)[①]在一项写作与词汇记忆的实验中也发现,英语单词在写作中用过一次,被记住的几率显著增加,说明写能够提高识记英语单词的效率。同时,王立非(2004)[②]、唐桂民(2004)[③]、方玲玲(2004)[④]、许竹君等(2004)[⑤]、吴斐(2005)[⑥]、甘丽华(2008)[⑦]等都证明了"写长法"能够有效改善外语的使用,促进外语水平的提高。根据郑超主编(2004:16),他们的高校英语写作改革课给12个班带来了3点特殊的收获:(1)日常英语写作的真实体验;(2)真正的应试实力;(3)学生的自信心和成就感。钟凌、王天发(2008)[⑧]也验证了"写长法"在英语作文教学中的作用。

(五)外语"写长法"的局限性及有关争论

根据王初明(2006)[⑨],"写长法"有三个局限性:第一,

[①] 王初明《以写促学中的词汇学习》,《外国语言文学》2005年第1期。
[②] 王立非《"写长法"的有效性:来自课外英语长作文写作的实验报告》,载郑超主编(2004)。
[③] 唐桂民《"写长法"——行之有效的写作教学法》,载郑超主编(2004)。
[④] 方玲玲《"写长法"在大学英语教学中的应用研究》,《外语界》2004年第3期。
[⑤] 许竹君等《对"以写促学"的大学英语教学模式的探索》,载郑超主编(2004)。
[⑥] 吴斐《理解性输出与语言学习效率——一项"写长法"的实证研究》,《外语教学》2005年第1期。
[⑦] 甘丽华《基于输出假设的"写长法"教学——一项实证研究》,《疯狂英语》(教师版)2008年第3期。
[⑧] 钟凌、王天发《"写长法"对英语写作能力因素的影响——"写长法"英语作文教学实验研究报告》,《海南大学学报》(人文社会科学版)2008年第2期。
[⑨] 王初明《运用写长法应当注意什么》,《外语界》2006年第5期。

它不适用于初学者;第二,写长活动中学习者语言使用的瞬时互动性差;第三,写作任务的语境真实性不易设计。有人提出质疑,认为现有的实验结果不能够说明外语"写长法"的有效性,外语"写长法"促学的意义不够明确,同时缺乏有效的促学程序(文秋芳,2005[①])。对此,王初明(2005c)[②]做了回应。我们认为,"写长法"的理念符合外语学习、外语教学原理,当然也需要继续发展。王大雄、王晓燕(2011)[③]对国内"写长法"研究做了较详细的综述,其中也指出"写长法"的一些不足,但论证比较欠缺。

三、"写长法"在汉语二语写作教学中的应用

(一)"写长法"在汉语二语写作教学中的适用性

1."写长法"的效用是促进外语学习,当然也能促进外语写作的学习。

根据王初明(2004、2005b),"写长法"是一种外语学习和教学理念,而不是作文教学法;"写长法"(以写促学)和作文教学(学习写作)不同;运用"写长法"施教,尽可能少讲作文法,不设框框去束缚学生思想。那么"写长法"是否适用于写作教学呢?答案当然是肯定的。首先,作为一种外语学习和教学理念,"写长法"既可以通过写长作文提高外语学习能力,当然也可以提高外语写作能力,因为二者是包含关系。其次,郑超等人尝试把"写长法"的主要理念运用于英语写作课程改革,同时

---

① 文秋芳《评析外语写长法》,《现代外语》2005年第3期。
② 王初明《外语教学应以学生为本——答文秋芳》,《现代外语》2005年第3期。
③ 王大雄、王晓燕《写长法研究综观》,《咸宁学院学报》2011年第4期。

兼顾吸收了国内外其他教学法理论和写作理论，编写了有关教材，取得了很大的成功。类似的研究还有钟凌、王天发（2008）等。

2."写长法"既适用于外语教学，也适用于二语教学。

"写长法"是一种外语学习和教学的理论。外语教学指在目的语环境以外进行的语言教学，中国的英语等教学都是外语教学。而进入目的语环境的语言教学则是二语教学，比如在英语国家为外来的非英语母语者进行的英语教学就是英语二语教学[①]。同理，在非汉语国家教授当地人汉语属于汉语作为外语的教学，而在中国境内的对外汉语教学则是汉语二语教学[②]。二者最大的不同在于学习者是否具备目的语环境。

虽然外语教学和二语教学不同，但是它们有一个共同特点，即都是非母语教学（宁春岩、宁天舒，2007）；两者的终极目标都是能够听、说、读、写。相对而言，二语教学语言环境优于外语教学环境。既然"写长法"在外语教学上都被证实是有效的，那么用在二语教学上，就理应发挥更好的作用。就写作学习而言，外语教学与二语教学没有本质的不同，即不管是在哪里写，写作都是个人行为，不需要太依赖和借助语境，"写长法"正是发挥了写作的这个特点，即使没有丰富的语言使用环境也能通过写作去打造外语能力。其实，"写长法"不但适用于外语教学和二语教学，而且也适用于一语教学。美国学者 Peter Elbow

---

[①] 参见宁春岩、宁天舒《试论外语教学的自然法则》，《中国外语》2007 年第 2 期。

[②] 来我国学习汉语的一些华裔因为家庭保留华语或者汉语方言，所以其汉语学习具有特殊性。这个问题暂不细究。

（1997）①认为，在第一语言教学中，加强写作是促进学习的好途径。（参看郑超主编，2004:13）

3."写长法"可以缓解我国汉语二语教学的困局。

我国的汉语二语教学界普遍采用"精读+小四门"的课程模式，或者在此基础上略有变通。而实际编写的教材多数是"精读"与"小四门"脱节，既不能配套，也分工不清、合作不够，结果导致写作任务太少或者实施不到位。同时，由于大学中文（特别是汉语言文学）界传统惯性的影响，很多教师看不起写作教学，或者是畏难于写作教学的改作文负担，导致写作教学更加薄弱。汉语二语写作教学属于言语技能训练，很多人都承认，写的能力是听、说、读、写四种言语能力中最重要和最难习得的能力，也是汉语教学能力训练中的难点。从留学生实际运用汉语的能力，尤其是其毕业论文写作能力看，这个问题更为突出。②但是，如何突破这一难题，目前看不到很有效的方法。我们认为，实施"写长法"，正是破解这一难题的有效途径之一。总之，"写长法"的理念和操作手段不但可以，而且很有必要借用来为汉语二语写作教学服务。

4."写长法"很适合汉语二语中级阶段基础写作的教学。

汉语写作可分为基础写作（指记叙、说明、论说三大类体裁）、

---

① P. Elbow. High Stakes and Low Stakes in Assiging and Responding to Writing. In M. D. Sorcinelli & P. Elbow. *Writing to Learn: Strategies for Assigning and Responding to Writing across the Disciplines.* San Francisco: Jossey-Bass Publishers, 1997: 5-14.

② 宗世海《简论海外华文教学的质量及其控制——以美国和东南亚为例》（《华文教学与研究》2010年第4期）报告了美国和东南亚华文教学中大学毕业论文的写作情况，从中可知汉语作为外语教学中毕业论文写作情况不容乐观。

应用文写作[①]、文学创作、学术写作四类。对留学生的写作教学没有分这么细，不过大体相似。少数院校分四门课来上，多数只开设基础写作和应用文写作两门课，甚至有的学校只合开一门写作课，或者不开专门的写作课，而只在综合课中进行写作训练。不管课程如何设置，基础写作各体裁的训练都是最为重要的，也最适合采用"写长法"开展训练。应用文具有较明确的接受对象和较强的程式性、规范性，不能要求一味写长，所以并不适合以"写长法"施教。对留学生进行汉语写作训练，又分为初级、中级、高级三个阶段。初级阶段写作训练一般从第二学期下开始，每个阶段持续一年。"写长法"的精神之一是先长后短，由长到精，故此，在汉语二语写作教学中，它很适合中级阶段的教学。

（二）运用"写长法"进行汉语二语写作教学改革的尝试

1. 理念和背景。

既然"写长法"符合语言习得原理，非常有效，有可能也有必要引入汉语二语写作教学，特别是在中级阶段的基础写作教学中，应该进行积极尝试。当然，因为课程性质和教学对象的原因，在运用"写长法"施教的同时，也应该吸收其他有益的教学理念和方法。

我们所倡导的汉语二语写作"写长法"以写长（具体表现为每篇的字数多）、写多（具体表现为写的篇数多）、适当写快为特点，

[①] 请注意：基础写作和应用文写作的区分只意味着其所教授和训练的体裁的性质的差异，不表示基础写作的级别比应用文写作低。在所有写作课程门类中，基础写作类和应用文写作类各体裁的训练均同等重要，且各有初、中、高级之分。从体裁特点来看，先训练基础类体裁，后训练应用类体裁比较可行，也符合"由长到精"的指导思想。

在施教过程中通过精心设计能够激发学生写作欲望的写作任务、提供范例等方法,鼓励学生写长,越长越好;写多,越多越好;并适当写快。与外语"写长法"相比,我们同时强调写多和适当写快。该方法也兼容了传统"结果法"和较新的"任务法""过程法"的合理成分。国内近年来对写作教学的传统法(或称"结果法")多有微词,其实传统法并没有过时,用体裁统率写作训练,是必要的甚至是唯一正确的教法。至于所谓"任务法",在我们看来,更是写作教学的"题中应有之义",不但应用文写作题目、要求是任务,基础文体写作的题目、要求也是任务。"过程法"强调构思过程的训练和多稿写作,我们吸收其重视构思过程、尽量多改的思想,但在总体思路上不采用"过程法",因为其用于留学生基础写作并不现实,最大问题是课时非常有限。理论上,我们倡导的"写长法"不但能教好 HSK 应试作文,而且能教好所有基础体裁写作,以及简单的新闻写作和文学创作(散文和小说)。

秉持这样的理念和认识,我们团队的十位教师[①]于 2005 年起在暨南大学华文学院留学生本科中级班和汉语短期进修中级班进行了"写长法"写作教改实验,并且在认真设计教学任务的基础上编写了"写长法"实验教材《汉语中级写作》[②]。该教材贯彻写长、写多、适当写快的思想,以体裁为纲,以精心设计的限体裁、命题作文为主要形式,以精心挑选的范文引路和正面鼓励(肯定优

---

① 团队的成员除了三位作者外还有:莫海斌、王晶、田蔚、李卫涛、王茂林、张萃、苏宝华。
② 宗世海编著《"写长法"实验教材:汉语中级写作》(上、下),暨南大学华文学院内部印行,2005 年。

点、淡化不足）等为情感激励手段，力求通过写长、写多汉语作文，提升留学生的汉语运用能力，并促进其汉语学习。2006年"汉语基础写作（中级）"课程被评定为暨南大学精品课程[①]。2011年，该项目作为暨南大学第十二批教学改革研究重点项目获得支持。

2. 课程任务与目标。

这里所说的"任务"指一门课程要训练的体裁范围、数量、每篇长度等，"目标"指与此相应的学习者应该达到的汉语写作能力标准，而汉语写作能力标准可以转化为更具体的作文体裁范围、数量、篇数，单篇长度，单篇汉字、词汇、句法量指标，以及学期、学年总指标，其中尤以体裁范围、数量、篇数和单篇长度（总字词量）几个指标为最重要。

我们规定，通过一学年80学时的教学训练（含复习考试），使留学生完成约22篇限体裁命题作文（每篇字数从500字起步，发展到1 200字），约15篇的"听后写"（全文听记后写出，每篇约200至400字，只在第一学期实施），若干课外日记。其中，记叙文是重点。22篇作文的体裁和训练篇数是：叙事（5次，包括游记、消息和新闻故事）、写人（2次，其中一次为文学散文）、写景状物（2次，文学散文）、说明文（5次，包括自我介绍、事物类说明文、程序类说明文和专深知识说明文）、论说文（6次，包括评论、自论和小型调研报告）、书信（2次，包括写给父母师长亲友的信和感谢信）。之所以还有应用文，是因为这两种书信都很实用，也适合写长，而如果等到上应用文写作课时再写就有点迟了。调研报告既有一定基础体裁的特征（论说），也有应

[①] 参见 http://202.116.0.161/ihwxy/dmlxz/index.htm。

用文的特征和科学研究论文的特征，而我院并没有专门的学术论文写作课程，所以也放在基础写作里教授。写作教学以体裁统率是惯例，也是唯一可取的教学方式。我们在取舍时注意了体裁的重要性及其对留学生来说的训练难度。

之所以增加"听后写"，是考虑到这些学生并没有学过专门的初级写作课，对用汉语进行全文写作还不习惯，而据我们观察，"听后写"是非常有效的提高留学生汉语写作速度、语篇结构能力和听力的方式。

日记是课外写作的长期任务，重在鼓励学生坚持，实际操作时每学期只计算一个平时参考成绩。

我们计划经过一年的"基础写作"训练后，一般学生可以完成总字数3万字的写作任务。《高等学校外国留学生汉语言专业教学大纲》（国家对外汉语教学领导小组办公室，2002）规定四年写作52 000个汉字，年均13 000个汉字，这是目前看到分量最重的规定。我们中级写作的训练结果远远超出了这个要求。若再配合初级写作、应用文写作、学术论文写作训练，以及综合课中的写作训练内容（我院本科生每个班的汉语综合课周课时约9节），留学生的汉语写作能力可以得到极大的锻炼。

3. 操作过程与方法。

（1）设计任务。

以设计真实写作任务为重点，激发留学生的写作欲望和热情。在总的体裁框架下，根据学期的时间特点安排具体写作任务。比如第一次写"自我介绍"，第二次写给家人或师长、朋友的一封信，第一个假期返校后写假期见闻等。所有的命题均要求符合留学生身份，尽量满足其真实交际需要，其中像"我的母亲/父亲、爱情故事、看图写作（一般四幅图画一组）、写本国的自然风光、习俗特产、民间故事"等任务，都是留学生非常喜欢的题目。

以精选的范文引路，给留学生以具体可感的样板，并促使其开启思路，尽快下笔成文。为了增加亲近感，我们的范文包括了不少往届留学生的优秀习作。对于范文中的生字词，只注音，若字词是 HSK 丙级、丁级的超纲词，则运用"中文助教"软件予以简单注释（英文）。

有关体裁知识、作文法并不深入讲解，而只在学生看完（有时是集体朗读完）范文后提炼出几条写作知识、写作要点，要求学生在紧跟着的作文中运用。比如记叙文写作（Ⅰ）"写人"这一讲，给出留学生作者和中国作者各一篇范文后简单罗列写作要点如下：

记叙文的"六要素"：时间、地点、人物，事件的原因、经过、结果。

叙述的顺序：顺叙（重点）、倒叙、插叙。

以事写人，内容要具体、情感要真挚。

对所写的内容要做出选择、取舍，精心写好两三个主体段落（非自然段）。

（2）课后或当堂写作。

我们的训练路子是全文写作，即以体裁为主线，以常见写作方法（如记叙的顺序，描写的方法，说明、论证的方法）为辅组织教学。和王初明、郑超一样，我们也不采用从句到段到篇的训练方法。

以课后写作为主，适当当堂快写。为了规范书写和便于统计数字，我们规定学生必须用统一的 $20 \times 20 = 400$ 格活页稿纸写作（右边空 3 个格子留作教师眉批、学生订正错误用）。鼓励在课堂上写，繁难而当堂不能完成的写作任务可以在课下继续完成——这时，教师在学生作文的当前位置做出标记，要他们下课以后接着写，而不许另起炉灶。其用意是：第一，让师生知道当堂已经写了多少，速度怎样；第二，让教师知道学生课后有没有更换纸张重新开写。据我们观察，对留学生而言，如果课后另起炉灶，就和新写一篇文章同样困难；不这样"逼"学生，其课外写作常要拖到交卷的头天晚上才匆匆下笔，自然影响质量。采用课上开写、课外继续完成的方式，也有利于减少抄袭。当堂写作在第二学期采用更多。

"听后写"（全文听记）也属于当堂快写的范围，其录音文本主要采用陈贤纯编著（2005）[①] 中的材料，每次采用长约 3 分钟的文本，播音 3 遍后要求学生根据记录写出全文内容。这种训练一般每篇需要至少 20 分钟。实践证明这种方法非常有效，也很受学生欢迎。

课堂写作中教师的主要任务是为学生提供字词、语法服务，学生可以问老师、问同学、查字典、词典、手机、快译通，不会写的字词可以用拼音（而不能用母语）代替；为了使学生写得更快，一般要求他们写作前简单列出提纲，大体构思出文章的整体框架和顺序。

课外日记是进行写长训练的辅助方法。教师要求学生课外写日记，既鼓励多写、写长，也主张量力而行，不必为完成任务而拼凑。这里的日记可以是多种多样的，包括叙事、评论甚至诗歌，

---

① 陈贤纯编著《汉语强化教程：初级写作》，北京语言大学出版社，2005 年。

只要是用中文写作都可以算。教师对于学生日记的处理是：每学期收起来检查3次左右，简单通读，甚至粗粗浏览，写上篇数、字数和鼓励的话。对于汉语特征很强的时间、地点写法，分段、标点等典型错误，则简单指出，要求学生自己改进。日记的作用一是可以写限体裁、命题作文以外的自己想写的内容，以弥补限体裁、命题作文之不足；二是对学有余力的同学提供一个超额练习的平台，而不至于所有同学只做同样篇数的作文，导致有的人"吃不了"（学力不够完不成），有的人"吃不饱"。

（3）评阅批改。

由于有助教帮助，我们对每篇留学生作文都给以简单批阅，至少都给一个印象分数，并署名落款。评阅原则是充分肯定优点，淡化不足；多批画，少修改。所谓批画，指用画着重号、下画线、错别字框等方式给以嘉奖或者提示，要求学生注意优缺点并自己修改有问题之处。对待学生的语言、书写问题尽量"间接纠错"，或者只批画其主要错误，以引起注意，留待他们日后自己修改。正如钱冠连（2004）[①]所说："写长法"给正确的加分，对错误的不扣分，巧妙地对错误"视而不见"，这是纠错的一次观念性大转变。

写作前教师一直强调写长写快有奖，评分时这一点要予以兑现。长度、内容、结构、语言都占重要分值。每篇作文在批阅时都于首页顶端注明字数（粗算法：行数 × 每行格子数＝总字数），并作为第一个评讲项目。"听后写"一般不批改，而下发参考答案，

---

① 钱冠连《纠错的一次观念性大转变——"写长法"发现了什么》，载郑超主编（2004）。

或者当堂对照答案文本集体修改。为了训练速度，在 3 遍听记笔记结束后开始计时，并把学生抄写誊清的答卷按提交的先后次序、用时予以记录，以示关注和表彰。

王初明（2004）认为甲、乙、丙、丁制给分比较粗糙，提倡百分制。我们从多年从事中国中学写作（语文）教学、大学写作教学和留学生写作教学的经验看，百分制并不容易把握；把 100 分分解为 4 项分别给分再相加，更不容易把握。所以，我们采用不分项而给综合分的办法，以"甲、乙、丙、丁"为主，再适当辅以"上、下"予以微调。主分数"甲、乙、丙、丁"表示该文的大等，"上、下"则是在大等的范围内的微调。比如"甲上"在期末时可能换算为 96 分，"甲下"则为 88 分。（不采用 A+、B- 之类，也有遵从汉语习惯的用意。）

（4）评讲。

评讲课按照先学生自阅、再学生传阅、最后教师评讲的顺序进行。学生阅读自己的作文时要顺手填上教师给出的错别字框。循环阅读他人的作文一般每次 2 至 3 篇，这是本节第一作者在美国旁听 TESOL 课学到的招式，其意义在于增加交互，使每一篇作文有了多个读者，每一个作者同时成为多篇同伴习作的读者。评讲的第一个指标就是字数，教师一般口头表扬前 5 名、前 10 名写得最长的学生，或者是所有超过规定字数的学生，以示鼓励。评讲也分长度、内容、结构和表达 4 个方面。其中一些常见分段、标点、错别字等错误经过三四次作文和评讲即可解决问题，不再重犯。

（5）修改及"发表"。

这里的"发表"是广义的，包括交换阅读、在班级内张贴、评讲完毕以后教师选择若干最好的文章，常常也都是最长的文章，在教室里的"学习园地"张贴；学期末要求学生先整理本学期所有作文，编上页码，加上目录和封面，并选出一篇自己最满意的作品，予以精心修改，交给教师推荐到中国或学生所在国华文媒体公开发表。

4. 实验结果。

从 2005 年秋季开始，本教学团队在暨南大学华文学院华文教育本科专业和对外汉语非学历中级班"基础写作"课上进行了"写长法"教学实验，截至 2011 年 7 月已经 12 个班次进行了实验（其中不少班级连续施教两个学期）。目前取得的成果如下：

（1）习作、"听后写"、日记文本统计。

我们先将学生习作录入电脑、校对，然后进行简单的总篇数、人均篇数、总字数、人均字数的统计，以检验教学效果。其中，"听后写"暂时没有录入电脑，因为是统一做的，所以每人的写字量是大体一样的。日记有的没有录入电脑，暂不能做全面的统计报告。录入电脑请高水平留学生完成，一般再请研究生校对一到两遍，有的由教师亲自校对。录入电脑的目的不仅在于方便检验写作教学效果，同时旨在建立暨南大学华文学院留学生汉语书面中介语语料库。表 5-1 是作文统计数字：

---

① B 班学生是入学时具有一定汉语基础的学生，C 班学生是入学时基本没有汉语基础的学生。前者可能入学第一学期就开设汉语基础写作课，后者则是一年以后才开设此课。这些学生都是奖学金生，学风较好。非学历学生属于短期语言生，基础和学风都稍差。

表 5-1 汉语基础写作(中级)"写长法"
实验留学生作文篇数、字数统计(以学期为单位)

	班级数	人数	总篇数	总字数	人均篇数	人均字数	篇均字数
写长法 B 班	7	126	1 301	1 348 229	10.33	10 700	1 036
写长法 C 班及非学历班①	5	123	1 009	927 301	8.2	7 539	919
小计	12	249	2 310	2 275 530	9.28	9 138	985

从表 5-1 可以看出,实验班作文一项,学期人均总篇数为 9.28 篇,学期人均总字数为 9 138 个汉字(计标点符号),每篇字数 985 个汉字。由此可以算出,一年下来留学生完成人均 18 277 个汉字的写作量。

"听后写":只在第一个学期进行。人均约 10 篇,计 2 500 个汉字。

日记:因为不少日记尚没有录入电脑,未能统计。这里只提供一个有完整电子稿的 2007 级 B 班两个学期的统计数据。两个学期累计人均篇数 55.26 篇,人均字数 9 903 个。这就是说,该班学生在写课外日记时完成的写作量是课堂写作教学之写作量的一半。这个班算好的班级。基础和学习积极性差一些的班级可能达不到这个水平。

以上统计说明,每周 2 课时的写作课,坚持写长训练一年,不计考试作文,每个中级水平的留学生(主要是华裔子弟)大体人均完成汉语写作量为 30 680 个汉字。这在汉语二语写作教学中尚未见到先例。

(2)作文考试。

6 年的"写长法"教学实践表明,学生作文考试时绝大多数能够完成规定体裁、规定字数的作文任务,其作文内容充实,结构、语言基本过关,书写、行款符合要求。总体而言,他们的考试作文既写得长,又有较高水平。《汉语水平等级标准与语法等级大纲》①之"汉语水平等级标准"规定的 5 级(即最高级)水平作文技能标准是,学生在 2 小时之内写一篇 800 字、内容充实、文字连贯的命题作文。我们实验班的学生绝大多数可以达到这一标准,而且速度更快,因为我们 110 分钟的考试还包括 40% 的非作文题目。但是旧版 HSK 中级以下不考作文,所以无法用它鉴定我们中级后学生的作文能力。至于新版 HSK,其考试难度大大降低,我们的留学生经过写长锻炼后应付新 HSK6 级写作("书写")中先阅读材料再以 35 分钟写 400 个汉字的作文不成问题。

(3)优秀习作的发表(指正式发表)。

第一,经过 6 年的教学,已经有 60 篇学生优秀习作在中国华文教育网发表。这些习作都经过指导教师的简单修改编辑,并附评语。可以看出,我们的学生的作文长度、难度明显超过同一网站的其他学生习作②。第二,有约 120 篇学生优秀习作经过学生和教师的进一步加工,分别在《人民日报》海外版、《孔子学院》院刊、《广州华苑》(暨南大学华文学院主办的正式刊物),或者学生所在国的中文报刊上发表,比如印尼的《国际日报》《千岛日报》《印广日报》《迅报》《坤甸日报》,其中还有 9 篇甚至发表在印华作家协会主办的文学刊物《印华文友》上。第三,推荐外国非华裔学生参加中国报纸"全民写高考作文"活动。

---

① 刘英林主编《汉语水平等级标准与语法等级大纲》,高等教育出版社,1996 年。

② 参见中国华文教育网:http://www.hwjyw.com/jxyd/xzdp/index_6.shtml。

2008年6月7日中国高考当天，我们施教的印尼原住民学生玛莉亚和菲律宾原住民学生施天成参加了《羊城晚报》组织的全民写高考作文活动，所写两篇同题作文《不要轻易说"不"》都在该报发表，内容、形式都有较高水准。第四，挑选前届学生的优秀习作编入自编的写作教材，给后续学习的同学当作范文。

四、讨论

（一）汉语二语写作"写长法"与外语"写长法"的区别

结合我们的认识和留学生实际，我们在实施汉语二语写作"写长法"时进行了一些变通。第一，为弥补学生没有上过初级写作课的缺陷，增加了一个学期的"听后写"。问卷调查显示，绝大多数学生认为这种练习方式非常有用。第二，增加课外日记。实践证明这个环节效果非常好。第三，对于大多数留学生作文我们还是进行简单批阅的，原因在于学习者（通过问卷得知）和同事都认为对于外国留学生习作应该尽量批改，同时我们有主攻汉语国际教育的研究生做助教，他们能够帮助批阅。第四，增加评讲前的传阅环节，这个环节可以增强学习者汉语习得的互动性，也很受学生欢迎。第五，增加推荐公开张贴和推荐发表环节，产生了很好的效果。此外，评分方式未采用百分制，适当增加当堂写作、快写，也行之有效。这些改进未必都符合王初明设计"写长法"的初衷，也未必都需要汉语二语教学界同行照搬。

（二）汉语二语"写长法"是一种符合二语学习、教学原理，具有显著教学效果的写作教学法

"写长法"是一种外语学习和教学理论，也可以为外语写作

和汉语二语写作教学提供借鉴。我们所探索的汉语二语写作"写长法"主要借鉴了王初明的外语"写长法",同时吸收了"结果法""任务法""过程法"的合理成分,并结合留学生实际做了一些改进。经过本教学团队的实验,"写长法"在以华裔为主的中级水平学习者汉语基础写作教学中具有非常好的教学效果,值得推广。外语学习和二语学习有"高原期"现象,我们也发现国内对外汉语教学界存在着不同程度的重知识轻能力、重输入轻输出的倾向,而"写长法"的推行,正可以很好地弥补这些缺陷。

(三)汉语二语"写长法"特别有助于消除写作教师"批改作文疲劳症"

大多数写作教师都有"批改作文疲劳症",二语写作教师尤其如此。"写长法"关于间接纠错的理念给这个问题开了一剂良药。我们呼吁,作文教师不要因为害怕改不过来作文而不去布置作文,或者不敢多布置作文,甚至不愿意上写作课;有关教学管理人员也不要因为教师批改作文不全、不细而予以简单指责。衡量写作课成败的标准不是教师批得有多细,纠错有多勤,而是学生的实际写作水平提高得有多高、多快。

(四)汉语二语"写长法"实施的具体条件和局限性

第一,我们的教学对象主要是华裔(含混血),总体来看非华裔的比例不到10%,而且多数是享受全额奖学金的学生,学风较好。这可能是"写长法"比较容易推行的部分原因。至于别的生源的中级水平学生适用"写长法"的程度,有待专门研究。但是应该说明,"写长法"的"长"是相对于具体学生的能力而言的,并没有绝对的长度标准,在一定的时间内接近其能力极限即为长(王初明,2004:8)。我们的实验班中对外汉语中级上(非学历)

的学生非华裔比例就比较大，其基础也比不上华文教育专业中级上的学生，但是同是对外汉语中级上（非学历）学生，实验班和非实验班相比，"写长法"带来的学生写作的量的增加和自信心的提高都是明显的。

第二，王初明等（2000）、王初明（2005a）提出的外语"写长法"具有以写促学的作用（促进听、说、读），而不仅仅是一种写作教学方法。我们认同写长可以促学的理念，但是由于理想的平行实验班级暂时不易找到，所以未用对比实验方法验证"写长法"在汉语二语教学中的促学效果，有关研究还需时日。

第三，王初明、郑超都曾指出，外语"写长法"不适于初级水平英语学习者。汉语二语"写长法"也一样，适用于中级写作，但是不适于初级写作。至于汉语二语"写长法"在高级写作中是否适用，有待实验。

另外，根据我们研究，汉语二语"写长法"基本不适用于汉语应用文写作的教学。之所以说"基本不适用于"是因为：多数汉语应用文不要求写长，甚至不允许写长，但是有的体裁可以要求适当写长，例如普通书信、贺信、求职信、调研报告；所有体裁都可以要求多写、反复写（这一点接近"过程法"）；即使是在应用文写作训练阶段，也可以照样要求学生写课外日记。

五、结语

基于以上研究和教学实践，我们认为"写长法"是一种很适合在汉语二语基础写作教学中应用的训练方法。限于篇幅，这里不能详尽报告课题组进行"写长法"教学实验的更多数据，特别是留学生汉语词语、句法、篇章知识习得方面的数据，有关成果将另文阐述。

写作教学属于能力训练，涉及很多复杂的问题，"写长法"在运用中也有很多问题需要进一步研究。我们期待同行都来参与这一实验，以便为汉语二语教学乃至汉语作为外语的教学做出更大贡献。

第二节　写作教法研究：控制型写作①

在语言教学"听、说、读、写"四项基本技能的训练中，"写"被排在了最末位。这并不是说"写"不重要，而是说"写"的实现必须建立在熟练掌握前三项基本技能的基础上，而且它具有最大的难度。在这四者中，"听"和"读"是一个语言输入的过程，而"说"和"写"则是一个语言输出的过程。输入是一种知识积累，人们凭此获得相关信息，理解特定内容，而在语言学习中，输入归根到底是为输出做储备的。输出是用已获得的信息符号表达一定的思想。在两种输出途径中，"说"是一种相对自由的形式，因为这是一种短时交际行为。在部分场合，甚至一些简单的主要词汇就可以让听者明白说者的含义或主要思想，若再加上交际行为中不可或缺的表情、手势等体态语的辅助，交际的目的通常可以顺利实现。而"写"却不同，它要求作者熟练掌握字的写法、

---

① 本节摘自杜欣《留学生写作教学中的控制性训练原则》，发表于《汉语学习》2006年第3期。

词的用法、句的构造和段落的安排。

　　写作更是一个思考、组织、表达的智力过程，这其中还要加以想象、探索和创造，要用正确的手段将贴切的词语确切地联系起来，要使所表达的思想和见解形成连贯的内容，不仅表达的思想要准确、有内涵，文字也要洗练、优美。这对于一个有一定文学修养和语文造诣的人来说也许并非难事，但对于将汉语作为第二语言学习任务的留学生来说则有困难。然而对于他们来说，写作又是一项必需技能。从短期目标来说，汉语水平考试中作文占有相当大的分值；从长远目标来看，留学生在今后汉语环境的工作和生活中也离不开写作。因此，提高写作水平是高年级学生的当务之急，也是摆在对外汉语教师面前的一道难题。

　　众所周知，要想写好文章，一定要多练笔才能熟能生巧。但是怎样才能让学生经过教师指导，在有限的时间（一两个学期）和空间（课堂及在专业人士指导下的学习环境）内达到特定的训练目标（具有高等汉语水平考试的作文应试能力或相应的公文写作能力）呢？经过长期的教学实践，我们总结出一个提高留学生汉语写作水平的有效方法，那就是教师提供必要的限定条件，学生在教师指导下有控制地训练。

　　大部分留学生的写作都是在有限的词汇基础上，费力地拼凑、堆砌，进而加工、修改，力求使之通畅顺达，言之有物。虽然中外学生写作时都要经过选材、草拟文稿、编辑修正的过程，但其加工处理的精确度及难度是有区别的。留学生用汉语写作时难以摆脱母语的语言形式和表达习惯，难以打破在头脑中已建立的母语思维体系，对大部分人来说，汉语写作是一种比较难的表达方式。比如，一个韩国学生在一篇题为"难忘的一天"的文中这样写到：

> 去年我在北京住在的时候发生了真倒霉的事情。当天我要上学，所以早晨快出门了，可是我忘了带钥匙，风把门关了，我不料发生这样的事情。给钥匙店打电话，但是因为才过了八点，钥匙店还没开门了，我没办法，只好给老师打电话，一概告诉了她发生的事情……

这是一个平时乐于交际的学生写的，他的中国朋友很多，平时的沟通和交流没有什么问题，一般中国人都评价他"汉语很好"。但是因为这个学生没有受过正规的写作训练，所以当他把想要说的话变成文字的时候，费了很大的力气。虽然我们能够猜测出作者要表达的意思，但是作为汉语老师，面对这样的文字，要帮助他解决的就不仅是文章的立意、结构等问题了。

母语对学生的影响是巨大的，这个影响有积极的方面，比如说，它可以弥补汉语词汇的不足，创造出更有特色的汉语表达。例如一个高级班的日本学生写道："……我一直很小心，希望自己能避免犯这样的错误，但是'猴子也有从树上掉下来的时候'，我到底还是错了一次……。""猴子也有从树上掉下来的时候"这个俗语源于日语，用在这里表达就显得既生动又形象。还有韩国学生在介绍韩国首都适合人才发展，南部旅游城市济州岛风景优美、草场肥沃时，引用了一句韩国的谚语"人去汉城，马去济州岛"，一句话就非常生动地说明了两地的特色与差异。

母语虽然有协助作者进行构思等功用，但其干扰作用也不容忽视，除了一些常见的语法问题以外，有时文化背景也会成为一个干扰源，使学生对一些词汇、句式的理解及使用发生偏差。比如英语中"envy"一词的含义是"嫉妒、羡慕",前者有贬义,后者则是中性的,西方学生在使用这两个词时往往难以取舍,有时甚至引发歧义。因此,留学生的写作训练,有很多不同于中国学生之处。我们不仅要训练他们学会构筑文章的框架,更要追究框架内部细节上的一些东西,要本着由浅入深的原则因材施教,教学对象的特殊性必然使教学方法也存在差异。对留学生的写作训练方法,应该是有特色、有针对性的。实践证明,有控制性的训练原则在留学生的写作教学中如果能恰当运用,还是行之有效的,其具体内容包括以下几个方面。

一、作文时间、体裁、字数的控制

所谓作文,是按照写作者的意图、文章的对象及文章的功用来组织和安排书面的句子[①]。这句话说起来容易,但是对于一个母语非汉语者来说可能并非易事。很多留学生在写作文时有畏难心理,往往未动笔便已心生怯意,所以如果给学生一定的作文时间限制,可以有效地激活他们潜在的能力,克服其惰性心理,迫使其排除任何可依赖的因素去主动写作文。而字数的限定会无形中将学生涣散的思维集中起来,让他们有意识地构筑文章的大纲,明确文章的走向,要先说什么,后说什么,一个问题应该论述到什么程度,从客观上让没有思路的学生扩大或限定思考的范围,活跃想象力,让喜欢谈空话、套话或车轱辘话的学生及时刹住闸,力求做到言之有物,紧扣中心。至于体裁的限定则是让学生明晰

---

① 参见杨连瑞主编《英语教学论》,山东大学出版社,1993年,第231页。

汉语写作的几种基本体例，比如什么是记叙文、说明文、议论文，书信的格式怎么样等。对其进行有针对性的训练，让学生在掌握基本概念的情况下，动笔前有清楚的思路，能够把握文章大概的框架和脉络。在具有较低汉语水平的情况下，学生不必费心去思虑文章的构造，只须全身心集中于如何补充文章的血肉方面。这样，经过这三个基本方面的控制，学生可以在一个明确的状态下开始写作。比如有个学生，文采不错，下笔就洋洋洒洒。在写"一次难忘的旅行"时，他虽然已经用了约一个小时的时间和四百多字的篇幅，却还没有写完他们一家人对于去什么地方旅行的争论。在学习了记叙文的格式以后，他明确了应该如何取舍。在参加HSK高等作文考试的时候，面对类似的题目，他成功地在规定的时间内完成了一篇层次分明的佳作。

二、培养写作基本功，进行听、说、读综合技能的控制性训练

写作不仅是写的过程，也可以说是一种积累的过程，厚积而薄发，好的文章应该是在掌握一定程度的汉语知识基础之上的自然表达。在平时的训练中，不能为写而写、以写练写，教师应该对学生进行全方位的综合训练。比如说可采用教师朗读一段文章，然后让学生复述的方法。这样，文章里的一些精彩词句、主要句式会潜移默化地印在学生的脑海中，然后让他们做听后写练习，把别人的文章记录下来，以此加深印象。本科二年级《汉语写作》教材中有一篇题为"神杯"的文章，内容有趣、词汇丰富、叙述生动。我们用这篇文章指导学生做听后写练习，结果

一篇长达 1 000 字的文章，学生仅听两遍就能复述下来，而且其中的某些词汇和句式，在学生的闭卷重写中复现率也很高。英国语言学家 T. P. Gorman 曾说："使用语言就是运用靠模仿学来的固定模式，只有学会这些模式，才能在运用或变化这些模式中出现独创。"[①] 同理，听后做替换练习、模仿练习或者读后回答问题，用指定的词语连接成文，读后摘抄优美句子，也会有同样效果。

三、阶段性的控制训练

所谓聚沙成塔，集腋成裘。运笔如行云流水的状态并非一朝一夕能做到。为此，教师应有意识地指导学生进行有针对性的分步骤训练。具体顺序如下：

词→词组→单句→复句→语段→文章

在此项训练中，教师可以限定一些基本词汇，让学生搞清这些词的用法，将其扩展成词组，借此区分词性，明确各类词的用法，然后再确定其在单句中的功能，添加所需的主、谓、宾、定、状、补，再加上合适的连词，将单句连接成复句，进而组成有一定意义的语段，经过润色加工以后，形成优美的文章。在对文章体裁的整体性、渐进性训练中，也可采用此法，其步骤为：

记叙（说明）→感想（观后感、读后感）→评论→议论→毕业论文

[①] 参见 T. P. Gorman《国内外外语教学法研究》。

在记叙时，从简单记叙到复杂记叙，抓住记叙文的六大基本要素，而讲述时重点强调说明的顺序、方法，继而让学生在结束这种格式化的文体训练后有所突破和创新，可以有基础后再去尝试其他文体。进行感想类的文章训练，是在有意识地为学生今后的毕业论文写作打基础。让学生摆出电影、书中的事实，谈观点、说看法，并对某一事件进行评论，在无形中掌握论点、论据和论证方法之后，将三者有机结合，使学生经过这种循序渐进的练习，初步具备写议论文的能力，同时掌握一定的毕业论文写作基本功，不至于在今后写毕业论文时完全摸不着头脑。

四、有控制性的修改练习，将学生机械修改与主动修改相结合

一般说来，语言教学不提倡做改错练习，因为这样可能将错误信息变相输入学生的记忆中，使其混淆正确与错误，弄巧成拙。但在写作课中，对于一些普遍性的错误，有控制性的修改练习是十分必要的，教师可以将学生作文中的错误用红笔标示，将本子发回学生手中让其自觉纠错，然后收上来教师再改，让学生加以比较，这就是一种主动修改练习。或者教师将一些典型的错误列出来，让学生找错误、改错误，也可使大家同时获益。比如下面就是学生常犯的典型错误：

（1）我昨天见面了我的辅导老师。

（2）小和尚走得路很热。

（3）以前我很胖了，减肥以后我有点儿漂亮……

如果老师通过讲解，使学生从根本上认识到这些错误产生的原因，从而解决相关问题，提升了汉语水平，那么在行文时，无形之中就帮他们避免了很多错误。当然，我们不仅要强调这种具体的典型错误，更要让学生具有全局性地把握文章整体结构的能力。如果遇到一篇有价值、有代表性的习作，在征得学生本人同意之后，教师可以复印，让全班同学做老师，各自进行修改品鉴，然后再宣读改后的文章。一般来说，看清别人比看清自己更容易。而在修改别人文章的过程中，又仿佛像是照着镜子看自己一样，通过让学生亲自参与，让他们发现自己，改正自己，提高自己。

综上所述，控制性训练的原则在培养留学生汉语写作水平方面发挥了巨大的作用。不经亲身实践和仔细思考，只凭理论和想象是写不出好文章的。冈察洛夫说过："我只能写我体验过的东西，我思考过和感觉过的东西，我爱过的东西，我清楚地看见过和知道的东西，总而言之，我写我自己的生活和与之常在一起的东西。"[①] 简单的几句话道出了写好文章的真谛。如果留学生能在教师的指导下有针对性地体验、思考，加上有控制性的训练与实践，再结合学生主体化和个性化的创造，相信留学生一定会写出好文章。

---

① 古典文艺理论译丛编辑委员会编《古典文艺理论译丛》第1册，人民文学出版社，1961年。

第三节　写作教法研究：任务型写作[①]

一、引言

任务型教学是将课堂教学与交际能力的培养更为紧密地结合、渗透的教学模式，P. Skehan（1999）[②]综合总结一些研究者的主要观点，将任务定义为几个方面：任务以意义为主，任务要有需解决的一些交际问题；任务与实际生活中的活动类似；完成任务为优先考虑的问题；根据任务完成的情况进行评估。在具体的任务型教学研究中，任务有狭义、广义之分，课堂教学任务与实际生活的真实交际任务的联系也有不同的标准，这里不探讨任务的各种界定问题，而是将焦点放在如何在中级写作教学中，吸收任务型教学的理念和方法，使写作教学内容更具真实感、实用性与趣味性，取得更好的教学效果。我们将写作任务定位在以下几点：（1）任务与实际生活有密切联系，但不要求任务完成或任务目标都是现实生活直接的联系或反映。任务的设计充分考虑教学的特点和需要，而不只是还原社会生活的需求。（2）教师指导学生完成任务的过程中，将指导学习者把运用目的语作为解决问题的核心手段。（3）任务的实施过程有不同的形式，但最

[①] 本节摘自罗青松《中级汉语写作任务型教学初探》，发表于中国人民大学对外语言文化学院编《汉语研究与应用》第 6 辑，中国社会科学出版社，2008 年。

[②] P. Skehan《语言学习认知法（*A Cognitive Approach to Language Learning*）》，上海外语教育出版社，1999 年。

终成果是以书面的形式呈现，并能接受评价。

二、任务型教学在写作训练中的作用

写作能力的培养由于涉及的因素很多，有较大的难度，学习者心理上往往有畏难情绪。由于在交际活动中，写作也不像口语那么直接，学生的学习动力以及交际性教学的组织都受到影响。调动教学的现实感和交际性，是受到关注的问题，一些教师和研究者早就尝试将贴近生活实际的任务法运用到教学及教材编写中[①]。采用任务型教学，可以针对性地消除写作能力培养中的一些难点问题。

（一）增强训练内容的真实性与实用性

任务型教学的教学内容与实际需要结合，学习任务与生活环境接轨，学习过程以及学生的语言表达的产出都表现出与现实生活的关联。如写便条、做记录、回复邮件、写论文提要等，都能使学生感受到写作的真实用途，因而提高学习动力。

真实性还表现在能够反映学习者语言运用中的实际问题。任务型写作，不仅要求在实际交际活动中运用语言，同时最终要呈现完成后的任务成果。这有利于教师有的放矢地进行语言运用与得体的语篇表达的剖析。而这种具有针对性和实用性的教学，是提高学习效率的一个积极因素。

[①] 参见罗青松《对外汉语写作教学研究》，中国社会科学出版社，2002年。

（二）提高各种语言技能训练的综合性

写作训练自然要突出写练，在比较传统的写作教学中，写是目的和手段，作文的完成过程与其他技能结合训练的方式虽也被采用，但较难形成一个有机的整体。任务型写作教学，同样注重写，最终成果同样也落实在书面表达上，但在任务的完成过程中则需要调动学生的各项语言技能。这不只是教师为了课堂组织的需要所做的选择，而是任务设计中的综合规划。以介绍某一旅游景点的写作任务为例，教师在介绍任务时就明确，学生需要查阅资料或通过口头访谈等方式获得相关信息，进行综合后，再根据"读者"需求进行介绍。这种需要调动各项综合技能的写作，可以促使学习者更扎实、全面地提高交际水平，同时也能使得训练过程有更多的合作学习的机会，并能让提高语言交际能力的目标得到更加完整的体现。

（三）提高写作学习的自主性和趣味性

学习者在写作训练中是否有表达的欲望，与学习过程的自主性以及学习内容的趣味性是密切相关的。任务型教学对于教师和学生来说，都是一个更为主动的过程。教师设计任务，并指导执行任务及检验评价，这有利于教师根据学习者的具体情况进行设计和调度，充分发挥他们的潜能。学生则在完成任务的过程中具有更为充分的自主性，他们可以自己选择完成的方式，融入富有创造性的活动。这不仅有利于学习者的发挥，也使得写作学习更有趣味性。

以上这几个方面在任务型教学中相辅相成，共同形成促进写作教学效果提高的积极因素。

三、中级写作任务的基本类型

有关任务型教学的研究者从不同角度提出了任务的类型，如拼图式、信息差式、解决问题式、做决定式、交流观点式等[①]。Willis 提出六类任务：列举式、排序分类式、比较式、解决问题式、分享个人经验式、创造式等[②]。这些分类依据教学组织方式或学习者执行任务过程的方式等，并无统一的角度，各类型之间也有交叉。实际生活中的交际任务与语言教学的联系，本来就是多样的，教学任务也是一个开放的、可以不断细化和丰富的系统。在对外汉语教学中运用以上任务类型进行教学设计，较常见的是用于口头交际训练中（陈东东，2007）。我们试图从中级写作教学目标与任务的协调方面考虑，提出体验式、交互式、媒介式等任务类型。这些类型从不同的侧重点提出，有的是针对学习者完成任务的前期准备，有的是根据任务完成中的条件，有的是根据任务完成后呈现的形式特点提出，类别之间也有一定交叉、融合。

（一）体验式

这类任务以学生个人的各种生活体验作为写作任务设计的基础，体验可以是学习者以往的生活体验，也可以根据任务的要求通过实践获得。也就是说，学生在写作的完成过程中需要去体验。在口语训练为主的教学中，去医院挂号、申请大学、银行取款、

[①] 参见岳守国《任务语言教学法：概念、理据及运用》，《外语教学与研究》2002 年第 5 期。

[②] 参见陈东东《用任务型学习理论指导美国学生的汉语学习》，载《第八届国际汉语教学讨论会论文选》，高等教育出版社，2007 年。

护照挂失、购物等任务，都属于这类任务。设计中级写作训练的任务，应该将生活体验与写的活动结合起来，一般包括以下几个方面：

1. 解决问题。

以启事、海报为例，学生在生活中有需要往往从阅读这类信息开始。但是，在日常生活中，他们却往往缺乏对这类信息的主动关注，设计写作任务写启事，如求租、遗失、通知、找个人辅导等，可以引导他们去获取信息，并了解撰写的方式，从而能更加切实地学习写作。

2. 介绍经历。

写参观记、游记，介绍个人的经历、有名的地方或风土人情等。学习者叙述个人的经历可以与一些基本的活动练习结合起来，如介绍自己的旅游相册、互相提问、了解详情等，这样的任务有助于学生的交流，又能反过来促进表达的欲望。

3. 提供信息。

填写简历表、申请表等。这类任务要求学生提供必要的信息，也与个人的生活、学习经历有联系。其扩展内容还可以有：说明护照遗失过程，介绍某种活动程序，如借书方法、选课办法等。

（二）交互式

口头交际任务往往会涉及交流过程的互动或学习者之间的互动，而在写作过程中，则需要在设计任务时通过各种活动使写作融入一个相互交流的平台。现实生活中，写的交际价值往往以比较隐性的方式体现，教学设计中则要力求将写的交际价值挖掘出来。交互式的写作任务正是达到这一目的的有效手段。交互式写作任务有两类，分别从任务完成过程与组织方式两个角度构成互动。

1. 基于人际交流模式的写作任务。

这类任务在写作过程中，学习者与交流对象有对应的交流，即有语言输入到语言输出的转换，如电子邮件和书信往来。学生完成任务要先理解语言材料，并在理解的基础上进行表达。而书面表达产品应在交际过程体现出有效性和得体性。除了书面回复邮件、信件之外，按照要求填写各类表格、通过访谈写小调查报告等也属于这类任务。

2. 基于合作学习形式的写作任务。

这类任务要求学习者通过交流合作进行写作。也就是它不体现于任务本身，而在于课堂组织形式，如让学习者共同获取并提供书面的信息，包括这样几种任务范例：（1）出版专题板报介绍某种文化现象、说明某个活动等；（2）评判社会热点话题，针对一个社会生活热点话题进行讨论交流后，梳理主要观点，进行综述；（3）集体完成实用文体写作，如对某种活动或某类产品进行宣传，设计海报或广告词、介绍旅游点或旅游线路等。

（三）媒介式

媒介指的是在写作过程中引出任务、刺激书面表达的工具、材料等。在实际交流中，写的需求除了通过前面谈及的交流对象来提出，还包含大量的其他材料，如照片、图表、数据、文章、书籍等。这些材料可以通过介绍、说明等书面表述，传达给读者更为详细的文字信息。在课堂教学中，它们可以成为写作任务设计的"源泉"，并成为从写作构思到书面形式的中介。较为常用的中级写作任务包括：（1）介绍照片、图画等；（2）转述或评价录音材料如新闻广播等，介绍歌曲等音乐作品；（3）描述或评介图表、数据等反映的信息；（4）基于各种资料介绍评价人物；（5）介绍评价书籍、文章、影视作品等。

最后一类与常用的写作训练项目读后感、观后感相似，但在任务型教学中更注重写作任务的现实感和实用性。如要求学生介绍某一种学习词典、汉语教材或简易阅读材料；基于影视作品的写作则可突出文化的表达，如让学生介绍本国影视节目，使任务与现实生活以及学生的认知需求联系更密切。

以上三种任务类型主要根据中级写作教学的目标、特点与教学难点提出，在教学中互相之间有重合与交叉，如作为媒介式的任务，在完成过程中，完全可以通过交互的形式进行；而体验式任务，也可通过各种文字、图片等媒介进行表述。

四、任务型写作教学的要点

有研究者针对任务设计的要素进行了总结，指出任务应包括的过程要素有"目标、内容、程序、输入材料、教师与学生的角色、情景"等（曾文雄，2007[①]）；而对任务法的学习效果的评价，也有研究者指出"任务教学法以意义为核心，以是否完成任务和完成任务的质量为评价依据"（刘平，2004[②]）。写作训练采用任务型教学，制订计划、注重语言运用、提出可行性的评价方式都是必须的。

[①] 曾文雄《任务教学法核心问题新探》，《教学与管理》2007年第1期。
[②] 刘平《任务教学法及其在时文选读课上的应用》，《广东外语外贸大学学报》2004年第2期。

（一）把握任务环节与指导语言运用的关系

关于语言运用的指导和任务型教学的关系，是任务型教学讨论得较多的问题。有的针对任务型教学性质的讨论，将任务型教学与3P模式，即呈现（presentation）、操练（practice）与表达（production）的教学模式对立起来，强调以任务的提出、执行为先导，而语言运用的指导训练放在最后。我们探索任务型写作教学，旨在发挥任务型教学与真实生活的联系，以真实的交际功能为目标的教学理念，而不在于方法运用是否纯粹。实际上，在任务型教学的讨论中，对语言指导在任务过程中的地位，也有不同的观点："任务型写作教学的过程。J. A. Willis 设计了三阶段'任务教学法'模式：任务前、任务环、语言聚焦。P. Skehan 也提出了类似的三阶段教学：任务前阶段、任务中阶段、任务后阶段。后两个阶段所包含的活动内容和 J. A. Willis 的模式基本一样，所不同的是第一个阶段更强调学生原有相关语言知识的激活和新语言知识的介绍。"[①] 我们更倾向于 P. Skehan 的定位。另外，还应注意到，写作过程复杂多变，用三大步骤做一个基本的框架是可行的，但要将各步骤的活动框定，则不一定适合各种不同的写作任务。在教学设计中，选择合理的程序，也包括所谓3P模式中的合理因素，而不应该简单排斥。另外，写作任务执行的过程往往是在课下，所以，直接的课堂指导更多地表现在任务前和任务后两个环节。

---

① 参见李庆燊《论高校"任务型"英语写作教学》，《教育与职业》2007年第2期

表 5-2 为中级写作教材中的读后感、观后感单元的任务指导的基本步骤，大致能反映出我们处理语言运用在任务执行各个环节中的位置的基本思路。

表 5-2　中级写作教材观后感任务指导基本步骤

任务类型	任务前	任务中	任务后
媒介式：介绍影视作品	A. 说明任务 让学生介绍自己了解的影视作品。作品国别不限。任务完成的呈现方式除了文字表达以外，还有相关的图片、剧照或影视片段。 B. 看电影《洗澡》片段。 C. 导读范文《〈洗澡〉观后》。 D. 小组活动：对人物、情节、表演进行评价。 E. 列举概述故事的方式。	拟定自己的介绍对象。写作并查找资料图片。制作出配有图片的影视介绍。	小组或班级互评：传看影视介绍，从内容丰富性和语言表达等方面进行评点。 佳作欣赏（学生习作与教材范文结合）。 偏误分析。

这里我们将一些必要的语言项目列入任务前阶段。因为在描述作品时，这些基本方式，如介绍故事的时间地点、介绍主要人物、介绍过程和引出结果等方面的句式使用频率很高，如果集中介绍，则能够使学生更有信心地执行任务。再如写人或介绍处所的任务，也会有一些在功能上与表达内容匹配的句型与连接手段，如存现句、顺承关系的表达等，在执行任务之前激活学生的语言运用意识，对任务完成的质量会是很有益的。当然，这种语言运用提示，应以不冲淡对任务的关注为原则，它应该始终围绕任务的需要，而不是游离在外的语言点说明。

（二）处理好任务与教材的关系

任务型教学在制订计划、大纲方面，面临较大的挑战，这与其本身的特点相关：任务型教学具有交际性、实用性强的优势，但在形成系统的教学大纲方面，则又存在弱势。目前，在第二语言写作教学领域，有的教材部分使用了任务教学法的设计思路，如英语第二语言写作教材 *Writing Tasks*①。但整体的框架理念上进行任务型教学设计的教材还不多见。这里有教学理念的问题，也有教学目标与任务类型配合的难度问题。写作进行任务型教学，需要课堂任务设计与教材配合完成。单纯的任务难以形成循序渐进的写作技能系统，而教材的稳定性有时会与环境、对象等因素反映的实际需求不"兼容"。

让任务与教材发挥各自的优势是设计写作教学任务的合理选择。语言等级、文体分布、功能的安排等，可以以教材为依据；而教学环境、对象这些灵活因素，进行现实的教学，则可通过任务的设计来互补，使得教学更符合培养学习者实际语言交际能力的目标。

以《发展汉语·中级汉语写作》②中的介绍人物为例。这个单元的学习重点是写介绍公众人物的记叙文，运用引语、递进关系的关联词语。这可以说是结合了文体、语言表达、语篇连接等方面训练的教材设计。在此基础上设计任务，要利用教材考虑全面、语料充分的长处，又要注意拓展到现实生活中，结合环境因素以及学习者的动机等。我们尝试将这一课的教学设计为媒介式的任务，以下是基本步骤：

---

① David Jolly. *Writing Tasks: An Authentic-Task Approach to Individual Writing Needs,* Cambridge: Cambridge University Press, 1993.
② 罗青松《发展汉语·中级汉语写作》，北京语言大学出版社，2006年。

任务前：小组互动，漫谈自己喜欢、崇拜或难忘的人。

列清单：写出人物的几个基本信息，如说过的印象深刻的话、做过的事情等。

读范文：注意如何通过人物语言表现人物形象。

说明任务：要求通过查找各种资料，以收集的资料为基础，介绍某个公众人物。要引用人物的语言，并介绍这个人物的主要事迹。

任务中：收集人物的各种生平资料、人物的语言。

根据材料编写提纲。

按照提纲写作并提交。

任务后：传看作文，并在小组中自己介绍该公众人物。

评价介绍学生习作。

对语言运用进行总结，重点为引语的运用与介绍人物生平常用的句式。

（三）注重任务与学生个人体验、生活环境的关系

"教材提供的写作任务是教学的基础，在课堂教学中，还应将其与学生的实际生活衔接起来，将学生的社会实践活动自然地引入书面表达任务中。"（罗青松，2007[①]）任务型教学的"灵魂"是其现实性与实用性，在教学中注重学习者的个人体验和社会环境，将其引为任务设计的背景，则可加强课内外的联系，充分调动学习者的表达欲望，充分体现出书面交际的现实价值。

---

① 罗青松《试论对外汉语写作教材的使用》，《海外华文教育》2007年第2期。

在利用交际环境方面,在语言教学中比较注重的是语言环境的利用。如在目的语环境中,在听说读写等技能的训练上,课堂可以得到延伸。在写作任务的设计中,可以利用目的语环境,但更多的是利用社会环境对写作表达需求的刺激。当我们关注教学环境的运用时,并不只是借助它的语言条件,更在于形成一种与真实生活的互动,包括信息的利用和情境的利用。以下项目都是可以在不同的语言环境中采用的任务项目:(1)确定一日游线路;(2)给一次活动的地点定位,发出通知;(3)标记一个学校的平面图,并加以说明;(4)翻译学校的课表(非目的语环境教学);(5)将近处的超市商品陈列进行简略介绍;(6)记录社会新闻/学生观点。

最后一项记录社会新闻,与教材中的听记故事,对于训练来说,就有不同的意义和作用。教材中的练习只是一个完成听力技能到写作表达的转化过程,而联系实际的写作任务,则要求与现实生活有更深入的联系,任务本身更具有真实性。记录一个听到的新闻事件与记一段笑话、小故事的交际价值是不同的。

(四)协调写作产品与评价标准的关系

传统写作教学中对学生习作的评价,一般都是从语篇表达中的词语、语法、内容、语篇衔接等方面评价。有研究者关注设定不同项目的表达要求和评价标准,但从整体上看,也基本是针对语言表达的评价和要求。(参见罗青松,2007)在任务型写作教学中,对写作产品从语言表达角度进行全面评价,而不考虑其他角度的评价,则会导致任务设计与评价体系的错位。任务完成情况的评价须设定更加贴近任务目标的评价体系,如从其交际价值是否实现等方面进行评价,简言之,评价角度应与任务设计的要求和目标一致。举一个较为极端的例子:如果填写申请表格,则在于对应的信息是否精准,而不在于句子是否完整,用词是否丰富。总之,词语运用的丰富性和语法的准确性要求不是一成不变的,而是有不同的权重。

以电子邮件写作的任务为例。我们将中级写作教材的训练项目,根据学习者的特点加以改造,设计了邮件撰写与读取的任务,要求学习者给老师发电子邮件,谈自己的学习生活,提出遇到的困难和问题,并要求接收老师的回复,了解老师的意见和建议。设计这一任务,就是培养学生利用网络计算机,用汉语进行书面交际的能力。邮件的交互不仅使得任务符合实际情境,也可以检验学生能否有效地进行交际,即是否具备通过电子邮件系统,运用汉语发送并有效读取信息,完成人际交流的能力。有的学生在发送读取过程中,遇到乱码等无法读取的情况,则借助拼音传达信息,寻求解决方式,再成功地进行处理。这样,从交际的实际需求设计的任务,最终也应从解决交际问题的角度进行评价。以成功交流信息作为基本要求,再与其他要求如内容的完整性、格式的规范性、邮件主题的选择、对老师这一特殊笔谈对象用语的得体性等,共同构成对这一任务完成情况的完整的评价标准。总之,任务型教学的评价,与任务本身一致,才能使任务型教学的理念得以全面体现。

第四节 写作教法研究：入门期的写作[①]

一、现状

（一）写作课开设情况

写作教学对培养外国汉语学习者的汉语综合运用能力具有重要作用。在对外汉语教学领域，无论是汉语言专业教学，还是进修培训，也不论是高级阶段，还是中级、初级阶段的汉语教学，都相继开设了写作课程，这是符合对外汉语教学的现实需要的。

关于写作课的开设时间，有研究认为"从二年级开始较为合适"。（祝秉耀，1984[②]）从教学实践看，在学习汉语的第二年开设写作课的情况比较普遍。但也有研究认为看图写话、听后写、简单应用文、扩写、续写、缩写、改写应放在一年级。（崔永华、杨寄洲主编，2002[③]）有的学校，如北京语言大学汉语学院的汉语言专业教育在一年级第二学期就开设了"汉语写作入门"课，字数上的要求是两课时写 400 字（期中考试前）至 500 字（期中考试后）。

（二）大纲对写作能力的要求

对外国汉语学习者的汉语书面表达能力，学界一向非常重视，

[①] 本节摘自张宝林《"汉语写作入门"教学模式刍议》，发表于《语言教学与研究》2009 年第 3 期。

[②] 祝秉耀《写作课的目的、内容和方法》，《语言教学与研究》1984 年第 1 期。

[③] 崔永华、杨寄洲主编《汉语课堂教学技巧》，北京语言大学出版社，2002 年，第 168—200 页。

并做出了具体规定，提出了明确要求。例如《汉语水平等级标准与语法等级大纲》①（以下简称"水平大纲"）对初等水平二级学生"写"的能力要求是：听写由学过的语句组成的较长语段，速度13字/分，汉字准确率90%以上，两小时内写题材熟悉的记叙文，字数500字以上。《高等学校外国留学生汉语言专业教学大纲》②（以下简称"教学大纲"）对本科一年级（二级）学生"写"的能力的教学要求是：正确掌握汉字笔画、笔顺和书写规则，汉字抄写速度为每分钟18至20字，听写单句或语段（句群）的速度为每分钟14至16字；具有简单记录课堂笔记和独立完成书面作业的能力；写作简单记叙文和应用文，基本做到语句通顺、条理清楚、格式正确。两节课（100分钟）写出400字以上的短文。汉字书写正确率为90%以上，句法正确率为80%以上，标点符号使用正确率为85%以上。

对比两个大纲可以看到，水平大纲的字数要求多于教学大纲；教学大纲则对书写规则和文体方面有更多的要求，并且增加了句法和标点符号等方面的要求。

（三）教学目的与内容

学界对写作教学目的的认识是清楚和明确的，那就是培养和训练学生的汉语书面表达能力，提高他们的汉语水平。有研究认为，写作课的教学目的在于复习、巩固和实际运用所学的词汇和语法，逐步吸收一些新知识，不断排除母语习惯的干扰，增强用汉语进

---

① 刘英林主编《汉语水平等级标准与语法等级大纲》，高等教育出版社，1996年。
② 国家对外汉语教学领导小组办公室编《高等学校外国留学生汉语言专业教学大纲》，北京语言文化大学出版社，2002年。

行书面表达的能力，提高汉语水平（祝秉耀，1984）。写作的重点和出发点都应该是语言表达形式，而不能像汉语第一语言写作教学那样放在构思、内容等方面（朱湘燕，2007a[①]）。这些认识符合对外汉语教学实际，指明了对外汉语写作教学的根本目标。

人们对写作课的教学目的也存在不同认识。有50%的教师将基本的写作技巧作为中级写作的教学目标，37.5%的教师将书面表达的准确流畅作为教学目标，也有人将文体写作作为教学目标（朱湘燕，2007a）。这种认识上的差异反映了教师们对写作课的不同理解，必然造成教师们在教学方法及教学侧重点等方面的不同，进而导致不同的教学效果。

（四）写作课教学模式

教学模式是近年来引起学界广泛关注的热门话题之一，写作课的教学模式同样引起了人们的关注。有研究认为，传统的写作教学模式是"课上老师枯燥地讲解，课后学生孤立无助地写作"（王凤兰，2004[②]）。也有研究对某些学校部分教师的写作教学步骤进行调查后总结为"写前准备——写作——评改"（朱湘燕，2007b[③]），这也是目前比较普遍的一种写作课教学模式。有教师把"控制、自由写作法"作为写作教学策略的总纲领，通过组句写作、语段写作、语篇写作等三个阶段来进行写作训练（朴德俊，2007[④]）。

[①] 朱湘燕《对外汉语写作教学调查及研究》，《现代语文》（语言研究版）2007年第6期。

[②] 王凤兰《汉语写作教学刍议》，《齐齐哈尔大学学报》（哲学社会科学版）2004年第5期。

[③] 朱湘燕《多媒体辅助对外汉语写作教学研究》，《国际关系学院学报》2007年第4期。

[④] 朴德俊《对韩写作教学策略》，载《第八届国际汉语教学讨论会论文选》，高等教育出版社，2007年。

我们认为这是一种颇具特色、非常合理的写作课教学模式。但是明确提出一种写作课、特别是初级阶段写作课教学模式的研究尚属少见。

（五）教学效果

近年来，对外汉语教学取得了突飞猛进的发展，但这种发展集中体现于听、说、读等方面，在写的方面进展不大（朴德俊，2007）。从教学实践来看，写作教学的实际效果并不理想，与学生的期望存在很大差距。例如有 51.1% 的留学生希望写作课教给他们怎样用汉语表达思想，但只有 12% 的学生认为实际的上课效果达到了他们的学习目标（朱湘燕，2007b）。

二、原因

（一）对写作教学的关注不够，研究十分薄弱

有研究指出，在用字、遣词、造句、成篇的作文环节中间，字、词、句的教学似乎应由综合课来管，而篇章结构的教学又似乎与中文母语写作课程的同类内容相重叠；这样，在"对外汉语"和"写作"的夹缝里，对外汉语写作教学研究很难找到完全属于自己的立足之地，结果被挤到边缘化的位置（陶嘉炜，2007[1]）。因此，系统研究对外汉语写作的成果还不多，有关对外汉语写作的讨论还不够充分（朴德俊，2007）。我们认为这种看法切中时弊，指出了问题的关键所在。

---

[1] 陶嘉炜《认识和处理对外汉语写作教学中的三大问题——兼谈母语写作与外语写作的异同》，载《第八届国际汉语教学讨论会论文选》，高等教育出版社，2007 年。

笔者分别考察了《世界汉语教学》《语言教学与研究》《语言文字应用》等3种期刊最近3年（2006—2008）所发表的学术论文，共计610篇（不含简讯、学术动态等类文章），其中汉语学习研究与汉语教学研究类论文共有166篇，竟然没有一篇专题讨论写作教学的文章。再看第1至8届国际汉语教学讨论会论文选所收入的734篇论文，内含汉语与汉语教学研究类论文179篇，其中专题讨论对外汉语写作教学的论文只有7篇，仅占3.91%。学界对写作教学研究的忽视，由此可见一斑。

（二）缺乏语段教学，使篇章教学成为了无源之水，无本之木

现在的写作课常常是教师出一个题目，学生根据题目进行写作，写完即交稿下课。其间教师很少进行语言运用及写作思路、写作方法等方面的说明与训练。

写作是一种成篇表达，但从单句到完整的话或完整的作品（即篇章）之间有一个很大的距离，不给学生任何台阶就想让他们跨过这段距离，会有相当的难度。而这个"台阶"就是教学中的一个必经阶段——语段（句群）教学。（张宝林，1998[①]）这是学生在成段表达方面存在问题的症结所在，也是学生写作能力不强的重要原因之一。

（三）教师"一言堂"式的讲评方式枯燥乏味，无法调动学生的参与意识

教师在讲评作文时，一般是就学生写作中的一些问题逐一说明，基本是教师满堂灌，学生很少参与。这种讲评方式很难调动学生的学习积极性，学生常常会失去兴趣，有时开小差儿，人在

---

① 张宝林《语段教学的回顾与展望》，《语言教学与研究》1998年第2期。

心不在；有时跟不上教师的思路，听不懂教师所讲的内容；有时甚至懵懵懂懂，昏然欲睡。

（四）汉语母语写作教学的要求与经验不适用于对外汉语教学

传统的汉语写作教学重视文章的思想性，推崇立意高远、主题深刻；看重选材的典型性，讲求谋篇布局的精巧，追求用词的新颖独特。因此，"春风又绿江南岸"成为千古绝唱，"僧推月下门"与"僧敲月下门"的反复斟酌也被后人景仰。教学方法则讲究揣摩范文，领悟其精要，然后经过反复练习而达到熟能生巧的境界。所谓"熟读唐诗三百首，不会作诗也会吟""书读百遍，其义自见"，说的都是这个道理。

对外汉语教学中的写作教学"是一种字、词和语法综合运用的语言实践课"（祝秉耀，1984），主要是训练学生运用书面汉语表达思想感情的能力，与汉语母语教学是很不相同的。例如对"内容切题"的理解就不应过于狭窄，对外国学生不能像对母语者参加高考那样要求"紧扣题目要求"。外国学生的写作内容只要在题目要求容许的范围之内，只要和题目相关，就可以视为切题。这正是母语教学和对外汉语教学两个领域对"内容切题"问题的不同理解与要求。（张宝林，2008[①]）

胡明扬（2002）[②]指出：汉语作为第一语言的写作教学长期以来缺乏理论的探讨与总结，基本停留在经验主义阶段，教学内容也侧重于写作技巧、文章结构等方面，无法为第二语言写作教学提供有效的理论指导和具体的操作方法。我们非常赞同这一观点。

---

① 参见张宝林《对HSK（高等）主观性考试的再认识》，《汉语研究与应用》（第6辑），中国社会科学出版社，2008年。

② 胡明扬《对外汉语写作教学研究·序》，中国社会科学出版社，2002年。

（五）写作本身的难度决定了写作教学滞后于其他语言能力的培养

写作是一种书面表达能力，除具备基本的语言能力之外，还必须掌握文字系统，是语言文字综合能力的体现。写作又是一种非常复杂的心理活动，除语言文字的驾驭能力之外，还需要包括观察、感受、认识、思维、创造等多项心理素质，以及文化因素和人格内涵（陶嘉炜，2007）。其实，母语者也并非都具有良好的书面表达能力，外国人学习汉语写作自然更难。因此，从一定意义上来说，写作能力的发展落后于其他语言能力的发展是符合规律的。

三、"写—评—写"教学模式

我们赞同这样的观点："教学模式是在一定思想理论指导下，为实现特定教学目标而设计的比较稳定的教学程序及其实施方法的策略体系。"一个完整的教学模式主要由指导思想、教学目标、策略、程序、评价等相互作用、相互影响的因素构成。（李雁冰，1994[①]）教学模式涉及与教学过程相关的多种因素，例如对教学的基本认识与教学目的、教学过程与教学方法及手段、教学内容与教材、教学效果与评价等，都可以涵盖于教学模式研究的范围之内。基于这样的认识，笔者试图从写作课教学模式的角度来探讨"汉语写作入门"的教学对策问题。

根据水平大纲和教学大纲对汉语写的能力的要求，针对目前

---

① 李雁冰《简论教学模式》，《山东教育科研》1994年第3期。

写作教学的基本情况和主要不足，就汉语言专业本科一年级下学期的"汉语写作入门"课程，我们提出一种"写—评—写"的教学模式，即"先写后评＋评后再写"模式。

（一）教学目的与内容

对外汉语教学的根本目的是培养学生的汉语综合运用能力，写作课则是要训练和培养学生的汉语书面表达能力。对于本科一年级下学期的"汉语写作入门"来说，教学的根本目的是语言使用的正确性。至于句式的多样性、语言的得体性等更高的要求则不属于初级阶段的教学内容，而是中高级阶段的教学任务。

在写作教学中，语言的正确使用具体表现为：写对汉字、用对词语、写对句子（单句）、句间连接恰当、标点符号正确、意思表达清楚。因此，"汉语写作入门"的主要教学内容应该是汉字写法、词语搭配、句型句式、句间衔接方法。当然，文章内容的安排及写作方法等，也应给予一定的关注和适度的指导。

（二）教学方法

1. 以错为先（刘瑜，2008[①]），由错知正。

写作课固然要教学生汉字的写法、词句的用法等，但却完全不同于综合课的教法。综合课直接教给学生怎么写，而写作课则是要从作文中找出学生的错别字和错误的词、句、段等，说明错在何处、为什么错，进而教给学生正确的写法和用法。即从对错误的观察入手，经过分析与训练，达到对正确的字、词、句、段的了解和掌握。

[①] 刘瑜《写作课堂中任务型教学的实践技巧——逆向教学策略》，载北京大学对外汉语教育学院编《第二届中青年学者汉语教学国际学术研讨会资料汇编》，2008年。

2. 正误对比。

讲评时把正句和病句放在一起让学生观察，发现问题，比较分析，领会正确的表达方式。

3. 交流讨论，互动启发。

教师引导学生交流情况，发表看法，互相讨论。例如《节日见闻》可以先让学生介绍假期去了什么地方，遇到了什么人，发生或看到了什么事，怎么看待这些人或事。又如一个病句哪里有错，为什么是错的，应该如何修改。这样变教师讲述为学生研讨，可以调动学生的参与意识，发挥学生的主观能动性，并有效避免教师"一言堂""满堂灌"式的教学，学生是比较欢迎的。有研究指出，33.3%的留学生希望有讨论的机会（参见朱湘燕，2007b）。

4. 面向全体 + 个别指导。

教师除面向全班授课之外，对学生的个别性问题需要单独向他们指出。掌握的原则是：共同性问题向全班说明，个性化问题个别指导。

5. 明教 + 暗教。

所谓"明教"指课上公开讲解，"暗教"则是在作文上批改，让学生自己去看。这样做的原因是有些内容适合明教，例如分析病句、教授句间衔接方法等；有些内容则适合暗教，例如学生的作文中错字别字较多，如果一一加以说明，既要占去很多宝贵的课时，学生又不感兴趣，因为他们可以去查字典词典，教师在作文上标示出来即可。适宜的做法是字词以暗教为主，句篇以明教为主。

6. 运用现代化教学手段。

把教案写成 PPT 课件，把用来讲评的作文通过扫描仪制成电子图片，再通过电脑和投影机展示出来。这样首先可以节省板书时间，提高教学效率；其次，新颖、直观，便于学生理解授课内容；再次，看到自己的作文以这种形式出现在幕布上，对学生来说是一种强刺激，能给他们一定的新鲜感，引发他们的学习兴趣。

（三）教学原则

1. 根据第二次写作情况评分。

我们所倡导的教学模式的突出特点，是在教学过程中学生要进行两次写作。教师必须根据第二次写作的结果——作文修改稿——给学生打分。这样做的好处是能够激励学生认真完成第二次写作，我们认为这是使学生写作水平得以提高的关键环节。因为第一次基本是学生自发的写作，第二次则是在教师理性指导下的写作。从教学效果上看，学生第二次写的作文确实比第一次有较大的提高，也因此可以获得较高的分数。这是我们提出"写—评—写"教学模式的最重要原因。

贯彻这一原则需要注意两个问题：首先，教师要花费一些时间建立教学常规，使学生习惯这种教学模式。一般来说，开始时学生会嫌麻烦，不太接受这种方式，但写过两次之后，他们会从自己的进步中感受到这种教学方式的优越性，从而喜欢上这种方式。我教过的两个班的学生大部分表示喜欢这种教学方式，一名古巴女生在一个学期的教学之后还讲述了从不喜欢到喜欢这样教学的转变过程。其次，第一次写作一定要在课上完成。这样写出来的作文可以反映学生真实的写作能力，教师可以掌握学生的实际情况，讲评并进而为第二次写打好基础；另外也可以加快写作速度，使学生养成良好的写作习惯。

2. 题目的普适性。

所出题目应紧密结合学生的学习和生活实际，应是学生熟悉的、有话可说的题目，目的是使他们有言可发，有情可抒（参见祝秉耀，1984）。同时，题目还应选择一般人都能理解和接受、具有正面意义的中性话题，不涉及任何敏感问题，以免引起学生对题目本身的反感。例如《自我介绍》《我的一天》《我的家/宿舍》《我最……的人》《节日见闻等》，都是比较好的题目。

3. 加强语段教学。

语段是从单句到篇章的中间站，语段的组合方式和语篇的组合方式存在很大的一致性，语段教学对成篇表达能力的提高具有十分重要而明显的作用。学生如果能顺利组织起一个好的语段，把语段扩展开来，就很可能是一篇不错的文章。例如：

××区××路东侧××小区（引题）
居民4大理由拒交物业费（主题）
理由一 水质差开发商承诺没兑现（小标题）
理由二 小区内搭建违章建筑（小标题）
理由三 小区出口被封（小标题）
理由四 擅自动用房屋维修基金（小标题）

这是2007年6月13日《北京晚报》上一篇文章的大标题和4个小标题（这里隐去了具体地点），我们完全可以将其组成下面的语段：

××小区居民4大理由拒交物业费：理由一，水质差开发商承诺没兑现；理由二，小区内搭建违章建筑；理由三，小区出口被封；理由四，擅自动用房屋维修基金。

将这4个理由逐一扩展，详加说明，这个语段就变成了一个语篇，一篇完整的文章。由此可见，写好语段对提高写作能力作用巨大。

对初级阶段的学生来说，语段教学尤其意义重大。因为他们写的能力还不高，很难一次写出比较长的作文。教学中教师可以先不求其写得长，而训练他们写好相对较短、容易一些的语段，然后再逐步扩展，最终形成一篇真正的文章。

4. 注重教方法，即要教给学生提高写作能力的具体方法。

例如，汉语一般不会句句出现主语，而学生则常常在这一点上出错。将此规律告诉学生，他们在句间衔接方面就会有明显的提高。又如，一名日本女生在《节日见闻》中写她"五一"在校园里和一些中国人聊天时问他们节日里所做的事情：学生学习，小孩玩耍，老人陪孙子去补习班，中年人处理家务等。叙述完文章就结束了，文章内容上没有提炼概括，篇幅相对也比较短。教师指导时启发她：你认为中国人的过节方式怎么样？从这些事情中你对中国人有怎样的新认识？另外可以把聊天时不同人说的话写得再细致一些。学生经过思考增加了一些内容，主要意思是中国人重视学业，重视家庭，重视对孩子的培养；前边的叙述也更具体了。结果不但篇幅加长了，内容也深入了。

5. 讲评应突出重点，切忌面面俱到。

如果在讲评时试图把一次作文中所有的错字、错词、病句、标点错误、语篇连接错误、文章题材和内容方面的问题都讲出来，其结果必定是非常糟糕的。因为面面俱到的结果必然是蜻蜓点水，浮光掠影，没有重点，学生头脑中可能留不下任何印象。这是不可取的。正确的做法是找出少量带有普遍性错误的语法点，把同一语法点的病句按错误性质整理归类，引导学生进行讨论修改。（赵洪琴，1999[①]）这样重点突出，目标明确，学生才能得到实际的提高。

四、结语

上文回顾了对外汉语写作教学的基本情况，指出了写作教学中存在的一些问题。针对"汉语写作入门"课程提出了"写—评—写"教学模式，以此作为改进初级阶段写作教学的基本对策。

"写—评—写"教学模式的主要精神是要充分贯彻"以学生为主体，以教师为主导"的教学原则，充分调动学生的写作积极性，充分尊重他们在写作过程中表现出来的创造精神。教师应创造各种教学情景与条件，激发学生的写作热情，使他们想写，愿写，爱写，积极投入写作训练，在写作过程中发挥出他们的学习潜能，表达出他们对题目的各种理解与认识，同时教师要针对学生的各种问题进行具体指导。这样就有可能通过训练，切实提高学生的写作能力和汉语水平。

---

① 赵洪琴《汉语写作课课程规范》，载陈田顺主编《对外汉语教学中高级阶段课程规范》，北京语言文化大学出版社，1999年。

第五节　写作题型与写作效果研究[①]

练习设计是第二语言教学的重要一环。在练习设计需要遵循的原则方面，尽管研究者尚未达成一致意见，但好的练习要有效（能够训练想要训练的内容）、要为老师和学习者所接受，这恐怕是毋庸置疑的。不过，判断某一练习是否有效，需要参考实证研究结果；判断师生是否接受某一练习，需要调查他们的看法。在这两方面，对外汉语教学界的研究成果都不够丰富。在此，我们拟为改变这一现状尽绵薄之力。我们通过实证研究和调查，探讨题型设置对写作练习效果的影响。这方面的研究，有助于教师在选择不同的写作练习方式时，做出更合理的决定，从而提高写作教学效果。

一、对外汉语练习设计研究回顾

我们从以下五个方面对对外汉语练习设计研究进行简单回顾。

（一）练习编写原则

这方面有代表性的研究是李杨（1999）[②]，周健、唐玲（2004）[③]

[①] 本节摘自刘颂浩、曹巧丽《题型设置对写作练习使用效果的影响》，发表于《华文教学与研究》2015 年第 4 期。

[②] 李杨《练习编排的基本原则》，载李杨《对外汉语本科教育研究》，北京语言文化大学出版社，1999 年。

[③] 周健、唐玲《对外汉语教材练习设计的考察与思考》，《语言教学与研究》2004 年第 4 期。

以及刘颂浩（1999）①。李杨（1999）提出的练习编排的基本原则是：科学的定性和定量目标、既有语言知识又遵循语用规则、体现课型特点、体现阶段性差异、重视文化含量、符合学习规律。周健、唐玲（2004）认为应该贯彻交际原则、任务原则和意义原则来设计具有目的性、针对性和有效性的练习。刘颂浩（1999）提出了练习编写应遵循的五条原则：目的明确，形式灵活；简洁直接，实用有效；编排有序，彼此配合；主次分明，种类适中；布局合理，文练（课文和练习）平衡。

（二）练习设计的理论基础

讨论练习设计问题的文章，一般都会介绍相应的理论基础。比如，李绍林（2011）②把学习理论中的泛化（generalization）和分化（discrimination）概念运用到练习设计中，泛化是从不同的项目中找共同特征，分化是从相似的项目中找区别特征。理论基础不同，所设计出来的练习也会有很大的不同。

（三）练习使用方法

介绍具体练习形式的文章，往往会从不同的角度详细说明练习的使用场合和方法。比如，王静（2001）③阐述了汉字听写训练的具体操作步骤。王瑞烽（2007）④介绍了小组活动的任务形式以及任务设计需要考虑的因素，并讨论了在对外汉语教学中进行小组活动的途径和方法。也有研究通过综述，讨论训练某方面

---

① 刘颂浩《阅读课上的词汇训练》，《世界汉语教学》1999 年第 4 期。
② 李绍林《谈泛化、分化及其有关的练习样式》，《汉语学习》2011年第6期。
③ 王静《记忆原理对汉字听写训练的启示》，《语言教学与研究》2001年第 1 期。
④ 王瑞烽《小组活动的任务形式和设计方式及其在对外汉语教学中的应用》，《语言教学与研究》2007 年第 1 期。

能力可以采用的方法。比如，刘颂浩（1999）提出，阅读课上训练学习者掌握实词可以采取五种方法，即辨认、联想、搭配、评价、总结。

（四）师生对练习的主观认识

了解教师和学生对具体练习形式的看法，具有重要的意义。特别是在师生的意见不一致的情况下，教师如果能事先有所准备，采取有效措施打消学生的顾虑，会起到积极的作用。比如，辛平（2009）[①]的调查发现，师生对"重写教师修改过的作文"这一方法的认识差别较大，学生对重写的评价高于教师的评价。辛平（2009）的调查涉及七种教学方法，即自由限时写作、思路图、集体讨论写作提纲、看视频写作文、学生互相借鉴作文、按照老师的修改重写作文、学生之间互相修改作文。教师将重写排在第五位，但学生却认为这是最有用的方法，将之排在第一位。

（五）对练习效果的客观评价

客观评估一般采用文本分析的方法，从正确率等角度观察练习的效果。比如，刘颂浩、汪燕（2003）[②]调查了13名中国研究生、17名高水平外国学生在16个意图引发"把"字句的问题上的表现情况，结果发现：教材为"把"字句练习设立的语境中，有一半以上并非自然语境；与中国学生相比，留学生在何时该用"把"字句上并无显著区别，但在"把"字句的使用质量上问题较多。

---

① 辛平《对外汉语写作课教学的验证性研究》，《云南师范大学学报》（对外汉语教学与研究版）2009年第2期。

② 刘颂浩、汪燕《"把"字句练习设计中的语境问题》，《汉语学习》2003年第4期。

彭馨（2014）①研究了 30 名日本高水平学生和 15 名汉语母语者进行缩写的情况，发现之一是，汉语母语者缩写后的文章，其结构和原文完全一致；日本学生中，完全一致的只有 17 名（57%）。

总的来说，在上述五个方面，对外汉语的研究较多地集中在前三个方面。在练习的主观认识及客观评价方面，研究成果并不丰富。在写作练习方面，我们见到的实证研究仅有赵亮（2004）②、辛平（2009）、马明霞（2012）③、孙友梅（2012）④、彭馨（2014）等寥寥几篇。辛平（2009）和彭馨（2014）的研究，上文已有介绍。赵亮（2004）的研究发现，在汉语第二语言写作能力考查中，与"客观题"和"命题作文"相比，"给材料作文"（比如"看图说话"）这种方式具有更高的效度。马明霞（2012）研究了 HSK 的命题作文、看图作文以及缩写作文这三种形式的效度，结果发现，与"看图作文"和"命题作文"方式相比，"缩写作文"的效度更低。孙友梅（2012）用个案研究的方式，探讨了写作教学中的任务、特别是任务前活动对学生写作的影响，并通过问卷调查，考察了学生对中级汉语写作任务的态度。研究发现，学生对不同特征的任务有着一定的偏好，他们更喜欢信息分离的、互动的、对话的、有一定激励机制的任务；任务的实施对学生的汉语写作起到积极

---

① 彭馨《缩写练习在对外汉语教学中的应用研究》，北京大学硕士学位论文，2014 年。
② 赵亮《作为第二语言的汉语写作能力测验方式的实验研究》，北京语言大学硕士学位论文，2004 年。
③ 马明霞《对外汉语三种写作测验方式的效度实证研究》，复旦大学硕士学位论文，2012 年。
④ 孙友梅《中级汉语写作任务研究》，华东师范大学硕士学位论文，2012 年。

的作用，特别是写前准备阶段，能够有效地解决写作内容与表达上的诸多问题。

二、研究问题

上述这些有关写作的实证研究，加深了我们对相关问题的认识，有重要的参考价值。不过，当我们把目光转向需要在课堂教学中做出决定的教师身上时，不难发现，实证研究的数量远远赶不上需求。因此，教师们在面临如何选择时，就常常因缺乏参考资料而难于抉择。笔者之一在进行教学实习时，对于在写作练习中要不要使用指定的词语、要不要提供内容框架等，就总是难以抉择，因为不知道哪种方法能够更有效地促进语言学习。不仅新手教师如此，对于某些练习方法，学术界也同样存在争议。比如，周健、唐玲（2004）将《桥梁·实用汉语中级教程》的下列练习作为提高拓展类练习的范例：

> 根据提示写一段话或说一段话（150字左右）
> 提示：（1）吸毒不能尝试……
> 　　　（2）有这样一个吸毒者……
> 　　　（3）有这样一个小偷……
> 下列词语帮助你表达：
> 吸毒、海洛因、发作、戒、注射、损害、理解、丧失、人格、无论如何、再三、虽说、晕晕乎乎、哆嗦、美好、毁、浑身、尝试、无可奈何、无济于事

他们认为，"这一课的主课文是《试试吸毒》，学生在学习

课文的基础上又有了以上具体的引导,就容易运用所学词语完成成段表达的任务"。但是刘颂浩(2009)[①]对此持保留意见,他发现在口语课或者综合课上运用这一题型难度极高:"很多学生写(或说)出来的话语,句与句之间毫无关联,对所给词语,也是照着课本上的顺序来用,不敢有丝毫改动"。刘颂浩(2009)认为,需要进行更深入的研究才能弄清楚出现这一现象的原因[②]。

有鉴于此,我们将尝试研究下面两个问题,以期对对外汉语写作教学的练习设计提供有参考意义的实证研究材料:第一,写作练习题型不同,学习者写出来的作文质量会不同吗?如果会,有什么不同?第二,对不同的练习题型,教师和学习者的接受程度如何?二者的看法是否一致?

三、研究方法

(一)研究的具体题型

设计写作练习时,可以考虑的因素有:给不给题目、有没有内容方面的限制、提不提语言方面的要求。理论上,改变这三者中的任何一个,就可以出现一种新的题型。如表 5-3:

[①] 刘颂浩《对外汉语教学中练习的目的、方法和编写原则》,《世界汉语教学》2009 年第 1 期。

[②] 原刊注:审稿专家指出,二语者在用"提供"的词语进行表达时,由于语言储备不足和文化心理受到限制的原因,可能会产生与母语者完全不同的思维和心理状态。我们赞同这一看法。

表 5-3　可能有的作文题型

题型	题目	内容要求	语言要求	例子
A	+	−	+	请以"忠告"为题写一篇小作文（150字左右），至少使用下列词语中的6个：振聋发聩、不容置疑、小心翼翼、恍然大悟、过问、叮咛、震颤、莫非、一一、一向、再三。
B	+	+	−	请以"母爱"为题写一篇小作文（150字左右），要求用生活中的一件具体小事，写出自己的母亲的特点。
C	+	+	+	请以"理想居住地"为题写一篇小作文（150字左右），要求：一、说明你想住在什么样的地方；二、说明你为什么想住在那里。作文中至少使用下列词语中的6个：梦想、住宅、四季、幽静、唯一、无从、再说、若干、游人、候补。
D	−	−	+	请用所给的词语写一段话（最少用上8个）：和气、发泄、过瘾、讽刺、反倒、张狂、迷糊 不容置疑、插科打诨、一辈子、步入、若干。
E	+	−	−	请从以下题目中选择一个写一篇作文（不少于600字）：一、旅行见闻；二、我眼中的中国人。
*F	−	+	+	
*G	−	+	−	
*H	−	−	−	

说明：A、B、C、D、E 五种作文的例子同时也是本研究调查时所用的作文题目。

不过，对内容有要求时，话题其实已经被限定了，相当于提供了题目，所以有内容要求却没题目（表 5-3 中的题型 F 和 G）是矛盾的。另外，设计写作练习时，不可能题目、语言和内容三者都不做要求（题型 H）。因此，题型 F、G、H 实际上并不存在。我们将考察学习者在题型 A、B、C、D、E 上的写作表现，并比较教师和学习者对这些题型的接受程度。

（二）调查对象和语料收集

北京大学对外汉语教育学院（以下简称"北大汉院"）2012 年度秋季学期的一个中级汉语班，共 15 名学生，完成了这五种题型的写作练习。北大汉院的中级班分两个程度，水平稍低的使用《博雅汉语中级·冲刺篇 I》，水平接近高级的使用《博雅汉语中级·冲刺篇 II》。我们调查的是中高级班。据任课老师介绍，该班同学学习努力，且水平比较整齐，为多年少有。来华之前，这些同学都至少学过两年汉语。根据该班使用的教材，我们为五种题型各设计了一道作文题。其中题型 D 在月考中出现，其余四种题型的作文以课后作业的形式出现。由于学生缺勤的关系，题型 A、B、D、E 收集到 13 份作文，题型 C 收集到 11 份作文。采用这种收集方法，是想在真实的对外汉语教学环境下研究学生在这些作文题型上的表现，希望得出的研究结果具有更强的指导意义。收集这 5 种题型的时间跨度为 3 个月，由于学生有足够的时间进行写作（包括在月考时），我们认为，3 个月时间内学生的语言水平即使有变化，对作文的写作质量也不会有大的影响。

此外，我们分别针对学习者和教师，设计了两份调查问卷。学生问卷发出 21 份，收回 18 份。填写问卷的也是北大汉院的留学生，他们与上述学生水平相当，并且在学习过程中用过这五种作文题型。教师问卷发出 52 份，收回 23 份。调查对象是北大汉院教授过中级汉语、高级汉语或者写作课的教师，平均教龄为 17.5 年。问卷的教师版和学生版，区别只在于措辞不同，所问的问题实质是相同的：如果要从 A、B、C、D 中选择一个作为小作文练习形式，你选择哪个（题型 E 是各班的大作文题型，有强制性，所以问题中不包括 E）？练习写作时，在"有无题目""是否有语言要求""是否有内容要求"这三个方面，你认为哪个最重要，为什么？

（三）语料处理方法

调查问卷部分，我们先统计学生和教师群体认为最重要的题型设置因素以及推荐题型。然后使用定性分析软件 Weft QDA 对学生和教师的答复进行编码，归纳学生和教师认为某一题型设置因素最重要的原因，以及为什么推荐某一题型，在此基础上探究师生的看法是否有分歧。

作文质量的分析难度较大。我们首先请两位评分员根据统一的标准（参下），从连贯与衔接、词汇丰富程度、语法多样性及准确性三个方面，对收集到的作文进行评分，三项分数相加即为整体分，这是对作文质量的总体评价。然后，我们对收集的作文进行细致的文本分析，参照 C. Polio（1997）[1]、K. Wolfe-Quintero，et al（1998）[2]、K. O'Loughlin，et al（2003）[3]、陈慧媛

---

[1] C. Polio. Measures of Linguistic Accuracy in Second Language Writing Research. *Language Learning,* 1997, 47(1): 101-143.

[2] K. Wolfe-Quintero, S. Inagaki & H.-Y. Kim. *Second Language Development in Writing: Measures of Fluency, Accuracy and Complexity.* University of Hawaii Press, 1998.

[3] K. O'Loughlin & G. Wigglesworth. Task Design in IELTS Academic Writing Task 1: The Effect of Quantity and Manner of Presentation of Information of Candidate Writing, 2003. http://www.ielts.org/PDF/Vol4_Report3.pdf. 查阅日期：2015-3-25。

（2010）[①]等的研究，统计准确度、复杂度、连贯度与衔接度等方面的具体表现。本研究中的作文，多为课外作业，无法控制写作时间，也因此无法进行流利性方面的考察。最后，对上述两方面的数据，我们采用 SPSS13.0 进行单向方差分析（one-way ANOVA），检验五种题型的平均值是否具有统计上的显著差异，以此来比较五种题型在作文质量上的差异。下面具体介绍我们使用的评分标准和其他分析指标。

1. 作文评分标准。

在为作文评分时，我们选择了《雅思考试写作评分标准》，并根据研究的需要进行了适当的改编。之所以如此，是因为对外汉语教学界的作文评分标准，比如《HSK 中国汉语水平考试大纲（高等）》《对外汉语教学中高级阶段课程规范》[②]等都将正确率作为重要指标。不过，仅仅考虑正确率标准是不够的。一般来讲，学习者在作文中使用的高级词汇（或高级语法）越多，出错的机会也越多。如果以正确率作为主要评判标准，这样的作文就得不到高分。然而，知道并愿意尝试运用高级词汇或语法，这一事实本身就是语言水平较高的证明。《雅思考试写作评分标准》考虑到了这一点。在这一标准中，学生即使因使用不常见词汇而出现错误，得分可能依旧很高。

雅思的标准分为语言表现和作文内容两个方面，前者用连贯与衔接、词汇丰富程度、语法多样性及准确性这三条标准进行考

[①] 陈慧媛《英语写作表现测量指标的类别及特性研究》，《现代外语》2010 年第 1 期。

[②] 陈田顺《对外汉语教学中高级阶段课程规范》，北京语言文化大学出版社，1999 年。

察。我们的研究重心不是学生在作文里表述的内容（题型 D 连题目都没有，自然也不关注内容），而是学生的语言表现。因此，我们略去了对作文内容的考核。修改后的评分标准，从连贯与衔接、词汇丰富程度、语法多样性及准确性这三个方面考察作文的质量。标准共分初级、初高、中级、中高、高级等五个等级，最高分为 9 分，评分时可以给 0.5 分。例见表 5-4（4 分为中级最低分，8 分为高级最低分）。

表 5-4 作文评分标准举例

分数	连贯与衔接	词汇丰富程度	语法多样性及准确性
8	表达信息与观点时符合逻辑；各种衔接手段运用得当；段落安排合理。	词汇丰富，表达流畅、准确；熟练地使用不常用词汇，偶有错误；书写及/或构词方面错误极少。	语法结构丰富多样；大多数句子准确无误；只在极偶然情况下出现语法错误或不当之处。
4	呈现了信息及观点，但表述不连贯，行文脉络不清晰；使用了基本的衔接手段，但有不准确或重复的情况。	只使用基本词汇，时有重复或使用不当的现象；对构词及/或书写掌握有限；词汇错误可能造成阅读困难。	仅能使用非常有限的语法结构；虽然部分语法结构使用正确，但错误占多数，标点符号也经常出错。

将收集到的作文随机编排，请两位评分员根据上述评分标准进行打分。两位评分员对同一份作文给出的分数平均后，为该作文最终得分。评分员是完成了教学实习的北大汉院汉语言文字学专业的三年级在读硕士生。评分员先熟悉评分标准，并对两份作文进行独立评分，讨论评分差异，达成怎样评分的一致意见，然后正式评分。

2. 准确度。

分析准确度时，我们采用的是 EFT/T（error-free T-units per T-unit，每 T 单位无错误 T 单位数）和 E/W（errors per word，语言错误与词数之比）两个测量指标。T 单位指语法允许的最短句子（the shortest grammatically allowable sentences），用以对文章进行切分。T 单位多数情况下就是句子，可以是单句也可以是复句，但多重复句按第一层次关系划分 T 单位。不成句的片段，则根据语义上的关联，纳入之前或之后的 T 单位中。无错误 T 单位指没有出现任何错误的 T 单位，一个 T 单位中如出现多处错误，仍然计算为一个错误 T 单位。本研究的对象是写作练习形式，故错别字计入错误（繁体字除外），但不考虑标点符号错误；同一错误如多次出现，如"地"多次写成"得"，在统计时只计为一个错误。

划分词时，不包括作文题目，不考虑标点符号和错别字（写错的词仍然进行统计），同时将阿拉伯数字、中文数字都按一个词统计（比如"30""两千"各计为一个词）。分词时，我们先采用 Chinese TA 软件进行自动切分，然后手工改正软件分词不当之处。

3. 复杂度。

复杂度指语言的复杂程度，使用的结构和词汇越多样，词汇越高级，复杂度就越高。复杂度分为语法复杂度和词汇复杂度两个测量方向。测量语法复杂度时，我们使用的指标是 C/T (clauses per T-unit，每 T 单位子句数) 和 W/T（words per T-unit，每 T 单位词数）。测量词汇复杂度时，我们采用的指标是 $WT/\sqrt{2W}$（ratio of word types to square root of two times total words，词类数量与两倍词数的平方根之比）和 SWT/WT（ratio of sophisticated word types to total word types，高级词汇类型数量与词类数量之比）。

关于词类，我们综合了朱德熙《语法讲义》[①]、北大中文系编《现代汉语》[②]和黄伯荣、廖序东主编《现代汉语》[③]的有关论述，将现代汉语词汇分为名词、处所词、方位词、时间词、数词、量词、代词、区别词、形容词、状态词、动词、介词、副词、连词、助词、语气词、拟声词、感叹词等18类，词缀和成语等固定结构也分别算作一类。这样处理的原因是，词的种类越多，数据统计结果就越有可能反映不同作文词汇复杂度方面的区别。关于高级词汇，在本研究中的定义是，《汉语水平词汇与汉字等级大纲》（修订本）里的丙级词、丁级词和超纲词。

分析时，我们先采用Chinese TA自动标注词类和词语等级，然后对个别地方进行人工修正，最后统计出相关数据。

4. 连贯度和衔接度。

连贯指文章在意义方面的连接，衔接指文章在形式方面的连接。计算连贯度时，我们分析了结构（按作文有没有开头、主体和结尾进行编码）和组织（按作文主体部分呈现信息时有无逻辑进行编码，比如时空顺序、分类、对比等）两方面的数据。

计算衔接度时，分析了连接成分和指称关系的数量。连接成分指各种具有连接功能的词和短语（参见郑贵友，2002[④]；K. O'Loughlin, *et al*, 2003），包括连词，部分副词（如"也、又"等），时间词（如"最初、原先"等），连续使用的处所词（如"上边……

---

① 朱德熙《语法讲义》，商务印书馆，1982年。
② 北京大学中文系现代汉语教研室编《现代汉语》，商务印书馆，1993年。
③ 黄伯荣、廖序东《现代汉语》（下册），高等教育出版社，2007年。
④ 郑贵友《汉语篇章语言学》，外文出版社，2002年。

中间……下边"等),顺序词(如"第 X"等)以及超词成分(如"说起来,再补充一点"等)。测量连接成分时,使用的指标是 CONJ/T(conjunctions per T-unit,每 T 单位连接成分数)。指称关系是篇章内部通过代词与所指对象前后呼应的语义现象,分为人称(代词)指称关系、指示(代词)指称关系和零指称(指称代词缺省)关系等三种类型。测量指标是 R/T(references per T-unit,每 T 单位指称关系数)。统计时,只计算在 T 单位之间起指代作用的人称代词、指示代词和零式指称。

四、调查结果

这里首先介绍作文质量方面的调查结果,然后介绍问卷调查的相关结果,最后进行简单的总结。在此之前,先简单介绍学生作文的一般情况。

根据表 5-4,本研究中所用的五种题目,除题型 D 外,均有字数要求。学生基本上都按照要求完成了写作任务,字数达不到要求的只有一名同学(即题型 A 中字数为 136 字的同学)。详见表 5-5。从评分标准的角度看,一旦学生达到规定的字数,字数就不能再作为评分的依据。因此我们分析时也没有考虑作文字数问题。

表 5-5 作文的字数

题型	A	B	C	D	E
字数分布	136—371	164—401	152—243	68—256	603—1065
平均字数	203	207	185	145	710

（一）作文质量

1. 评分员评价结果

本研究共收集到 63 份作文。每位评分员给每篇作文打出三项分数，共 189 个分数，两位评分员共打出 378 个分数，将分数如表 5-6 所示分为五级。378 个分数全部位于中级、中高、高级三个等级内，说明学生在这五种作文题型上发挥出了应有的水平，五种题型都是适合中高级汉语水平学生使用的。针对同一份作文的连贯与衔接、词汇丰富程度、语法多样性及准确性，两位评分员打出的分数在同一级的占 29%，差一级的占 64%，差两级的占 7%，评分员 1 给出的平均分为 5.7 分，评分员 2 给出的平均分为 7.0 分，评分员 2 给出的分数系统地高于评分员 1。

表 5-6　作文的等级分布

等级	初级	初高	中级	中高	高级
分数	0.5、1、1.5	2、2.5、3、3.5	4、4.5、5、5.5	6、6.5、7、7.5	8、8.5、9
占比	0	0	35%	53%	12%

在每种题型的整体得分上，ANOVA 检验表明五种题型的差异达到了显著性水平（$F=3.434$，$P<0.05$）。两两比较发现，题型 E 的整体分显著高于题型 D，其他题型之间的差异没有显著意义。

分开来看的结果如下：第一，在连贯与衔接方面，ANOVA 检验表明，五种题型的得分差异达到了显著性水平（$F=3.032$，$P<0.05$）。从题型之间两两比较的结果来看，题型 E 在连贯与衔接上的得分显著高于题型 D，其他题型之间的差异没有显著意义。第二，在词汇丰富程度方面，ANOVA 检验表明，五种题型

的得分差异达到了显著性水平（$F = 4.535$，$P < 0.01$）。两两比较的结果，题型 E 在词汇丰富程度上的得分显著高于题型 B 和题型 D，其他题型之间的差异没有显著意义。第三，在语法多样性及准确性方面，ANOVA 检验表明，五种题型的得分没有显著差异（$F = 2.001$，$P > 0.05$）。

综上所述，学生撰写题型 E 的作文时，在整体方面以及连贯与衔接、词汇丰富程度上的得分都显著高于题型 D，在词汇丰富程度上的得分显著高于题型 B。

2. 文本分析结果

如前所述，文本分析从三个方面展开，分别是准确度、复杂度、连贯度与衔接度。下面依次介绍这三个方面的分析结果。

其一，准确性。

先看五种题型在准确度测量指标 EFT/T 上的差异。ANOVA 检验表明，五种题型的差异达到了显著性水平（$F = 4.476$，$P < 0.01$）。从题型之间两两比较的结果来看，题型 D 在 EFT/T 这一指标上的得分显著低于题型 B 和 C，其他比较之间的差异没有统计上的显著意义。

在准确度的另一个测量指标，即 E/W 上，ANOVA 检验表明，五种题型的差异达到了显著性水平（$F = 10.633$，$P < 0.01$）。从题型两两比较的结果来看，题型 D 在 E/W 这一指标上的数据显著高于其他 4 种题型，其他比较之间的差异没有统计上的显著意义。

总之，学生练习题型 D 时，语言正确率（EFT/T）显著低于题型 B 和 C，语言错误率（E/W）显著高于题型 A、B、C 和 E。可见，学生在题型 D 上的准确度最低。

其二，复杂度。

先看语法复杂度的分析结果。ANOVA 检验表明，五种题型在 W/T 这一指标上的差异（$F=0.852, P>0.05$），以及 C/T 这一指标上的差异（$F=1.347, P>0.05$），均无显著意义。

在词汇复杂度方面，ANOVA 检验表明，五种题型在 $WT/\sqrt{2W}$ 这一指标上的差异达到了显著水平（$F=35.931, P<0.01$）。两两比较的结果，题型 D 在该指标上的数据显著高于题型 A、B 和 E，题型 C 显著高于题型 B，题型 E 的数据分别显著低于题型 A、B、C 和 D，其他比较之间的差异没有统计上的显著意义。

在词汇复杂度的另一个指标 SWT/WT 上，ANOVA 检验表明，五种题型的差异达到了显著性水平（$F=8.855, P<0.05$）。从题型两两比较的结果来看，题型 B 在这一指标上的数据显著低于题型 C、D 和 E，其他比较之间的差异没有统计上的显著意义。

综上所述，练习五种题型的写作时，学生在语法复杂度（W/T、C/T）上的表现没有显著性差异。关于词语类型多样性（$WT/\sqrt{2W}$），学生在题型 D 上的表现显著好于题型 A、B 和 E，题型 C 显著好于题型 B，在题型 E 上的表现最差；关于词语高级性（SWT/WT），学生在题型 B 上的表现显著差于题型 C、D 和 E。

其三，连贯度和衔接度。

连贯度分析的一个方面是结构上的差异，这方面的统计结果见表 5-7。

表 5-7　五种题型作文的结构构成

题型	结构完整	结构不完整		
	开头、主体、结尾俱全	只有开头和主体	只有主体和结尾	只有主体
A	38%	46%	0	15%
B	46%	38%	8%	8%
C	64%	27%	0	9%
D	38%	23%	0	38%
E	62%	31%	8%	0

表 5-7 显示，与题型 B、C 和 E 相比，学生做题型 A、D 时，更容易出现结构不完整的情况。特别是题型 D，只包含主体而缺乏开头和结尾的情况更是高达 38%。进一步分析表明，学生在撰写题型 D 时，38% 的作文主体部分没有明显的组织方式，远高于与其他题型（题型 A 和 E 为 15%，题型 B 和 C 分别为 8% 和 9%）。总之，与其他题型相比，学生做题型 D 时连贯度最低。不仅结构不完整，内部组织也缺乏逻辑性。

在衔接度的 CONJ/T 这一指标上，ANOVA 检验表明，五种题型的差异没有统计上的显著意义（$F=1.022$，$P>0.05$）。在 R/T 这一指标上，五种题型的差异达到了显著性水平（$F=3.087$，$P<0.05$）。两两比较的结果，题型 C 的数据显著低于题型 A、B 和 D，其他题型之间的差异没有统计上的显著意义。

综上所述，学生撰写五种题型的作文时，题型 D 的连贯度最低；在连接成分的使用上，五种题型无显著差异；只有在指称关系的使用上，题型 C 显著差于题型 A、B 和 D。

（二）师生对不同题型的看法

从表 5-8 我们可以看到，学生和教师对写作练习是否设置题目、内容要求、语言要求的看法相当一致：超过半数的学生和教师都认为，对于学习外语的学生来说，写作练习设置语言要求最重要。调查中师生均认识到，练习应该设置语言要求，这是第二语言教学目标（帮助学生掌握第二语言）的内在要求。设置语言要求可以练习新学的语言知识，也可以检验是否已经掌握了新学的语言知识。

表 5-8　学生和教师对设置题目、语言要求、内容要求的看法

调查对象	题目最重要	内容要求最重要	语言要求最重要
学生	17%	17%	67%
教师	26%	30%	74%

说明：部分教师回答"哪个要求最重要"时，选择了 2 个要求。因此，教师一行的数字相加，不是 100%。

从表 5-9 我们可以看到，学生和教师在推荐小作文题型时产生了分歧：学生推荐题型时意见不太一致，推荐 A 的虽然最多，但并没有超过半数；推荐题型 C（在题目、内容和语言三方面均有要求）的学生不多。教师的意见比较一致，超过半数的教师推荐了题型 C。

表 5-9　学生和教师推荐的小作文题型

调查对象	推荐题型 A	推荐题型 B	推荐题型 C	推荐题型 D
学生	44%	39%	28%	28%
教师	39%	30%	65%	30%

说明：教师和学生的问卷中，都有推荐 2 种题型的。

教师推荐题型 C，主要是觉得该题型要求比较具体，便于学生在教师的指导下练习写作。教师 15 指出："有了题目，就可

以界定联想范围，方便同学们讨论；有了内容要求，则可以帮助学生理清写作内容上的逻辑关系；而语言要求，则符合有效输出的基本教学要求。"有意思的是，一半以上的学生淘汰了题型 C，而其中 78% 的学生的理由，恰恰是因为该题型要求太多，写起来比较难。学生 13 的说法很有代表性："（我淘汰 C）因为形式 C 的要求很多。如果你受到很多限制。你好不容易写你的作品。"

（三）小结

对于本研究的第一个问题（写作练习题型对作文质量的影响），我们的回答是肯定的，题型设置在有没有题目、语言要求和内容要求等方面的不同，确实影响到了学生写作时的表现。只有语言要求（题型 D）时，学生写出的作文在词汇复杂度（包括词语类型多样性和词语高级性）方面的表现最好，但同时准确度和连贯度也最低。只有题目要求（题型 E）时，学生写出的作文最受老师青睐，整体及分项（连贯与衔接、词汇丰富程度）的得分都是最高的。不过，文本分析表明，题型 E 的词语类型多样性最低。在语言、题目和内容都有要求（题型 C）时，学生作文的结构比较完整，但衔接度（指指称关系的使用）较差。要求题目和语言的题型 A，以及要求题目和内容的题型 B，总的来说表现居中。题型不同，对语法复杂度没有影响。

对于本研究的第二个问题（师生对不同题型的看法），我们发现，师生均认为有语言要求最重要，但在推荐作文题型时，老师更多地推荐了对语言、题目和内容都有要求的题型 C，学生则没有明显的偏好。

五、讨论

（一）题型和练习目的

从练习目的的角度来观察本研究的五种题型，可以认为，提出语言要求，主要目的在于培养语言能力，促进语言学习；而提出内容和结构要求，主要目的则是为了培养写作能力。如图 5-1 所示：

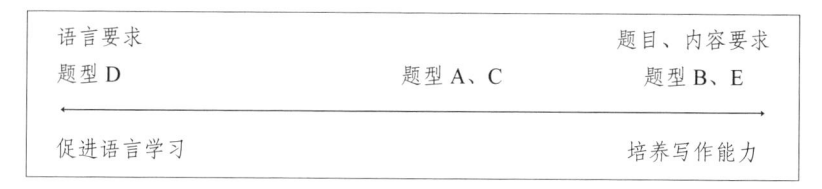

```
语言要求                                          题目、内容要求
题型 D                    题型 A、C              题型 B、E
————————————————————————————————————————————→
促进语言学习                                      培养写作能力
```

图 5-1　五种题型的主要目的

换句话说，题型 B、E 是一个极端。题型 E 只设置题目，题型 B 设置了题目和内容要求，这二者把写作能力的培养置于首要地位。题型 D 是另一个极端，只设置语言要求，显然认为语言能力的培养高于一切。题型 A、C 则在中间，力图兼顾语言能力和写作能力。

根据本研究的调查结果，只有语言要求（题型 D）时，学生写出的作文在词汇复杂度方面表现最好，培养语言能力（此处主要是词汇能力）的目的得以实现。与此同时，作文的准确度和连贯度也最低。准确度低，可以认为是使用新词汇的必然结果。学生在作文中按要求使用了新学的词汇，这种练习必然伴随着较多的错误，导致作文准确度下降。连贯度低，最有可能的原因是，学生将重点放在了语言练习上，无暇甚至没有能力顾及写作方面的问题。

只有题目要求（题型 E）时，学生写出的作文在整体及分项（连贯与衔接、词汇丰富程度）上的得分都是最高的，说明培养写作能力的目的得以实现。这里需要对作文 E 的"词汇丰富程度最高"这一结论稍加分析。评分结果显示，题型 E 在词汇丰富程度上的得分显著高于题型 B 和 D。但从文本分析的结果来看，题型 E 在词语类型多样性（WT/$\sqrt{2W}$）上显著低于其他四种题型；在词语高级性（SWT/WT）方面，题型 E 虽显著高于题型 B，但与题型 D 没有显著差异。换句话说，文本分析的结果表明，题型 E 在词汇方面的表现并没有题型 D 好。更重要的是，题型 E 由于没有语言要求，学生使用的都是已经掌握的词汇；而题型 D 中要求使用的，都是正在学习的新词。简言之，题型 E 以培养写作能力为主，在语言能力的培养上不及题型 D。

总之，题目的要求不同，训练目的也不同，相应地，学生的注意力会随着目的的不同而改变，练习的效果也会因此而有差别。问题是，与单一目的相比，增加题目的要求（或者说兼顾更多训练目的），会不会带来更好的训练效果？下面就来讨论这个问题。

（二）题型 C 和对多目的的兼顾

题型 C 对语言、题目和内容都有要求，兼顾了语言能力和写作能力。本研究调查显示，学生此时的作文，结构比较完整（参看表 5-6），但衔接度（指指称关系的使用）较差。从评分结果来看，题型 C 和其他题型没有显著区别。此外，对原始数据的观察说明，题型 C 在词汇复杂度方面的表现仅次于题型 D，准确度尚可（语言正确率排第二，错误率最低）；评分方面，题型 C 的整体和分项得分都低于题型 E。这就是说，在语言训练方面，题型 C 不及单一目的的题型 D；在写作训练上，题型 C 不及单一目的的题型 E。结构比较完整这里指的是"开头、主体、结尾"完备，由于题型 C 提供了结构框架，学生拿来运用即可，所以，"结构比较完整"并不是训练的效果。总之，将不同目的综合到一个题型中，并没有产生一个超级"题型"，也没有带来更好的训练效果。不过，话又说回来，这并不意味着，要求多目的的题型就是坏题型。题型 C 和题型 A、B 一样，虽然各方面的表现都不突出，但综合起来考虑也并不差。

本节第二部分曾经提到，周健、唐玲（2004）与刘颂浩（2009）曾经在写作练习方式上存在争议，这一争议题型正是题型 C[①]。周健、唐玲（2004）认为，学生在练习题型 C 时"容易运用所学词语完成成段表达的任务"。由于题型 C 提供了表达框架和内容要求，从这个意义上讲，学生完成任务时确实比较容易。这可能也是众多教师乐意推荐这一题型的原因。不过，本研究的调查结果更倾向于支持刘颂浩（2009）的看法。首先，难易问题上，应该以学生的看法为准。本研究调查中，学生推荐题型 C 的极少，而将之淘汰的主要原因是它要求多、难度大。其次，题型 C 的衔接度较差这一调查结果，支持刘颂浩（2009）的观察（"很多学生写（或说）出来的话语，句与句之间毫无关联"）。

我们认为，比难易问题更重要的，是认识到题型 C 的特点。从理论上来说，同时设置了题目、内容要求和语言要求的题型 C，既能帮助学生学习语言，又能培养学生的写作能力。提供语言要

[①] 该争议题型有内容和语言要求，但并没有给出题目，严格意义上说，相当于表 5-3 中的题型 F。不过，在"研究方法"中，我们认为，"对内容有要求时，话题其实已经被限定了，相当于提供了题目"。因此，我们把这里的争议题型视同题型 C。

求能引起注意、检验假设进而学习语言；设置题目能减轻学生的构思负担，设置内容要求则提供了结构和框架的支持，能更好地培养学生的写作能力。但是，如果学生的语言能力有限，就不太可能同时注意到这么多方面。练习时，这三个方面的练习效果会打一些折扣。认为集多个目的于一身的题型，就一定比单一目的题型优秀，这有可能仅仅是一种想象。

（三）题型选择和使用

我们采用文本分析和调查问卷，对五种写作练习题型的使用效果进行了实证研究。本研究的意义，不仅在于以实际数据验证了一些教师和学生都认可的观念，比如"种瓜得瓜、种豆得豆"（把精力花在某个方面，就对这方面的发展有助益），更在于能够帮助我们认清这五种题型的实质，从而在选择合适的题型时更加胸有成竹。

本研究是从作文练习方式的角度来研究这五种题型的，其实这些题型也都可以看成是成段表达练习方式，其应用范围也不限于写作教学。根据我们的研究结果，在中高级阶段，如果是综合汉语教材，教学中更偏重于语言知识的学习，宜采用题型 A、C、D，在练习时设置语言要求。如果是口语教材，教学目的更偏重于培养学生进行连贯衔接的成段表述的能力，宜采用题型 B、E，在练习时设置题目或内容要求。至于专门的写作课，"既要注意汉语运用的规范化，又要注意表达效果"（陈田顺，1999），因此，宜根据每一课的教学目的选取合适的题型，合理设置题目、内容要求或语言要求。

另外，师生的看法虽然有重要的参考价值，但有时也需要超越这种固有的认识。本次调查发现，虽然师生都认为"语言要求最重要"，但只有语言要求的题型 D 的推荐率也是最低的，更多教师乐意推荐题型 C。这是一个很有趣的现象。这说明，尽管语言教学以学习语言为主，师生对此都没有异议，但师生也都希望，语言教学能够一举多得，实现更多的目的。从这个意义上讲，题型 A、B、C 是更好的选择。但是，我们不能因此就否定题型 D。根据我们的调查，在题型 D 上，学生使用的词汇更多，准确率更低。需要认识到，准确率低，会引发教师的纠错行为，也会引起学生对相关问题的注意，这对语言学习是有帮助的[①]。这是题型 D 优于其他题型的地方，对此一定要高度重视。

六、结束语

本研究以学习者在课堂学习中的练习和调查问卷反馈为语料，从作文质量和师生看法两个角度，对五种作文练习题型的练习效果进行了探讨。结果发现，单一目的的题型（比如只有语言要求的题型 D 和只有题目要求的题型 E）在该目的上的练习效果比较好，但在其他方面并非如此；多目的的题型（比如同时对语言、题目和内容提出要求的题型 C）在每个目的上的表现不如单一目的题型，但总体的训练效果尚可。另外，调查中师生虽然都认为语言要求最重要，但他们却没有强力推荐题型 D，教师们更

---

① 参见 M. Swain. Three Functions of Output in Second Language Learning, 载 Cook & Seidhofer 主编《应用语言学的原理与实践》，上海外语教育出版社，1999 年；M. Swain, The Output Hypothesis: Theory and Research. In E. Hinkel (ed.) *Handbook of Research in Second Language Teaching and Learning,* Mahwah, NJ: Lawrence Erlbaum. 2005: 471-483。

乐意推荐题型 C。这一研究结果加深了我们对这五种作文练习方式的认识，以及对练习目的和练习效果关系的理解，有助于教师在选择练习形式时做出更合理的选择。

受研究工具、客观条件的影响，本研究不可避免地存在一些不足。比较不同的练习方式对语言学习的促进作用，更好的方法也许是长期追踪研究。此外，本研究收集的作文和调查问卷数量均不很理想，也没有涉及不同水平的学生，因此，需要谨慎地看待本研究的分析结果。

第六节　写作方式研究[①]

一、引言

写作能力是汉语二语学习者非常重要的一项技能。写作能力不仅能体现二语学习者综合运用汉语的水平，而且对他们的学习、工作都有重要作用。而随着汉语国际推广的深入，来华攻读学位的学生日益增多，学位论文的撰写质量是他们能否顺利毕业的关键。写作教学日益受到师生的重视，很多学校开设了专门的写作课，最近几年写作教材呈现爆炸式增长正反映了这种需求[②]。

---

① 本节摘自刘弘《国际汉语教学中写作方式对写作效果影响的个案研究》，发表于《华文教学与研究》2014 年第 2 期。

② 在全球汉语教材库（www.ctm-lib.com）中检索国内出版的汉语写作教材，显示 1994 至 2000 年一共只有 5 本，而 2001 至 2005 年也仅有 8 本，而 2006 至 2009 四年间则出版了 21 本，超过前 12 年的总和。

虽然写作技能很重要，但写作却是一项难度很大的技能。写作是一种非常复杂的心理活动，写作者不仅需要考虑语言，还要考虑写作的内容。即使是汉语母语者，将文章写得内容清晰、文从字顺也不容易。目前国内外二语教学都强调听说能力的培养，强调口头交际。对于诸如英语、法语等拼音文字来说，会说也就基本上会写了。由于汉语不是拼音文字，因此对汉语二语学习者来说，他不仅要具备一定的语言能力，还必须能书写或者输入汉字，这就加大了写作的难度。加上写作水平较难快速提高，因此很多学生视写作为畏途。

在听、说、读、写四项技能教学中，"写"无疑是国际汉语教学中最为薄弱的一项。一方面汉语二语写作教材在各类教材中数量最少[1]，另一方面汉语二语写作研究数量也明显不足[2]。在这有限的写作教学研究中，超过一半的研究论文都是在探讨写作教学方法，很少有研究者探讨不同的写作教学形式到底对学生的写作能力提高起到了什么样的作用，也很少研究汉语二语学习者的写作过程（writing process）。Zamel（1983）[3]指出："通过研究和理解写作过程，我们可以对于如何搞好写作教学有更深入的认识。"对于学生写作过程的分析有助于我们了解学生在写作过程中遇到的难点，以及他们所采取的应对策略，对于提高写作教

---

[1] 在全球汉语教材库中显示目前写作教材共有132种，而听力教材则有239种，口语教材1 231种，阅读教材804种，可见在四种专门技能训练教材中，写作教材仅占5.5%。

[2] 参见刘弘、凌雯怡《国内外二语写作研究现状与特点的比较研究》，《云南师范大学学报》（对外汉语教学与研究版）2012年第3期，第29—40页。

[3] V. Zamel. The Composing Processes of Advanced Esl Students: Six Case Studies. *Tesol Quarterly*, 1983, 17(2): 165-187.

学的效率有着重要意义。本研究即通过对三位美国汉语学习者的写作实验研究,探讨不同的写作方式对于学生写作效果的影响。

二、文献综述

(一) 汉语二语写作的难点

如果要帮助学生提高写作能力,教师需要了解学生的写作过程、写作策略以及学生在写作中的难点。相对来说,国际汉语教学的研究者对学生在写作中的难点还是比较关注的,尤其是注意分析汉语二语学习者在写作中出现的偏误,并提出了一些解决的办法。辛平(2001)[①]发现留学生认为词汇、语法比文章的写法更难把握。王晓辉(2010)[②]指出留学生作文中有较多的篇章错误,从整个篇章段落来看,句子与句子之间却缺乏有机的联系,常给人以前言不搭后语的感觉。辛平(2009)[③]还发现随着留学生写作水平的进步,留学生作文的词汇语法偏误总体上出现下降趋势,但是在篇章衔接上的问题则仍很多,且学生之间个体差异较大。从这些研究来看,留学生写作中的难点不仅有句子层面上的语法词汇问题,更有句子之间的衔接和连贯问题,也就是篇章层面的错误。

由于中高级水平的学习者中有很多是华裔继承语学习者,因

---

① 辛平《对11篇留学生汉语作文中偏误的统计分析及对汉语写作课教学的思考》,《汉语学习》2001年第4期。
② 王晓辉《对外汉语写作课面临的问题及对策》,《吉林广播电视大学学报》2010年第12期。
③ 辛平《对外汉语写作课教学的验证性研究》,《云南师范大学学报》(对外汉语教学与研究版)2009年第2期。

此也有一些研究关注这部分人的写作中的问题。Liu（2009）[①]注意到中文继承语学习者由于在写作中较少使用有深度的词汇，并且他们将口语体和正式语体的词汇、句式混用而使得其作文看起来不太地道。Xiao（2010）[②]检查了高级汉语学习者的话语层次，认为无论是继承语学习者还是非继承语学习者都使用了太多的名词和代词，而没有采取话题链的形式。实际上，分析语篇层次表达中存在的问题一直是汉语二语写作研究中比较受重视的一部分（罗青松，2011）[③]。

相比之下，对于汉语二语学习者写作过程的研究就很少。但是英语二语写作研究的成果可以给我们一定的启发。如 Silva（1993）[④]曾经做了一个实证研究来分析二语写作和一语写作的不同之处。他通过分析来自不同语言背景的大学英语学习者的写作过程，发现二语写作者很少在确定写作目标前设定一个计划，而他们在产生和组织写作材料方面也有困难。二语写作者能在写作中使用的词汇比较少，而使用时也有很多错误，这就使得他们的论文既不流畅也不准确。Silva（1993）还发现，在一语写作中经常使用的列提纲策略在二语写作中很少使用，因此她提出可以鼓励学生在二语写作中列提纲。

[①] H. Liu. Learning to Compose: Characteristics of Advanced Chinese Heritage Writers. *Hong Kong Journal of Applied Linguistics,* 2009, 12(1): 63-80.

[②] Y. Xiao. Discourse Features and Development in Chinese L2 Writing. In E. Michael & S. Helen (eds.) *Research among Learners of Chinese as a Foreign Language.* Honolulu: National Foreign Language Resource Center, 2010.

[③] 罗青松《对外汉语写作教学研究综述》，《语言教学与研究》2011 年第 3 期。

[④] T. Silva. Towards an Understanding of the Distinct Nature of L2 Writing: The ESL Research and Its Implications. *TESOL Quarterly,* 1993(27): 657-677.

实际上学生在写作中的困难不仅来自于写作本身，还有其他非语言方面的因素，如在测试时，写作时间多是限定的，学生不可能无时间限制地写作文。很多外国留学生常常反映他们没有足够的时间来完成一篇文章，如果有充分的时间，他们可能会写得更好。即使在课外的写作练习中，学生同样面临时间不够的问题。因为学生不太可能只有一门语言课或者写作课，他们还有其他课程以及由此产生的作业压力，这也可能使他们无法获得充足的写作时间。所有这些写作之外的因素都会对学生的写作产生影响。

（二）写作方式的影响

传统的写作教学是"学习范文—学生习作—教师评改"的"结果法"，但是由于这样的教学方法似乎不能提高学生的写作兴趣和写作能力，因此这些年新出版的汉语二语写作教材中多采用"过程法（process method）"和"任务法（task-based method）"的形式。这些教学法基本上都包括"话题讨论""修改提纲""正式写作""修改反馈"四个步骤。有意思的是，目前在国际汉语写作教学研究中，教师多把教学重点放在"话题讨论""修改提纲""修改反馈"这三个方面，而对"正式写作"的关注度并不高。可是前述的三个阶段一般都只在专门的写作课中才会出现，而在日常的教学中教师可能缺乏足够的时间来实施这些教学环节。

实际上到了国际汉语教学的中高级阶段，写作文是教师经常布置的一种作业形式。例如教师通常会在学完一篇课文之后，布置一个作文题目，要求学生运用课文中所学过的词汇和语法来发表自己的意见。此时的写作作业有两个目的：一是提高学生写作能力，二是巩固复习课文所学的词汇语法。而让教师头痛的一个问题就是学生们经常只用自己运用得比较熟练的词汇和语法来完成作文，而避免使用刚学的词汇语法，这就使得他们作文的深度和广度都有欠缺，也很难真正提高作文水平。针对这个问题，英语二语教学界有人提出"翻译写作法"（Kobayashi & Rinnert，1992[1]；Uzawa，1996[2]），即让学生把要写的作文先用自己的母语写出来，然后再逐句翻译成外语。支持这种教学法的人认为它有助于提高学生的词汇运用的表现，只要学生没有时间的压力，其写作表现就会优于拿到题目就写的"直接写作法"或者先列提纲再写作的"提纲写作法"。

最早对此进行研究的是 Kobayashi & Rinnert（1992），他们将48个日本大学生学生分成两组，让他们分别用直接写作法和翻译写作法完成写作任务，并在事后收集了调查问卷，虽然这个研究显示出学生喜欢直接写作，可学生陈述的理由是可以使用熟悉的词语和句型，而直接写作写出的作文无论在思想深度还是词汇运用上都比翻译法要差，这恰恰从侧面证明了翻译写作法的优点。Cohen & Brook-Carson（2001）[3] 对39个法语为母语的英语学习者进行了研究，学生们认为在限定写作时间的条件下最容易选择直接写作法，但是参与者也认为在他们的法语作文中使用的

---

[1] H. Kobayashi & C. Rinnert. Effects of First Language on Second Language Writing: Translation Versus Direct Composition. *Language Learning,* 1992, 42(2): 183-215.

[2] K. Uzawa. Second Language Learners' Processes of L1 Writing, L2 Writing, and Translation from L1 into L2. *Journal of Second Language Writing,* 1996, 5(3): 271-294.

[3] A. D. Cohen & A. Brooks-Carson. Research on Direct Versus Translated Writing: Students' Strategies and Their Results. *Modern Language Journal,* 2001, 85(2): 169-188.

词汇比二语作文多。对翻译写作法较为支持的是日本研究者,如Uzawa(1996)对22个在加拿大学习英语的日本学生进行了研究,他发现日本学生在翻译任务中的语言表现要好于其他的写作方式,因为日本学生在翻译中更加注意语言表现。特别是翻译会比二语写作更加注重准确性和逻辑关系,这使得他们在翻译中的语言表现看起来达到比较高的水平。上述研究者都通过实证研究证明,翻译写作法能增加学生词汇使用的变化,让文章结构更清晰,读起来更流畅。

笔者认为,二语学习者一旦开始实际写作,可以有三种选择:(1)不列任何提纲,直接写作;(2)先用母语写作后翻译;(3)先列提纲后写作。但是目前对于这些不同的写作方式的研究都不是针对汉语作为二语学习者的,因此本研究尝试了解汉语学习者对这三种写作方式的看法。

三、研究设计

(一)研究目标

本研究主要了解以下几个问题:(1)汉语二语学习者在运用直接写作法、翻译写作法和提纲写作法过程中表现如何?(2)在三种不同的写作方式下,她们写出的作文成品是否有差异?具体表现如何?(3)学习者自己对于三种写作法的评价如何?

(二)研究对象

本次研究一共有三位同学参与,都是研究者所教班级的学生,他们的具体情况如表5-10:

表 5-10 研究对象的基本情况

姓名	性别	祖籍	出生地	已学时间	班级	参与研究时间	期末成绩
李同学	女	中国香港	美国	2 年	高级 1	2012 年 9 月—12 月	B
朱同学	女	美国	美国	2 年	高级 1	2012 年 9 月—12 月	B+
周同学	女	中国台湾	美国	2 年	高级 1	2012 年 9 月—12 月	A

需要说明的是：（1）两位华裔学生在家庭中基本不说普通话，她们都是进入大学之后才正式开始学习汉语的。（2）他们正式学习汉语时间为两年，都是在 N 大学零起点开始学习的。在美国大学已经学习两年的学生属于高级班学生，但是这里所说的"高级班"大约相当于国内的中级上册的水平（词汇量大约在 3 000 个）。三位学生学习比较积极努力，从不缺勤迟到，学习成绩都属于班级上游。

（三）研究步骤

三位学生与研究者建立"一对一指导"的关系，她们每月一次来研究者办公室，根据要求用某种特定的方法完成一篇作文，然后研究者会询问她在写这篇作文中使用的策略，并就这篇作文的写作方式对她进行访谈。为了避免因为题目本身难易对研究造成的影响，三位访谈对象一共写了三篇作文，每篇作文都使用一种不同的方式来完成同一题目，这样可以避免因题目难易不同给研究带来的影响，也可以让三位学生对三种不同的写作方式都有体验。而在统计结果时，研究者将某种写作方式的三篇作文作为一个整体来分析，这样可以降低三位学生各自的水平差异对写作结果的影响。

表 5-11　三位同学每篇作文的不同写作方式

次数	作文主题	李同学	朱同学	周同学
1	科技对人类关系的影响	直接写作	翻译写作	提纲写作
2	国内学习还是出国学习	翻译写作	提纲写作	直接写作
3	学生贷款	提纲写作	直接写作	翻译写作

三种写作方式的具体要求是：（1）直接写作，要求写作者拿到题目以后直接构思，并且开始写作。（2）翻译写作，写作者先将自己要写的作文用英语写出来，然后将其翻译成中文，中文翻译时不要求完全对译，可做适当调整。（3）提纲写作，写作者在写作前先用英语撰写提纲，然后参考英语提纲用中文写作。在三种写作中，写作者可以自己翻阅词典、看课本或者上网。由于研究者希望给学生充分的写作时间，因此所有的写作任务都没有具体规定时间，但是因为三位参与者以往与研究者的"一对一指导"一般都在一小时内，所以实际上所有的作文都在一小时内完成。研究者要求他们作文不得少于 250 个汉字，并且尽量用课文中已经学过的词。由于研究之初，被试都了解到若作文字数较多或者使用课文生词数量较多会提高他们的作文得分，因此三位同学的作文实际上都超过了 300 个汉字。

为了便于分析，研究者对每次写作过程都录了像。当被试写作时，研究者同时对她们进行观察，并做必要的记录。对于一些不清楚的方面，研究者请被试事后观看录像并确认。研究者统计了他们完成每篇作文的时间、作文字数、写作中的语法和词汇的错误数量，并对写作中出现的一些情况（如停顿，查词典等）以及文章的整体结构和组织进行了分析。

四、结果与分析

通过对三位同学的写作过程和九份写作成品的检查,我们发现直接写作、翻译写作和大纲写作三种写作方式各有优缺点。下面我们将结合统计数据逐一分析,然后将对三种写作方式下学生作文输出的质量进行评估。

(一)三种写作方式下写作过程的特点

1. 写作时间。

表 5-12 显示了三位同学每次写作所花费的时间。可以看到,直接写作平均用时约 36 分钟,而翻译写作为 44 分钟,而提纲写作约 37 分钟,显然三个人都是在直接写作上花费的时间最少,而翻译写作方式则用时最多。

表 5-12 三种写作方式的写作时间比较

写作方式	被试	字数	全部用时	列提纲/英语写作时间	中文写作/翻译时间
直接写作	李	292 字	34 分 24 秒	5 分 03 秒	29 分 24 秒
	朱	320 字	38 分 33 秒	6 分 28 秒	32 分 05 秒
	周	298 字	36 分 17 秒	7 分 10 秒	29 分 07 秒
	平均	303 字	36 分 25 秒	6 分 13 秒	30 分 12 秒
翻译写作	李	280 字	40 分 33 秒	9 分 01 秒	31 分 32 秒
	朱	360 字	47 分 20 秒	12 分 25 秒	34 分 45 秒
	周	322 字	45 分 08 秒	11 分 37 秒	33 分 31 秒
	平均	320 字	44 分 20 秒	11 分 1 秒	33 分 19 秒
提纲写作	李	285 字	34 分 49 秒	4 分 10 秒	30 分 39 秒
	朱	345 字	39 分 18 秒	3 分 26 秒	35 分 52 秒
	周	331 字	35 分 46 秒	3 分 58 秒	31 分 48 秒
	平均	320 字	37 分 21 秒	3 分 51 秒	33 分 30 秒

在事后的访谈中,三位学生都说自己平时就是用直接写作方式完成作业的。他们也说虽然知道先写英语提纲可能更好,但是由于自己还需要做其他课程的作业,有时还要去打工,因此不愿意在写作文上花太多时间。她们告诉研究者,平时大约花45分钟左右完成教师布置的作文作业,并承认作文题目的难易程度对他们完成写作的影响不大,她们说如果写一些比较容易的作文题目要花35分钟,而比较难的题目也就在1个小时左右。

2. 长时间停顿。

这里的长时间停顿是指写作时,写作者停止写作的时间超过20秒的情况。研究者认为,如果一个人在写作中出现了较长时间的停顿,那往往表示他写作中遇到了困难,需要思考如何继续进行。如果停顿少于20秒,或者是去查工具书,或者是回看刚刚自己写的文章而停止写作,都不算长时间停顿。研究者统计了三位同学停顿超过20秒的次数,如表5-13所示。

表5-13 长时间停顿次数

写作方式	李同学	朱同学	周同学	平均
直接写作	10次	9次	13次	10.7次
翻译写作	10次	11次	12次	11次
提纲写作	4次	6次	7次	5.7次

表5-13显示出提纲写作是三种写作方式中停顿次数较少的。而直接写作与翻译写作在停顿方式上总体差别不大,因人而异。但是如果具体分析停顿的位置,直接写作与翻译写作有明显差异。在直接写作中,长时间停顿一般都位于句子和句子中间。比如李同学写了"这个事情对人们的生活不好,是因为如果学生上课的时候一方面在网上玩儿,另一方面听老师的话肯定是对学习不好

的"这个句子之后，停顿了差不多有 2 分钟才开始写第二个句子。研究者询问李同学为什么要停顿，她说自己一方面在想要写什么内容，因为她有点忘记到底这个地方要写什么内容，同时还在考虑用什么样的词汇和句型。O'Malley & Chamot（1990）[①] 曾经指出，由于二语写作过程涉及多方面的因素，非常复杂，因此学习者几乎是不可能具有在写作中同时处理几方面的问题能力的，这在本次研究中得到证实。

在翻译写作中，研究对象也有不少长时间停顿。但是此时一般是在翻译那些难句、长句。例如李同学在翻译下面这个长句子时，停顿了很久：The costs associated with such include the loss in income and the relatively high cost of pursuing a graduate degree in a country such as the US which may pose as a heavy financial burden to some Chinese families who may struggle in financing such an option. 由于这个英语句子中出现了很多她还没学过的词语，加上这个英语句子本身结构较为复杂，因此她进行了较长时间的思考。研究者同时注意到，三位被试都会利用诸如"谷歌翻译"这样的网络工具来寻找合适的词语。周同学的汉语水平是三位同学中相对最好的，她也用"挣扎"（struggling）来说明自己寻找词汇时的感觉。她说自己其实知道有些英语词用中文怎么说，但是不确定这些词是否太简单了，她也不太肯定有些词的用法是否准确。她说自己的老师告诉她写作时应避免使用简单的口语词，因此她查词典的目的之一是想看看是否有比较正式的词语可以替换。总的来说，

---

① J. O'Malley & A. Chamot. *Learning Strategies in Second Language Acquisition.* Cambridge University Press, 1990:42.

三位被试都认为翻译写作中停顿的主要原因是需要思考语言层面上的问题,而不是内容。

提纲写作是三种写作方式中停顿次数最少的。三位被试在最后的访谈中都认为这种提纲写作方式在三种写作方式中是感觉最舒服的。同时笔者观察到,提纲写作中的停顿多数是因为词和短语的使用出现了问题,常常是在使用词典前后出现的,而她们在思考的词汇主要都是动词、名词这类实义词,而非连词、副词等虚词。

总之,三种写作方式各有特点。直接写作对外国学生的思维提出挑战,毕竟她们还不能很好地使用中文来思考,因此不得不一边思考内容一边思考语言,但是花费时间要少。翻译写作法非常花时间,而且对于这些学生来说,他们的语言能力还不足以让他们来翻译这些比较有深度的文章。相对来说,三位被试对提纲写作法评价较高,认为写作时"思路比较流畅"。虽然她们在写作时还是需要考虑语言方面的问题,但此时思维的重点基本上集中在词汇和语法准确性方面。而且由于头脑中有了基本写作思路,对于她们组织句型也有好处。研究者认为,由于本次研究中的提纲写作法让被试先用英语撰写提纲,就使得她们在实际写作中将主要的精力放在词语运用上,提高了写作效率。

(二)三种写作方式对于作文成品的影响

我们从词汇语法运用的准确性、内容及文章结构三个方面考察了三种写作方式下作文成品的质量。

1.词汇语法的准确性和变化情况。

由于高级班学生写作中经常遇到的问题就是不使用刚刚学过的词汇语法,而用初级水平的词汇来写作,因此研究者分别考察她们对本课新学词汇语法的使用情况以及其他新词汇的使用情况。表 5-14 显示三位被试在这方面的使用情况。

表 5-14　词汇和语法的使用情况

写作方式	被试	新词汇和语法的使用数			词汇语法错误数		
		总体	课本	外部	总体	课本	外部
直接写作	李	13	11	2	2	1	1
	朱	12	12	0	1	0	1
	周	15	14	1	2	1	1
	平均	13.3	12.3	1	1.7	0.7	1
翻译写作	李	14	9	5	7	4	3
	朱	13	10	6	8	3	5
	周	16	12	4	5	3	2
	平均	14.3	10.3	5	6.7	3.3	3.3
提纲写作	李	15	12	3	4	2	2
	朱	12	11	1	3	2	1
	周	14	11	3	3	1	2
	平均	13.7	11.3	2.3	3.3	1.7	1.7

从表 5-14 可以看出，在使用翻译写作法时，三位被试使用的新词汇最多，且其中相当一部分是课外的词汇，但是课外词汇增多的后果就是语法错误也相应地增加。作文中经常出现的问题就是学生对于这个词的选择是正确的，而句子整体却存在语法搭配上的问题。相对来说，直接写作法时出现的错误是最少的。周同学是使用课文词汇最多的一位，她向研究者解释，自己常常直接看课文中的现成句子，然后把它们搬用到作文中来。她认为由于汉语和英语之间存在较大的差异，因此她很不喜欢翻译，而是总想着怎么用自己的话说出来。对她来说，翻译时遇到的最大问

题是，由于缺少必要的词汇和语法知识，她无法确认这些词汇和语法是否运用准确。研究中我们发现，相当一部分错误的根源其实就是学生从词典选择词语后的误用或者误译。比如朱同学在翻译"struggle"时，词典中有三个义项：① to strive for（奋斗）；② wrestling with a dilemma（为……左右为难）；③ find it difficult to do something（很难……）。她就随意地选择了一个自认为最容易使用的词。从这个角度来说，这三位被试的汉语水平似乎不应该使用翻译写作。Uzawa& Cumming（1989）[①] 指出，当二语学习者在处理翻译任务时，他们很可能是在一个"i+2"的水平学习。他们尝试要达到一个更高的水平，但是结果却产生了不可理解的文本，因为这些内容超过了她们的能力。

2. 内容方面。

研究也对九篇作文从内容角度进行了分析，主要看主题是否得到充分阐述，是否提供了必要的论据和说明。总的来看，直接写作法的作文在结构和内容上缺陷稍多。比如李同学的开头几句话"对我来说，科技跟我们的生活有很大的影响。科技对我们的生活有好处也有坏处。随着科技的发展，人们的生活越来越方便，世界的距离也变小了。"不仅啰唆，而且没有直接指出观点。李同学自己也觉得她这时候不能很好地说明自己想要说的内容，因为有的句子她不会说。虽然说自己也用英语思考，但是由于不能写英语，因此把所有要写的内容都储存在头脑中，有时候遇到意思比较复杂的情况，自己就放弃了这个句子，改用容易的句子。

[①] K. Uzawa & A. Cumming. Writing Strategies in Japanese as a Foreign Language: Lowering or Keeping up the Standards. *The Canadian Modern Language Review,* 1989(46): 178-194.

从这个角度说，直接写作法的缺点就是学生会"回避"那些比较难的句子。

相对来说，利用翻译写作法和提纲写作法写出的作文在内容上质量较高，这可能与写作者多少利用了自己的母语翻译有关系。Wang & Wen（2002）[①]就发现，二语写作者转向使用第一语言是在文本生成和意义生成两个方面。Cohen & Brooks-Carson（2001）也认为第一语言保证写作者能够更加深入地进行思考。Kobayashi & Rinnert（1992）也发现使用翻译写作法有助于写作内容的深化。本研究印证了上述研究发现。

3. 文章结构。

由于本次研究中的三篇作文都是议论文体，加上三位被试都是美国大学生，因此她们基本上都采取了"主题句+支持句"的西方式论说文的形式。Cohen & Brooks-Carson（2001）指出，写作者会将她们在第一语言掌握的写作策略迁移到二语写作中来，尤其是在写作计划设定和修改策略方面。本次研究中，三位被试都是直接将英语的文章结构迁移到中文写作中来。但相对而言，翻译写作和提纲写作的作文更好一些。比如直接写作中有时出现结尾过于简单甚至没有结尾的情况，而翻译和提纲写作基本没有这个问题。

另一个观察文章结构的角度是关联词语使用是否妥帖。相对来说，直接写作产生的作文在这方面不太好。比如李同学在写"对我来说，科技跟我们的生活有很大的影响"和"科技对我们的生

[①] W. Wang & Q. Wen. L1 Use in the L2 Composing Process: An Exploratory Study of 16 Chinese EFL Writers. *Journal of Second Language Writing,* 2002, 11(3): 225-246.

活有好处也有坏出"中插入了"但是",实际上这里并不需要使用。而相比之下,李同学另外的作文关联词使用就比较准确,整篇作文看起来比较流畅。值得注意的是,三位被试在用翻译写作法和提纲写作法进行写作时,都自觉地使用了不少英语连接词,如"however, in contrast, because, in a result, since, then, for example",来阐述不同句子之间的逻辑关系,而她们在写相应的中文作文时,也有意识地使用了这些关联词。她们还会自觉地使用一些修辞手法,如"设问"(那么大学应该怎么办呢?)。总体看来,翻译写作法和提纲写作法写出的作文更加流畅,结构也更加合理。

(三)学生的选择

在全部研究结束后,我们询问了三位被试对三种写作方式的意见。她们无一例外地认为提纲写作法是比较好的二语写作方法,她们愿意今后继续尝试这种方法。而比较意外的是她们都不认可翻译写作法,认为太费时间,而且很多新的词汇和语法无法正确使用,错误率较高。我们分析,英语教学界有很多质量上乘的学习型词典,当学生遇到词汇运用的困难时,可以通过这些工具书来寻求答案,但是中文教学中缺少这样的工具书,学生大部分使用的词典(包括网络词典)主要提供意义的对译,学生无法从有限的例句中推测出词汇的正确用法,这可能是中文教学中学生对翻译写作法不满的原因。另外,本次研究的对象是美国学生,而以往对翻译写作法持肯定态度是日本学生,学生的个体因素也可能是造成这种差异的原因。当然,写作时间长也是学生不愿意用翻译写作法的一个重要原因。总之,学生选择的不同提示我们不同语言的二语教学有其自身的特点,在英语教学中受到欢迎的好方法不一定在汉语教学中同样有效。

五、结论

通过对三位被试写作过程和结果的分析，研究者发现直接写作法、翻译写作法和提纲写作法各有利弊。直接写作时间短，但是写作质量不高；翻译写作法花费时间长，但是能让学生多用词汇和语法。提纲写作法似乎是一种比较有效率的做法：时间略长于直接写作法，但是效率要高于翻译写作法。因此，我们认为应鼓励学生使用提纲写作法来完成自己的课后作文。

第七节　写作测试方式研究[①]

一、研究背景

在过去的 50 多年中，国外（主要指以美国为主的英语国家）的二语写作测试方式经历了三个互有重叠的阶段：第一阶段（1950—1970）强调测试的信度，采用以客观题为主的间接测试方式 (indirect writing test)；第二阶段（1970—1986）强调效度，又采用了历史上曾经受到批评的以短文写作为主的直接写作测试

[①] 本节摘自李杰、赵静《汉语作为第二语言的两种看图写作测试方式的实验研究》，发表于《华文教学与研究》2012 年第 3 期。

或称限时即席写作（the timed impromptu writing test）；第三个阶段（1986至今）信度和效度都受到重视，档案袋式写作测试方式（portfolio assessment) 得到应用（Yancey，1999[①]）。但是由于信度、可行性等方面的问题，目前大型的水平测试较难使用档案袋式写作测试方式。关于具体的写作测试方式，Weigle（2004）[②]的研究显示读短文后简答并写作这种方式具有积极的反拨作用，且评分员信度和评分一致性都相对较高。但是我们认为用这种方式进行写作测试容易受到考生阅读能力的影响。

在国内，目前英语作为第二语言的写作测试主要采用限时即席写作的方法，相关研究主要集中在任务条件（有时间限制和无时间限制）和任务类型（如回忆性写作、标题性写作和归纳性写作）对英语写作的影响（如王育祥，1996[③]；陈慧媛、吴旭东，1998[④]）。另外张新玲等（2010）[⑤]研究了读写结合的写作测试方式在大型考试中的效度问题，曾路、伍忠杰（2010）[⑥]等的研究指出视听、阅读与写作相结合的多媒体写作测试方式能使应试者表现出更强的写作兴趣和写作动机，且应试者在写作的流利度和

[①] K. B. Yancey. Looking Back as We Look Forward: Historicizing Writing Assessment. *College Composition and Communication.* 1999, 50/3:483-503.

[②] S. C. Weigle. Integrating Reading and Writing in a Competency Test for Non-Native Speakers of English. *Assessing Writing.* 2004, (9):27-55.

[③] 王育祥《限时作文和不限时作文在检测写作能力中的有效性研究》，《外语界》1996年第1期。

[④] 陈慧媛、吴旭东《任务难度与任务条件对EFL写作的影响》，《现代外语》1998年第2期。

[⑤] 张新玲、曾永强、张洁《对大规模读写结合写作任务的效度验证》，《解放军外国语学院学报》2010年第2期。

[⑥] 曾路、伍忠杰《多媒体式写作任务测试难度特征及对EFL写作的影响》，《外语电化教学》2010年第1期。

复杂度上优于其他两种测试方式。

国内目前汉语作为第二语言的写作测试方式研究还很少见，只有赵亮（2004）[1]用实验的方法比较了命题作文、给材料作文和客观题这三种测试方式的有效性，认为给材料作文（赵亮用的是看图写作）具有更高的效度。而 2007 年推出的 HSK 改进版，在初级、中级也加入了写作测试，使用的正是以图片作为材料的看图写作，其中中级的看图写作部分，题型是不固定的："或者给出四幅图，要求应试者根据这四幅图上的内容和提示写一个小故事；或者给出一个故事的开头和结尾部分以及一幅图画，这幅图画是对故事发生过程的描绘，要求应试者仔细阅读文章的开头和结尾部分，然后根据图上的内容把故事补充完整。"[2]也就是说，一种是单幅图，一种是类似于连环画的多幅图。既然两者是随机选择，那我们应该假设这两种看图写作方式在反映应试者的写作水平上具有同样的效度。或者说，同一个应试者同时完成这两种看图写作测试，两次测试的结果应该是相同的。这样的假设是否成立呢？为了找出这个问题的答案，我们进行了如下实验。

二、研究方法

（一）实验材料

我们选取了两套不同的看图写作试题。写作测试一给出了一

---

[1] 赵亮《作为第二语言的汉语写作能力测验方式的实验研究》，北京语言大学硕士学位论文，2004 年。

[2] 北京语言大学汉语水平考试中心《中国汉语水平考试 HSK（改进版）样卷》，北京语言大学出版社，2007 年。

个故事的开头和结尾以及一幅图，要求根据图上的内容把故事补充完整（题目选自《中国汉语水平考试HSK（改进版）样卷》中中级部分的样卷）。时间为35分钟，字数要求是200至400字。写作测试二给出了8小幅内容连续的图片，要求根据图片，写出这个故事（题目选自赵亮（2004）实验中所用的看图写作图片）。时间为40分钟，字数要求是350字。（测验试卷见附录）简单地说，写作测试一用的是单幅图，写作测试二用的是多幅图。

（二）实验对象

我们选择了复旦大学国际文化交流学院汉语言专业（对外）本科二年级六个班的留学生，共计105人参加了这两次测试。学生以日韩为主。两次测试相隔的时间为一星期，以抵消疲劳效应。这些二年级的留学生至少已经学了一年汉语，都通过了HSK（改进版）初级考试，可以认为其汉语水平属于中级阶段。

（三）实验设计

我们要求105名学生在规定的时间内完成写作。测试结束后，由复旦大学国际文化交流学院两位具有多年写作教学经验的教师独立进行评分。满分以100分计算。如果两个人的评分差距在10分以内，则取两者的平均分。如果两个人的评分差距在10分或10分以上，则请第三个评分人进行评分，取三人中评分最接近的两个人的平均分。

我们已经连续两个学期担任这六个班的写作教学，本实验是在第二个学期快结束时进行的，通过两个学期的教学，我们对这些学生的写作水平已经非常熟悉，我们对他们的写作水平进行了主观等级评价。同时请精读课的任课教师（也已经连续两个学期教授同一班学生）对学生的综合汉语水平进行评价。写作水平和综合汉语水平都是按"非常好、很好、较好（+）、较好、较好（-）、较差（+）、较差、较差（-）、很差、非常差"共10个级别进行主观评价。我们将其换算成相应的等级分数，即非常好得100分，很好得90分，依次类推。我们对以上四组数据，即写作测试一、写作测试二、写作评价、综合评价用SPSS17.0软件进行处理，计算出它们两两之间的相关系数，以写作评价作为效度指标，考察写作测试一和写作测试二与写作评价及综合评价的相关系数。相关系数较高的方法可被视为更有效的看图写作测试方式。

三、研究结果

表5-15是我们计算出的具体的Spearman相关系数（N＝105）。

表5-15 两种写作测试方式与学生写作水平的相关度

	写作测试一	写作测试二	写作评价	综合评价
写作测试一	1.000	0.609**	0.690**	0.531**
写作测试二	0.609**	1.000	0.878**	0.699**
写作评价	0.690**	0.878**	1.000	0.740**
综合评价	0.531**	0.699**	0.740**	1.000

注：** 在置信度（双测）为0.01时，相关性是显著的。

四、讨论

我们原来的假设是这两种看图写作测试方式能等效地反映出应试者的写作水平，两次测试的成绩和学生写作水平的相关度保持一致。但实验结果却显示写作测试二与学生写作水平的相关度要明显高于写作测试一：表5-15中写作测试二与写作评价的相关系数为0.878，写作测试一与写作评价的相关系数为0.690。同时，写作测试二与学生综合汉语水平的相关度也高于写作测试一：表5-15中写作测试二与综合评价的相关系数为0.699，写作测试一与综合评价的相关系数为0.531。这说明写作测试二更能有效地反映出考生的写作水平和综合汉语水平。同是看图写作测试，为什么会产生不同的结果呢？

陈贤纯（2003）[1]从心理学的角度探讨了对外汉语教学初中级阶段的写作课跟母语教学的写作课有什么不同。他指出：话语形成的心理过程存在两个阶段，第一阶段是从话语动机到深层结构，第二阶段是从深层结构到表层结构。母语写作训练是两个阶段的全过程，而对外汉语教学初中级阶段写作课的任务是使学生在表达时符合汉语的习惯，实际上只涉及第二阶段即深层结构到表层结构的转换过程。所以，不用把第一阶段的过程也纳入对外汉语写作课教学中，以避免加重写作课的负担，降低写作训练的效率。因此，他十分推崇看图作文和看录像作文的方式，认为这些方式都可以避开深层结构的心理过程，从而使教学更高效。我们认为在汉语作为第二语言的写作测试中也如此，应该着重从语言上考查是否符合汉语的表达习惯，而不是着重考查写作中立意构思和谋篇布局的能力，因为后者更大程度上与母语的写作能力有关。

---

[1] 陈贤纯《对外汉语教学写作课初探》，《语言教学与研究》2003年第5期。

陈晓艳（2007）[1]提到了单幅图和多幅图这两种形式的看图作文对留学生写作的影响："单一画面所承载的信息有限，如果要求学生根据单幅图写一篇作文，学生需要花很多的时间在读图上，而且还要根据画面去构建情节，编造故事；而多幅图已自成一个故事，情节也体现在图与图的联系上，解读相对容易，大大减轻了学生解题的负担，学生可以直接关注怎么写。"

测试时我们发现在写作测试二（多幅图）时，应试者很快就进入了写作状态，而且所写的内容基本一致，没有"跑题"，这也有利于教师评分；而在写作测试一（单幅图）时，学生却花了较多的时间来解题，而且所写的内容相差很大，据统计有13.3%的学生明显"跑题"。

下面我们仔细分析试题（见附录）。写作测试一给出了故事的开头和结尾，同时还给出了作文的题目"见义勇为"。在试题的说明部分，写明"请仔细阅读文章的开头部分，仔细看图，然后根据图上的内容把故事补充完整"。这幅图说的是"我"误以为地铁上的一个男人是小偷，准备见义勇为，提醒坐在小偷旁边的姑娘，结果发现是一场误会，这两个人原来是同事。但是因为只有单幅图，有些留学生的理解出现了偏差。有的认为地铁上的这个男人想要向姑娘"表白"，故事中的"我"积极地鼓励他。还有的同学认为"我"和这个男人都想追求这个姑娘，两个人互相竞争，你出100块，我出200块，想要向姑娘买她的电话号码。还有的同学虽然考虑了开头，但没有考虑故事的结尾，早早地在

---

[1] 陈晓艳《两种图像呈现方式下留学生看图写作任务的对比研究》，华东师范大学硕士学位论文，2007年。

故事的中间便点出"我"知道了他们的关系，道歉后就下地铁回家了，因此和文末给出的结尾衔接不上，没有达到"把故事补充完整"这一要求。虽然两位评分教师试图多从考生的语言水平角度评分，但对于"跑题"的作文也认为实在不能给出很高的分数。我们统计了被明确定为"跑题"的文章，共 14 篇，其中最低分为 60 分，最高分为 70 分，14 份试卷的平均分是 64 分。而其他首尾不能衔接的文章在评分上也多多少少受到了影响。

写作测试一之所以比写作测试二的效度低，我们认为其中一个重要的原因就是前者更多地受到了题目取样误差和评分人误差的影响。"'题目取样误差'是指不同考生对同一题目的熟悉程度、兴趣、知识背景可能存在很大的差异，考试中的表现水平很大程度上可能并不一定是语言能力水平"（赵亮，2004）。单幅图比多幅图更容易受到题目取样误差的影响，同时，单幅图给应试者的发挥空间更大，评分者误差也就更大。

同时，不少学生反映不习惯这种单幅图的看图写作方式，只有一幅图片很难写出较多内容。由于题目要求是 200 到 400 字，二年级中写作水平最好的学生也仅写了 200 字，刚刚达到要求，而 200 字的作文很难反映出中级水平学生真实的写作能力。同时，仅一幅图片就要补充出故事的内容，这其实涉及很多立意和构思方面的问题，而不是完全考查学生的二语写作能力。

反观写作测试二，试题以 8 小幅图片给出，图片具有连续性，讲了一个完整的故事。学生可以很方便地一幅图片接着一幅图片将故事写完整。在评分过程中，我们没有发现"跑题"的试卷。学生写的故事也都比较完整。即使对图片出现了不同的理解，比如将老年人写成了青年，将老奶奶写成了老爷爷，这些都和全文的主旨无关。而这样的题目也更符合对初中级留学生写作能力的要求。一般初中级阶段的写作测试主要考察记叙文的写作，多幅图片恰好能完整地反映出故事的发展，能够帮助学生理清思路，也避免了一般的题目取样误差。因为学生不需要去对图片做出凭空想象，大家看到图片所理解的故事都是一样的。同时，多幅图片的看图写作方式也可以减少留学生使用"回避策略"，因为每幅图片的内容都必须讲清楚。比如就写作测试二而言，学生必须指出"李丽"将鞋盒放在了自行车的后座上，在骑车过程中，撞倒了一位老人。有的学生不会表达"鞋盒""后座"和"撞倒"，用了其他错误的词语代替。因此，我们能更好地了解学生在写作中真实存在的问题，对教学也有更好的反拨作用。而如果只有单幅图，学生可以回避他不会表达的内容，仅写出他比较熟悉的、有把握的内容，因此在词汇使用和遣词造句上就不一定能反映出其真实水平。

五、结论

类似连环画的多幅连续图片看图作文具有以下优点：（1）应试者不用花太多时间去考虑写什么，而主要把精力放在怎么写上。应试者可以很快进入写作状态，有相对充足的时间挖掘语言表达潜力。（2）应试者所写内容基本一致，较少受到题目取样误差的影响，答卷具有更大的可比性，便于提高评分信度，减少评分人误差的影响。（3）可以避免阅读能力对写作测试的影响。（4）减少应试者使用回避策略，更能真实地反映应试者的写作水平。

我们通过实验研究比较了两种看图写作测试方式的有效性，认为多幅连续图片的效度要高于单幅图片。根据单幅图片写一篇记叙文，应试者需要花费较多的时间在立意构思上，并且所写的文章会较多地受到题目取样误差和评分人误差的影响。反之，根据类似连环画的多幅图写一篇记叙文则基本不需要立意构思，而且较少受到题目取样误差和评分人误差的影响，适合在大规模的汉语中级写作水平测试中使用。另外，根据多幅图片的内容写一个小故事，也符合对中级阶段留学生写作能力的要求。

附 录

1. 写作测试一试卷

说明：下面给出了一个故事的开头部分和一幅图画，这幅图画是对故事发生过程的描绘。请你仔细看图，然后根据图上的内容把故事补充完整。

请注意：（1）请仔细阅读文章的开头部分。

（2）字数要求：200—400字，时间是35分钟。

见义勇为

我是个勇敢正直的人，路见不平总是喜欢"拔刀相助"。通常，被我帮助的人都对我万分感激，想法儿表达谢意。但有一次却不是这样，这件事情让我至今想起来都觉得好笑。

那天，我看完了一场精彩的音乐会，坐地铁回家。我看见一位漂亮的姑娘，可能有点儿困了，她一直闭着眼睛睡觉。我发现，坐在她旁边的一个家伙总是偷偷摸摸地看她。看来，爱美之心，人皆有之啊。突然……

引自北京语言大学汉语考试中心（2007）

这时，小伙子红着脸说："朋友，你误会了，我们是同事，我俩都喜欢听音乐会，这门票是她买的，我给她钱她不要，所以我想偷偷塞给她……"我听了这话，恨不得找一个地缝钻进去！

2. 写作测试二试卷

作文要求：

1. 写作前认真阅读题目要求，按题目要求在规定的时间内写完。

2. 用汉语简化字书写。每个空格写一个汉字，汉字书写要清楚工整；每个标点符号占一个空格，标点符号要正确。

第1题：看图写故事（40分钟）

根据下面的图，以"李丽买鞋回家路上"为题目，写出这个故事。字数不得少于350。

引自赵亮（2004）

图书在版编目(CIP)数据

汉语作为第二语言教学读写技能教学研究/翟艳主编.—北京:商务印书馆,2019
ISBN 978-7-100-17216-5

Ⅰ.①汉… Ⅱ.①翟… Ⅲ.①汉语—阅读教学—对外汉语教学—教学研究 ②汉语—写作—对外汉语教学—教学研究 Ⅳ.①H195.3

中国版本图书馆 CIP 数据核字(2019)第 054556 号

权利保留,侵权必究。

汉语作为第二语言教学读写技能教学研究
翟艳 主编

商 务 印 书 馆 出 版
(北京王府井大街36号 邮政编码100710)
商 务 印 书 馆 发 行
北京新华印刷有限公司印刷
ISBN 978-7-100-17216-5

2019年12月第1版　　开本 880×1230　1/32
2019年12月北京第1次印刷　印张 14½
定价:46.00元